Die 50 größten Verschwörungen aller Zeiten

Die 50 größten Verschwörungen aller Zeiten

JONATHAN VANKIN & JOHN WHALEN

Komplotte & Intrigen
von J.F.K. bis Lockerbie

BECHTERMÜNZ

Genehmigte Lizenzausgabe für Weltbild Verlag GmbH, Augsburg 2000
Die amerikanische Originalausgabe erschien 1998 im Verlag Citadel Press
unter dem Originaltitel „The 70 Greatest Conspiracies Of All Time"
Copyright © der amerikanischen Originalausgabe
by Jonathan Vankin und John Whalen
Copyright © der deutschen Ausgabe by Heel Verlag, Königswinter
Alle Rechte vorbehalten.
Übersetzung: Martin Noeken/Bonn, Claudia Kern/Bonn,
Steffanie Brandt/Leipzig, Petra Hundacker/Köln
Umschlaggestaltung: Artwork Schumacher, Königswinter/
Külen und Grosche DTP, Augsburg
Gesamtherstellung: GGP Media, Pößneck
Printed in Germany
ISBN 3-8289-3402-1

Für unsere Eltern

Paranoides Gedankengut hätte nicht die aktuelle Relevanz oder die geschichtliche Bedeutung, würde es sich nur an Menschen mit tiefgehenden psychischen Problemen richten. Es ist der Gebrauch der paranoiden Ausdrucksweise von mehr oder weniger normalen Menschen, der diesem Phänomen die Signifikanz verleiht.

– Richard Hofstadter

Paranoia sollte uns nicht zu paranoid machen, wir sollten uns nicht zu sehr vor der Doppeldeutigkeit und vor nicht faßbaren Ängsten fürchten, Schicksalsschläge oder mögliches außerirdisches Leben sollten uns keine Angst einjagen, denn das alles entwaffnet, entmenschlicht und besiegt uns.

– Carl Oglesby

Wenn wir das, was wir Paranoia nennen, sorgfältig definieren, würde es uns nicht zu törichtem Verhalten zwingen. Wirkliche Paranoia besteht aus mindestens drei Bestandteilen: Angst, Mißtrauen und Verwirrung. Vom fachlichen Standpunkt aus gesehen, stärkt es das Bewußtsein, allerdings nicht bis zur Perfektion.

– Kerry W. Thronely

Inhalt

VORWORT

Verschwörung gefällig?

Es gibt wirklich, wie Jim Hougan, einer unserer Lieblingsautoren sagte, zwei Versionen der Geschichte: die sichere „'Disney-Version', die so verbreitet ist, daß man ihr nicht entgehen kann... und eine weitere, die verborgen, geheim und ohne Namen bleibt."

Dieses Buch ist keine Disney-Produktion.

Aber wir stimmen Hougan (dem Autor von *Spooks* und *Secret Agenda*, zwei klassischen Büchern über Geheimpolitik) in einer Kleinigkeit nicht zu. Die „zweite" Version der Geschichte hat einen Namen: Sie heißt „Verschwörungstheorie".

Der Name selbst ist der Grund dafür, warum diese Version der Geschichte verborgen bleibt – wenn es nur eine Theorie ist, kann es ja nicht Geschichte sein, richtig?

Nicht unserer Ansicht nach. Selbst in der trockensten Aufzählung der Fakten steckt viel Theorie, so wie in Verschwörungstheorien viele Fakten stecken. Das bedeutet nicht, daß wir von einer vollkommenen Subjektivität ausgehen und man niemals je herausfinden wird, was richtig oder falsch ist. Genau das Gegenteil ist der Fall. Wir hoffen, daß dieses Buch den momentan noch sehr eingeschränkten Horizont von dem, was wahr sein *könnte*, erweitern wird.

Der Erfolg dieses Buchs – ein halbes Dutzend Auflagen, zwei große Erweiterungen, Übersetzungen in mehrere Sprachen, eine eigene Internetseite und ein Gastauftritt bei *Akte X* – beweist, daß es uns gelungen ist, diesen Horizont in den letzten Jahren auszudehnen.

Natürlich können wir nicht die Verantwortung dafür übernehmen, daß Verschwörungstheorien Teil der öffentlichen Diskussion geworden sind. Dafür tragen eine Reihe gesellschaftlicher Phänomene die Verantwortung – eine Verschwörung der Trends, wenn Sie so wollen. Dazu gehört der explosionsartige Anstieg kommunikativer Medien wie das Internet und Talkshows, das wachsende Mißtrauen in staatliche Institutionen und den traditionellen Journalismus und natürlich Hollywoods Ausbeutung dieses Zeitgeists.

Auf der anderen Seite haben wir mit sehr vielen Leuten über dieses Thema gesprochen und herausgefunden, daß sie nur wenige Details der Theorien kennen. Selbst im Zeitalter von *Akte X* und des Internets gibt es nur wenige verläßliche Publikationen zu diesen Themen der geheimen Geschichte.

Die „Disney-Version" könnte man auch die „TV-Version" oder „Schulbuchversion" nennen, denn die Ablehnung der Verschwörungstheorien stammt nicht vom Mann auf der Straße, sondern von den Medien, den Akademikern und den Regierungen – also den Leuten, die den globalen Informationsaustausch leiten.

Und da gibt es sehr viel Widerstand. Die Gründe dafür sind so zahlreich und komplex, daß sie ein eigenes Buch verdienen würden. Zu den wichtigsten gehören (stark vereinfacht):

- *Eigeninteresse:* Verschwörungstheorien greifen Autoritäten an. Leute in diesen Positionen schlagen natürlich zurück.
- *Faulheit:* Eine gute Verschwörung ist schwer zu enttarnen. Es ist einfacher, die Pressemitteilung umzuschreiben und zu behaupten, man wisse genau, wovon man spricht, wenn jemand nachfragt.
- *Heimwerker-Psychoanalyse:* Kritiker versuchen oft, den Verschwörungstheoretikern mentale Probleme zu unterstellen, aus denen ihre Theorien entspringen. Leider passen viele der lautesten Vertreter der Theorien genau in diese Vorstellung. Allerdings geben die Heim-Freudianer nur selten zu, daß auch ihre eigenen Ansichten tiefsitzende psychologische Ursachen haben. Die Vorstellung, daß „alles, was man weiß, falsch ist", macht Angst.
- *Gruppenzwang:* Da die meisten Politiker, Reporter und Wissen-

schaftler einen großen Bogen um Verschwörungstheorien machen, traut sich kaum jemand, genauer nachzuforschen, weil sie Angst haben, von ihren Freunden ausgelacht zu werden.

- *Negative Assoziationen:* Jahrelang war das Wort „Verschwörungstheorie" ein Synonym für „jüdische Verschwörung". Leider wird die antisemitische „Theorie" (wenn man sie so nennen kann) wohl nie verschwinden. Erst vor kurzem schob der malaiische Premierminister Mathair Mohamed den Juden den Kollaps der asiatischen Wirtschaft in die Schuhe.

In den vorangegangenen Ausgaben dieses Buches haben wir es vermieden, auf die sogenannte jüdische Verschwörung einzugehen, weil wir uns dabei unwohl fühlten. Wir haben zu oft gesehen, wie Fanatiker Informationen aus dem Kontext rissen und für ihre eigenen verworrenen Ziele einsetzten. In dieser Ausgabe haben wir uns allerdings entschieden, ein Kapitel dieser „Theorie" zu widmen. Warum? Weil so viele heutige Theorien sich auf die falsche Geschichte einer jüdischen Verschwörung beziehen. Durch ihre Existenz werden andere konspirative Ansichten von Ereignissen, die nicht vorhaben, eine ethnische oder religiöse Gruppe in Verruf zu bringen, ohne eigene Schuld in Mißkredit gebracht.

- *Glaube an die Demokratie:* Wir würden gerne glauben, daß unser politisches System uns vor Ereignissen schützt, die in „zurückgebliebenen" Ländern geschehen.
- *Ablehnung:* Viele Verschwörungstheorien behandeln die dunklere Seite menschlicher Natur und die Vorstellung, daß „respektable" Leute sehr unangenehme Dinge tun können. Man fühlt sich einfach besser, wenn man so tut, als ob alles in Ordnung wäre.
- *Verschwörung!* Seien wir ehrlich, diese Dinge passieren. Und wenn sie passieren, werden die Verschwörer wohl kaum beim ersten Anzeichen der Enttarnung die Flinte ins Korn werfen.

Keiner dieser Gründe sagt etwas darüber aus, ob bestimmte Theorien wahrscheinlich oder unwahrscheinlich sind, wahr oder falsch.

Doch wie haben wir die folgenden 50 Verschwörungen zusammengestellt? Ehrlich gesagt, waren unsere Kriterien sehr flexibel. Einige nahmen wir wegen ihrer Wichtigkeit auf, oder weil die Fakten leicht nachprüfbar sind, andere wegen ihres Unterhaltungswerts. Wenn uns etwas an Verschwörungstheorien ärgert, dann die Tatsache, daß sie sich und ihr Thema *so* ernst nehmen, daß Gerald „Case Closed" Posner dagegen wie David Letterman wirkt.

Wir möchten Ihnen nur zeigen, daß es verschiedene Wege gibt, die Welt zu sehen. So wie wir jedes Mal über Henry Kissinger lachen müssen, der seine rechte Meinung vorträgt, als würde er sie von einer Steintafel ablesen, so finden wir auch sehr viel unbeabsichtigten Humor in Verschwörungstheorien.

Wir wollen Sie weder belehren, noch Ihre Intelligenz beleidigen. Das überlassen wir den Nachrichtensprechern dieser Welt. Wir bitten nur um einen offenen Geist und ein wenig intellektuellen Mut. Selbst von Walt-Disney-Filmen bekamen wir manchmal Alpträume.

Danksagungen

Dieses Buch hätte es beinahe nicht gegeben. Seine Existenz verdankt es zwei Leuten. Zuerst unserem Agenten und Freund Ken Swezey, der sich 15 Monate mit dem Projekt herumschlug. Ebenso wichtig ist unser Lektor, Kevin McDonough, der das Potential dieses Buches erkannte und daran glaubte. Vielen Dank an beide.

Über dieses Thema läßt sich nur schwer schreiben. Wir stehen tief in der Schuld unseres Assistenten Ron Bonds von IllumiNet, einem der mutigsten kleinen Verlage in den USA. Dank auch an Kenn Thomas, Redakteur bei *Steamshovel Press*, einer der besten Verlage im sich seltsam entwickelnden Feld der Verschwörungspublikationen, und an Jim Martin, Redakteur von *Flatland*, einem Buchkatalog und Magazin, das sich hervorragend als Startpunkt für die Sammlung Ihrer eigenen Verschwörungsliteratur eignet. Wenn Sie mehr über diese Themen wissen wollen, schreiben Sie entweder: IllumiNet, Box 2808, Lilburn, GA 30226; *Steamshovel*, Box 23715, St. Louis, MO 63121; oder *Flatland*, Box 2420, Fort Bragg, CA 95437.

Wir bedanken uns auch für die Unterstützung unseres ehemaligen Arbeitgebers, Metro Newspapers, und besonders bei Bob Hansen, Sharan Street, David Cohen und Dan Pulcrano.

JONATHAN VANKINS PERSÖNLICHE DANKSAGUNGEN:

Die Umstände, unter denen ich meinen Teil des Buches schrieb, waren alles andere als ideal und forderten die Unterstützung vieler Menschen. Drei Menschen stehen an der Spitze dieser Liste. Zuerst meine

Eltern, Jean und Larry Vankin, die nicht nur ihre Pflichten als Eltern (Liebe, Inspiration, Geld etc.) erfüllten, sondern auch bei meinen Nachforschungen halfen. Meine Liebe und meinen Dank auf ewig.

Ein ganz spezielles Danke an Debbie Picker. Sie tat so viel für mich, daß ein reines Danke für ihre Liebe, ihr Verständnis und ihre Geduld kaum angebracht erscheint. Sie war bei diesem Erlebnis meine Partnerin und wird es hoffentlich noch bei vielen anderen sein.

Herzlichen Dank auch an: Meine Schwester Laura Vankin; Dan Reichert und Andrea Marcovicci (doppelt an Dan, meinen engsten Freund über Jahre und Kilometer hinweg); die Familie Shimogaito, Teruko, Yoshiko und Takehiro; Al Edmonds; Hal March (der Coolste der Welt...); Gary Sherman; Louis Theroux; Eric London; Holli Richards; Brent Filson (immer noch mein Mentor); Trevor Loring; Judge Sande Mazer Moss und Bill Deane; drei Generationen von Pickers, Si und Lorraine, Ben und David; Coleen Curran (für alles); Lisa Stone-Norman; Ichiro Taniguchi; Ryuji Nakazono; Ann Walker; Matt Maranz; Jamesfinkle@twics.com: Jay Whearley; und all die, an die ich mich erst erinnern werde, wenn das Buch gedruckt ist.

Dank auch an all diejenigen, die mir ihre Zeit geschenkt oder mich in anderer Weise inspiriert haben:

Clark Coolidge, der mich unwissentlich auf die Idee brachte; Mark Stewart, aus den gleichen Gründen; Evelyn Fazio; Kurt Anderson; Kongreßabgeordneter Don Edwards (pensioniert); Robert Anton Wilson; E.J. McCarthy; John Strausbaugh; Emily Reichert; Tom Snyder; Kerry Thornley; G. Gordon Liddy; Adam Parfrey; Paul Theroux; Jim Martin; Anthony Summers; Jason Neeley; Jim Keith; Mickey Z.; R.U. Sirius und Queen Mu; Suzanne Guyette; Mike Litchfield; Dave Emory; Greg Krupey; K-Talk Radio, Salt Lake City; John Judge; Jim und Ken Collier; Laura Lindgren; Don Oldenburg; Loompanics; Stuart Swezey und Brian King; Jo Glorie; Nancy Sayles; Dennis Hayes; Sally Robinson und alle, die ich ohne Absicht vergessen habe.

Zum Schluß noch mein wichtigster Dank an meinen Kollaborateur (keine Mitverschwörerwitze, bitte) John Whalen.

JOHN WHALENS PERSÖNLICHE DANKSAGUNGEN

Irgendwie hat jeder eine Lieblingsverschwörung. Mein Dank an all diejenigen, die ihre mit mir geteilt haben.

Ein spezieller Dank gebührt meinen Eltern, Patricia und Frank Whalen, die mich als Kind in den Film *Die Unbestechlichen* mitnahmen.

Ann Walker steht ebenfalls an der Spitze der Liste. Ihre Großzügigkeit und Geduld kennen keine Grenzen, zumindest keine, die ich gefunden hätte – und das sagt einiges.

Anderen, die mir geholfen haben, das Labyrinth der Verschwörungen zu durchschauen, gebührt ebenfalls Dank. Dazu gehören in keiner speziellen Reihenfolge: Jim Hougan; Robert Gettlin; John Stockwell; Stephen Pizzo; Norman Solomon; Henry Lincoln; Peter Dale Scott; Joe Bleifuss; Robert Parry; Ben Bagdikian; Ed Connolly; Dave Emory; Pete Brewton; Al Kunzer; Ralph McGehee (für seine großartige Computerdatenbank, die Sie sofort bestellen sollten unter: Box 5022, Herndon, VA 22070); Marc Cooper und Ellen Ray.

Und ein spezielles Danke geht an meinen großartigen Koautoren Jonathan Vankin, ohne den dieses Buch nur halb so lang geworden wäre.

I

Was mit amerikanischen Steuergeldern passiert

1
Die CIA auf dem LSD-Trip

LSD wurde in der Schweiz von Albert Hofmann erfunden, einem Forscher, der für das Pharmazieunternehmen Sandoz arbeitete. Es war kein Geschenk aus dem Drogenhimmel für die Jugend der westlichen Welt. Die CIA war schon lange vor den Blumenkindern auf dem LSD-Trip – und auch aufrechte Bürger wie der „Time Life"-Magnat Henry Luce und seine Frau Claire Booth Luce sangen in den frühen 60er Jahren Loblieder auf ihre „Magical Mystery Tours". Henry, der eigentlich ein streng konservativer Mann war, nahm auf dem Golfplatz einmal LSD und behauptete anschließend, er habe ein kleines Schwätzchen mit Gott gehalten.

Während die Kenner unter der Aufsicht von eingeweihten Ärzten standen, traten andere ihre ersten Reisen in psychedelische Regionen im Rahmen von Forschungsstudien der CIA an. Mindestens eine Person beging Selbstmord, nachdem sie unwissentlich an einem LSD-Test der CIA teilgenommen hatte, indem sie unter Beobachtung eines CIA-Bewachers aus dem Fenster eines New Yorker Hotels sprang. (Vielleicht war der Bewacher aber nicht nur unbeteiligter Zeuge: Im Juni 1994 ließ die Familie des Opfers die dreißig Jahre alte Leiche exhumieren, um nach Hinweisen zu suchen, ob ihr Angehöriger aus dem Fenster geworfen worden war.) Viele andere Testpersonen verloren ihren Bezug zur Realität.

Der Codename der CIA für ihr Programm zur Kontrolle menschlichen Verhaltens durch „getarnten Einsatz chemischer und biologischer Substanzen", das auf einen Vorschlag von Richard Helms zurückging, lautete MK-ULTRA – eine Variante von ULTRA, dem amerikanischen Spionageprogramm hinter den Linien der Nazis während des Zweiten Weltkriegs, auf das die CIA-Veteranen zurecht stolz waren.

Helms wurde später Direktor der CIA und gelangte zu trauriger Berühmtheit, als er während der Watergate-Affäre für schuldig befunden wurde, den Kongreß belogen zu haben. Thomas Powers' Biographie mit dem passenden Titel *The Man Who Kept the Secrets* verlieh ihm sogar so etwas wie Unsterblichkeit. Helms gründete das MK-ULTRA-Programm und rechtfertigte dessen nicht gerade ethischen Inhalte mit der Parole: „Wir sind keine Pfadfinder."

Zu dieser Zeit begannen die Wissenschaftler zu vermuten, daß LSD die menschliche Persönlichkeit reprogrammieren könne. Im nachhinein betrachtet, hatten sie vermutlich recht: Timothy Leary benutzte ähnliche Ausdrücke, auch wenn er in dieser „Reprogrammierung" eher das Potential zu unbegrenzter Selbstvervollkommnung vermutete. Die CIA und das Militär konnten sich einfach nicht vorstellen, wie sie die Macht der Droge nutzbar machen könnten – Gott sei Dank. Sie wollten nicht die „Türen der Wahrnehmung" öffnen, sondern freie Menschen in Automaten verwandeln. „Wir müssen uns bei der CIA für das LSD bedanken", sagte kein Geringerer als John Lennon, eine anerkannte Autorität im Bereich des Psychedelischen. „Sie erfanden LSD, um Menschen zu kontrollieren, und statt dessen gaben sie uns dadurch Freiheit."

Tatsächlich? Die Drogenverbindung zwischen der CIA und der Gegenkultur ist einer der Bereiche, in denen die Fakten über MK-ULTRA sich mit undurchsichtigen Verschwörungstheorien überschneiden. Sogar prominente Vertreter der Gegenkultur äußerten die Vermutung, daß LSD die ultimative Waffe der CIA gegen die Jugendbewegung sei.

Offiziell lief das MK-ULTRA-Programm von 1953 bis 1964, als es in MK-SEARCH umbenannt und unter diesem Namen bis 1973 fortgesetzt wurde. Amerikanische Geheimdienst- und Militäraktivitäten mit derselben Zielsetzung gab es jedoch mindestens bereits seit dem Zweiten Weltkrieg, und auch viele Jahre nach dem offiziellen Abschluß von MK-ULTRA wurden sie heimlich weitergeführt. Im Rahmen von MK-ULTRA fanden ungezählte merkwürdige und oft groteske Experimente statt. Bei einem durfte der Psychiater Ewen Cameron eine Prozedur testen, die er „Depatterning" („Entmustern") nannte. Diese Technik – so Camerons Erklärung, als er sich um die Genehmigung der CIA bewarb (unter dem Decknamen einer „Gesellschaft zur Untersuchung menschlicher Ökologie") – bestand in der „Zerstörung aktueller Verhaltensmuster des Patienten durch besonders intensive Elektroschocks" und zusätzliche Verabreichung von LSD. Einige seiner Versuchspersonen erlitten Gehirnschäden und geistige Störungen. Einer verklagte die Regierung und gewann 1988 in einem außergerichtlichen Einigungsverfahren.

Dann gab es noch die Operation „Midnight Climax" („Mitternachts-Höhepunkt"), bei der Prostituierte arglose Freier in ein CIA-Bordell in San Francisco lockten. Dort flößten sie ihren Kunden ein LSD-haltiges Getränk ein, während die CIA-Forscher das „wissenschaftliche" Experiment hinter einem durchsichtigen Spiegel beobachteten – mit ein paar Martinis in Reichweite.

John Marks, dessen Buch *The Search for the Manchurian Candidate* zu den sorgfältigsten Untersuchungen der Forschungen der amerikanischen Regierung im Bereich Bewußtseinskontrolle gehört, gibt zu, daß sein Quellenmaterial nur zehn Kartons mit Dokumenten umfaßte. Für die Auswertung brauchte er jedoch ein ganzes Jahr, obwohl er dabei von einem Forschungsteam unterstützt wurde. Marks schreibt, daß er versuchte, an die Aufzeichnungen einer Abteilung des CIA-Direktoriums für Wissenschaft und Technologie, und zwar des Büros für Forschung und Entwicklung (Office of Research and Development – ORD), heranzukommen, das die Verhaltensforschung (also die Erforschung der Bewußtseinskontrolle) übernahm, als das MK-ULTRA-Programm auslief.

Marks wurde mitgeteilt, daß sich unter den ORD-Akten 130 Kartons mit Dokumenten zur Verhaltensforschung befänden. Selbst wenn sie alle herausgegeben werden würden, müßten diese gewaltigen Papiermassen auch den besessensten Forscher abschrecken. Es muß enorm viel Zeit und Mühe gekostet haben, diese Unmengen von Akten zu produzieren. Erstaunlicherweise behauptet die CIA aber immer, daß ihre Versuche, eine reale Inkarnation des unglücklichen Raymond

Shaw (der durch Hypnose programmierte Mörder aus Richard Con-
dons *Botschafter der Angst*) zu kreieren, ein völliger Fehlschlag waren.
Wenn diese Angaben korrekt sind, dann handelt es sich bei diesem
speziellen Programm um eine der größten Verschwendungen von Steuergeldern in der Geschichte der amerikanischen Regierung – was nicht
gearde selten vorkommt.

Die effektivste Verteidigungsstrategie der CIA gegen die Aufdeckung ihrer Bewußtseinskontroll-Operationen (sowie aller anderen
Aktivitäten) bestand stets darin, sich selbst lächerlich zu machen. Sie
stellte ihre Agenten als inkompetente Deppen dar und ermutigte die
Öffentlichkeit, sich über deren ungeschickte Versuche, krebserregende
Getränke herzustellen und ausländische Staatsführer auszuschalten, zu
amüsieren. Demnach bestand auch das Forschungsteam von MK-UL-
TRA angeblich nur aus Exzentrikern, die nichts Richtiges zustande
brachten. „Wir sind so erfolglos, daß man unsere Ergebnisse ruhig veröffentlichen kann", spottete ein MK-ULTRA-Berater.

Trotz der Feststellung eines Senatsausschusses unter der Leitung von
Ted Kennedy, daß die amerikanische Bewußtseinskontrollforschung
nichts als ein großer, alberner Fehlschlag gewesen sei, und obwohl
Marks – dessen Untersuchungsmethode recht konservativ war – bestätigte, keinerlei Aufzeichnungen gefunden zu haben, die das Gegenteil beweisen würden, könnte das Projekt in Wirklichkeit dennoch ein
Erfolg gewesen sein.

„Ich kann nicht definitiv sagen, daß sie nie eine Technik zum Kontrollieren von Menschen gefunden haben", schreibt Marks, „obwohl
ich eindeutig die These bevorzuge, daß der menschliche Geist den Versuchen der Manipulation trotzte." Eine recht rosarote Vorstellung von
der Natur des Menschen – und eine tröstliche obendrein. Aber die Geschichte beweist, daß der menschliche Geist durchaus nicht unbe-
zähmbar ist. Die Geheimwissenschaftler untersuchten alle möglichen
Mittel zur Bewußtseinsmanipulation. Die CIA-Experimente mit LSD
waren die berühmtesten Versuche des MK-ULTRA-Programms, aber
diese Droge war nicht einmal die stärkste und wirkungsvollste, nach
der vom Militär und vom Geheimdienst geforscht wurde. Außerdem
beschränkten sich die Versuche nicht auf Drogen. Auch Hypnose,
elektronische Gehirnimplantate, Mikrowellensender und Parapsych-
ologie wurden intensiv erforscht. Marks, Kennedy und viele andere

glaubten anscheinend, daß die US-Regierung versagte, wo nur allzu viele, um einiges simplere Methoden – von der Moon-Sekte über Scientology bis hin zur Elektroschocktherapie – triumphale Erfolge feierten. Sollte Gehirnwäsche in Sekten und Kulten an der Tagesordnung, für die Multi-Millionen-Dollar-Budgets des amerikanischen Militärs und Geheimdienstes aber unerreichbar sein?

Den Anstoß für das Programm gaben vermutlich Meldungen über erfolgreiche „Gehirnwäschen" in kommunistischen Ländern. Die Bezeichnung wurde ursprünglich auf Soldaten angewendet, die im Koreakrieg gekämpft hatten und sich danach merkwürdig verhielten und Erinnerungslücken aufwiesen – vor allem, wenn sie sich in bestimmten Gebieten der Mandschurei aufgehalten hatten. Diese Vorfälle inspirierten Condon zu seinem Roman, in dem eine Gruppe amerikanischer Soldaten von koreanischen und chinesischen Kommunisten eine hypnotische Gehirnwäsche erhalten und einer von ihnen programmiert wird, einen Präsidentschaftskandidaten umzubringen.

Es ist interessant, daß die Auffassung, die menschliche Psyche könnte durch Strahlung oder elektronische Implantate beeinflußt werden, als Symptom einer paranoiden Schizophrenie betrachtet wird. Es gibt jedoch keinen Zweifel, daß die CIA derartige Methoden in Betracht zog und entsprechende Tierversuche durchführte, und es bedarf schon einer gehörigen Portion Naivität (wie sie etwa ein Senatsausschuß besitzt), um anzunehmen, daß sie es damit bewenden ließ. Sogar Marks, der sich vernünftigerweise an die journalistische Regel hält, sich nur auf dokumentierte, harte Fakten zu verlassen, gibt bereitwillig zu, daß die Geheimforscher „wahrscheinlich" manchen Versuchspersonen Elektroden ins Gehirn einpflanzten. Marks betont, daß die Elektrodenexperimente weit darüber hinausgingen, „Affen Orgasmen zu verschaffen" – einer der frühesten Erfolge der Forscher.

Das ultimative Ziel der Bewußtseinskontrolle wäre mit der Erschaffung eines Attentäters von der Art des „Manchurian Candidate" erreicht worden – ein Agent, der nicht wußte, daß er oder sie ein Agent war, und dessen „Programmierung" ihn in die Lage versetzt hätte, auch schwierigste Missionen zu erfüllen. Ob dieses Ziel erreicht wurde, wird wahrscheinlich nie öffentlich bekannt werden. Also müssen wir unsere eigenen Vermutungen darüber anstellen, ob bestimmte Personen „zum Töten programmiert" wurden.

1967 behauptete Luis Castillo, ein Puertoricaner, der auf den Philippinen wegen der versuchten Ermordung Ferdinand Marcos eingesperrt wurde, unter Hypnose, daß er mit der posthypnotischen Suggestion versehen worden sei, um den Anschlag durchzuführen. Sirhan Sirhan, der als Mörder von Robert F. Kennedy verurteilt wurde, zeigte eindeutige Symptome eines Hypnosezustandes. Ein Psychiater, der als Zeuge der Verteidigung aussagte, erklärte, daß der Angeklagte sich in einer (wenn auch selbst-induzierten) Trance befunden habe, als er Kennedy erschoß. Robert Kaiser wiederholte die Schlußfolgerungen des Arztes in seinem Buch *RFK Must Die!*. Andere jedoch vermuteten, daß Sirhan nicht selbst für die hypnotischen Symptome verantwortlich gewesen sei.

James Earl Ray, der wegen der Ermordung Martin Luther Kings verurteilt wurde, war bekanntermaßen fasziniert vom Phänomen der Hypnose, und in der jüngeren Vergangenheit hat der britische Anwalt Fenton Bressler Indizien gesammelt, die die Theorie unterstützen, daß Mark David Chapman, der Mörder John Lennons, das Opfer einer Bewußtseinskontrolle durch die CIA war. 1967 behauptete der unbekannte Autor des Buches *Were We Controlled?* (das unter dem Pseudonym Lincoln Lawrence erschien), daß sowohl Lee Harvey Oswald als auch Jack Ruby irgendeiner Form der Bewußtseinskontrolle unterlagen. Für das Buch spricht immerhin, daß Oswalds Mutter aus einem bestimmten Detail schloß, der Autor müsse einen engen persönlichen Kontakt zu ihrem Sohn gehabt haben.

War das MK-ULTRA-Programm für eine Reihe von Anschlägen verantwortlich, die die Geschichte veränderten? Wurden hier hypnotisch programmierte Killer „ausgebrütet"? Die Öffentlichkeit wird auf diese Fragen sicherlich niemals eine definitive Antwort erhalten. Zusammen mit John Marks müssen wir darauf vertrauen, daß so etwas nicht passiert ist, aber wir werden den Zweifel nie ganz ausräumen können, daß es immerhin geschehen sein könnte.

Wenn auch nicht durch Mordanschläge und nicht einmal mit Absicht, so hat MK-ULTRA vielleicht doch eindeutig eine ganze Generation verändert. John Lennon war bei weitem nicht der einzige LSD-Held der 60er, der eine Verbindung zwischen der Stimmung auf den Straßen und den Geheimlaboren der CIA herstellte. „Eine überraschend große Anzahl von Veteranen der Gegenkultur vertrat die Meinung, die CIA habe massenhaft LSD unter die Leute gebracht, um die politische Sprengkraft der Jugendrebellion abzuschwächen", schreiben Martin Lee und Bruce Shlain in *Acid Dreams*, einer Chronik der geheimdienstlichen und der gegenkulturellen Aspekte der LSD-Revolution, und fahren fort: „LSD beförderte eine kontextfreie revolutionäre Haltung, wodurch die Jugendbewegung unpolitisch wurde. Der LSD-Konsum unter jungen Leuten erreichte in den späten 60er Jahren seinen Höhepunkt, kurz nachdem die CIA eine ganze Reihe verdeckter Operationen begonnen hatte, um die sogenannte Neue Linke zu stören, diskreditieren und neutralisieren. War das nur ein zufälliges historisches Zusammentreffen, oder unternahm die CIA tatsächlich Schritte, um den illegalen LSD-Handel zu fördern?"

Die Geschichte von Ronald Stark, die Lee und Shlain erzählen, könnte einen Hinweis auf die Verbindung zwischen der CIA und der Linken geben. Stark war in den späten 60ern, also der Blütezeit des LSD-Konsums, einer der führenden LSD-Händler und offenbar gleichzeitig CIA-Agent. Die CIA hat das nie bestätigt, aber ein italienischer Richter, der 1979 darüber entscheiden mußte, ob Stark wegen „bewaffneten Banditentums" in Verbindung mit seinen zahlreichen Kontakten zu Terroristen (Stark sagte unter anderem exakt die Ermordung von Aldo Moro voraus) angeklagt werden sollte, ließ den Drogenhändler frei, nachdem er „eine beeindruckende Anzahl detaillierter Beweise" gefunden hatte, daß Stark „seit 1960" für die CIA gearbeitet hatte.

Tim Scully, der Chef von Starks großer LSD-Produktionsorganisation (eine Gruppe idealistischer Radikaler, die „die Bruderschaft" genannt wurde und sich zunehmend von Stark ausgebeutet fühlte), vermutete: „Es könnte sein, daß er für eine amerikanische Geheimdienstorganisation arbeitete, die ein Interesse daran hatte, mehr psychedelische Drogen auf der Straße zu verteilen." Aber Lee und Shlain schließen auch die Möglichkeit nicht aus, daß Stark einfach einer der genialsten Betrüger der Welt war, was auch all diejenigen nicht für unwahrscheinlich halten, die je mit Stark in Kontakt gekommen sind.

Der ursprüngliche „LSD-Traum" der CIA war es, mit Hilfe der Droge das menschliche Bewußtsein manipulierbar zu machen, aber LSD erwies sich als zu stark, um es kontrollieren zu können. Irgend-

wann im Jahre 1973, kurz bevor der MK-ULTRA-Gründer und damalige CIA-Direktor Richard Helms seinen Trenchcoat an den Nagel
hängte und von seiner Spitzenposition bei der CIA zurücktrat, ließ er
den größten Teil der geheimen MK-ULTRA-Dokumente wegen eines
„beginnenden Papierproblems" vernichten – darunter auch „alle exi-
stierenden Kopien eines geheimen CIA-Handbuches mit dem Titel
LSD: Some Un-Psychedelic Implications", wie Lee und Shlain berichten.

Bis heute ist noch kein beweiskräftiges Dokument entdeckt worden,
mit dessen Hilfe MK-ULTRA eine Verschwörung zur Erschaffung
ferngesteuerter menschlicher Killerroboter oder eine Verschwörung zur
Schwächung einer ganzen Generation durch die Versorgung mit einer
bewußtseinsverändernden Droge nachgewiesen werden könnte. Aber
MK-ULTRA gab es wirklich, und wie gefährlich ein Regierungspro-
gramm werden könnte, das dazu dient, die Gedanken der Bürger zu
kontrollieren (wenn auch zunächst immer nur die von ein paar wenigen), muß hier nicht näher erläutert werden.

QUELLEN

Budiansky, Stephen, Erica E. Goode und Ted Gest. „The Cold War Experiments."
    U.S. News & World Report. 24. Januar 1994.
Lee, Martin und Bruce Shlain. *Acid Dreams.* New York: Grove Press, 1985.
Marks, John. *The Search for the Manchurian Candidate.* New York: Dell, 1979.

2
Die Jagd auf Castro

Wenn der Kalte Krieg eine Art von nationaler Hysterie verursachte, dann herrschte diese nirgendwo schlimmer als im Florida der frühen sechziger Jahre. Geheimpläne zum Sturz von Fidel Castro vermehrten sich wie die Moskitos in den Everglades. Die von Amerika unterstützte Schweinebucht-Invasion, die zu einem Desaster wurde, ist nur ein Beleg für den tropischen Wahnsinn. Als das Fieber des Kalten Kriegs immer höher stieg, startete die CIA eine ihrer skandalösesten Aktionen: eine Reihe von Versuchen, Castro durch Exilkubaner aus Florida und Topmafiosi aus dem ganzen Land ermorden zu lassen.

Präsident Johnson nannte diese Pläne später „das verdammte Unternehmen 'Mord in der Karibik'". Obwohl drei Präsidenten zumindest einiges darüber wußten, scheint die CIA in manchen Fällen autonom gehandelt und sogar gegen Anweisungen des Präsidenten verstoßen zu haben.

1975 wurden bei Senatsanhörungen im Rahmen der Watergate-Affäre sogenannte „Executive Action"-Programme der CIA aufgedeckt. Das Senate Select Intelligence Committee unter dem Vorsitz von Frank Church entdeckte acht fehlgeschlagene Attentatsversuche auf Castro und eine Handvoll Mordanschläge auf andere Staatsführer. Das recht konservativ eingestellte Komitee bezeichnete diese Aktionen nur als „angebliche Attentatspläne". Außerdem bezeugten CIA-Agenten, daß sämtliche Mordkomplotte fehlgeschlagen waren. Es gibt allerdings

Grund zu der Annahme, daß während dieser Anhörungen nur die
Pläne der CIA untersucht wurden, deren Ziel in der Ausschaltung von
Politikern bestand.

Beginnen wir mit dem wichtigen Agenten E. Howard Hunt, dem
CIA-Propagandisten, dessen Name zu einem Synonym für Watergate, Schweinebucht und eine ganze Reihe von Ausflüchten geworden ist, die ein Vierteljahrhundert geprägt haben. Nach seiner Rückkehr aus Kuba stellte der CIA-Offizier eine Liste strategischer
Empfehlungen zusammen. Ganz oben auf der Liste: Castro liquidie-
ren. Die CIA nahm diesen Ratschlag offenbar ernst, denn 1960 wurden die ersten Pläne für die „Eliminierung" des kubanischen Staats-
führers geschmiedet. Im August desselben Jahres präparierte die
medizinische Abteilung der CIA eine Schachtel mit Castros Lieblingszigarren mit einem gefährlichen Gift, das so tödlich war, daß der
Diktator nur kurz an einer der Zigarren hätte ziehen müssen, um innerhalb weniger Augenblicke „terminiert" zu werden. Castro sollte
die Vereinten Nationen in New York besuchen, möglicherweise sollten ihm die vergifteten Zigarren bei dieser Gelegenheit überreicht
werden. Was dann geschah, ist nicht ganz klar. Ein Bericht besagt,
daß die New Yorker Polizei durch CIA-Offiziere von einem fehlgeschlagenen Plan informiert wurde, Castro mit Hilfe einer Schachtel
explodierender Zigarren (im Stile der drei Stooges) zu ermorden. Andere unverwirklichte Pläne – darunter einige, die Castro nicht töten,
sondern nur schädigen sollten – waren sogar noch absurder als die
„Scherzzigarren":

• Eine der ersten Ideen bestand darin, Castros Sendestudio in Havana
  mit „Super Acid" zu besprühen, einer konzentrierten Form von
  LSD. Man hoffte, daß Fidel dadurch verrückt werden würde,
  während er gerade eine öffentliche Rede hielt. In einer anderen Variante dieses Plans sollte die Technikabteilung der CIA Castros Zigarren mit LSD präparieren und dem unbeugsamen Marxisten auf
  diese Weise einen richtig „schlechten Trip" verpassen.

• Ein anderer Vorschlag lautete, Castros Schuhe mit Thalliumsalz zu
  bestreuen, einem starken Enthaarungsmittel, das dazu führen
  würde, daß Castros Bart, Augenbrauen und Haupthaar ausfielen.
  Durch diesen schmerzhaften Anschlag auf seinen lateinamerikani-

schen Machismo sollte er an Selbstachtung verlieren – wie einst der
seiner Haarpracht beraubte Samson.

- Ein amerikanischer Rechtsanwalt sollte dem leidenschaftlichen Taucher Castro einen Taucheranzug schenken und über die Freilassung
von Gefangenen der Schweinebucht-Invasion verhandeln. Die technische Abteilung schlug sogar vor, das Atemgerät der Taucherausrüstung mit Tuberkulosebazillen zu kontaminieren, oder den Anzug
selbst mit Pilzsporen zu behandeln, die eine seltene Hautkrankheit
hervorrufen würden. Schließlich überreichte der Diplomat Castro
aber einen unpräparierten Taucheranzug und verhinderte so, daß
eine Operation durchgeführt wurde, die man, wenn sie Erfolg gehabt hätte, kaum noch als „verdeckt" bezeichnen könnte.

- Ein anderer James-Bond-artiger Plan sah vor, eine explosive Muschel in einem Gebiet, in dem Castro häufig tauchte, auf dem Meeresgrund zu plazieren. Die Idee wurde jedoch als unpraktisch verworfen.

- Der CIA-Agent Felix Rodriguez, ein enger Vetrauter George Bushs,
berichtet in seiner Autobiographie, er habe dreimal versucht, in
Kuba einzudringen, um Castro zu töten. Die Idee zu diesen Missionen stammte von ihm selbst, und damals wußte er nicht, daß die
CIA unsichtbar im Hintergrund die Fäden zog. Als er vom Iran-
Contra-Komitee 1987 gefragt wurde, ob er sich an den Versuchen
der CIA beteiligt habe, Castros Lieblingszigarren zu vergiften, antwortete Rodriguez beleidigt: „Nein Sir, das habe ich nicht. Aber ich
habe mich 1961 freiwillig gemeldet, diesen Hurensohn mit einem
Scharfschützengewehr zu erschießen."

- Der wahrscheinlich visionärste Vorschlag entsprang dem Gehirn des
Generals Edward Lansdale, der den verdeckten Krieg der Kennedy-
Administration gegen Castro überwachte. Er wollte eine Gegenrevolution in Gang setzen, indem er unter den gläubigen kubanischen
Katholiken verbreiten ließ, das Wiedererscheinen Christi stehe unmittelbar bevor, und Castro sei niemand anderes als der Antichrist.
Zu einer bestimmten Uhrzeit, wenn Leuchtsignale den Himmel erleuchteten, sollte Christus an Bord eines amerikanischen U-Bootes
vor der Küste von Kuba auftauchen. In einem Anfall von Kalter-
Kriegs-Verblendung hoffte man, die Kubaner würden sich dann
spontan erheben und ihren teuflischen Anführer stürzen.

Wenn man von diesen Phantasieauswüchsen hört, ist man versucht zu glauben, die CIA sei nicht einmal in der Lage, eine Scheune mit einem Luxus-Scharfschützengewehr zu treffen. Wie so häufig, wenn es darum ging, die Öffentlichkeit zu beruhigen, versteckten sich die Geheimnisträger der CIA auch hier hinter albernen Komödienszenarien.

In Wirklichkeit nahm man die Attentatspläne jedoch keineswegs auf die leichte Schulter. Schon 1960 bat der stellvertretende CIA-Direktor Richard Bissell seinen wissenschaftlichen Berater Sidney Gottlieb, verschiedene Mordtechniken zu untersuchen. Das Ergebnis der Forschungen in Gottliebs Labor war eine tragbare Mörderausrüstung, die eine tödliche biologische Substanz, Injektionsnadeln und Gummihandschuhe enthielt.

Gottlieb selbst überbrachte die Ausrüstung dem CIA-Abteilungsleiter in Afrika, der den Auftrag erhalten hatte, den kongolesischen Diktator Patrice Lumumba zu töten. Die Versuche, Lumumba zu vergiften, schlugen jedoch offensichtlich fehl. 1975 fand das Geheimdienstkomitee des Senats heraus, daß die CIA außerdem europäische Killer angeheuert hatte, um Lumumba zu beseitigen. Der Plan scheiterte daran, daß der Killer außer Kontrolle geriet „wie eine ungelenkte Rakete", wie der CIA-Chef der Außenstelle Kongo erklärte.

Die offizielle Version der Geschehnisse lautet, daß Lumumbas eigene Landsleute der CIA schließlich ihre schmutzige Arbeit abnahmen und ihren Führer im Januar 1961 ermordeten. Es gibt jedoch Zweifel daran, daß die CIA damit nichts zu tun hatte. In seinem Buch *In Search of Enemies* schreibt der CIA-Veteran John Stockwell, daß ein CIA-Offizier ihm gegenüber damit angegeben habe, er sei mit Lumumbas Leiche im Kofferraum seines Wagens herumgefahren.

Einige Monate nachdem Lumumba das Zeitliche gesegnet hatte, wurde Rafael Trujillo, der Herrscher der Dominikanischen Republik, ermordet. Obwohl die CIA Dissidenten, die offen die Ermordung Trujillos planten, großzügig mit Gewehren ausstattete, versicherte man später, es seien Einheimische gewesen, die ihren Führer durchlöchert hätten. Natürlich ist es dennoch möglich, daß sie dazu Waffen benutzten, die ihnen die CIA lieferte.

In *The Man Who Knew Too Much*, seinem Buch über das JFK-Attentat, untersuchte Dick Russell eine andere Möglichkeit. Er spürte einen

Colonel im Ruhestand namens Bill Bishop auf, von dem er gehört hatte, er sei „eine Art Auftragskiller für die CIA" gewesen, und sprach mit ihm. Freimütig erzählte Bishop: „Ich habe den Anschlag auf Trujillo verübt. Das war eine Mission, auf die ich ziemlich stolz bin, weil viele meiner Mitarbeiter sagten, sie sei unmöglich durchzuführen."

Obwohl einige Anschläge aus dieser Zeit die Handschrift der CIA trugen, scheinen die Aktionen, die auf die Initiative der CIA zurückgingen, stets erfolglos verlaufen zu sein, wenn man Eingeweihten wie dem früheren CIA-Direktor Richard Helms Glauben schenken darf. Im Februar 1960 beispielsweise billigte Helms einen Plan, nach dem der irakische Juntaführer Abdul Karim Kassem mit einem vergifteten Taschentuch „arbeitsunfähig" gemacht werden sollte. Zwar stellten die Hexenmeister der technischen Abteilung ein solches Taschentuch her, und es gelang auch, es Kassem auszuhändigen, aber offensichtlich bekam der General nie einen Schnupfen.

Wenn man an solche absurden Ideen wie Mord durch Naseputzen denkt, wird es vielleicht verständlich, daß sich die CIA dann doch lieber an die Mafia wendete, die in Sachen Liquidierung etwas mehr Erfahrung hatte. Im Falle Castros wurde man sich schnell einig, denn auch der Mafia lag die Ermordung des Kubaners am Herzen. Der Gangsterboß Meyer Lansky hatte bereits eine millionenschwere Belohnung auf Castros Kopf ausgesetzt. Castros Machtergreifung nach der kubanischen Revolution von 1959 paßte der Mafia, vorsichtig ausgedrückt, schlecht ins Konzept. Der kubanische Führer hatte die lukrativen Spielcasinos der Mafia in Havana konfisziert, die sogar noch mehr Profit abgeworfen hatten als die in Las Vegas.

Natürlich war die Zusammenarbeit mit der Mafia nichts Neues: Während des Zweiten Weltkriegs hatte der Marinegeheimdienst die Mafia dafür gewonnen, die New Yorker Hafengebiete gegen Saboteure zu schützen und die alliierte Invasion auf Sizilien zu unterstützen. (Für seine Bemühungen wurde der Gangsterboß Lucky Luciano vorzeitig aus dem Gefängnis entlassen, und die amerikanische und die sizilianische Mafia erlebten einen neuen Aufschwung.) Aber die Mafia mit der Ermordung Castros zu beauftragen, muß den Verantwortlichen als besonders hübsche Idee erschienen sein, und die Bosse der Cosa Nostra waren sehr angetan von der Vorstellung, eine mächtige Regierungsinstitution könnte dadurch in ihrer Schuld stehen.

Also machte die CIA mit Zustimmung von Direktor Allen Dulles und unter Vermittlung des für „schmutzige Tricks" zuständigen Mitarbeiters Robert Maheu der Mafia ein Angebot, das diese nicht ablehnen konnte: 150 000 Dollar für jeden, der „hart genug" sei, Castro auszuschalten – und, was noch wichtiger war, die Erlaubnis der Regierung, diesen Job zu erledigen. Maheu hatte für die CIA einige „sensible" Projekte durchgeführt, darunter eine Pornofilmproduktion mit einem Doppelgänger des indonesischen Präsidenten Sukarno und einen von Richard Nixon angeführten Propagandakrieg gegen den griechischen Schiffsmagnaten Aristoteles Onassis. (Laut Maheu sagte der hartgesottene Nixon, der sich sehr in die Intrige hineinsteigerte: „Wenn ihr den Bastard umbringen müßt, dann tut es wenigstens nicht auf amerikanischem Boden.")

Im Herbst 1960, zwei Monate vor John F. Kennedys knappem Wahlsieg, stellte Maheu dem CIA-Mitarbeiter Jim O'Connell seinen Kumpel John Roselli, einen Don aus Vegas, vor. In Miami machte Roselli die beiden Agenten mit dem Chicago-Paten Sam „Momo" Giancana und dem mächtigen Gangsterboß Santos Trafficante aus Florida bekannt. Giancanas und Trafficantes Interessen in Kuba waren empfindlich gestört worden, als Castro den Drogenmarkt und das Spielcasinogewerbe zerschlug. Trafficante war besonders verärgert, denn er hatte den kubanischen Markt kontrolliert, bevor Castro ihn nach der Revolution von 1959 einsperren ließ. Um ihre Identität zu verbergen, nahmen die Bosse verschiedene Decknamen an: Roselli wurde als „John Rawlston", Giancana als „Sam Gold" vorgestellt. Der furchteinflößende Trafficante wählte einen Namen, der seine Herkunft noch erkennen ließ: „Joe Pecora".

Die eifrige technische Abteilung stellte einige Botulin-Giftpillen her, die man in Suppe, Kaffee oder anderen Getränken auflösen konnte. Nachdem die Pillen noch verbessert und erfolgreich an Affen getestet worden waren, wurden sie im Februar 1961 Roselli ausgehändigt. Der Plan war, Castro die tödliche Pille von einem von Trafficantes kubanischen Kontaktpersonen verabreichen zu lassen. Der erste Versuch schlug fehl, weil der Attentäter, ein Mitglied des engsten Kreises Castros, seinen Job verlor. Der zweite Versuch im April ging ebenfalls daneben, angeblich deshalb, weil Castro auf einmal sein Lieblingsrestaurant nicht mehr besuchte.

Nach der fehlgeschlagenen Schweinebucht-Invasion im April 1961 ruhte der Mafiaplan für fast ein Jahr. Als er reaktiviert wurde, stufte man Maheu und Momo als Sicherheitsrisiken ein und ließ sie außen vor. (Edgar Hoover hatte davon Wind bekommen, daß Momo prahlte, er werde Castro umbringen, wodurch die CIA beinahe aufflog.) Helms bestimmte einen neuen Koordinator für das Projekt: den Trinker und Maulhelden William Harvey. Harvey gab dem „Mordbüro" der CIA den Codenamen ZR/RIFLE und leitete nun die Anti-Castro-Mission „Task Force W". In dieser zweiten Phase wurden elf Monate lang noch mehr Giftpillen, Gewehre und Sprengladungen eingesetzt, aber wieder scheiterten sämtliche Aktionen. Castro war immer noch wohlauf. Im Februar 1963 entband Harvey den Agenten Roselli von seinen Pflichten. Weder Harvey noch Helms hatten den CIA-Direktor McCone von der zweiten Phase der Mafia-Zusammenarbeit informiert.

Und was wußten die Kennedy-Brüder? Und seit wann? Diese Fragen wurden vom Church Committee des Senats eindringlich erörtert. Obwohl die CIA-Mitarbeiter sich darauf beriefen, sie hätten nur Anweisungen Kennedys befolgt, kam das Komitee zu keinem endgültigen Ergebnis. In seiner Biographie über Richard Helms, *The Man Who Kept the Secrets*, nannte Thomas Powers dieses trübe Gewässer „das tiefste aller Geheimnisse: Wer gab die Befehle?"

Wir wissen, daß die Mafia-Pläne schon vor JFKs Wahl unter der Regierung Eisenhower entstanden. Mehr als ein Jahr nach der ersten Zusammenarbeit zwischen CIA und Mafia wurde Justizminister Robert Kennedy in die Operation eingeweiht. Lawrence Houston, der damalige Hausanwalt der CIA, bezeugte, daß der jüngere Kennedy sich „wie verrückt" darüber aufgeregt habe, daß die Verfolgung Giancanas und anderer Gangsterbosse gefährdet worden sei, und erklärt habe: „Ich vertraue darauf, daß ihr es den Justizminister wissen lassen werdet, wenn ihr jemals wieder versuchen solltet, Geschäfte mit dem organisierten Verbrechen zu machen." Zu diesem Zeitpunkt waren Harvey, Helms und Roselli jedoch bereits eine verschworene Gemeinschaft.

Es gibt Hinweise darauf, daß John F. Kennedy bereits frühzeitig über die Mafia-Operation Bescheid wußte. Laut JFKs zeitweiliger Geliebter Judith Campbell Exner, die auch Giancanas Gangsterbraut war, führte der Präsident mit Giancana Gespräche, die sich um „die Eliminierung Castros" drehten. Andererseits gibt es aber auch Beweise, daß die Kennedy-Brüder zwar die ersten Attentatspläne unterstützten, den späteren aber eher kritisch gegenüberstanden. Robert Kennedy sagte zwei Mitarbeitern, daß er, als er vom ersten Mafia-Plan erfuhr, diesen „abgeblasen" habe. Er wurde mißverstanden. Gegen Ende des Jahres 1961 zog der Präsident die Mordpolitik eindeutig in Erwägung, als er den Journalisten Tad Szulc fragte: „Was würden Sie davon halten, wenn ich Castro umbringen lassen würde?" Szulc gab seiner Bestürzung Ausdruck, Kennedy stimmte ihm zu und sagte, seine Berater hätten ihn gedrängt, Castro töten zu lassen. Nach der Aussage des Senators George Smathers, selbst ein erbitterter Castro-Gegner, war JFK „entsetzt" über den Vorschlag, Castro zu ermorden, und „beklagte sich, daß die CIA beinahe autonom sei".

Die Kennedy-Brüder wußten offenbar nichts von einer weiteren Reihe von Versuchen der CIA, Castro auszuschalten, die im Herbst 1963 begann. Harveys Nachfolger Desmond FitzGerald (auf dessen Mist die Ideen mit dem vergifteten Taucheranzug und der explosiven Muschel gewachsen waren) begann damit, einen Agenten einzuweisen, der sich in einer idealen Position befand, um den kubanischen Führer zu töten: Rolando Cubela, ein Major der kubanischen Armee, war nicht nur ein Vertrauter Castros, sondern auch unzufrieden mit dem wachsenden Einfluß der Sowjets in Kuba. In einem kühnen Täuschungsmanöver traf FitzGerald (mit der Zustimmung von Helms) Cubela in Paris, wobei er sich als Robert Kennedys persönlicher Repräsentant ausgab, ohne daß dieser etwas davon wußte. (Cubela erzählte dem Journalisten Anthony Summers später, FitzGerald habe auch behauptet, Senator zu sein.) FitzGerald, der keinerlei Autorisierung für seine Vorgehensweise besaß, versprach Cubela, daß die US-Regierung ihm jede Unterstützung für einen Schlag gegen Castro geben würde. Anschließend ließ FitzGerald Cubela einen „Kugelschreiber" zukommen, mit dem man einem gewissen aufgeblasenen Herrscher das Gift „Blackleaf 40" injizieren konnte. Während die CIA jedoch über die Ausschaltung Castros verhandelte, hatte sich Kennedys harte Politik gegen Kuba bereits gemildert. Robert Kennedy befürwortete zwar immer noch „Nadelstiche" gegen Kuba, aber die Regierung schien ihren Kurs geändert zu haben. Zu Beginn des Jahres 1963, als die USA und die UdSSR über einen Atomteststop verhandelten, griff die Regierung scharf gegen „unautorisierte" Aktionen von

Exilkubanern gegen Kuba (und gegen sowjetische Schiffe, die dort vor Anker lagen) durch. Unter denen, die gefaßt und angeklagt wurden, waren auch Kontaktagenten der CIA. Anthony Summers schrieb in seiner Studie über die Ermordung JFKs, *J.F.K. Die Wahrheit über den Kennedy-Mord. (Ullstein-Verlag)*, daß Kennedy in den letzten Monaten seines Lebens „diplomatische Fühler" in Richtung Castro ausstreckte. Über einen amerikanischen Berater bei den Vereinten Nationen hatte Kennedy damit begonnen, Castro geheime Angebote zu machen – exakt zu der Zeit, als FitzGerald Cubela versicherte, die Kennedys würden ein Attentat auf Castro unterstützen. Obwohl die Geheimdiplomatie nicht über die Anfänge hinauskam (Kennedy wurde zwei Monate später ermordet), fand der Historiker und frühere Präsidentenberater Arthur Schlesinger das Timing der CIA merkwürdig. Gegenüber Summers sagte er: „Diese ganze Cubela-Aktion wirft weitreichende Fragen auf. Die CIA erneuerte ihre Mordpläne genau zu der Zeit, als Präsident Kennedy eine Normalisierung der Beziehungen zu Kuba in Betracht zog – eine außergewöhnliche Aktion. Wenn hier nicht Inkompetenz im Spiel war, was man bei der CIA nie ausschließen kann, war es ein bewußter Versuch, die nationale Außenpolitik zu sabotieren."

QUELLEN

Hinckle, Warren und William Turner. *Deadly Secrets*. New York: Thunder's Mouth Press, 1992.

Hougan, Jim. *Spooks: The Haunting of America – The Private Use of Secret Agents*. New York: William Morrow and Company, 1978.

Powers, Thomas. *The Man Who Kept the Secrets: Richard Helms and the CIA*. New York: Pocket Books, 1979.

Rodriguez, Felix I. und John Weisman. *Shadow Warrior*. New York: Simon & Schuster, 1989.

Russell, Dick. *The Man Who Knew Too Much*. New York: Carroll and Graf, 1992.

Senate Select Committee on Government Operations with Respect to Intelligence Activities. *Alleged Assassination Plots Involving Foreign Leaders*. Washington: U.S. Government Printing Office, 1975.

3
Der Traum vom besseren Menschen

Die folgenden zwei Zitate stammen beide aus dem Jahr 1925, und zwar von bekannten Persönlichkeiten, von denen man normalerweise nicht annehmen würde, daß sie viel gemeinsam hätten:

„Wer physisch und geistig krank und schwach ist, darf sein Leiden nicht an seine Kinder weitergeben. Der Staat muß seinen Bürgern durch Erziehung beibringen, daß Krankheit keine Schande, sondern ein Unglück ist, für das Menschen unser Mitleid verdienen – gleichzeitig ist es aber ein schändliches Verbrechen, dieses Unglück dadurch zu verschlimmern, daß man es aus purem Egoismus an unschuldige Kreaturen weitergibt."

„Es ist besser für die ganze Welt, wenn die Gesellschaft, anstatt degenerierte Nachkommen für ihre Verbrechen hinzurichten oder wegen ihrer Schwachsinnigkeit verkümmern zu lassen, die offensichtlich Lebensunfähigen daran hindern kann, sich fortzupflanzen."

Die zweite Meinung stammt von Richter Oliver Wendell Holmes vom amerikanischen Supreme Court, der der Mehrheitsmeinung im Fall *Buck gegen Bell* Ausdruck gab. Die erste ist ein Zitat aus *Mein Kampf* von Adolf Hitler. Eugenik war nicht nur etwas für Nazis.

Die Maßnahmen zur „Rassenhygiene" im Nazi-Deutschland stellten zwar die fürchterlichste Anwendung eugenischer Theorien dar, aber sie waren weder die erste noch die letzte. Im frühen 20. Jahrhundert gab es in vierzehn Staaten, darunter auch die USA, eugenische Gesetze in irgendeiner Form. In den ersten drei Jahrzehnten dieses Jahrhunderts wurden in dreißig US-Bundesstaaten Sterilisationsgesetze verabschiedet. Nach einer Schätzung wurden sechzigtausend Menschen „legal" sterilisiert. Die Dunkelziffer ist aber vermutlich sehr hoch, weil es über viele Operationen in Strafanstalten und Psychiatrien keine Aufzeichnungen gibt.

Die USA waren tatsächlich die erste Industrienation, die Gesetze zur Rassenreinerhaltung erließ. Im späten 19. Jahrhundert wurden in Michigan und Massachusetts viele psychiatrische Patienten und junge Männer kastriert, die genetische Fehler wie „chronische Epilepsie", „Schwachsinn" und „Masturbation mit Geistesschwäche" aufwiesen.

Die Methode der Kastration erschien der Öffentlichkeit wohl doch etwas zu unappetitlich, so daß die Vasektomie für Männer und die Salpingektomie für Frauen die bevorzugten Sterilisierungtechniken wurden.

Im Gegensatz zu Richter Holmes befürworteten nicht alle Gerichte Sterilisationsgesetze. 1912 lehnte der Oberste Gerichtshof in Jersey ein Gesetz zur Sterilisation von „Geistesschwachen" ab, zu denen nach dem Wortlaut der Gesetzesvorlage „Idioten, Schwachsinnige und Trottel" gehörten.

Die eugenikfreundlichen Gesetzgeber waren von „Schwachsinnigen" und „Idioten" geradezu besessen. In Indiana sollte per Gesetz „die Fortpflanzung nachweislicher Krimineller, Idioten, Schwachsinniger und Vergewaltiger verhindert werden." In Kalifornien, wo mehr Menschen sterilisiert wurden als in jedem anderen Staat, war (mit ärztlicher Empfehlung) die „Entsexualisierung aller Idioten" sowie aller Gefängnisinsassen erlaubt, die Anzeichen „moralischer und sexueller Degenerierung" zeigten. In Iowa richtete sich ein entsprechendes Gesetz gegen Menschen, die „Kinder mit einer Tendenz zu Krankheit, Deformation, Verbrechen, Geistesgestörtheit, Schwachsinn, Idiotie, Epilepsie oder Alkoholismus" zeugen könnten.

Obwohl die Gerichte oft im Widerspruch zu den eugenischen Gesetzen urteilten, wurden die Sterilisationsprogramme weiter fortgesetzt, und die meisten dieser Gesetze blieben bis in die 70er und 80er

Jahre in Kraft, wenn sie auch seit Beginn des Jahrhunderts, als man beispielsweise in Kalifornien 6200 „Schwachsinnige" sterilisierte, nicht mehr angewendet wurden.

Die Diagnose der „Schwachsinnigkeit" basierte im wesentlichen auf der damals noch sehr jungen Erfindung des IQ-Tests und auf den recht willkürlichen Ansichten der Wissenschaftler darüber, was als angemessenes Benehmen zu gelten hatte. Nach diesen Maßstäben wurden nicht nur „Idioten, Schwachsinnige und Trottel", sondern auch ganze ethnische Gruppen als „minderwertig" eingestuft. Interessanterweise gibt es keinen einzigen Bericht darüber, daß jemals ein Wissenschaftler seine eigene Volksgruppe als „minderwertig" bezeichnet hätte.

Verrückte Rassentheorien mit pseudowissenschaftlicher Begründung gab es spätestens seit der industriellen Revolution. Mit der Industrialisierung wuchs der Wohlstand rapide an, und es sah so aus, als würden bald alle daran teilhaben können. Gleichzeitig entstand aber eine Klasse der Unglücklichen, die die Maschinerie dieses Wohlstandes in Gang halten mußten. Natürlich mußten die Eigentümer eine halbwegs glaubwürdige Erklärung dafür geben, warum sie sich eine Villa in Newport verdient hatten, während alle anderen neunzehn Stunden pro Tag in der Fabrik schuften und aufpassen mußten, daß sie nicht mit ihren Fingern in die Maschinen gerieten. Die Antwort war der Sozialdarwinismus, also die pseudobiologische Behauptung, daß manche Menschen dafür geboren wurden, für sechs Dollar pro Stunde Asbeststaub einzuatmen, während andere aufgrund ihres genetischen Codes für Handys und Strandhäuser in Malibu prädestiniert waren.

Schon immer stammten die enthusiastischsten Befürworter der Eugenik aus der gesellschaftlichen Oberschicht. David Starr Jordan, der Präsident der Universität von Stanfort, war auch der Vorsitzende von „Cold Spring Harbor", dem ersten Biolabor, in dem bessere Menschen erschaffen werden sollten. Mrs. E. H. Harriman stiftete der eugenischen Denkfabrik Eugenics Records Office (ERO) 15 000 Dollar und zahlte die Gehälter aus ihrer eigenen Tasche. John D. Rockefeller, dessen Nachkommenschaft die herrschende Klasse Amerikas personifizierte, war der zweitwichtigste Geldgeber des ERO. Die erste „Rassenverbesserungskonferenz" fand in Battle Creek (Michigan) auf Initiative von Dr. John Harvey Kellogg statt, dessen Familienunternehmen immer noch die Nummer Eins in der westlichen Welt beansprucht (ein wahrer Beitrag zur Verbesserung der menschlichen Spezies, wenn es je einen gab).

Die Plutokraten wurden durch Wissenschaftler unterstützt, von denen viele hervorragende Reputationen hatten. Diese Forscher unternahmen unglaubliche Anstrengungen, um zu „beweisen", daß Schwarze dumm, Juden habgierig, Mexikaner faul und Frauen nuttig sind – und welche Folgerungen daraus zu ziehen seien. Reiche Weiße mit guten Tischmanieren galten dementsprechend als genetisch überlegen. Diese gigantische Zeitverschwendung begann, als der viktorianische Engländer Sir Francis Galton seine Erkenntnis veröffentlichte, daß die meisten „hervorragenden" Mitglieder der britischen Gesellschaft ebenso hervorragende Eltern hatten. Diese Tatsache mag heute nicht mehr wie eine besondere Offenbarung erscheinen, aber auf Galton wirkte sie anscheinend so umwerfend, daß er sich keine andere Ursache als die reine Erblichkeit mehr vorstellen konnte. Charles Darwin persönlich würdigte Galtons „bewundernswerte Bemühungen", die Überzeugung zu verbreiten, daß „Genialität dazu tendiert, vererbt zu werden." Galton führte den Begriff *Eugenik* ein, um die Züchtung besserer Menschen zu propagieren. Wie viele andere Theoretiker seiner Zeit behauptete er, Schwarze stünden auf der Evolutionsleiter unter den Weißen. Wie eine häßliche Warze scheint diese alberne Überzeugung einfach nicht verschwinden zu wollen.

Sogar noch in den 60er Jahren vertrat Henry Garrett, ein Psychologe von der Columbia University, die Auffassung, Menschen mit afrikanischer Abstammung lägen entwicklungsgeschichtlich 200 000 Jahre hinter solchen mit hellerer Hautfarbe zurück. In der Zeit der Bürgerrechtsbewegung verurteilte er die Aufhebung der Rassentrennung, die unweigerlich auch die sexuelle Vermischung von Schwarzen und Weißen zur Folge haben würde, als durch Zucht hervorgerufene Degenerierung („Breeding down").

Immer noch wird versucht, bestehende Klassenstrukturen auf biologische Schemata zu übertragen, und bemerkenswerterweise beschränken sich diese Bemühungen nicht auf Mitglieder des Ku-Klux-Klan oder cryptofaschistische Außenseiter (wie zum Beispiel im Falle des pseudowissenschaftlichen Projekts, bei dem bewiesen werden soll, daß der Holocaust nie stattgefunden hat). Die wohlwollenden Reaktionen der Medien auf fragwürdige Elaborate wie das Manifest des

Harvard-Ameisenexperten Edward O. Wilson aus dem Jahre 1975, *Sociobiology: The New Synthesis*, und den Nachfolgeartikel von 1978, *On Human Nature* (z.B. eine schmeichlerische Titelgeschichte im *Time*-Magazin und ein Pulitzerpreis für Wilson), zeigen, daß die Mächtigen immer noch ein großes Interesse an der Idee haben, manche Leute seien von Geburt an besser als andere.

Das Thema ist auch heute noch aktuell. Der „Pioneer Fund", der 1937 gegründet wurde, um „Studien zum Problem der Verbesserung der menschlichen Rasse" zu finanzieren, vergab auch 1989 noch Stipendien. Die Forscherin Linda Gottfredson von der Universität Delaware bekam 174 000 Dollar, um den mutmaßlichen Zusammenhang zwischen Rassenzugehörigkeit und Arbeitsleistung zu untersuchen. Der Pioneer Fund sei nicht rassistisch, sagte Verbandspräsident Harry Weyher, ein New Yorker Rechtsanwalt. Er kümmere sich nur um „Probleme der Erblichkeit innerhalb der menschlichen Rasse."

Von der Überzeugung, daß manche Menschen erbbedingte „Probleme" hätten, ist es nur ein kurzer Sprung zur Befürwortung eugenischer Aktionen. William Shockley, der mit dem Nobelpreis ausgezeichnete Elektronik-Pionier, machte den völlig ernst gemeinten Vorschlag, Schwarzen mit niedrigem IQ eine Prämie von 1000 Dollar pro Punkt unter IQ 100 zu zahlen, wenn sie sich sterilisieren ließen.

Doch niemand verkörpert das Bedürfnis der Oberschicht, ihre Existenz in wissenschaftlichen Begriffen zu rechtfertigen, besser als Konrad Lorenz. Der bahnbrechende österreichische Verhaltensforscher, der sich mit der genetischen Grundlage von Verhaltensmustern beschäftigte und auf den sich Wilson immer wieder berief, wurde am 28. Juni 1938 in die NSDAP aufgenommen. 1942 schrieb Lorenz einen Artikel über die Prinzipien der Verhaltensforschung, in dem er für eine „selbstbewußte, wissenschaftlich fundierte Rassenpolitik" unter der Leitung „unserer besten Individuen" eintrat, die das Ziel einer „ernsthafteren Eliminierung moralisch minderwertiger Menschen" verfolgen sollte. Genau dieses Programm lief zu dieser Zeit bereits an, und zwar unter der Führung genau jener „besten Individuen", die Lorenz in ihre Partei aufgenommen hatten.

Lorenz' Bestseller *Das sogenannte Böse* enthielt größtenteils dieselben Ideen, auch wenn sie in einer politisch unverfänglicheren Sprache formuliert waren. Das Buch, in dem Lorenz sein Lebenswerk öffentlichkeitswirksam darlegte, bezeichnete ein Journalist als „geeignet, die Vorurteile der autoritären Rechten zu bestätigen".

Trotz weltweiter Proteste der Gelehrten, die von seiner Vergangenheit wußten und die unveränderte ideologische Ausrichtung seiner Überzeugungen durchschauten, fuhr Lorenz 1973 nach Stockholm, um seinen Nobelpreis entgegenzunehmen.

QUELLEN

Chorover, Stephan L. *From Genesis to Genocide: The Meaning of Human Nature and the Power of Behaviour Control.* Cambridge, Mass.: MIT Press, 1983.

Parfrey, Adam. „Eugenics: The Orphaned Science." *Apocalypse Culture,* hrsg. v. Adam Parfrey. Los Angeles: Feral House, 1990.

Reilly, Philip R. *The Surgical Solution: A History of Involuntary Sterilization in the United States.* Baltimore: Johns Hopkins University Press, 1991.

Ein Großteil dieses Kapitels basiert auf Forschungsergebnissen, die von G. Lawrence Vankin zusammengestellt wurden.

4
Die Katastrophen-
behörde

D ie Welle von Hurricanes, Erdbeben und anderen Naturkata-
strophen, die Amerika in den späten 80er Jahren heimsuchte,
schien die Federal Emergency Management Agency (FEMA)
zu verwirren. Anstatt den Opfern die dringend benötigte Hilfe zukommen zu lassen, verhielt sich die Bürokratie ungeschickt und zögerlich.
Wenn es sich allerdings um etwas vertrautere Katastrophenszenarien gehandelt hätte, z.B. ein nuklearer Krieg, eine ausländische Invasion oder
ein Aufstand von Radikalen, hätte die FEMA ganz genau gewußt, was
zu tun wäre: subversive Elemente in nationale Inhaftierungszentren
sperren, das Kriegsrecht erklären, die amerikanische Verfassung außer
Kraft setzen und von unterirdischen Bunkern aus regieren, bis sich die
Apokalypse schließlich beruhigt und erledigt hätte.

Die meisten Amerikaner hatten noch nie etwas von dieser obskuren
Regierungsinstitution gehört, bis der Kolumnist Jack Anderson im Oktober 1984 berichtete, die FEMA habe ein „Standrecht" vorbereitet, das
im Falle einer nationalen Krise „die Verfassung und die Grundrechte ersetzen, Freiheit und Privateigentum abschaffen und den Amerikanern ein
totalitäres Regime aufzwingen" würde. In jeder Bananenrepublik hätte
man ein solches Dokument als Plan für einen Staatsstreich bezeichnet.
Die FEMA nannte es „Maßnahmen zur nationalen Sicherheit".

Die Hysterie des Kalten Kriegs erklärt dieses verschwörerische Ränkeschmieden der FEMA während der Reagan-Ära nur teilweise. Um zu verstehen, wie es dazu kam, daß eine Katastrophenhilfsorganisation sich selbst als eine Art „Junior-CIA oder -FBI" betrachtete, wie es ein Kritiker formulierte, sollte man sich den geistigen Hintergrund der Reagan-Revolution in Erinnerung rufen. 1981 marschierte Reagan mit seinen erzkonservativen Truppen in Washington ein, um ein Feuer zu löschen, das in Wirklichkeit schon längst von selbst niedergebrannt war. In den Augen der neuen Regierung stellten die Hippies, die militanten Minderheiten und umstürzlerischen Radikalen der 60er und frühen 70er Jahre immer noch eine deutliche und aktuelle Gefahr dar.

So entstand die FEMA – oder, genauer gesagt: So wurde sie wiedergeboren. Jimmy Carter hatte sie als Leitstelle für Katastrophenhilfe und Zivilverteidigung konzipiert, aber unter Reagan änderte sie ihre Zielsetzung sofort und betrachtete friedliche Demonstranten nun als bombenwerfende Terroristen. Die Leitung der Behörde übergaben Reagan und sein Berater und späterer Justizminister Edwin Meese III. ihrem alten Freund „General" Louis O. Giuffrida, einem von der Geheimniskrämerei besessenen ehemaligen Offizier der California National Guard, der es bevorzugte, mit dem Rang angesprochen zu werden, den er früher in dieser Organisation innegehabt hatte. Giuffrida war für das, was Reagan und Meese vorschwebte, absolut qualifiziert.

In den späten 60er und frühen 70er Jahren war Giuffrida der Terrorismusberater des damaligen Gouverneurs Reagan gewesen und gründete auf dessen Anweisung das California Specialized Training Institute (CSTI), eine Schule für Polizei- und Militärkommandos. Ein Zitat aus einem der ersten CSTI-Handbücher: „Legitime Gewaltanwendung ist ein integraler Bestandteil unserer Regierungsform, denn nur durch sie können wir damit fortfahren, Schwächen auszumerzen."

Giuffrida und Meese (Gouverneur Reagans damaliger Chefassistent) halfen bei der Erstellung eines Plans zur Befreiung Kaliforniens von militanten *und* friedlichen Protestlern. Im Zuge der Operation „Cable Splicer", ein ziviler Anti-Aufrührer-Plan als Gegenstück zum militärischen „Garden Plot", wurden verdächtige Radikale ausspioniert und Aufständen wie legalen Demonstrationen dieselbe Aufmerksamkeit geschenkt.

Aber während die 70er Jahre viel Beschäftigung für militärische und zivile Verteidigungsstrategen bot, erlebten die frühen 80er eine wahre Renaissance der Kalten Krieger. Als Reagan die selbstzufriedenen Amerikaner vor dem „Reich des Bösen" und den „kommunistischen Horden" warnte (die bereits südlich von Texas ihre Zelte aufgeschlagen hatten, wie er behauptete), entwickelte das Pentagon Pläne für den *Vierten* Weltkrieg – eine Beschränkung der Vorbereitungen auf den Dritten Weltkrieg wäre ja auch unverantwortlich kurzsichtig gewesen. In der Zwischenzeit brachte Giuffrida die FEMA auf Vordermann. Schilder mit einer Warnung für die Angestellten wurden angebracht: „Sicherheit geht jeden an!" Ein neues Telefonsystem wurde installiert, um jede gewählte Nummer aufzeichnen zu können, und es gingen Memos herum, die den Angestellten persönliche Telefongespräche untersagten. Eines lautete: „Wenn Sie zu Hause anrufen, um mitzuteilen, daß Sie vielleicht etwas später kommen, kann das eine Geldbuße oder die Kündigung zur Folge haben."

Von der FEMA gesponserte Konferenzen beschäftigten sich mit der Möglichkeit, „radikale Umweltschützer" könnten sich mit Terroristen verbünden und böse Dinge mit Atomkraftwerken anstellen. Manche Ideen der FEMA ließen sogar die LSD-Spielereien der CIA vergleichsweise harmlos erscheinen. Laut Donald Goldberg, der Jack Anderson bei den Recherchen für seine Kolumne unterstützte, wiesen Regierungswissenschaftler die FEMA in Kontrolltechniken ein wie „stimulierende oder beruhigende Injektionen für Terroristen, um ihre Aktionen in Krisenzeiten beeinflussen zu können, oder Bestrahlungen mit Mikrowellen, um ihre Wahrnehmung zu verändern".

In dieser beschränkten Trenchcoat-Atmosphäre war es wohl unvermeidlich, daß ein Lieutenant Colonel Oliver North seinen Weg zu Giuffridas FEMA finden mußte. Es ist aktenkundig, daß der Iran-Contra-Mann als Verbindungsmann zum Weißen Haus und zum Nationalen Sicherheitsrat mit Giuffrida zusammenarbeitete, um geheime Pläne für Kriegszeiten zu entwickeln, die möglicherweise auch die Außerkraftsetzung der Grundrechte vorsahen. Zwar stritt North ab, beim Entwurf eines solchen Plans mitgewirkt zu haben, jedoch wurde er vom Iran-Contra-Untersuchungsausschuß zu diesem Punkt nie eingehend befragt. Als der texanische Vertreter Jack Brooks North nach seiner Arbeit für die FEMA fragte, entzog der Vorsitzende Daniel

Inouye Brooks das Wort, weil die Frage sich angeblich auf Staatsgeheimnisse beziehe. So überzeugend wirkte die Behauptung der FEMA, sich mit Fragen der „nationalen Sicherheit" zu befassen.

Die Kriegsszenarien der FEMA wurden in einer Reihe von Simulationen getestet, die in Verbindung mit Manövern des Pentagons durchgeführt wurden. Anfang 1984 trafen sich Vertreter der FEMA, des Militärs und der Regierung unter strengster Geheimhaltung, um eine „Bereitschaftsübung" mit dem Codenamen „Rex-84" zu planen.

Die FEMA koordinierte Rex-84 mit der militärischen Operation „Night Train 84", bei der im April 1984 Tausende von Soldaten in Honduras in der Nähe von Versorgungsbasen der Contras stationiert wurden. Das Szenario der FEMA ging von einer internationalen Krise aus – voraussichtlich eine US-Invasion in Nicaragua –, in deren Verlauf es zu „unkontrollierten Bevölkerungsbewegungen" (wie ein geheimes FEMA-Memo es umschrieb) kommen würde, d.h. Horden von „Flüchtlingen" würden über die mexikanische Grenze in die Vereinigten Staaten eindringen.

Nach Angaben eines Artikels im *Penthouse*-Magazin vom August 1985, der von Goldberg mitverfaßt wurde, ließ die FEMA während dieser Übung 400 000 fiktive „Ausländer" innerhalb von sechs Stunden zusammentreiben und in Militärlagern überall in den Vereinigten Staaten inhaftieren. Die FEMA rechtfertigte die Konzentrationslager offenbar mit der Vermutung, unter den Flüchtlingen würden Terroristen rekrutiert.

Goldberg bemerkte allerdings, daß die Beschaffenheit des Geländes an der mexikanischen Grenze das illegale Eindringen von Hunderttausenden höchst unwahrscheinlich machte. Mehrere Kritiker äußerten daher die Vermutung, das Rex-84-Szenario sei in Wirklichkeit eine Übung zur Inhaftierung *amerikanischer* Bürger – ein Plan wie „Cable Splicer" oder „Garden Plot", um öffentliche Proteste zu unterdrücken, die durch umstrittene Regierungsaktionen verursacht werden könnten, wie z.B. eine Invasion in Zentralamerika.

Tatsächlich hatte Giuffrida Konzentrationslager für Amerikaner bereits in Betracht gezogen. In einer Schrift, die er 1970 als Armeeschüler verfaßt hatte, entwickelte er einen Plan zur Einkerkerung schwarzer Radikaler und beschrieb den Bau und die Verwaltung von Inhaftierungslagern.

Daß Rex-84 sich nicht nur mit illegalen Einwanderern befaßte, ist sicher. Ein stark zensiertes FEMA-Memo, das in den Besitz des *Miami Herald* gelangte, beschrieb die Phase Alpha Zwei der Übung als einen Test für „Notstandsgesetze, außerordentliche Machtübernahme etc." – mit anderen Worten: Kriegsrecht.

Der gemeinsame Kriegsrechtsplan des Militärs und der FEMA war mehr als nur eine Simulation. Kurz vor der Rex-84-Übung hatten die Verantwortlichen im Pentagon ein internes Dokument vorbereitet, in dem es um das angebliche Recht des Militärs ging, in Krisenzeiten das Kriegsrecht auszurufen, die lokale Polizei zu übernehmen und sogar die Rechtssprechung zu kontrollieren – eine zumindest zweifelhafte Behauptung: Der „Posse Comitatus Act" verbietet es dem Militär, innerhalb der Vereinigten Staaten zu operieren, was durch eine Entscheidung des Obersten Gerichtshofes bestätigt wurde.

Aber Giuffrida war bereits als Anhänger des Kriegsrechts bekannt. In einem CSTI-Handbuch von 1972 beschrieb er das Kriegsrecht als „legales Mittel zur Kontrolle der Bevölkerung während ziviler Unruhen", wozu auch die „Ersetzung aller zivilen Regierungen durch das Militär" gehörte.

Dieses „Standrecht", das der Kolumnist Anderson der Öffentlichkeit bekannt machte, bedeutete nichts anderes als einen amerikanischen Polizeistaat. Der Entwurf mit dem Namen „Defense Resources Act" würde wahrscheinlich Staub ansetzen, bis er bei einer echten Krise dem vielbeschäftigten Kongreß zur schnellen Zustimmung vorgelegt werden würde. Das Notstandsgesetz mit dem harmlos klingenden Titel gäbe dem Präsidenten in Wirklichkeit beinahe diktatorische Vollmachten, z.B. das Recht, die Kommunikation zu zensieren, Streiks gegen die Regierung zu verbieten, die Industrie zu verstaatlichen, Privateigentum zur „nationalen Verteidigung" zu beschlagnahmen und Treueeide für den Staat zu erzwingen.

Zusätzlich zum „Defense Resources Act" bereitete die FEMA einen Präsidentenbefehl vor, der im „Notfall" vom amtierenden Kommandeur in Kraft gesetzt werden sollte. Durch den Befehl würde die FEMA die Kontrolle über sämtliche Regierungsbehörden übernehmen. Laut *Miami Herald* diente der Befehl dazu, den Kongreß und die verfassungsmäßige Demokratie vollkommen auszuschalten.

Der ambitionierte FEMA-Plan wurde jedoch kurz nach der Rex-84-

Übung zurechtgestutzt, als Justizminister William French Smith sich über die Machtgelüste der Behörde beschwerte. In einem Brief an Norths Vorgesetzten (und Iran-Contra-Mitverschwörer) Robert McFarlane warnte Smith davor, die FEMA wolle sich selbst zum „Notfall-Zar" aufschwingen, und kritisierte, die großzügige FEMA-Definition einer Krise umfasse auch „routinemäßige innenpolitische Notfälle". Smiths Bedenken bedeuteten offenbar das Aus für den Entwurf eines Notstands-Präsidentenbefehls.

Obwohl das ganze Ausmaß der „Rex-84-Spiele" immer noch im Dunkeln liegt, ist die Verbindung zu Oliver North besonders interessant, da North zur gleichen Zeit mit dem Pentagon und der CIA Pläne für den Einsatz von Streitkräften in Zentralamerika entwickelte. War die FEMA in den von North koordinierten Iran-Contra-Skandal verwickelt? Da der Kongreß diese Spur nicht weiter verfolgte, haben wir darüber keine Gewißheit, aber es gibt entsprechende Behauptungen. Daniel Sheehan, Anwalt in der Kanzlei Christic Insitute, äußerte den Verdacht, Rex-84 habe zur Tarnung illegaler Waffenlieferungen für die nicaraguanischen Contras gedient. Unter Berufung auf ungenannte Quellen (darunter angeblich ein Mitglied der Rechtsabteilung der FEMA) behauptete Sheehan, die FEMA habe „Hunderte von Tonnen kleiner Waffen und Munition" an zivile Milizen in „Staatsverteidigungskräften" in den USA verteilt.

Seit den ersten Tagen der Reagan-Regierung hatte die FEMA die Behörden darauf gedrängt, solche Staatsverteidigungskräfte zu bilden, die bei einer nationalen Krise als paramilitärische Polizei fungieren sollte. In mehreren Staaten wurden durch Anzeigen in einschlägigen Magazinen Milizen rekrutiert. In einigen Fällen mußte man dafür auf Neonazis, Rassisten und ähnlich zweifelhafte Charaktere zurückgreifen. Laut Sheehan wollte die FEMA während der Rex-84-Kriegssimulation Waffen und Munition an die Staatsverteidigungskräfte verteilen. Anschließend sollten die Milizen nur die Hälfte der Waffen zurückgeben und den Rest zu den Contras schmuggeln, um auf diese Weise das Kongreßverbot von Waffenlieferungen für die nicaraguanische Guerrilla zu umgehen.

Obwohl dieser Plan durchaus in das Konzept der North-Verschwörung passen würde, kann man sich kaum vorstellen, wie die FEMA die Ausgabe von Waffen und Munition für eine Kriegssimulation gerechtfertigt hätte. Da Sheehan nie die Möglichkeit bekam, seinen Fall vor ein Gericht zu bringen (ein Richter wies seinen Antrag zurück und bezeichnete ihn als „frivol"), muß man seine Theorie wohl in die Kategorie „interessante Spekulation" einordnen.

Weitere Vermutungen über die Verwicklung der FEMA in den Iran-Contra-Skandal entstanden, als Ermittler des Senats den Tip bekamen, daß Frachtflugzeuge vom Typ C-130 und C-141 nach Texas geschickt werden sollten. Da diese Flugzeuge mit Truppensitzen ausgestattet waren, hatten die Ermittler den Verdacht, daß sie zum geheimen Transport von Truppen nach Zentralamerika eingesetzt werden sollten. Die FEMA verwies darauf, die Flüge seien Teil ihres streng geheimen Programms „Regierungskontinuität" („Continuity of Government" = COG) und weigerte sich, nähere Auskünfte zu erteilen.

COG war eine weitere Leidenschaft der FEMA. Das Programm garantierte der FEMA beim Untergang der Nation das letzte Wort. Während die Naturkatastrophenpläne in den 80er Jahren langsam verstaubten, entwickelte die FEMA recht phantasievolle Überlebensstrategien für einen Nuklearkrieg, wobei man sich hauptsächlich auf das Überleben der Regierung konzentrierte. Und der Rest? Reagans stellvertretender Untersekretär für Verteidigung machte folgenden Vorschlag: „Graben Sie ein Loch, bedecken Sie es mit einigen Türen und schaufeln sie einen Meter Erde darüber. Wenn genügend Schaufeln zur Verfügung stehen, wird jeder überleben."

Dank der FEMA kam die Regierung in den Genuß einer weitaus luxeriöseren Zuflucht: eine geheime unterirdische Befestigungsanlage, die in den frühen 50er Jahren für mehr als eine Milliarde Dollar gebaut wurde (und einen Vorläufer der späteren ausgefeilten James-Bond-Kulissen darstellte). Es handelt sich dabei, soweit bekannt, um eine Art Weißes Haus für den nuklearen Winter und befindet sich unter den Granitschichten des Mount Weather in Bluemont (Virginia), etwa siebzig Kilometer westlich von Washington. Die Anlage wurde als „unterirdische Stadt" mit Straßen und einer batteriebetriebenen U-Bahn beschrieben. Es gibt Bürogebäude und Krankenhäuser, Privatwohnungen und Schlafsäle, eine Energieanlage und einen künstlichen See, der von fluoreszierenden Lichtern erhellt wird. Die Science-Fiction-Kulisse wird abgerundet durch ein Bildtelefonsystem und einen der leistungsfähigsten Supercomputer der Welt.

Im Falle einer größeren nuklearen oder sonstigen Katastrophe würden die überlebenden Regierungsmitglieder das Land von dieser Anlage und von der unterirdischen Kommandozentrale der FEMA in Olney, Maryland, aus regieren. Außerdem stünden noch fünfzig regionale, im ganzen Land verteilte Bunker zur Verfügung. Nördlich von Camp David gibt es sogar ein unterirdisches Pentagon in über 180 Metern Tiefe.

Leider würde die Regierung, die bei einer nationalen Katastrophe das Schicksal der ehemaligen USA bestimmen würde, aus bis dahin völlig unbekannten Personen bestehen. Der COG-Plan der FEMA listet mehr als dreitausend durch keine Wahl legitimierte und gegenüber niemandem verantwortliche Personen auf, die von der FEMA ausgesucht und ausgebildet wurden, „im Falle eines nationalen Notstandes leitende Regierungspositionen zu besetzen".

Die FEMA unter der Leitung von Giuffrida bekam nie die Gelegenheit, sich in ihre Maulwurfsstädte zurückzuziehen, per Fernsteuerung zu regieren oder die Anwendung „legitimer Gewalt" zu demonstrieren. Giuffrida trat 1985 zurück, und zwar unter dem Druck von Vertretern des Pentagon und des FBI, die in dem ehrgeizigen „General" eine viel näherliegende Bedrohung sahen: die Gefährdung ihrer Zuständigkeitsbereiche.

QUELLEN

Chardy, Alfonso. „North Helped Revise Wartime Plans." *Miami Herald*, 9. Juli 1987.

Emerson, Steven. „America's Doomsday Project." *U.S. News & World Report*, 7. August 1989.

Goldberg, Donald und Indy Badhwar. *Penthouse*, August 1985.

Peck, Keenen. „The Take-Charge Gang." *The Progressive*, Mai 1985.

Poundstone, William. *Im Labyrinth des Denkens*, Reinbeck: Rowohlt Verlag, 1992.

Sheehan, Daniel P. *Affidavit of Daniel P. Sheehan*. 12. Dezember 1986.

5
Biokrieg

Niemand weiß, wer zuerst auf die geniale Idee kam, daß man unkontrollierbare tödliche Krankheiten als Waffen einsetzen könnte. Vielleicht der Tartar aus dem 14. Jahrhundert, der die Leichen seiner Kameraden, die während der dreijährigen Belagerung der Stadt Caffa am Schwarzen Meer an der Pest gestorben waren, über die Stadtmauern katapultieren ließ? Ein raffinierter Schachzug – wenn auch ein bißchen kurzsichtig. Die Bewohner flohen zwar aus der Stadt, verbreiteten die Bazillen dann aber in ganz Europa. Oder war es vielleicht jener Deutsche, der im Ersten Weltkrieg die Überlegung anstellte, daß Milzbrand geeignet sein könnte, den Viehbestand in Europa zu dezimieren?

Es ist nicht wichtig, wer zuerst auf die Idee kam. Tatsache ist, daß die Genfer Konvention von 1925, durch die die biologische Kriegsführung eingeschränkt werden sollte, für deren größten Aufschwung verantwortlich war. Am 17. Juni 1925 unterzeichneten die meisten Weltmächte ein Dokument zum Verbot biologischer Waffen. Zwei wichtige Nationen fehlten jedoch: Die USA unterzeichneten nicht, was insofern erstaunlich war, als Amerika bisher kaum Interesse an der Produktion bakterieller Waffen gezeigt hatte. Das Fernbleiben der zweiten Nation hatte andere Gründe. Durch die Anregung des ehrgeizigen und (in negativer Hinsicht) visionären Militärarztes Shiro Ishii träumte Japan davon, seine Feinde mit Krankheiten zu infizieren. Ein Jahrzehnt später besetzte Japan die Mandschurei, und

Ishii befehligte mit der Vollmacht des Kaisers sein eigenes Biokrieg-Reich.

Zentrum der großangelegten Aktion war die abgelegene mandschu-rische Stadt Pingfan, und die zuständige Einheit 731 wurde euphemi-stisch als „Antiepidemische Wasserversorgungseinheit" bezeichnet (heute besser bekannt als „Ishii-Corps"). Die Forschungsmethoden der Einheit 731 waren wissenschaftlich schlampig und ethisch – nun ja – nicht ganz in Ordnung. Die Versuchskaninchen waren Menschen: zu-erst Koreaner, Chinesen und Russen, und später, als Japan gegen den Westen Krieg führte, amerikanische, britische und australische Gefan-gene. Sie wurden verschifft und in ein Lager in der Nähe der abgele-genen mandschurischen Stadt Mukden gebracht. Dort wurden sie von einem maskierten medizinischen Begrüßungskomitee empfangen, das ihnen eine undefinierbare Flüssigkeit ins Gesicht sprühte, Glassonden in den Rücken rammte und ein geheimnisvolles Serum injizierte.

Erwartungsgemäß starben viele der Soldaten. Ihre Leichen wurden jedoch keineswegs nach üblichen Seuchen-Vorsichtsmaßnahmen ent-sorgt. Das gruselige Wissenschaftlerteam sezierte die Leichen. Diese Praktiken waren für Ishiis Einheit 731 Routine. Das ausgedehnte Krankheitsreich umfaßte vermutlich große Teile Ostasiens. Allein in Pingfan produzierten Bakterienfabriken acht Tonnen Gift pro Monat. Außerdem gab es eine riesige Flohfarm, denn Flöhe waren nützlich für die Übertragung von Ishiis Lieblingskrankheit, der Beulenpest. Ishiis Einheit warf über mehreren chinesischen Städten „Flohbomben" ab und verursachte dadurch den Ausbruch der Pest.

Die Einheit 731 infizierte Tausende von Menschen, darunter auch amerikanische und britische Kriegsgefangene, mit Pest, Tetanus, Milz-brand, Botulismus, Meningitis, Tuberkulose und diversen weiteren Er-regern. Ishiis medizinisches Expertenteam zeichnete mitleidlos die Krankheitsverläufe der Opfer von der Infektion bis zum Tod auf. Ge-fangene, die unter Durchfall litten, wurden „getestet", indem man sie um das Lager rennen ließ, bis sie vor Erschöpfung zusammenbrachen. Manche mußten nackt bei Minustemperaturen im Freien stehen, bis ihnen Hände und Füße erfroren – angeblich um Krankheitsauswir-kungen bei Kälte zu erforschen.

Solche Details waren für das amerikanische Kriegsministerium und General Douglas MacArthur aber nicht von Bedeutung. Ishiis Akten stellten für die militärische Führung eine reichhaltige Datensammlung dar, die die USA niemals selbst erstellen konnte (wegen der „Skrupel in bezug auf Experimente an Menschen", wie zwei amerikanische Forscher im Bereich der biologischen Kriegsführung es formulierten, als sie von Gesprächen mit Ishii und seinen Untergebenen aus Tokio zurückkehrten). MacArthur schlug vor, Ishii und den verrückten Wissenschaftlern der Einheit 731 Immunität gegen alle Anklagen wegen Kriegsverbrechen zu garantieren, wenn sie dafür ihre Testergebnisse mit amerikanischen Forschern teilten – ein Arrangement, das Ishii sehr gelegen kam. Nur das Außenministerium war dagegen, weil die spätere Aufdeckung dieses Deals für die US-Regierung sehr peinlich werden konnte.

Ishii trat in den Ruhestand, führte ein zurückgezogenes Leben und widmete sich nach Angaben seiner Tochter religiösen Studien. Allerdings gab es Gerüchte, daß er mehrmals nach Korea reiste, um die USA bei der biologischen Kriegsführung zu unterstützen. Dr. Murray Sanders, der Militärarzt, der den Geheimdeal an die Öffentlichkeit brachte, war überzeugt, Ishii habe in Fort Detrick (Maryland), wo amerikanische Wissenschaftler sich nach dem Krieg mit einem streng geheimen Biowaffenprojekt befaßten, Vorlesungen gehalten.

Viele von Ishiis Spitzenmitarbeitern machten später großartige Karrieren an japanischen Universitäten, in der Wirtschaft oder in der Regierung. Der Arzt, der die Kälteexperimente geleitet hatte, verdiente in Fischereibetrieben viel Geld als „Tiefkühlspezialist". Sein Beitrag für die Tiefkühlfischindustrie darf nicht unterschätzt werden.

Die Aktivitäten der Einheit 731 gehören zu den kaum bekannten großen Kriegsverbrechen des Zweiten Weltkriegs, weil Japan stets auf erstaunliche Weise versuchte, die eigene Geschichte zu verändern, zu ignorieren oder neu zu erfinden. Wenn ein Student aus Tokio in den frühen 80er Jahren nicht zufällig auf eines der wenigen Dokumente gestoßen wäre, die Ishii hinterlassen hatte, hätte die japanische Öffentlichkeit vielleicht nie etwas über die Existenz der Einheit 731 erfahren.

Es scheint jedoch, als habe sich Ishiis Reich bis nach Tokio erstreckt, und in einer Fünfzehn-Millionen-Stadt ist es nicht ganz so leicht, etwas geheim zu halten. 1989 fand ein Bautrupp ein Versteck voller menschlicher Überreste unter einem Bürgersteig in Shinjuku, Tokios futuristischem Neubaugebiet. „Die Überreste wurden nur wenige

Schritte von der Stelle entdeckt, an der sich das Kriegslabor von Generalleutnant Shiro Ishii befunden hatte", berichtete die Zeitung *Asahi Evening News* und zitierte Professor Keiichi Tsuneishi von der Kanagawa-Universität (Japans führenden Experten zum Thema 731), der überzeugt war, Ishiis Einheit habe die Leichen ihrer Opfer nach Tokio überführt, um sie dort weiter zu untersuchen.

Im August 1993 forderten einige chinesische Familien, die glaubten, unter den unheimlichen Funden könnten sich auch Knochen von Familienangehörigen befinden, Japan solle mit der Identifizierung der Skelette beginnen. Bisher hat sich die Regierung nur verlegen geräuspert und höflich abgelehnt, die Herkunft der Knochen zu untersuchen oder irgendwelche Tests durchzuführen.

Allerdings bieten die USA nicht unbedingt ein besseres Beispiel in Sachen Offenheit, jedenfalls nicht in bezug auf biologische Kriegsführung. Aus irgendeinem Grund wurde ein Kapitel aus Peter Williams' und David Wallace' Buch *Unit 731: The Japanese Army's Secret of Secrets* in der amerikanischen Ausgabe gestrichen, während es in der englischen, australischen, kanadischen und neuseeländischen Ausgabe enthalten war. Es hieß „Korean War" und handelte von der immer noch umstrittenen Aussage, das US-Militär hätte Ishiis Techniken gegen China und Nordkorea eingesetzt. Diese Vorwürfe wurden seit den 50er Jahren erhoben und waren entweder abgewiegelt oder als kommunistische Propaganda verleumdet worden (BAKTERIENKRIEG-FOTOS DER ROTEN ALS FÄLSCHUNG ENTLARVT – BEWEISMATERIAL EINDEUTIG titelte die *New York Times* am 15. März 1952). Williams und Wallace stützen ihre Beschreibung hauptsächlich auf die Ergebnisse der „International Scientific Commission for the Facts Concerning Bacterial Warfare in Korea and China" (ISC), die Quelle, die nach Angaben der Autoren „heute im allgemeinen als qualitativ hochwertig anerkannt" wird.

Die ISC fand heraus, daß es an zahlreichen Orten in China und Korea unerklärliche Ausbrüche der Beulenpest und anderer Krankheiten gegeben hatte, die von nicht einheimischen oder in der betreffenden Jahreszeit nicht vorkommenden Insekten übertragen wurden. Ein chinesischer Pestexperte, der die koreanische Epidemie untersuchte, sagte der ISC, seine Ergebnisse erklärten, „warum die Amerikaner freiwillig die japanischen bakteriologischen Kriegsverbrecher beschütz-

ten." Die ISC kam zu dem Schluß, die Amerikaner hätten Ishiis Floh-
bomben-Methode angewendet, um die Pest zu verbreiten.

Flöhe waren jedoch nicht die einzige Waffe, die amerikanische Bio-
krieger einsetzten. In einer Aprilnacht des Jahres 1952 wurde ein amerikanisches F-82-Jagdflugzeug über einem chinesischen Dorf nahe der
mongolischen Grenze gesichtet. Bei Tagesanbruch wurden die Bewohner von über siebenhundert Wühlmäusen begrüßt. Von den Mäusen,
die die kalte Nacht überlebten und nicht von herumstreunenden Kat-
zen gefressen wurden, waren viele „lahm oder hatten gebrochene
Beine". Die Untersuchung einer toten Wühlmaus ergab, daß sie mit
der Pest infiziert war. Zunächst konnte sich die Kommission nicht erklären, „wie die Mäuse aus der Luft abgeworfen worden waren",
schreiben Williams und Wallace. „Aber die Einheit 731 hatte entsprechende Methoden entwickelt."

In Nordkorea erfuhr die ISC von einer merkwürdigen „Muschel-
bombardierung". In einem fehlgeschlagenen Versuch, den örtlichen
Trinkwasservorrat zu vergiften, hatten amerikanische Flugzeuge chole-
rainfizierte Muscheln auf einem Hügel in der Nähe einer Wasserauf-
bereitungsanlage abgeworfen. „Japanische Forscher hatten herausgefunden, daß Meeresschalentiere für die Zucht von Choleraerregern
sehr geeignet waren", berichten Williams und Wallace.

Das waren also die Verdienste von MacArthurs geheimer Überein-
kunft. Überlebende aus Mukden, die noch Jahre später an unerklärlichen Krankheits- und Fieberausbrüchen litten, versuchten ihre eigenen
widerspenstigen Regierungen dazu zu bringen, die Wahrheit zuzugeben. Erst 1987 teilte man britischen und amerikanischen Mukden-Ve-
teranen mit, es existiere „kein Beweis" dafür, daß alliierte Gefangene
das Opfer von Ishiis „Forschung" geworden seien. In Wirklichkeit gab
es solche Beweise seit über vierzig Jahren, und sie waren MacArthur
bekannt, als er das geheime Abkommen schloß.

Durch dieses Abkommen und die anschließende Vertuschung
durch die amerikanische und die britische Regierung wurde Shiro Ishii zum Vater der modernen biologischen Waffen. Das Biokriegspro-
gramm der USA dümpelte vor sich hin, bis 1942 Tschiang Kai-schek
einen Brief an Winston Churchill schrieb und ihn über Ishiis Anlagen
informierte. Die Briten betrieben ihre Forschungen in geringem Um-
fang, und die Amerikaner beteiligten sich daran. Ein Jahr später star-

teten die Amerikaner ein eigenes Projekt in Camp (später Fort) Detrick in Maryland.

Die Suche nach der „biologischen Bombe" vollzog sich in derselben paranoiden Atmosphäre wie die nach der Atombombe. Aber anders als das „Manhattan Project", an dem die führenden Physiker der damaligen Zeit arbeiteten, stieß die Biokriegsforschung die Top-Biologen der Nation ab – schon wieder diese verdammten Skrupel!

Die Regierung verkündete das Biokriegsprojekt 1946, aber die entsetzte Reaktion der Öffentlichkeit zwang den Oberbefehlshaber der Streitkräfte, Dwight Eisenhower, eine dreijährige Geheimhaltungspflicht über das Projekt zu verhängen. Sie wurde nur von Verteidigungsminister James Forrestal gebrochen, der die Besorgnisse der Bevölkerung als „übertriebene Sensationsmache" abtat.

Inzwischen beschäftigte man sich in Fort Detrick, das mittlerweile zum CIA-Außenposten geworden war, mit solch harmlosen Dingen wie der Herstellung von Giften, die einen Mord als natürlichen Tod erscheinen lassen konnten, und anderen gespenstischen Erfindungen, die in Spionagegeschichten immer wieder gerne aufgegriffen werden. Amerikanische Forscher testeten Gifte an Menschen, auch wenn es sich um Freiwillige handelte. Gefängnisinsassen und (merkwürdig genug) Adventisten vom Siebten Tag standen Schlange, um sich die Papageienkrankheit, Pferde-Encephalitis und Hasenpest spritzen zu lassen.

Aber damit nicht genug. Eines der größten Probleme bei biologischen Waffen besteht darin, zu verhindern, daß die Erreger aus Versehen vom Wind zurück- und den eigenen Soldaten ins Gesicht geblasen werden. Um herauszufinden, wie sich bakterielle Wolken unter bestimmten Wetterbedingungen verhalten, begann das Militär, amerikanische Städte mit Bakterien zu bestäuben.

Nach einem „Angriff" auf San Francisco, bei dem ein Minensuchboot der Marine von der Bucht aus eine seltene Bakterienart über die ganze Stadt sprühte, mußten elf Menschen ins Krankenhaus. Einer von ihnen starb. Die Forscher setzten auch in der Klimaanlage des Pentagons und in der New Yorker U-Bahn giftige Gase frei. Als die Familie des Opfers aus San Francisco Anklage gegen die Regierung erhob, kam heraus, daß es zwischen 1950 und 1969 dreihundert „Open-Air-Tests" mit Krankheitserregern gegeben hatte. 1972 erklärte die US-Regierung offiziell den Verzicht auf die Entwicklung und den Einsatz biologischer Waffen.

Dennoch finden nach wie vor geheime Tests statt, wenn auch oft in Universitäten und privaten Forschungsinstituten. Die heutigen Experimente fallen in den Bereich der Gentechnik. 1986 infizierte das Wistar-Institut, eine angesehene Forschungseinrichtung in Philadelphia, argentinische Rinder mit genetisch veränderten Tollwut-Viren und bereitete damit den argentinischen Viehzüchtern eine ziemliche Überraschung. Die Universität in Oregon führte in Neuseeland ähnliche Experimente durch.

Dem Militär fiel es nicht leicht, sich von den biologischen Waffen zu verabschieden. Trotz des Verbots aus dem Jahre 1972 wurde dem Verteidigungsministerium erlaubt, ein Shiga-Gen zu klonen (Shiga verursacht die Ruhr). Das Militär, wie immer sehr um das Wohl der Öffentlichkeit besorgt, versicherte, man habe nur nach einem Impfstoff gegen die gefährliche Krankheit gesucht. Aber wenn die Geschichte der biologischen Kriegsführung irgend etwas beweist, dann die Tatsache, daß bei ansteckenden Krankheiten Verteidigung und Angriff oft nicht mehr auseinanderzuhalten sind.

Die Bilanz und gleichzeitig die schreckliche Zukunftsvision dieser Entwicklung ist leicht zu buchstabieren: AIDS. Die These, daß diese Epidemie am Ende unseres Jahrhunderts durch genetische Biokriegs-Experimente entstand und vielleicht sogar absichtlich erzeugt wurde, ist unter Verschwörungstheoretikern nichts Ungewöhnliches – unnötig zu erwähnen, daß es keinerlei Aufzeichnungen gibt, die diese These stützen könnten.

Aber es gab auch keine „Beweise" dafür, daß amerikanische Gefangene das Opfer von Ishiis Menschenversuchen wurden.

QUELLEN

Harris, Robert und Jeremy Paxman. *A Higher Form of Killing: The Secret Story of Chemical and Biological Warfare.* New York: Hill and Wang, 1982.
McDermott, Jeanne. *The Killing Winds: The Menace of Biological Warfare.* New York: Arbor House, 1987.
Piller, Charles und Keith Yamamoto. *Gene Wars: Military Control Over the New Genetic Technologies.* New York: Beech Tree Books, 1988.
Williams, Peter und David Wallace. *Unit 731: The Japanese Army's Secret of Secrets.* London: Hodder and Stoughton, 1989.

6
Das Golfkriegstheater

Im Rückblick erscheint der Golfkrieg – sofern man Amerikas massiven Angriff gegen den Irak, der nur minimalen Widerstand leistete, überhaupt einen Krieg nennen kann – wie ein surreales Theaterstück. Nur wenige Ereignisse haben die Grenze zwischen Realität und Inszenierung derartig verwischt. Abgesehen von der offensichtlichen Tatsache, daß Saddam Hussein Kuwait besetzt hatte, was natürlich zweifellos schlimm war, gab es wenig in der herrschenden Meinung der amerikanischen Regierung und der Medien, was wirklich überprüfbar gewesen wäre. Die Aktionen der Regierung vor, während und nach dem Krieg legen die Vermutung nahe, daß es sich bei der Eröffnungsschlacht für die „Neue Weltordnung" um eine künstliche Krise handelte, deren Verlauf durch einen Geheimplan bestimmt wurde.

„Die seichte Nintendo-Perspektive des Krieges, die das Fernsehen bot, war eine Fälschung", erklärte der frühere Verteidigungsexperte des Pentagons Pierre Sprey vor dem Kongreß. „Sie wurde durch handverlesene Videoaufnahmen und schamlos manipulierte Statistiken erzeugt." *Chirurgische* Luftangriffe? „Ungefähr so chirurgisch wie eine Augenoperation mit einer Machete", schrieb ein Kolumnist der *Washington Post* einen Monat nach der Bombardierung.

„Kuwait wird wieder frei sein", erklärte George Bush, als er den Beginn der Luftangriffe verkündete. „Kuwait deutet lang andauerndes Kriegsrecht an", lautete die Schlagzeile der *New York Times*, als der Krieg abflaute.

George Bush sagte, Saddam Hussein sei in mancher Hinsicht schlimmer als Hitler. Darüber könnte man streiten. Tatsache ist aber, daß derselbe George Bush 1989 eine Nationale Sicherheitsdirektive unterzeichnete, in der engere Beziehungen zum Irak und ein 500-Millionen-Dollar-Kredit für Herrn „Schlimmer-als-Hitler" beschlossen wurden. Das ist nicht überraschend. Bush arbeitete seit fast einem Jahrzehnt in einer Regierung, die geradezu liebevolle Beziehungen zum Irak unterhielt – trotz gelegentlicher öffentlicher Verurteilungen von Saddam Husseins Polizeistaat.

„Saddams Militärmaschinerie ist zum Teil eine Schöpfung der Westmächte", sagte der Wissenschaftsjournalist Murray Waas. Während des gesamten achtjährigen Zermürbungskriegs des Iraks gegen den Iran verkauften die Regierungen von Frankreich, Großbritannien und Deutschland dem Irak Kampfflugzeuge, Exocet-Raketen und Komponenten zur Herstellung von Nervengas. Die Vereinigten Staaten hielten zwar ein Waffenembargo gegen den Irak aufrecht, aber die Reagan-Regierung umging es, indem sie Munitionslieferungen durch Dritte unterstützte und „Dual Use"-Technologie verkaufte, z.B. Computer und Hubschrauber. Der Irak mußte versprechen, sie nur zu friedlichen Zwecken wie „Erziehung" und „Erholung" einzusetzen (zwinker, zwinker). Laut Waas erreichten die Dual-Use-Verkäufe unter der Präsidentschaft Bushs eine ganz neue Dimension, denn sie beinhalteten nun „wichtige Bestandteile für Massenvernichtungswaffen".

Nach dem kurzen Golfkrieg mündeten die Untersuchungen dieser Waffenlieferungen in den kurzlebigen „Iraqgate"-Skandal. Im Zentrum des Sturms stand die anscheinend unbedeutende Atlanta-Filiale der multinationalen italienischen Banca Nazionale del Lavoro (BNL), die irgendwie innerhalb von zwei Jahren fünf Milliarden Dollar für den Irak hatte verschwinden lassen, bis sie am 4. August 1989 vom FBI hochgenommen wurde. Unter Bushs Regierung wurde für die angeklagten Manager jedoch nur eine Strafe von einem Jahr Haft gefordert, und als Bush einen Waffenstillstand im Golfkrieg erklärte, ließ man ganz nebenbei die Anklage fallen. Die Staatsanwälte bezeichneten die Leiter der BNL-Filiale als „verbrecherische Spekulanten", hielten es aber nicht für notwendig, die Frage zu stellen, wie fünf Milliarden Dollar von einer Bank zu einem „schlimmeren Diktator als Hitler" gelangen konnten, ohne daß die Regierung oder wenigstens die Vorgesetzten in Italien davon etwas erfuhren.

Die Regierungen von Reagan und Bush belieferten Saddam nicht nur mit Geld und Material, sondern auch mit Geheimdienstinformationen, als der Irak die Streitkräfte des bösen iranischen Ayatollahs bekämpfte. „Mit anderen Worten", sagte Howard Teicher, ein früheres Mitglied von Reagans Nationalem Sicherheitsrat, „wir gaben dem Irak Ratschläge, wie er sich auf den Krieg mit den USA vorbereiten könne."

Vor seiner Invasion in Kuwait erhielt der Irak von den USA nicht nur Unterstützung, sondern auch allen Grund, sich in Sicherheit zu wiegen. Nur eine Woche vor dem Einmarsch am 2. August 1990 traf sich Saddam mit der amerikanischen Botschafterin April Glaspie (das berühmte „Green Light"-Treffen). Glaspie gab sich angesichts der drohenden Krise geradezu provozierend gleichgültig. Sie merkte sogar an, die USA hätten „keine Meinung zu innerarabischen Konflikten wie Ihren Grenzstreitigkeiten mit Kuwait", und berichtete Saddam, niemand Geringeres als Außenminister James Baker habe gesagt: „Der Fall hat nichts mit Amerika zu tun."

Saddam faßte Glaspies Bemerkungen offensichtlich als Carte Blanche auf, und vielleicht waren sie auch so gemeint. Das ist zwar gemessen an den späteren öffentlichen Stellungnahmen der Regierung geradezu unglaublich, paßt jedoch durchaus zur Laissez-faire-Politik der Bush-Regierung. Ein paar Tage nach dem Treffen von Glaspie und Hussein und nur drei Tage vor der Invasion wurde John Kelly, zuständiger Staatssekretär des Außenministeriums für den Mittleren Osten, vor dem Kongreß in bezug auf eine mögliche irakische Militäraktion gefragt: „Ist es korrekt, daß wir keinerlei Vertrag oder Vereinbarung haben, die uns verpflichten würden, amerikanische Truppen einzusetzen?"

„Das ist absolut richtig", antwortete Kelly – ein weiteres grünes Licht für Saddam.

Niemand versprach, daß die Vereinigten Staaten *keine* Truppen einsetzen würden. Aber wenn es das Ziel der Bush-Regierung war, einen Krieg zu verhindern, dann hatte man sich dafür eine sehr merkwürdige Methode ausgewählt. Genaugenommen stachelte Amerika den Irak sogar an.

Die kuwaitische Al-Sabah-Monarchie, die darunter am meisten leiden sollte, legte allerdings auch ein sehr befremdliches Verhalten an den Tag. Kurz vor der Invasion forderte der Irak von Kuwait 10 Milliarden Dollar dafür, daß er ohne Hilfe von außen die Kräfte des islamischen Fundamentalismus abgewehrt hatte, indem er den Iran acht Jahre lang in einen aufreibenden Krieg verwickelte. Die Forderung war nicht ganz unberechtigt, und Kuwait erklärte sich zur Zahlung bereit. Die Al-Sabahs boten jedoch nur 9 Milliarden – ein mutwilliger Affront gegen den Irak. Später, nachdem andere Vereinbarungen geschlossen worden waren, änderte Kuwait seine Haltung. Zu dieser Zeit sammelten sich Saddams Truppen bereits an der kuwaitischen Grenze. Waren die Al-Sabahs so mutig? Wohl kaum, denn als die Panzer rollten, waren sie die ersten, die das Land verließen. Sie ruhten sich in Fünf-Sterne-Hotels in Saudi-Arabien aus, während Bushs „Koalition" ihren Krieg kämpfte.

„Wenn Saddam über die Grenze kommt, laßt ihn ruhig kommen", sagte der kuwaitische Außenminister Scheich Sabbah zum jordanischen König Hussein während der Nicht-Verhandlungen vor der Invasion. „Die Amerikaner werden ihn hinauswerfen."

Er hatte allen Grund, zuversichtlich zu sein. Als die irakischen Truppen das kuwaitische Außenministerium plünderten, fanden sie ein Memo vom 22. November 1989, in dem die Ergebnisse eines Treffens von Vertretern Kuwaits mit der CIA festgehalten wurden: „Wir stimmten mit der amerikanischen Seite überein, daß es wichtig sei, die sich verschlechternde ökonomische Situation des Irak auszunutzen, um Druck auf die irakische Regierung auszuüben, unsere gemeinsame Grenze genau zu definieren. Die CIA stellte uns die ihrer Meinung nach geeigneten Druckmittel vor..." Die CIA nannte das Dokument eine Fälschung, gab aber zu, daß das Treffen stattgefunden habe.

Am 12. April 1990 gab es ein weiteres, wenn auch weniger verborgenes Treffen, bei dem fünf US-Senatoren mit dem „Schlächter von Bagdad" konferierten. Der Republikaner Alan Simpson schleimte sich bei dem Diktator ein, indem er ihm versicherte, Probleme gebe es nur „mit den westlichen Medien und nicht mit der US-Regierung... Die Pressefritzen sind hochmütig und verwöhnt, sie halten sich alle für politische Genies."

Ähnliche Töne schlug später auch Glaspie an. Sie war mit Saddam einer Meinung: „Wenn der amerikanische Präsident Kontrolle über die Medien hätte, wäre sein Job um einiges leichter."

Aber während des Golfkriegs hatten der Präsident und das Militär in der Tat die Kontrolle über die Medien. Die Zusammenführung der Reporter in sogenannte „Presse-Pools" war ein effektives Mittel, sich die Journalisten gefügig zu machen.

„Wenn man es sich von außen betrachtet, muß man sagen, daß die Presse die Meinung der Regierung widerspiegelt", sagt der Washingtoner Bürochef der *Los Angeles Times*, Jack Nelson. „Und das hat sich nie wirklich geändert."

Robert Fisk, der Korrespondent für den Mittleren Osten der britischen Zeitung *Independent*, war einer der wenigen Reporter, die sich nicht den „Pools" anschlossen. Als er zu einer Versammlung von Pool-Reportern kam, die auf die Aushändigung einer offiziellen Militärstellungnahme warteten, begrüßte ihn ein Reporter der NBC mit den Worten: „Du Arschloch, du hältst uns von der Arbeit ab. Du hast hier nichts zu suchen. Verschwinde!"

Dieses unverschämte Pool-Mitglied war Brad Willis, dessen Version des Zwischenfalls (geschildert in dem Buch von John MacArthur, dem Herausgeber von *Harper's*, über die Berichterstattung während des Golfkriegs) etwas anders klang: Willis behauptete, Fisk habe sich als Pool-Mitglied ausgegeben und seinen Platz eingenommen, woraufhin Willis von den andern fortgejagt worden sei. Wenn Fisks Schachzug erfolgreich gewesen wäre, hätte man nicht nur Willis, sondern den gesamten Pool von der Berichterstattung ausgeschlossen, denn der Zweck der Pools war es nicht, gegeneinander um die beste Story zu wetteifern, sondern die vom Militär vorbereitete Version der Ereignisse weiterzuleiten.

„Es war ein Paradebeispiel für die wahrscheinlich sehr bewußte US-Militärstrategie des Teilens und Herrschens", schrieb MacArthur. „Fisk wollte natürlich eine unzensierte Exklusivstory und war bereit, alles dafür zu tun. Er wollte mit niemandem teilen. Willis, der nach den Regeln des Pentagons spielte, ärgerte sich, weil er von einem anderen Reporter überlistet wurde, der sich nicht an die Regeln hielt."

Da Fisk nur eine seltene Ausnahme war, nahm die Kriegsberichterstattung insgesamt nahezu Orwellsche Züge an. Der allgemeine Tenor der Presse lautete: „Yellow Ribbonsville"-USA gegen den „Satan" Saddam. Fast alle amerikanischen Reporter sprachen vom US-Militär nur in der „Wir"-Form und gaben damit jede journalistische Distanz und

Objektivität auf. Die irakischen Scud-Raketen wurden zu „Terrorwaffen" und „furchtbaren Todesmaschinen" erklärt, während die amerikanischen Bomben nur „smart" (= schlau) waren. Als *Newsweek* den Stealth-Bomber auf der Titelseite abbildete, fügte es die Frage hinzu: „Wieviele Leben kann er retten?"

„Das war der Trick", erklären die Medienkritiker Martin Lee und Norman Solomon in ihrem Buch *Unreliable Sources.* „Amerikanische Waffen vernichten keine Leben, sondern retten sie." Tote Iraker zählten nicht als Verluste, sondern nur als „Begleitschäden", was nach der Definition des *Time*-Magazins bedeutete: „Tote oder verwundete Zivilisten, die sich besser einen sichereren Wohnort ausgesucht hätten."

„Leugnen war die Hauptstrategie zur psychologischen und politischen Unterstützung des Kriegs", schrieben Lee und Solomon.

Was die Motive des Kriegs angeht, so schwieg man über die Interessen der westlichen Ölgesellschaften und, vielleicht noch wichtiger, der westlichen Banken, bei denen die kuwaitischen und saudischen Ölscheichs ihre Gewinne anlegten.

Während die Propaganda der Bush-Regierung als Tatsache akzeptiert wurde, denunzierte man die irakische „Propaganda" selbst dann, wenn es sich um korrekte Berichterstattung handelte, wie im berüchtigten Fall der Bombardierung einer Fabrik für Babynahrung. Eine Woche nach Kriegsbeginn wurde der einzige westliche Reporter in Bagdad, Peter Arnett von der CNN, von der ganzen Welt kritisiert, weil er berichtete, daß ein alliierter Bombenangriff die einzige Babynahrungsfabrik des Iraks zerstört hatte und die Neugeborenen des Landes jetzt hungern mußten.

Das US-Militär wies die irakische Behauptung zurück. „Es war eine Fabrik für biologische Waffen, da sind wir ganz sicher", sagte der Oberkommandierende Colin Powell. Aber die französischen Konstrukteure und die neuseeländischen Hilfsarbeiter, die die Fabrik gebaut hatten, schworen, daß dort tatsächlich Babynahrung hergestellt worden sei, so wie es die Iraker gesagt hatten.

In der *MacNeil/Lehrer News Hour* wurde eine kurze Aufnahme von verwundeten irakischen Zivilisten gezeigt – mit dem Kommentar, die Szenen seien von der irakischen Regierung „bösartig manipuliert" worden. Lee und Solomon weisen darauf hin, daß die unterschwellige Botschaft lautete: Wer Mitleid mit den Leiden der Iraker empfindet, ist Saddam Hussein auf den Leim gegangen.

Ende 1991 deckte Scott Armstrong, ein früherer Kollege Bob Woodwards, ein weiteres Motiv für den Krieg auf. Seine Geschichte im linksgerichteten *Mother Jones*-Magazin wurde allerdings von den Medien kaum beachtet. Armstrong schrieb, daß die Vereinigten Staaten und Saudiarabien in den letzten zehn Jahren für eine astronomische Summe von 200 Milliarden Dollar ein gewaltiges System von Militärbasen in der Wüste aufgebaut hätten, und zwar ohne Kenntnis der Öffentlichkeit oder des Kongresses. Der Krieg diente dazu, diese Basen zu schützen, die auch während des Kriegs von großer taktischer Bedeutung waren.

Bushs Stern glänzte hell während des Golfkriegs, aber irgendwie schaffte er es, sein politisches Kapital zu vergeuden und die nächste Wahl zu verlieren. Aber selbst nach dieser Niederlage profitierte Bush (oder zumindest seine Söhne und Kameraden) noch vom Golfkrieg. Nach Angaben des Reporters Seymour Hersh haben unter anderem Neil und Marvin Bush, Familienfreund und Ex-Außenminister James Baker und der ehemalige Stabschef John Sununu Kriegsgeschäfte mit der kuwaitischen Regierung abgeschlossen.

Baker repräsentierte Enron, Amerikas größten Hersteller von Gas-Pipelines. Der Enron-Verantwortliche, der Baker nach Kuwait entsandte, fragte Hersh: „Gibt es irgendeinen Grund, warum amerikanische Unternehmen nicht vom Krieg in Kuwait profitieren sollten?"

Noch heute ziehen amerikanische Politiker ihren Nutzen aus dem Golfkrieg. Bushs Nachfolger Bill Clinton konnte seine zu diesem Zeitpunkt ziemlich schlechten Meinungsumfragen erheblich verbessern, als er am 26. Juni 1993 (zweieinhalb Jahre nach Ende des Golfkriegs) einen erneuten Bombenangriff auf Bagdad befahl.

Warum? Die Begründung war, daß die Iraker versucht hätten, den Ex-Präsidenten Bush zu ermorden, als er einige Monate zuvor Kuwait besucht hatte. Kuwait nahm siebzehn angeblich an dem Mordplan Beteiligte fest, aber, wie Hersh formulierte, „die Vorwürfe der amerikanischen Regierung gegen den Irak – soweit sie der Öffentlichkeit bekannt wurden – standen auf schwachen Füßen."

Zu den irakischen Terroristen, die das Attentat auf Bush geplant haben sollten, gehörten ein Kaffeehausbesitzer und ein Krankenpfleger, der die einzige Informationsquelle für die vermeintliche Verschwörung darstellte. Die meisten der angeblichen Attentäter waren Whiskeyschmuggler. Es war bekannt, daß Kuwait gerne überreagierte, wenn es um die Verletzung ihrer Souveränität durch den Irak ging. Als eine Gruppe irakischer Fischer den Fehler beging, auf der kuwaitischen Insel Bubiyan an Land zu gehen, hieß es in der kuwaitischen Presse, die irakische Marine habe versucht, die Insel zu besetzen, sei aber von tapferen kuwaitischen Truppen besiegt worden.

Keine der Aussagen des Krankenpflegers genügte, um ihn tatsächlich zu überführen. Das wichtigste Beweisstück war die „Signatur" eines ferngesteuerten elektronischen Zünders, den man in der Bombe fand, mit der Bush angeblich in die Luft gejagt werden sollte. Aber Hersh berichtet, daß es sich dabei um ein Stück eines ganz normalen Schaltkreises handelte, dessen Signatur nicht die geringste Aussagekraft besaß.

Es ist zweifelhaft, ob der wahre Grund, warum die USA in den Krieg am Persischen Golf zogen, jemals ans Licht kommen wird – oder ob es überhaupt einen einzigen identifizierbaren Grund gibt. Anders als im Vietnamkrieg, dessen unklares Resultat Nährboden für alle möglichen Verdächtigungen war, hat die Eindeutigkeit des amerikanischen Siegs am Golf die Wahrheit tiefer begraben als die irakischen und amerikanischen Soldaten, die ihr sandiges Grab in der Wüste fanden.

QUELLEN

Armstrong, Scott. „Eye of the Storm." *Mother Jones,* Nov./Dez. 1991.

Hersh, Seymour M. „A Case Not Closed." *New Yorker,* 1. Nov. 1993.

ebd. „The Spoils of the Gulf War." *New Yorker,* 6. Sept. 1993.

Kamen, Al. „Was It a Milk Factory or a Weapons Plant?" *Washington Post* (in *San Jose Mercury News*), 8. Feb. 1991.

Lee, Martin A. und Norman Solomon. *Unreliable Sources: A Guide to Detecting Bias in News Media.* New York: Lyle Stuart, 1991.

MacArthur, John R. *Second Front: Censorship and Propaganda in the Gulf War.* New York: Hill and Wang, 1992.

Royce, Knut. „A Trail of Distortion Against Iraq." *Newsday,* 21. Jan. 1991.

Salinger, Pierre und Eric Laurent. *Krieg am Golf. Das Geheimdossier.* München: Hanser-Verlag, 1991.

Sifry, Micah und Christopher Cerf (Hrsg.). *The Gulf War Reader.* New York: Random House, 1991.

7

Das Feuer von Waco

Der Angriff auf eine apokalyptische religiöse Sekte, die sich selbst „die Davidianer" nannte, vom 19. April 1993 in den kargen Ebenen von Waco, Texas, folgte der glorreichen amerikanischen Tradition übertriebener und chaotischer Polizeiaktionen.

Zu diesem stolzen Erbe gehören solche Meilensteine wie die Verbrennung des Hauses der Symbionese Liberation Army in Los Angeles, die Bombardierung des Wohnungskomplexes der schwarzen Separatistenorganisation MOVE in Philadelphia (bis heute der einzige Bombenangriff aus der Luft auf eine amerikanische Stadt) und der Angriff der Polizei von Chicago auf Fred Hampton, den Boß der Black Panther, der um vier Uhr früh in seinem Bett mit Kugeln durchsiebt wurde.

Das Waco-Massaker, bei dem 86 Sektenmitglieder (und ein paar Bundesbeamte) auf dem Gelände der Davidianer ums Leben kamen, war mehr als nur ein kleiner paramilitärischer Einsatz. Vielleicht hatte er einiges mit der Tragödie von Jonestown (Guyana) gemeinsam, die sich fünfzehn Jahre zuvor ereignet hatte. Entweder war es ein Massenselbstmord – oder ein Massenmord durch die Regierung, die dann den Opfern die Schuld an ihrem eigenen Tod gab.

In den sechs Wochen, bevor die Behörde für Alkohol, Tabak und Feuerwaffen (ATF) und das FBI die „Kultisten" niedermachten, überfluteten die Medien die Nation mit dem von den Behörden unterstützten Gerücht, die Davidianer (unter der Führung von David

Koresh alias Vernon Howell) würden wahrscheinlich bald einen Massenselbstmord begehen wie die Verrückten in Jonestown. Wenn man den akustischen Angriff berücksichtigt, den das FBI gegen die Davidianer startete, wäre das wahrscheinlich sogar eine gar nicht so unwillkommene Lösung gewesen. Wie vor vier Jahren, als das FBI Manuel Noriega aus seiner Zuflucht vertreiben wollte, beschallte das FBI die Davidianer mit einem ohrenbetäubenden Krach aus dem Geräusch von Hasen beim Schlachten, singenden tibetanischen Mönchen, dröhnenden Düsenjets und Nancy Sinatras Hit „These Boots Were Made For Walking".

Als wenn das noch nicht Folter genug gewesen wäre, wurde das zweistöckige Ranchgebäude, in dem Koreshs Anhänger verzweifelt ein paar Minuten Schlaf zu ergattern versuchten, die ganze Nacht hindurch mit Flutlicht beleuchtet, während draußen das FBI und die Presse umherliefen. Vor allem aber schnitten die Beamten die Kommune von jeglicher Versorgung ab. Das Embargo wurde sogar noch verschärft, als Koresh nach sechs Wochen Belagerung darum bat, die Babymilch-Vorräte auffüllen zu dürfen.

Die Belagerung begann am 28. Februar, als die ATF einen „Überraschungsangriff" auf die Kommune am Mount Carmel startete, der so überraschend war, daß immerhin drei lokale Fernsehcrews zur Stelle waren, die den Angriff aufzeichneten, und zwei Reporter auf einen nahegelegenen Baum kletterten, um einen guten Überblick über die ganze Aktion zu erhalten. Bei dem Kampf gab es keinen Sieger, und die ATF hatte eine Verlustrate von 20 Prozent (vier Tote und sechzehn Verletzte).

Zumindest einige, vielleicht sogar alle Verluste der Beamten wurden durch das Gewehrfeuer der eigenen Leute verursacht. Nach Angaben des Kommunikationsspezialisten Ken Fawcett, der eine eidliche Erklärung autorisierte, die auf seiner Analyse ungeschnittener Videoaufnahmen des ersten Angriffs basierte, war der erste Schuß ein Unfall. Das Gewehr eines Beamten ging versehentlich los und tötete einen anderen ATF-Beamten, Stephen Willis.

Als sich ein Beamter versehentlich ins Bein schoß, ging die Schlacht erst richtig los. Der Rest des ATF-Geschwaders dachte, man hätte auf sie geschossen, und feuerte sämtliche Maschinengewehre ab. In einem Fernsehinterview machte ATF-Direktor Stephen Higgins das fehlerhafte Verhalten einer oder mehrerer unbekannter Personen für das verlorene „Überraschungsmoment" verantwortlich. Als mehrere ATF-Beamte später eine Zeitung aus Waco verklagten, erfuhr die Öffentlichkeit, daß die ATF am Fehlschlag des Angriffs selbst schuld war. Bei einer Zeugenaussage vor dem Justizkomitee des Senats war Higgins klug genug, seine Lüge nicht zu wiederholen. Auf jeden Fall hatte einer vom ATF den Angriff vermasselt, und da die Sektenmitglieder keine Idioten waren, hatten sie wahrscheinlich schon vermutet, was da draußen vor sich ging.

Am 19. April wurde ein ernsthafter Angriff mit gepanzerten Fahrzeugen gestartet, wobei diesmal das FBI die Führung über die kleinlaute ATF übernahm. Acht Stunden lang wurde CS-Gas eingesetzt, ein extrem schädliches und leicht entflammbares Tränengas, das normalerweise noch durch Kerosin verstärkt wird. In dem Gebäude, das auch noch von den M-60-Panzern gerammt wurde, brach ein Feuer aus. Die überlebenden Davidianer behaupteten (und ihre Aussagen klingen plausibel), daß die von den Panzern verursachten Erschütterungen die Kerosinlampen umgeworfen hätten, die die gegen Elektrizität eingestellte Sekte zur Beleuchtung benutzte, wodurch das Feuer verursacht wurde. Die Panzer stießen Löcher in die Wände des Gebäudes, und der dadurch entstandene Luftzug hatte das Feuer wahrscheinlich noch stärker angefacht.

Koresh und die meisten seiner Anhänger, darunter auch viele Kinder, kamen ums Leben.

Das FBI verkündete sofort, zwei überlebende Sektenmitglieder hätten zugegeben, das Feuer gelegt zu haben. Später nahm das Büro diese Aussage teilweise wieder zurück und erklärte, die Sektenmitglieder hätten eigentlich nicht wirklich gestanden – aber doch fast, denn FBI-Scharfschützen hätten persönlich beobachtet, wie sie eine „hohle Hand geformt" hätten.

Eine „unabhängige" Untersuchung gab den Davidianern die Schuld und glaubte offensichtlich an einen Massenselbstmord à la Jonestown. Aber die Wahrheit über das Feuer von Waco bleibt undurchsichtig. Interessanterweise war der Brandspezialist, der den Vorfall untersuchte, ein früherer ATF-Beamter. Seine Frau arbeitete immer noch für das ATF-Büro in Houston, das von Phil Chojnacki geleitet wurde. Chojnacki war vor dem „Überraschungsangriff" der ATF im Februar mit einem Hubschrauber über das Gelände geflogen.

Es wird wohl auch immer ein Geheimnis bleiben, warum die Beamten diese an einen Schundroman erinnernde Aktion überhaupt
durchführten. Verschwörungstheorien haben Hochkonjunktur. Ein
Anwalt, der einige der Davidianer-Familien vertrat, erklärte, daß es
während der Belagerungswochen Truppenbewegungen im ganzen
Land gegeben habe und UNO-Panzer in Portland, Oregon, gesichtet
worden seien. Peter Jennings sagte in einem Spezialreport über die
Nachwirkungen der Vernichtung der Davidianer: „Dies ist eine Warnung vor dem, was noch kommen wird."

Ein Autor des Magazins *Soldier of Fortune* vermutete, daß die ATF
durch nichts anderes als Rachsucht motiviert gewesen sei. Am 21. Februar wurde Koresh von einem ATF-Beamten interviewt und zeigte in
einem Anfall von Überheblichkeit das Anti-ATF-Video einer Gruppe,
die sich für Schußwaffen einsetzte. Am 25. Februar beantragte die ATF
daraufhin einen Durchsuchungsbefehl.

Wenn man von allen Spekulationen absieht, war der einzige offizielle Grund des ersten Angriffs die Durchsetzung des Durchsuchungsbefehls. Es gibt aber keinen Hinweis darauf, daß die ATF die
Davidianer vorher überhaupt informiert hatte, daß ihr Gelände
durchsucht werden sollte (obwohl ein ATF-Beamter angeblich irgend
etwas Entsprechendes gerufen haben soll, als der Angriff losging),
oder daß die Davidianer den Beamten den Eintritt verwehrt hätten.
Laut Gesetz darf die Polizei erst danach Gewalt anwenden, um einen
Durchsuchungsbefehl durchzuführen. Die ATF hätte zwar auch eine
besondere Vollmacht „ohne Anklopfen" beantragen können, tat es
aber nicht.

In einem aufgezeichneten Telefongespräch nach dem ersten Angriff
sagte der verwirrte Koresh zu einem ATF-Unterhändler: „Es wäre besser gewesen, wenn Sie mich einfach angerufen oder mit mir gesprochen hätten. Dann hätten Sie alle vorbeikommen und einfach Ihre Arbeit erledigen können."

Es ist sogar zweifelhaft, ob die Davidianer überhaupt in irgendwelche illegalen Aktivitäten verwickelt waren. Es ist zwar richtig, daß sie
gut mit Waffen und Sprengsätzen ausgerüstet waren, aber entgegen einer verbreiteten öffentlichen Ansicht ist daran nichts Ungesetzliches,
solange alle Anträge korrekt gestellt werden. Zumindest einige der
Sprengsätze hatte man gekauft, um eine Grube für einen Swimming-

Pool auszuheben. Das Becken wurde noch gebaut, als sich die Kommune plötzlich im Krieg befand.

Während der Belagerung verkündete die ATF plötzlich, die Davidianer hätten in einem Geheimlabor Methamphetamine hergestellt. Niemand fragte, woher diese Information kam oder welche Rechtfertigung sie überhaupt darstellte, denn die ATF hatte keinerlei Vollmacht, Polizeiaktionen wegen Drogenmißbrauchs durchzuführen. Auch war sie nicht für Kindesmißbrauch zuständig – ein weiterer Vorwurf, der in den Medien erhoben wurde, um Koresh zu dämonisieren. Wahrscheinlich sollte die Geschichte über das Drogenlabor erklären, warum die schwarzen „Big Brother"-artigen Hubschrauber der Nationalgarde über dem Gelände kreisten, was nach texanischem Recht verboten war – außer in Drogenangelegenheiten. Die Methamphetamin-Anklage tauchte in keinem offiziellen Dokument auf. Ein skeptischer Reporter kommentierte, es sei kein Verbrechen, die Presse anzuschwindeln, aber einen Richter anzulügen, sollte doch gewisse Konsequenzen haben.

Andererseits war die eidesstattliche Erklärung, die die ATF wegen des Durchsuchungsbefehls vom 28. Februar zu Protokoll gab, nicht gerade ein Muster an Genauigkeit. Darin behauptete der ATF-Beamte Davy Aguilera – und seine Aussage wurde später als Beweis für Koreshs Fanatismus herangezogen -, daß Koresh am 6. April 1992 einen Beamten der Texas Human Services gewarnt hätte, er sei ein „Botschafter Gottes", und wenn er seine wahre Natur zu erkennen gebe, würden die Aufstände von Los Angeles harmlos erscheinen im Vergleich zu dem, was in Waco, Texas, passieren würde.

Wirklich sehr furchteinflößend – abgesehen davon, daß die Aufstände von Los Angeles erst drei Wochen *nach* dieser angeblichen Ankündigung Koreshs stattfanden.

Die ATF behauptete auch, man habe die Davidianer angreifen müssen, weil sich Koresh wie einst Hitler seit Wochen auf seinem Gelände eingebunkert hätte. In Wirklichkeit ging er mindestens einmal pro Woche in die Stadt. Nur zwei Nächte vor dem Februar-Angriff hatte er sogar einen Nachtclub in Waco besucht.

Die ATF hat gegen Koresh und sein Gefolge nie eine andere offizielle Anklage als die wegen illegalen Waffenbesitzes erhoben. Fünf Jahre zuvor waren Koresh und sechs seiner Anhänger von der örtlichen Polizei wegen versuchten Mordes verhaftet worden. Sie zeigten sich kooperativ und wurden später freigesprochen. Und wie hatten es die Polizisten von Waco geschafft, das Blutvergießen zu vermeiden, das das FBI später für unvermeidlich hielt? „Wir behandelten sie wie Menschen", sagte Vic Feazell, der Bezirksstaatsanwalt von Waco, „anstatt die Wohnung zu stürmen."

QUELLEN

Dingell, John D., III. „Licensed to Slaughter." *Incite Information*, Juli/August 1993.

Fawcett, Ken. „Why Waco?" In *Secret and Suppressed*, hrsg. v. Jim Keith. Portland, OR: Feral House Press, 1993.

Pate, James L. „Waco's Defective Warrants: No Probable Cause for Raid on Ranch Apocalypse." *Soldier of Fortune*, August 1993.

Report of Linda Thompson, American Justice Federation. (Elektronische Veröffentlichung. Kopie im Besitz des Autors.)

Ein Teil dieses Kapitels basiert auf Forschungsergebnissen, die von Kenn Thomas zusammengestellt wurden.

8
Die Gedanken sind frei…

Sie können soviele Witze über Dionne Warwick machen, wie Sie wollen: Die US-Regierung nimmt diesen Psychokram ernst, und noch im Juni 1995 gab sie 21 Millionen Dollar an amerikanischen Steuergeldern für die verrückten 900er-Psycho-Hotlines aus. Na ja, nicht wirklich, aber so ähnlich: In einem Bericht der Nachrichtenagentur Reuters vom 30. November 1995 hieß es: „Seit mindestens dreiundzwanzig Jahren finanzierten amerikanische Spionageabteilungen Personen, von denen sie annahmen, sie beherrschten das 'Remote Viewing' – das Visualisieren weit entfernter Objekte, ohne sie tatsächlich zu sehen." Bei Skeptikern muß diese Meldung Bauchschmerzen ausgelöst haben.

Wahrscheinlich beruhigten sich die Skeptiker aber wieder, als die Geschichte von den Medien verspottet wurde – zuerst am 29. Oktober in einer Kolumne von Jack Anderson, der 1984 zum ersten Mal von der Existenz eines solchen Programms unter der Anleitung des Stanford-Forschungsinstituts berichtet hatte. Als die übrigen Medien Andersons Nachfolgeartikel von 1995 aufgriffen, taten sie das mit einer Mischung aus Amüsement und der üblichen Empörung darüber, wie die Regierung das Geld zum Fenster hinauswarf.

Ted Koppel machte die geheimnisvolle Psychoforschung in der

Nightline-Sendung vom 28. November 1995 zum Thema. Einer der Gäste, ein technischer Berater der CIA, behauptete zwar, daß es „Acht-Martini-Forschungsergebnisse" gegeben hätte (was wohl bedeuten sollte, daß die Forscher acht Martinis brauchten, um ihre Fassung wiederzuerlangen – oder um sich Brechkrämpfe einzuhandeln). Ansonsten machten sich Koppel und seine Gäste jedoch über das Thema lustig. Die meisten Teilnehmer gingen von der offiziellen Zahl einer fünfzehnprozentigen Trefferquote bei den Experimenten aus und nahmen an, daß ein solches Ergebnis auch durch bloßen Zufall erreicht werden könnte.

Nach Angaben des Journalisten Daniel Brandt hingegen „ist an der Geschichte wieder einmal mehr dran, als Ted Koppel wahrhaben will". Brandt zitierte Ingo Swann, der in Stanford an dem Projekt über außersinnliche Wahrnehmung gearbeitet hatte und behauptete, die Regierung (d.h. die militärischen und geheimdienstlichen Behörden) hätte eine Erfolgsquote von 65 Prozent erreicht.

Es geht nicht darum, ob solche psychischen Kräfte tatsächlich existieren oder nicht (wenn Swanns Angaben allerdings zutreffen, haben die Wissenschaftler wirklich interessante Dinge herausgefunden), sondern darum, zu zeigen, daß amerikanische Geheimdienste an allem interessiert sind, was mit Gedankenkontrolle zu tun hat. Das MK-ULTRA-Programm der CIA, bei dem LSD und andere Drogen eingesetzt wurden, um den perfekten Agenten zu erschaffen, ist gut dokumentiert (s. Kapitel 1). Endeten diese Bemühungen mit den öffentlich finanzierten Drogentrips?

Timothy McVeigh, der des Oklahoma-Attentats verdächtigt wurde, war eine Zielscheibe des Spotts, weil er behauptete, daß man ihm während seines Militärdienstes einen Mikrochip im Hintern implantiert hätte. McVeigh war aber nur der bekannteste Fall von denjenigen, die sich selbst als Opfer einer Mikrochip-Implantation bezeichneten. Es gibt Dutzende von „Selbsthilfegruppen" für Menschen, die glauben, ihr Bewußtsein werde durch Mikrochips oder geheimnisvolle Mikrowellen beeinflußt.

Natürlich ist es ein typisches Symptom für bestimmte Geisteskrankheiten, Stimmen im eigenen Kopf zu hören. Gibt es eine bessere Tarnung für geheime Bewußtseinskontrollexperimente? Es ist einfach, die „Wavies" und ihresgleichen ins Lächerliche zu ziehen. Man sollte jedoch anerkennen, daß respektable Wissenschaftler auf diesem Gebiet ernsthafte Versuche unternommen haben.

Der berühmteste von ihnen war Dr. Jose Delgado, Erfinder des „Stimoceiver"-Implantats und Autor des Buches *Physical Control of the Mind: Toward a Psychocivilized Society* (Harper & Row 1969). In diesem Werk tritt Delgado, der einmal einen angreifenden Bullen in einer gewagten Demonstration seines Wundergeräts mitten im Lauf stoppte, dafür ein, mit Hilfe der Technologie die gefährlichen, antisozialen Impulse der Öffentlichkeit unter Kontrolle zu halten. „Die Technik der nicht-sensuellen Kommunikation zwischen Gehirn und Computer durch die intakte Haut ist für uns bereits erreichbar", schrieb er. Delgado gab jedoch zu, daß es beim heutigen Kenntnisstand extrem unwahrscheinlich sei, „daß elektrische Korrelate für Emotionen und Gedanken gefunden werden können."

Delgado schrieb diese Sätze allerdings vor beinahe dreißig Jahren, und er bemerkte damals: „Wir machen schnelle Fortschritte in der Erforschung elektronischer Korrelate von Verhaltensmustern." Die Entwicklung lief jedoch nicht ohne Schwierigkeiten ab.

„Einer der begrenzenden Faktoren während der Versuche waren die Drähte, die vom Gehirn zum Stimoceiver an der Außenseite der Kopfhaut führten", schrieb Delgado. „Die Drähte waren eine mögliche Infektionsquelle und ein Hindernis beim Haarekämmen." Schließlich würde es keinen Sinn ergeben, eine Gesellschaft aus perfekten Bürgern zu erschaffen, wenn diese dann ungekämmt herumliefen...

Um dieses Problem zu lösen, entwickelte Delgado „einen kleinen Drei-Kanal-Stimulator, der unter der Haut implantiert werden kann... Das Gerät ist solide, braucht keine Batterien und funktioniert unendlich lange." Mit anderen Worten: ein Gehirnimplantat.

Psychochirurgie und Gehirnmanipulationen – ob durch Lobotomie, Elektroschocks oder Drogen – waren seit langem anerkannte Methoden der Verhaltenskontrolle. Der Stimoceiver ist nur eine High-Tech-Variante des alten Themas. Der Unterschied bestand jedoch darin, daß Delgado seinen Einsatz nicht auf die Individualtherapie beschränken wollte, sondern sich dafür engagierte, ihn als Mittel der Gesellschaftskontrolle zu verwenden.

Gab es für Dr. Delgados wunderliche Kreation und deren Nachfolgemodelle (wenn solche Geräte tatsächlich existieren) einen unfreiwil-

ligen Kundenkreis? Ed Light betreut eine Internet-Website namens
„Mind Control Forum", auf der er Dutzende von Fällen auflistet, in
denen Leute behaupten, Opfer einer „Fernsteuerung" zu sein. Auch
Light selbst zählt sich dazu (was ihn für Ted Koppel nicht gerade
glaubwürdiger machen würde).

Andere nähern sich dem Thema etwas aufgeschlossener: Tom Por-
ter, ein Software-Ingenieur, der eine Website über Bewußtseinskontrollexperimente der US-Regierung eingerichtet hat (und sich selbst
nicht zu den Opfern zählt), berichtet, er habe „mit mehreren Überlebenden traumatisierender Bewußtseinskontrollexperimente gesprochen, die dafür signifikante, wenn auch nicht hinreichende belastende
Beweise hatten. Ich bin geneigt, diesen Menschen wenigstens die
Gunst des Zweifels zu erweisen."

Lights Internetseite enthält auch einen Abschnitt über Brian Bard,
der nicht nur behauptet, Implantate zur Bewußtseinskontrolle einge-
pflanzt bekommen zu haben, sondern auch Röntgenbilder seines
Kopfes zeigt, auf denen man nach seiner Interpretation einige kleine
Geräte in seinem Schädel erkennen kann, von denen eines wie eine
Stimmgabel aussieht.

Um die Geschichten der selbsternannten „Opfer" ernstzunehmen,
müßte man nicht nur an die Skrupellosigkeit der Wissenschaftler, sondern vor allem daran glauben, daß eine solche Technologie überhaupt
funktionieren könnte. Als glaubwürdigsten Beweis auf diesem Gebiet
bietet Light einen Artikel von Allen Frey, einem Forscher von der Cor-
nell-Universität. Er erschien im *Journal of Applied Psychology* (Bd. 17,
Nr. 4, S. 689-692) unter dem Titel „Human Auditory Response to
Modulated Electromagnetic Energy". Die These dieses äußerst technischen Artikels lautete, daß „durch extrem schwache elektromagneti-
sche Felder bei normalen und tauben Versuchspersonen Geräuschwahrnehmungen hervorgerufen wurden".

Von „Geräuschwahrnehmungen" bis zu kontrollierbaren inneren
Stimmen ist es allerdings ein weiter Weg. Julianne McKinney von der
Association of National Security Alumni (eine Organisation, die sich
gegen geheime Operationen engagiert) schrieb 1992 einen umstrittenen Artikel in der Association-Zeitschrift *Unclassified*. Darin erklärte
sie: „Normalerweise werden Personen, die sich über Beeinflussung
durch Radiowellen oder innere Stimmen beklagen, als psychotisch,

wahnhaft oder schizophren abgestempelt... Basierend auf unserer vorläufigen Untersuchung, zu der auch Gespräche mit Betroffenen gehören, kommen wir zu dem Schluß, daß es sich um eine ernste Angelegenheit handelt, der man weiter nachgehen sollte."

Der Artikel hieß „Microwave Harassment and Mind-Control Experimentation" (Mikrowellen-Schikanen und Bewußtseinskontrollexperimente), was eine recht gute Zusammenfassung des Themas darstellt. In einem Nachtrag stellte McKinney allerdings klar, daß ein Haupteinwand gegen ihre These darin bestehe, daß in ihrem Artikel „kein echter Beweis dafür geliefert werde, daß eine Technologie der gerichteten Energie tatsächlich existiert". Sie fährt fort, daß „in den letzten zehn Monaten elektronische Überwachungs- und Antipersonensysteme plötzlich von den Zeichenbrettern der Physiker in die wirkliche Welt traten und auf diese Weise die Kritiker widerlegten..."

McKinneys „Projekt" führt die Aussagen von „Versuchspersonen" an, die nach der Veröffentlichung ihres Artikels natürlich wie Pilze aus dem Boden schossen. Darunter waren Überlebende von satanischen Kulten (die angeblich Verbindungen zum Militär hatten), „programmierte Mörder" aus dem Vietnamkrieg und UFO-Entführungsopfer. „Es gibt die Vermutung, daß das langfristige Ziel all dieser Experimente darin bestehe, ein vielleicht satellitengesteuertes kybernetisches System zur Überwachung aller (überlebenden) Bürger dieses Landes zu entwickeln", schrieb McKinney.

In seiner Schrift „The Controllers", die im Internet kursiert, behauptet Martin Cannon, das Phänomen der UFO-Entführungen sei eine riesige Vertuschungsaktion für ein großangelegtes Bewußtseinskontrollprojekt. Durch Hypnose werde den Versuchskaninchen suggeriert, ihre äußerst menschlichen Entführer und Folterer kämen nicht aus Washington, sondern vom Sirius oder irgendwo da draußen. Cannon verweist auf ein Implantat in der Art von Delgados Stimoceiver als mögliches Mittel (die Betonung liegt auf „möglich"), um die UFO-Halluzinationen hervorzurufen.

„Wenn ein Entführter erst einmal ein solches Implantat besitzt (und wenn wir den unter Hypnose gemachten Aussagen der Entführten überhaupt glauben können, fanden die ersten Implantierungs-Sitzungen bereits in der Kindheit statt), dient der Gehirn-Chip als Signalverstärker. So eine Person könnte zahllose 'UFO'-Erfahrungen machen, während sein oder ihr Partner gemütlich daneben im Bett schlummert."

Das Szenario einer UFO-Entführung würde in der Tat eine perfekte Tarnung darstellen, da es nicht nur die wahre Quelle des Traumas verbergen, sondern auch die Geschichte des Opfers unglaubwürdig machen würde.

Cannon bemerkt zu den Bewußtseinskontrollexperimenten: „Die Opfer wecken nur solange Mitgefühl, wie sie anonym bleiben. Wir wissen, daß Hunderte, vielleicht Tausende von Personen von MK-UL-TRA und ähnlichen Projekten betroffen sind. Dennoch reagieren wir mit tiefem Mißtrauen auf jeden, der den Schritt wagt, sich zu identifizieren, oder der als unabhängiger Gutachter erklärt, die Handlungen einer bestimmten Person seien nur durch Bewußtseinskontrolle zu erklären."

Cannon sagt, daß die Situation einem Teufelskreis ähnele: „Wenn jemand behauptet, er sei künstlich zum Verrückten gemacht worden, wird man wahrscheinlich denken, er sei von Anfang an verrückt gewesen." So verrückt diese Behauptungen auch klingen mögen, sollte man ihnen doch vorurteilsfrei begegnen.

„Es ist schrecklich, das Bewußtsein zu zerstören", schließt Cannon, „aber es ist noch schlimmer, ihm Befehle zu erteilen."

QUELLEN

Brandt, Daniel. „Mind Control and the Secret State." NameBase Newsline. Jan. – März 1996.

Cannon, Martin. „The Controllers: A New Hypothesis of Alien Abduction." Unveröffentlichtes Manuskript, 1990.

McKinney, Julianne. „Microwave Harassment and Mind-Control Experimentation." Silver Spring, MD: Association of National Security Alumni, 1992 (ergänzt 1993).

Reuter News Service. „U.S. Fielded Psychics as Part of its Arsenal." 30. November 1995.

9
Haben Lügen kurze Beine?

„Jede Regierung besteht aus Lügnern, und man sollte nichts von dem glauben, was sie sagen", erklärte der Journalist I.F. Stone mitten im Kalten Krieg. Obwohl einige die Pauschalität der Aussage kritisieren mögen, sorgte die fanatische Sorge um die nationale Sicherheit in der letzten Hälfte dieses Jahrhunderts häufig dafür, daß man es mit der Wahrheit nicht ganz so genau nahm.

Als die Reagan-Regierung überführt wurde, Lügen über Libyen verbreitet zu haben, zitierte Außenminister George Shultz Winston Churchill: „In Kriegszeiten ist die Wahrheit so wertvoll, daß sie von einer Schutztruppe aus Lügen bewacht werden muß." Natürlich befanden sich die USA nicht wirklich im Krieg mit Libyen, aber sie waren „ziemlich dicht davor", wie Shultz es nützlicherweise formulierte. Tatsache ist, daß Shultz die Reihenfolge der Ereignisse hier etwas durcheinanderbrachte: Es war die „Schutztruppe aus Lügen", die die USA „ziemlich dicht" an einen Krieg führte – und das war nicht das, was sich Churchill vorgestellt hatte.

Es ist kein Geheimnis, daß alle Regierungen skurrile Fehlinformationen über ihre Feinde in Umlauf bringen. Sowjetische Kommissare redeten ihren Opfern ein, daß ganz Amerika eine Kriegszone sei, die von psychopathischen Kriminellen verwüstet werde. In den 80er Jahren verbreitete die sowjetische Propaganda die Theorie, AIDS sei eine biologische Waffe, die aus amerikanischen Militärlabors stamme, und überzeugte davon einen Großteil der Dritten Welt.

Außerdem verbreitete die sowjetische Desinformation in Lateinamerika das Gerücht, Handlanger der Vereinigten Staaten würden Kinder entführen, um menschliche Organe zu stehlen. Diese finstere Erfindung hat immer noch Folgen: In den letzten Jahren wurden mehrere unglückliche (und unschuldige) amerikanische Touristen, die Guatemala besuchten, von wütenden Einheimischen, die überzeugt waren, es mit bösen Kindesentführern zu tun zu haben, getötet oder schwer verletzt.

Eine beliebte Desinformationstechnik der CIA, die zumindest dem Buchstaben nach gegen kein Gesetz verstieß, bestand darin, der ausländischen Presse unbestätigte Gerüchte zuzuspielen, in der Hoffnung, daß die amerikanischen Medien die gefälschte Story aufgreifen würden. Nach einem Bericht der *New York Times* aus dem Jahre 1977 berichteten CIA-Offiziere von „eindeutigen Versuchen, die amerikanische Öffentlichkeit durch indirekte Propaganda zu beeinflussen, die über die ausländische Presse lanciert wurde", besonders während des Vietnamkriegs. Eine Beurteilung der CIA von 1970 sprach von einem „kontinuierlichen Rücklauf chilenischen Informationsmaterials" in der amerikanischen Presse, unter anderem in der *New York Times* und der *Washington Post*. „Chilenische Informationen bilden weiterhin eine gute Tarnung für Propagandaaktivitäten", hieß es in dem Bericht.

John Stockwell, Chef der Angola-Einsatzgruppe der CIA in den 70er Jahren, beschrieb, wie er der afrikanischen Presse eine erfundene Geschichte über kubanische Soldaten, die angolanische Frauen vergewaltigen, zukommen ließ. Einige Tage später machte diese Geschichte wie erwartet in der amerikanischen Presse Schlagzeilen.

In Kriegszeiten (oder „ziemlich dicht davor") wurde die berühmte „Schutztruppe aus Lügen" häufig mobilisiert, um öffentliche Unterstützung für militärische Abenteuer zu gewinnen. Präsident Johnson nutzte den berüchtigten Tonkin-Zwischenfall, bei dem angeblich amerikanische Zerstörer vor der Küste Nordvietnams angegriffen worden waren (was nicht der Fall war), als Vorwand für eine Eskalation des Krieges. In den Monaten vor der Operation „Desert Storm" unterstützte die Bush-Regierung die (allerdings nicht von ihr erfundene)

Lüge, irakische Soldaten hätten in kuwaitischen Krankenhäusern Babys aus Brutkästen gerissen. Später wurden die Behauptungen des Pentagons über die vielgelobten Patriot-Raketen als, sagen wir, recht phantastisch entlarvt. Nach Angaben unabhängiger Untersucher verfehlten die Verteidigungsraketen in Wirklichkeit meistens ihr Ziel (irakische Scud-Raketen) und richteten in den Städten, die sie eigentlich verteidigen sollten, nicht unbeträchtliche Schäden an.

Westeuropäische Geheimdienstoffiziere waren davon überzeugt, daß die Sowjets sich bemühten, die weltweite Popularität von UFO-Spekulationen für ihre eigenen Spionagezwecke auszunutzen. Der UMMO-Kult in Spanien (seine Anhänger glauben, daß sie Kontakt zu einer außerirdischen Regierung haben, die als UMMO bezeichnet wird) mag als dummer Scherz begonnen haben. Laut UFO-Forscher Jacques Vallee hatte die französische Regierung jedoch den Verdacht, daß die Sowjetunion die Gruppe infiltriert hatte, um ihre eigenen obskuren Ziele wie die Manipulation von religiösen Glaubenssystemen zu verfolgen. Vallee weist darauf hin, daß viele der pseudowissenschaftlichen „Offenbarungen", die die UMMO-Wesen den Erdlingen zukommen ließen, auf äußerst komplizierten kosmologischen Theorien basierten. „Die hochentwickelten kosmologischen Theorien über Zwillingsuniversen enthielten Daten, die aus den unveröffentlichten Notizen von Andrej Sacharow stammen mußten", erläutert Vallee. Die französischen Geheimdienstler waren der Auffassung, daß nur der KGB Zugang zu diesen Notizen haben konnte.

Aber warum sollten sich die Sowjets die Mühe machen, eine obskure New-Age-Sekte zu manipulieren? Für Vallee kommen dafür mehrere Gründe in Betracht: Sekten bieten eine ideale Möglichkeit, Ideen und irrationale Glaubenssysteme zu verbreiten, die später zur Destabilisierung feindlicher Regierungen beitragen können. Außerdem kann eine Sekte ausländischen Spionen eine Tarnung bieten. Die UMMO-Botschaften wurden an westliche Wissenschaftler weitergeleitet, die dadurch motiviert wurden, Kontakt mit den „irdischen" UMMO-Repräsentanten aufzunehmen.

Wenn es um die schwarze Kunst der Spionage geht, erwarten wir ohnehin schon die ausgefallensten Methoden und die schlimmsten Absichten. Besonders übel ist es aber, wie die US-Regierung immer wieder absichtlich die amerikanische Öffentlichkeit hinters Licht führt.

Es überrascht nicht, daß die CIA ein Pionier im Einsatz von Propaganda zur „Bewußtseinskontrolle" war, die während des Höhepunkts des Kalten Krieges dabei half, die öffentliche Meinung zu manipulieren. CIA-Dokumente aus den frühen 50er Jahren, die damals noch geheim waren, beschreiben großangelegte Bewußtseinskontrolloperationen im Aus- und Inland (letzteres stellte eine Verletzung der CIA-Satzung dar). Bei Treffen der CIA-Spitzen wurden „die psychologischen Aspekte einer Kontrolle von Gruppen und Massen" diskutiert, und man grübelte im typischen Madison-Avenue-Jargon über „Mittel, um den Kommunismus zu bekämpfen und Demokratie zu ʻverkaufenʻ".

In der Regel waren es amerikanische Staatsbürger, die in den Genuß dieser psychologischen Wohltaten kamen. Ironischerweise gehörte es zu dieser Propagandakampagne, die Öffentlichkeit davon zu überzeugen, daß die Sowjets (und nicht etwa die CIA) eine „Schlacht um den Geist der Menschen" begonnen hatten. Dazu benutzten sie „Techniken zur Pervertierung des Gehirns, die so subtil und nach unserer Lebensauffassung verabscheuungswürdig sind, daß wir bislang davor zurückgeschreckt sind, uns wirklich mit diesem Thema zu befassen", wie es der CIA-Direktor Allen Dulles in einer Rede formulierte. Edward Hunter, ein Propagandist der CIA, der später zum Journalisten wurde, prägte den gespenstischen Begriff „Gehirnwäsche", und die US-Regierung warf den Chinesen und den Sowjets vor, den Patriotismus aus den Gehirnzellen amerikanischer Soldaten herauszuspülen und sie dadurch in willenlose Roboter zu verwandeln.

In Wirklichkeit jedoch gab die CIA in damals noch geheimen Memos zu, daß es „keinen Hinweis auf den Einsatz von Chemikalien durch die Roten" gebe und daß die Sowjets offenbar kein Interesse daran hätten, Bewußtseinskontrolle durch „Drogen, Hypnose oder spezielle Geräte" durchzuführen. Die CIA selbst hingegen war durchaus interessiert, Ausländer und Einheimische einer Gehirnwäsche zu unterziehen, wie das berüchtigte MK-ULTRA-Programm bewies, das drei Tage nach Dulles' furchteinflößender Rede gestartet wurde. Martin Lee und Norman Solomon schrieben in ihrem Buch *Unreliable Sources:* „Es scheint so, als sei die Bedrohung durch kommunistische Gehirnwäsche nur ein Propagandatrick gewesen, also eine eigene Art der ʻGehirnwäscheʻ, mit der das amerikanische Volk getäuscht werden sollte."

Das Ausmaß der Desinformation erreichte jedoch seinen Gipfel unter dem ehemaligen Schauspieler Ronald Reagan. Unterstützt von der leichtgläubigen Presse versorgte die Reagan-Regierung die arglose Öffentlichkeit mit den verschiedensten Fälschungen und Unwahrheiten.

Zu Beginn der Amtszeit Reagans schürte das Außenministerium die Ängste des Kalten Krieges, als es eine angebliche kommunistische Verschwörung aufdeckte, die linke Rebellen in El Salvador mit Waffen versorgte. Das Ganze erwies sich später als Falschmeldung.

Kurz danach alarmierte Außenminister Alexander Haig die Welt, indem er behauptete, die Sowjets würden unschuldige Menschen in Laos, Kambodscha und Afghanistan mit einer tödlichen Chemikalie besprühen. Das Gift, das „Gelber Regen" genannt wurde, fiel angeblich vom Himmel und hatte verheerende Auswirkungen. Die geheimnisvolle Waffe entpuppte sich jedoch als natürlicher „Niederschlag", der aus den Ausscheidungen von Bienen bestand. Zufällig bekanntgewordene Dokumente aus dem Außenministerium zeigten, daß die Geschichte in Umlauf gebracht wurde, obwohl Wissenschaftler gewarnt hatten, daß sie sich durch keinerlei Beweise stützen ließ.

Dann gab es eine Propagandakampagne gegen den libyschen Staatschef Gaddafi, der als Boß eines internationalen Terroristennetzwerks und Drahtzieher eines Mordplans gegen Reagan dargestellt wurde. Das absurdeste Resultat dieser Kampagne war eine Schlagzeile in der *New York Post*, die lautete: VERRÜCKTER GADDAFI JETZT AUCH DROGENSÜCHTIGER TRANSVESTIT! Das war ja fast zu schön, um wahr zu sein. Später tauchte ein Memo auf, das der in den Iran-Contra-Skandal verwickelte John Poindexter für Reagan verfaßt hatte und in dem er das Desinformationsprogramm zur Destabilisierung der libyschen Regierung beschrieb.

Die Reagan-Regierung nahm ihre Propagandabemühungen so ernst, daß sie eine eigene Behörde für die nationale Desinformation gründete. Sie trug die euphemistische Bezeichnung „Behörde für öffentliche Diplomatie" („Office of Public Diplomacy" = OPD). Die OPD, die ein hochrangiger US-Beamter als „umfassende psychologische Kriegsführungsoperation" gegen die amerikanische Öffentlichkeit bezeichnete, wurde von einem CIA-Propagandisten geleitet, den Direktor William Casey in den Nationalen Sicherheitsrat versetzt hatte, um das Verbot einer Einmischung der CIA in innere Angelegenheiten zu umgehen. Für die OPD arbeiteten militärische Experten für psychologische Kriegsführung, um die Herzen und Köpfe der Amerikaner von Reagans Außenpolitik zu überzeugen.

Die OPD konzentrierte sich vor allem auf Reagans fixe Idee, der linken sandinistischen Regierung von Nicaragua „schwarze Hüte aufzukleben" und den Contras „weiße Hüte", wie es ein Memo von 1986 ausdrückte. Es wurden nicht nur Flugblätter produziert und Kongreßabgeordnete beeinflußt, sondern auch „Enthüllungen" an leichtgläubige Reporter weitergegeben, beispielsweise die Falschmeldung, die Sowjets würden die Verschiffung von MIG-Kampfflugzeugen nach Nicaragua planen.

1987 stellte die Wirtschaftsprüfungsbehörde fest, die OPD habe „verbotene, verdeckte Propagandaaktivitäten" auf Kosten der amerikanischen Öffentlichkeit durchgeführt. Jack Brooks, ein Kongreßabgeordneter aus Texas, nannte die Arbeit der OPD eine „illegale Operation zur Manipulierung der öffentlichen Meinung und der Entscheidungen des Kongresses". Die OPD löste sich offiziell auf, als der Iran-Contra-Skandal in die Schlagzeilen kam.

In jüngster Zeit kam die Entdeckung hinzu (bestimmt nicht die letzte), daß das Pentagon während der Reagan-Ära die Resultate der Waffentests für das sogenannte „Star Wars"-Programm manipuliert hatte. Als die Verheimlichung des kompletten Fehlschlags des Multi-Milliarden-Dollar-Flops kritisiert wurde, rechtfertigten sich die Verantwortlichen mit der üblichen Kalten-Kriegs-Ausrede: Wir konnten es uns nicht erlauben, die Russen merken zu lassen, daß wir nichts anderes als ein Weltraum-Windei in den Händen hielten...

Natürlich wurden dadurch nicht nur die Sowjets, sondern auch der Kongreß und die amerikanische Öffentlichkeit an der Nase herumgeführt – und das war bestimmt nicht unerwünscht, wenn es darum ging, um weitere finanzielle Unterstützung in astronomischer Höhe zu bitten.

QUELLEN

Crewdson, John M., und Joseph B. Treaster. „CIA: Secret Shaper of Public Opinion." *New York Times*, 25.-27. Dezember 1977.

Lee, Martin A., und Norman Solomon. *Unreliable Sources: A Guide to Detecting Bias in News Media.* New York: Lyle Stuart, 1991.

Vallee, Jacques. *Messengers of Deception: UFO Contacts and Cults.* Berkeley, CA: And/Or Press, 1979.

II

Aus den Weiten des Alls

10
Verborgene Geheim-
nisse der Lüfte

Was stürzte in Roswell, New Mexico, ab? Etwas Großes und Silbernes taumelte durch die Luft und riß den Wüstenboden mit einem riesigen Knall auf. Soviel kann man zumindest unbestritten behaupten. Das passierte am 2. Juli 1947.

Es ist auch eine Tatsache, daß die Regierung sich sehr schnell für... was auch immer zu interessieren begann. Die Air Force sandte ein Team aus, das die Trümmer aufsammeln sollte – ein Metallsplitter war ungefähr 1,20 Meter lang – und einige davon zum Luftwaffenstützpunkt Wright-Patterson in Dayton, Ohio, zu weiteren Untersuchungen fliegen sollte. General Roger Ramey, der diensthabende Offizier, befahl seinen Männern, nicht mit der Presse zu sprechen. Jedoch hatte der Presse-Verbindungsoffizier, bevor Ramey den Mantel des Schweigens über der Affäre ausbreiten konnte, bereits die Presse darüber informiert, daß die Regierung eine „fliegende Scheibe" in ihren Besitz gebracht hätte. Eine Radiostation in Albuquerque bekam diesen Bericht. Als sie die Meldung im Radio vorlasen, erhielten sie ein Telegramm des FBI.

„Achtung Albuquerque: Sendung beenden. Wiederhole: Sendung beenden. Gefährdung nationaler Sicherheit. Nicht weiter senden. Bleiben Sie dran..."

Einen Tag später gab die Air Force bei einer Pressekonferenz bekannt, daß es sich bei dem in Roswell abgestürzten Objekt um einen Ballon handele.

Die UFO-Sage hatte ein paar Tage zuvor begonnen, als der Geschäftsmann und Hobby-Pilot Kenneth Arnold eine Gruppe „taumelnder und wirbelnder" Objekte in seinem Privatflugzeug verfolgte. Er beschrieb die Objekte als „untertassenförmig". Irgendein Witzbold in einem AP-Büro packte den Begriff „fliegende Untertasse" in seinen Nachrichtenticker und schuf damit einen Begriff, der bis heute noch verwendet wird. Die Air Force sagte, Arnold habe „eine Luftspiegelung" verfolgt.

Seit 1947 gibt es unzählige UFO-Sichtungen. Einige wurden auf Film und Fotos festgehalten. Sie tauchen in aller Welt auf, sogar im Weltraum. Immer wieder haben NASA-Astronauten von seltsamen Objekten gesprochen, und der UFO-Autor Sean Morton, Co-Autor des Buchs *The Millennium Factor*, sagt, daß die NASA-Fotos der sogenannten „dunklen Seite" des Mondes aus irgendwelchen Gründen als geheim eingestuft werden.

Der Mythos, UFOs würden sich nur Landstreichern und geistig minderbemittelten Einsiedlern zeigen, läßt sich leicht widerlegen. Bei einem kurzen Blick in UFO-Bücher entdeckt man schnell, daß die Luftwaffen zahlreicher Länder nicht identifizierbare „Blips" regelmäßig verfolgen.

Am 23. November 1953 jagte ein F-89 Kampfflugzeug ein UFO über den Lake Superior. Ein Fluglotse sagte später aus, daß beide „Blips" miteinander zu verschmelzen schienen und dann vom Bildschirm verschwanden. Der Jet und sein Pilot Felix Moncla tauchten nie wieder auf. Aus irgendeinem Grund enthält der Air-Force-Bericht über diesen Vorfall nur zwei Seiten: Eine davon stammt aus einem Buch, in dem UFO-Theorien widerlegt werden.

Trotz allem ist Roswell (ein Wort, das bei UFO-Begeisterten Kultstatus erreicht hat) der wichtigste Meilenstein der UFO-Vertuschung, weil, so scheint es zumindest, dort tatsächlich etwas vertuscht wurde. Dieser Absturz wird nicht in „Project Blue Book"-Akten der Air Force erwähnt. Im „Blue Book" wurden alle UFO-Meldungen mit ihren „wissenschaftlichen" Erklärungen aufgezeichnet, die auf den Schreibtischen der Air Force gelandet waren. Man nennt diese Akten auch den

„Warren Report" der UFO-Forschung – eine Vertuschungsaktion, die als Untersuchung getarnt war. Das „Blue Book" gibt Roswell allein dadurch Bedeutung, weil es den Vorfall ignoriert.

Einige werden die Ereignisse als unwahrscheinlich ansehen, schon allein deshalb, weil ein Raumschiff, das dem interstellaren Raum trotzen kann, wohl kaum wie eine Cessna vom Himmel fallen wird. Aber da ist ja noch Majestic 12 (MJ-12) – unter UFOlogen gibt es den starken Glauben, daß MJ-12 existiert.

Diese Gruppe, bestehend aus zwölf wichtigen Personen aus Militär, Geheimdienst und Wissenschaft, wurde angeblich gegründet, um das wichtigste Ereignis der menschlichen Geschichte zu verbergen: den Kontakt mit Außerirdischen – allerdings toten.

Laut einer streng geheimen Aktennotiz, die MJ-12 für den Präsidenten Dwight Eisenhower erstellte, wurden vier „extraterrestrische biologische Entitäten" (EBEs) drei Kilometer von der Absturzstelle entfernt gefunden. In einigen Berichten wird behauptet, zwei von ihnen hätten zu diesem Zeitpunkt noch gelebt. Einer von ihnen soll sich sogar gewehrt haben. Die Leichen der EBEs werden angeblich tiefgefroren in Los Alamos, New Mexico, aufbewahrt.

Das Problem mit dem Majestic-12-Dokument – der einzig richtige Beweis, das jemals ein Treffen der MJ-12 stattgefunden hat – liegt darin, daß es vermutlich gefälscht ist. Es ist niemals von offizieller Seite bestätigt worden.

MJ-12 wird nur in einem einzigen anderen offiziellen Dokument erwähnt. In einer Air-Force-Analyse eines UFO-Films vom November 1980 wird detailliert beschrieben, in welcher Weise sich die Regierung auch weiterhin für UFO-Sichtungen „interessiert", die sie durch „verdeckte Operationen" untersuchen läßt.

Dieses Dokument wie auch die MJ-12-Akte klingt zu gut, um echt zu sein – die rauchende Pistole, die jede gute Verschwörungstheorie braucht und niemals findet. Das wäre so, als wenn ein Forscher sich durch die CIA-Akten über JFK wühlen würde und dabei zufällig auf einen Zettel stieße, auf dem stände: „Ermordung des Präsidenten am 22.11.1963 in Dallas geplant. Nach Absprache mit dem FBI rät der Direktor zu zwei Schützen aus unterschiedlichen Positionen." Das würde einen schon stutzig machen.

MJ-12, ob real oder nicht, hat eine Reihe von Legenden und Spekulationen ausgelöst, hauptsächlich natürlich die, daß sie existiert und immer noch die UFO-Vertuschung leitet und sich mit jeder außerirdischen Entführung und mit UFO-Abstürzen beschäftigt. Für den „Selbstmörder" und Journalisten Danny Casolaro war MJ-12 in seiner Theorie einer geheimen Regierung mit dem Namen „Octopus" ein Tentakel (Kapitel 21). In einigen Versionen der Geschichte trägt MJ-12 die Verantwortung für die Kooperation und die Verhandlungen mit der außerirdischen Rasse, die unter uns lebt.

Oder sollten wir „Rassen" sagen? John Lear, der sich selbst als ehemaligen Geheimdienstler bezeichnet und heute zu den führenden Stimmen der UFO-Bewegung zählt, behauptet, daß die Regierung über eine wahre Regenbogen-Koalition von EBEs informiert ist.

Die Bandbreite reicht dabei von den drei Arten der insekto-humanoiden Grauen (dürre, eierköpfige Feinde der Menschheit) bis zu den freundlichen Blonden, die eher menschlich aussehen, aber sich – trotz ihrer Menschenfreundlichkeit – weigern, ihr „Star Trek"-artiges „universelles Gesetz der Nichteinmischung" zu brechen, um uns vor den bösen Grauen zu schützen. Ebenfalls vertreten sind die Haarigen Zwerge (erklärt sich selbst), die Sehr Große Rasse (erklärt sich ebenfalls selbst) und die mysteriösen Men in Black.

Die Existenz des Robertson-Panels ist im Gegensatz zu MJ-12 unumstritten. 1953 erstellte diese Gruppe von Wissenschaftlern einen Bericht für die CIA, der erst 1975 für die Öffentlichkeit freigegeben wurde.

Diese Gruppe wurde von Dr. H.P. Robertson geleitet und traf sich insgeheim fünf Tage lang im Pentagon. Sie untersuchten die UFO-Fälle, die sie für wahrscheinlich hielten und lehnten jeden einzelnen ab.

Die Existenz der unerklärlichen oder aus dem Weltraum stammenden UFOs abzulehnen, stellt noch keine Verschwörung dar. Die Gruppe ging jedoch wesentlich weiter als Ablehnung. Sie schlugen der Regierung vor, Berichte über UFO-Sichtungen zu unterdrücken und eine „Anti-UFO-Erziehungskampagne" einzuleiten.

„Diese Erziehung könnte durch die Massenmedien wie Fernsehen, Filme und Artikel erreicht werden", heißt es im Bericht der CIA. Weiterhin wurde vorgeschlagen, „Psychologen, die sich mit Massenpsychologie auskennen", einzusetzen. Es wurde sogar überlegt, die Disney-Studios zu fragen, ob sie nicht an der Produktion von Anti-UFO-Zeichentrickfilmen interessiert seien.

Der Bericht riet dazu, Gruppen von UFO-Gläubigen überwachen zu lassen, da sie „möglicherweise zu subversiven Zwecken eingesetzt werden könnten."

Die verschwörerischen Gedanken des Robertson-Panels belegen nicht, daß die Regierung wirklich so etwas wie tiefgefrorene Aliens zu verbergen hat. Auf der anderen Seite liefern sie jedoch einen deprimierenden Beweis dafür, wie Institutionen auf Ideen reagieren, die sie laut des Berichts für „eine Bedrohung der normalen Funktionsweise der schützenden Organe des politischen Körpers" halten.

QUELLEN

Andrews, George C. *Extra-Terrestrial Friends and Foes.* Lilburn, GA: IllumniNet Press, 1993.

Good, Timothy. *Top Secret. Die UFO-Akten. Begegnungen mit außerirdischen Intelligenzen.* München: Droemer, 1999.

Randle, Capt. Kevin D. *The UFO Casebook.* New York: Warner Books, 1989.

11
Das Apollo-Spiel

Am 20. Juli 1969 setzte Neil Armstrong seinen linken Fuß in lunaren Staub und wurde damit zum ersten Menschen auf dem
Mond. Leider könnte es sein, daß dieser historische Moment
durch eine nicht unbedeutende Kleinigkeit getrübt wurde: Sollte der
Autor Bill Kaysing recht haben, machte Armstrong seinen großen
Schritt für die Menschheit nicht 400 000 Kilometer über der Erde in
dem öden Meer der Ruhe, sondern in einem streng geheimen Film-
studio 160 Kilometer vom lasterhaften Las Vegas entfernt. Ja, so wie
Kaysing sagt, wurde der Nation nur vorgespielt, daß Armstrong und
Edwin E. „Buzz" Aldrin Jr. durch eine echte Mondlandschaft liefen,
während sich in Wirklichkeit zwei „Schauspieler" durch eine boshafte
Regierungsproduktion quälten, die als der größte Schwindel aller Zeiten gelten könnte.

Reiner Irrsinn, sagen Sie? Nicht für Millionen von Skeptikern, die
den ersten Menschen auf dem Mond zweifelnd zusahen – und nicht
für Kaysing, der seine ausgefeilte Theorie in einem im Eigenverlag erschienenen Exposé mit dem Titel *We Never Went to the Moon* veröffentlichte. Kaysing, ein ehemaliger technischer Autor für Rockwell International (die an den angeblichen „Mondmissionen" beteiligt war),
behauptet, keine direkten Beziehungen zur NASA zu haben. Seine
Überzeugung zieht er statt dessen aus „einem Gefühl", fotografischen
„Beweisen" und dem Verdacht, daß die Regierung ein Meister darin
ist, die Öffentlichkeit zu betrügen.

Seine Theorie ist vielleicht etwas, nun ja, schwerelos, wenn es um schwerwiegende Beweise geht, aber das macht Kaysing durch seinen Enthusiasmus wieder wett. „Amerikas 30-Milliarden-Dollar-Schwindel", erklärt er, spielte sich über einen Zeitraum von fünf gefälschten Mondlandungen ab und wurde unterstützt durch „gut gefälschte" Fotos, falsche Mondsteine und „programmierte Astronauten" – und, ganz wichtig – „der Hilfe der Vaterfigur [Walter] Cronkite als journalistischer Strohmann."

Zuallererst hat Kaysing einige Fragen – Fragen, denen die NASA und die ehemaligen Astronauten ausweichen wie ein Gauner der Polizei:

• Wieso sieht man auf den Fotos des Himmels über dem Mond keine Sterne und wieso weichen die Astronauten dem Thema Sterne aus. Ohne die blockierende Wirkung der Atmosphäre müßte der Sternenhimmel „der schönste gewesen sein, den je ein Mensch gesehen hat", schreibt Kaysing. Seiner Meinung nach ist die Antwort, daß die Setdekorateure der NASA wußten, daß sie Astronomen mit einem gefälschten Sternenhimmel niemals täuschen konnten.

• Wenn die Oberfläche des Mondes puderartig genug ist, um tiefe Fußabdrücke zu hinterlassen, wieso hinterließ dann der Raketenantrieb des Landemoduls keinen tiefen Krater? Und wieso sieht man auf Fotos keinen Mondstaub an den Beinen des Moduls?

• Wenn sich der Mond nach der ersten Apollo-Mission als „steril" erwiesen hatte, wieso wurden die Astronauten bei späteren Missionen so lange in Quarantäne gehalten? Kaysing behauptet, daß sie die Zeit brauchten, um „1) Schuldgefühle abzubauen; 2) Monddaten zu studieren und auswendig zu lernen; und 3) ihre Antworten auf Fragen zu proben."

• Wieso wurden so viele Astronauten später Manager in sehr großen Firmen?

Kaysing liefert Antworten auf die meisten dieser Fragen, inklusive der offensichtlichsten – wieso sollte die NASA sich die Mühe machen, die Apollo-Missionen zu fälschen? Die Raumfahrtagentur begann anscheinend mit diesem Betrug, als sie nach einer Reihe technischer und administrativer Fehlentscheidungen begriff, daß sie niemals bis zum Ende der 60er einen Mann zum Mond schicken würde.

Um der internationalen Schmach zu entgehen, schufen die NASA und der militärische Tarnungsapparat der Regierung, die Defense Intelligence Agency (DIA), eine streng geheime Operation, die Kaysing das Apollo-Simulations-Projekt (ASP) nennt. Für ihre Geheimbasis suchte sich das kaltblütige ASP-Team einen Ort in Nevada aus, der direkt neben einem Stück Land lag, das von der Atomenergie-Kommission für Atombombentests genutzt wurde – eine gute Abschreckung für Neugierige. Die Geheimbasis des ASP hatte noch einen weiteren Vorteil: „Sie lag weniger als eine Autostunde entfernt von einem 24 Stunden täglich, sieben Tage in der Woche geöffneten Freizeitzentrum mit mehr als dreißig Casinos." Laut Kaysing, der seinen Fall auf eine fast allwissende Art und Weise präsentiert, schloß sich das ASP mit der Cosa Nostra in Las Vegas zusammen, die sich als wahre Patrioten erwiesen und das Raumfahrtprogramm mit ihren Diensten unterstützten – vermutlich oft mit tödlichem Ausgang.

In der unterirdischen Basis höhlte das ASP eine Grube aus, in der „ein kompletter Set des Mondes" entstand (in anderen Versionen dieser Theorie liegt die geheime Basis übrigens in Arizona oder New Mexico). Tatsächlich – und in Abwesenheit wahrer journalistischer Arbeit müssen wir Kaysing seine „Tatsachen" einfach glauben – half niemand geringeres als Regisseur Stanley Kubrick bei diesem Betrug und setzte seinen Film *2001 – Odyssee im Weltraum* ein, um in Hollywood die nötigen Spezialeffekte herstellen zu lassen, die man brauchen würde, um die Öffentlichkeit zu täuschen (da fragt man sich doch, worum es in *The Shining* wirklich ging).

Laut Kaysing ging das ASP folgendermaßen vor:

- Eine *leere* Saturn-Rakete startet in Florida – vor den Augen der Zuschauer, wodurch der Apollo-Betrug an Authentizität gewinnt. Die Geister-Rakete verschwindet hinter dem Horizont und fällt dann irgendwo ins arktische Meer.
- Die „Astronauten" werden in den Nevada-Komplex des ASP geflogen, wo sie „jeden Luxus genießen, inklusive einiger hübscher Showgirls aus Las Vegas, deren Schweigen vorher natürlich erkauft wurde." Wenn Armstrong und seine Schauspielerkollegen sich nicht gerade ihre Mitgliedschaft im 240 000 Mile High Club verdienen, können sie sich „frei bewegen, an den einarmigen Banditen spielen" und „sich am 24 Stunden geöffneten Buffet des Hotels vergnügen."

(In diesem moralischen Vakuum, so berichtet der gut informierte Kaysing, hat vermutlich einer der Astronauten „einen Mitarbeiter des ASP bei einem Streit um ein Showgirl namens Peachy Keen abgeknallt.")

- Als sich der Vorhang dann schließlich hebt, liefern das Special-Effects-Team, die Kameraleute und der „ASP-Mondgang-Regisseur" eine fast perfekte Show ab, bei der Armstrong auch seine berühmte „ein kleiner Schritt"-Zeile sagt. Jeder Aspekt des Videos ist bis ins kleinste choreographiert, bis hin zu den Versprechern, Scherzen und „scheinbaren Improvisationen der Astronauten." Währenddessen stellt die NASA falsches Mondgestein, den angeblich schwerwiegendsten Beweis der Reise, in High-Tech-Keramik-Brennern her.

- Rechtzeitig vor ihrer triumphalen Rückkehr zur Erde werden die Astronauten von den Vegas-Schönheiten getrennt und auf einen versteckten Luftwaffenstützpunkt auf Hawaii gebracht (auf dem „Tauramoto-Archipel", informiert uns Kaysing). Dort werden sie in eine funktionsuntüchtige Raumkapsel gesteckt und aus einem C5-A-Transportflugzeug ins Meer geworfen.

Die Handlung erinnert an den Film *Unternehmen Capricorn* (1979), in dem es um einen nachgestellten Flug zum Mars geht, was allerdings laut Kaysing nur daran liegt, daß sich Hollywood die Idee von der ersten Ausgabe seines Buchs auslieh.

Wie in dem O.J. Simpson/Telly Savalas-Film (oder in jeder Verschwörungs-Hypothese, die ihr Geld wert ist), hat auch Kaysings Theorie ihre Märtyrer, und zwar einen ganzen Friedhof voll. Da gibt es Tom Baron, einen Luftfahrttechniker, der sich beim Kongreß über die gefährlichen Einsparungen beim Apollo-Programm beschwerte – und bei einem Zugunglück „nur *vier Tage* nachdem er ausgesagt hatte" ums Leben kam. Da gibt es auch drei Astronauten – unter ihnen Gus „Der Stoff aus dem die Helden sind" Grissom –, die 1967 bei einem Zwischenfall auf der Startrampe starben, als ihre Kapsel ausbrannte. Grissom hatte sich öffentlich über die Sicherheitsmängel bei Apollo beschwert, was Kaysing zu der Annahme bringt, die DIA hätte diesen kleinen „Unfall" vermutlich arrangiert, um Grissom zum Schweigen zu bringen und die anderen vorlauten Flieger einzuschüchtern.

Wie bei vielen anderen Verschwörungen auch, spielt natürlich die

Gehirnwäsche eine große Rolle. Kaysing unterstellt, daß die Astronauten einer solchen Prozedur unterzogen wurden, um sie zu gehorsamen Mitspielern zu machen. Das, so sagt er, erkläre auch ihre spätere Zurückgezogenheit und die in einigen Fällen aufgetretenen „starken geistigen Probleme."

„Was wollen sie eigentlich verbergen?" fragt sich Kaysing. Neil Armstrong „will sich am Telefon nicht mit mir unterhalten", beschwert sich der Autor in seinem Buch. Buzz Aldrin will angeblich nicht in der gleichen Talkshow auftreten wie der Apollo-Skeptiker. Trotz ihrer scheinbaren Abgehobenheit könnte es sein, daß die Raumfahrt-Cowboys doch an den Forschungen des Kaliforniers interessiert sind: Kaysing erklärt düster, Armstrongs Agenten würden seinen Kreuzzug zur Enthüllung des Apollo-Betrugs sehr genau beobachten.

Letztendlich werden die Geheimnisse der NASA so verschlossen bleiben wie die Tresore der Vegas-Casinos. Sollte es nicht noch zu einigen unvorhergesehenen Enthüllungen kommen, wird Kaysing wohl weiter ehemalige Astronauten belästigen müssen, um dem Rätsel auf den Grund zu gehen. Wie ein David, der kleine Erdbrocken auf einen Goliath im Raumanzug wirft, hat Kaysing öffentlich verkündet: „Ich bin bereit", erklärt Kaysing, „mit einem oder allen Astronauten zu jeder Zeit live im Fernsehen oder persönlich zu diskutieren."

Bis jetzt haben sich die schauspielernden Astronauten geweigert, diesen kleinen Schritt zu gehen.

QUELLEN

Kaysing, Bill. *We Never Went to the Moon: America's Thirty Billion Dollar Swindle!* Soquel, CA: Holy Terra Books, 1991.

12
Nazis am Südpol

Okay, sie haben den Zweiten Weltkrieg verloren, aber unterschätzen Sie niemals die Hartnäckigkeit der Nazis. Die irren Wissenschaftler des Dritten Reichs, denen niemand bei ihren bösartigen Erfindungen das Wasser reichen konnte, waren in der Lage, praktisch alles zu erreichen – so lange das Projekt entweder ethisch dubios oder unglaublich bescheuert war und zwar auf einer wagnerischen Ebene. Kein Wunder also, daß, wenn es um den Ursprung der fliegenden Untertassen geht, manche die Nazis ebenso verdächtigen wie raumfahrende Außerirdische.

Es gibt zumindest ein theoretisches Fundament für diese Spekulation. Während des Kriegs experimentierten Hitlers Dr. Seltsams anscheinend mit Bauplänen für fliegende Scheiben. Ob sie damit Erfolg hatten, ist umstritten, aber gegen Ende des Jahres 1944 meldete die Nachrichtenagentur Reuters, die Deutschen hätten eine „geheime" Luftverteidigungswaffe erfunden, die ungefähr so aussähe „wie die Glaskugeln an Weihnachtsbäumen. Man hat sie über deutschem Territorium gesichtet, manchmal einzeln, manchmal in Gruppen. Sie erscheinen silbern und sind offenbar durchsichtig."

Die Piloten der Alliierten berichteten, sie hätten diese sogenannten Foo Fighters (vom französischen Wort *feu* für Feuer) häufig in ganz Europa und sogar in Japan und der Türkei gesehen. Die Piloten sagten aus, diese seltsamen Objekte hätten die entnervende Angewohnheit besessen, ganzen Schwadronen zu folgen und selbst das schnellste

Flugzeug noch zu überholen. Die Geheimdienste der Alliierten bemühten sich, mehr über diese mögliche Geheimwaffe der Nazis zu erfahren, von der sie glaubten, sie sei so etwas wie ein „Hochgeschwindigkeits-Ballon für große Höhen". Nach dem Krieg durchforsteten Beamte die Aufzeichnungen der Deutschen und schlossen die Möglichkeit von teutonisch gebauten fliegenden Scheiben, Feuerbällen oder manövrierfähigen Ballons schließlich aus. Das seltsame, unerklärte Phänomen geriet langsam in Vergessenheit.

Wenn es da nicht die Theoretiker aus dem Nazi-lastigen Flügel der UFOlogie gäbe, die die rasanten (und extrem spekulativen) Fortschritte enthüllt haben, die von den Deutschen seit dem Zweiten Weltkrieg in der UFO-Technologie erreicht wurden. Wenn Sie an diese Prämisse glauben, dann waren die Foo Fighters nicht mehr als das „T-Modell" im Vormarsch deutscher UFO-Technologie. In seinem Werk über die angestrebte Weltherrschaft von Blaublütern mit Nazi-Kontakten (*Alternative 3*) beschreibt der Verschwörungssuchende Jim Keith die Entdeckungen eines gewissen Renato Vesco. Laut Vesco, Autor des Buchs *Intercept – But Don't Shoot*, waren die Foo Fighters nur Prototypen einer Waffe namens Kugelblitz. Keith berichtet, daß die großen Kugelblitze erheblich zu der „allgemein bekannten Vorstellung von fliegenden Untertassen" beigetragen hätten. Obwohl es unwahrscheinlich ist, daß die riesigen Flugkörper jemals das Planungsstadium überstanden (wenn sie so weit kamen), so schildert Keith doch einige Startversuche in Prag (Tschechoslowakei) und Breslau (damals Deutschland) im Frühjahr des Jahres 1945.

Dann gibt es noch ein „vertrauliches italienisches Dokument", das angeblich von einem Informanten beschafft wurde und, so Keith, einen eher einseitigen Luftkampf zwischen alliierten Flugzeugen und einem merkwürdigen Objekt beschreibt: „Eine seltsame, fliegende Maschine   mit kreisförmigem Aussehen griff sie mit unglaublicher Geschwindigkeit an und zerstörte sie in wenigen Sekunden, ohne Waffen einzusetzen." Natürlich ist das einzige Problem bei überraschend auftauchenden, anonymen Dokumenten, daß man ihre Herkunft nicht kennt.

Doch selbst der unglaubliche Kugelblitz konnte den Untergang des Dritten Reichs nicht mehr verhindern. Starb die Nazi-UFO-Technologie gemeinsam mit dem Suizid ihres Führers, oder suchte sie sich einfach nur einen neuen Sponsor, wie zum Beispiel deutsche Raketen-wissenschaftler und Superspione? Es gibt tatsächlich Beweise für die zweite These. Laut eines Memorandums der CIA von 1955, das von dem UFO-Forscher Timothy Good entdeckt wurde, behauptete der Luftfahrtingenieur John Frost, der ein scheibenartiges Flugzeug für das amerikanische Militär entwarf, „seine Ideen für diese fliegende Ma-schine von einer Gruppe Deutscher kurz nach dem Zweiten Welt-krieg" bekommen zu haben.

Goods gut dokumentierte Reportage enthält weitere Spekulationen, in denen behauptet wird, daß die deutschen Untertassen-Wissen-schaftler ihre ehrgeizigen Baupläne in die UdSSR und in die USA brachten. Laut Keith glaubt der deutsche Wissenschaftler Rudolph Schriever: „...daß die zahlreichen UFO-Berichte seit dem Ende des Krieges zeigten, daß die Kugelblitz-Baupläne entdeckt worden und sie in Produktion gegangen seien."

Keith erwähnt auch einen deutschen Untertassen-Wissenschaftler namens Miethe, der nach dem Krieg in die USA ging, um an John Frosts experimenteller Scheibe, der berühmten „fliegenden Scheibe Avro" mitzuarbeiten. Sie wurde von A.V. Roe Ltd in Kanada gebaut und gemeinsam von der US-Army und der Air Force während der 50er Jahre finanziert. Die Avro VZ-9 war eine funktionstüchtige fliegende Scheibe, die von einer Jetturbine angetrieben wurde und eine Reihe von Ausstoßventilen besaß, die das Gerät in jede Richtung bewegen konnten – außer, leider, nach oben. Das Eigenlob des Pentagon stank wie immer zum Himmel, denn Filmaufnahmen zeigen die Avro, die ein paar peinliche Zentimeter über dem vereisten Boden taumelt. 1954 ließ das kanadische Verteidigungsministerium das Projekt fallen, weil es „keinen Sinn erfüllt."

War das amerikanische Scheiben-Programm ein Fehler? Nicht, wenn man den Zeugen glaubt, die während der 60er Jahre glänzende Scheiben ähnlich des Avro-Prototyps über den Hangern von Militär-basen in Kalifornien und Ohio am Himmel sichteten. Wenn wir den Aussagen sogenannter „Augenzeugen" glauben wollen, erreichten diese Maschinen Geschwindigkeiten oberhalb der Schallgrenze und schweb-ten in luftigen Höhen – ein ganz schöner Unterschied zu der tau-melnden Avro.

1950 sprang *U.S. News and World Report* auf den UFO-Zug der Regierung auf und riet ihren Lesern in einem Artikel namens „Flying Saucers – The Real Story: U.S. Built First One in 1942", sich wieder zu beruhigen. *U.S. News* nannte das neue Flugzeug eine „revolutionäre" Kreuzung zwischen einem Hubschrauber und einem Jet und informierte ihre Leser freundlicherweise darüber, daß „Marsianer" und „Raumschiffe" nichts mit den merkwürdigen Sichtungen zu tun hätten. Jeder, der glaube, ein UFO zu beobachten, sähe in Wirklichkeit einen geheimen Testflug.

U.S. News versuchte in den UFO-verrückten 50ern die Stimme der Vernunft zu sein, allerdings sagen einige Theoretiker, daß die Regierung selbst die Stimmung noch angeheizt hätte. Sie behaupten, daß die Regierung jahrzehntelang diskret Spekulationen über den außerirdischen Ursprung der UFOs und die kleinen grauen Männer geschürt hätte – als Tarnung für die Entwicklung ihrer eigenen, sehr irdischen Untertassen-Technologie.

Andere UFOlogen stellen diese Theorie lieber auf den Kopf. Sie gehen davon aus, daß die Regierung kein Interesse daran hat, die öffentlichen Spekulationen über Außerirdische anzustacheln, sondern vielmehr Artikel wie den aus *U.S. News* unterstützt, um die Aufmerksamkeit von dem wirklichen Ursprung der UFOs abzulenken: den Außerirdischen.

Das *Ideal's UFO Magazine* enthüllte eine *wahre* Geschichte, als es einen „Lieutenant Colonel George Edwards (USAF – pensioniert)" zitierte, der angeblich an dem Avro VZ-9 Projekt arbeitete: „Man hat uns zwar nichts gesagt, aber wir wußten, daß die Air Force ein richtiges außerirdisches Raumschiff testete. Die VZ-9 war nur eine Ablenkung, damit das Pentagon eine Erklärung bieten konnte, wenn Leute behaupteten, sie hätten eine Untertasse in der Luft gesehen."

Die Theorie besagt, daß die US-Regierung in den Besitz von mehreren außerirdischen Raumschiffen gelangt war, angefangen vom angeblichen Absturz in der Wüste außerhalb von Roswell, New Mexico (1947). Bis Ende der 80er hatten „extraterrestrische biologische Entitäten" (EBEs) bis zu neun Raumschiffe rücksichtslos in den Sand gesetzt (oder großzügig gestiftet), die sich jetzt in den Fängen der konspirativ veranlagten Regierung befinden. Obwohl die besten und intelligentesten amerikanischen Wissenschaftler die außerirdischen Maschinen untersuchten, gelang es ihnen nicht, die fortschrittliche

Technologie nachzubauen (obwohl einige enthusiastische Theoretiker behaupten, die Regierung habe das Geheimnis der UFOs entdeckt und diese Technologie benutzt, um Amerikaner auf den Mond zu schicken – in den 50ern!).

Der momentane Brennpunkt der UFO-Testreihen liegt angeblich innerhalb einer mysteriösen Militärbasis nördlich von Las Vegas, die als Dreamland, Area 51 und S-4 bekannt ist. Bei Tag kreisen experimentelle Stealth-Flugzeuge über dem eingeschränkten Luftraum der Basis, aber des Nachts schweben dort angeblich die leuchtenden Untertassen, rasen im Zick-Zack-Kurs am Himmel entlang, während ihre (menschlichen) Testpiloten den Warpantrieb testen oder sich die Manöver von echten außerirdischen UFOnauten erklären lassen.

Die Theorie über außerirdische UFOs in Dreamland wurde 1989 bekannt, als ein Ingenieur namens Bob Lazar an die Öffentlichkeit trat, um der Welt (oder zumindest den Zuschauern des Vegas-TV-Senders KLAS-TV) mitzuteilen, daß er als Angestellter der Regierung in S-4 ein echtes außerirdisches Raumschiff untersucht hätte. Lazar behauptete, die Maschine, die er das „Sportmodell" nannte, würde von „Gravitationsverstärkern" gesteuert und von einem „Antimateriereaktor" angetrieben – übrigens die gängigste Variante spekulativer UFO-Physik seit den 50ern. Leider bleibt Lazars Geschichte kontrovers, vor allem, da es bisher niemandem gelungen ist, seine Universitätsabschlüsse zu finden (obwohl sein Schulabschluß ohne Schwierigkeiten gefunden werden konnte).

Wenn man anderen Forschern Glauben schenkt, dann sind die Aliens in Dreamland nichts gegen die Arier am Südpol. Der UFOloge Vladimir Teriski vertritt die Theorie, daß in den letzten Tagen des Zweiten Weltkriegs einige Angehörige des Dritten Reichs an Bord von fliegenden Untertassen und U-Booten bis in die Antarktis gelangten (vermutlich mit Wagners *Walkürenritt* als Hintergrundmusik). Es dürfte niemanden überraschen, daß einige den Führer selbst in einem solchen Vehikel hoch über dem Pol vermuten.

Terziski behauptet, er sei in den Besitz einer erschreckenden Video-Dokumentation gekommen, die „von der geheimen deutschen Gesellschaft", der sogenannten Thule-Gesellschaft, stamme, die vor Hitlers Auftauchen vieles seiner verzerrten Ideologien vorwegnahm. Wenn Terziskis neue Informationen über die Thule-Gesellschaft ernstgenommen werden können, dann bauten die Deutschen Schüsseln der Vril-Serie mit einem Durchmesser „von zehn Metern" und große Kampfschiffe für Luftkämpfe. Sie bestückten ihre interplanetaren Schüsseln – ja, Sie haben richtig gelesen – mit „elektro-magnetischen Gravitations-Antrieben" (bestimmt in Massenproduktionen wie Volkswagen) und kolonisierten den Mond bereits 1942! Lunarer Lebensraum war aber erst der Anfang. Im gleichen Jahr, so Terziski, stachen die Nazis ihre Hakenkreuzflaggen in das antarktische Eis und benannten den Kontinent in Neu-Schwabenland um. Dann begannen sie zu graben (ein Echo der „hohlen Erde"-Theorie der Nazis?) und bauten die unterirdische Hauptstadt Neu Berlin, in der heute mehr als zwei Millionen *Sieg Heiler* leben, die die Menschen auf der Erdoberfläche mit faschistischen UFOs terrorisieren und natürlich ein geheimes Handelsabkommen mit der US-Regierung haben.

Eine letzte Anekdote zum Thema UFO-Waffen: Viele nazi-infizierte UFOlogen übersehen einen Hinweis in der berühmten Entführungsgeschichte von Betty und Barney Hill. Wir erinnern uns, daß Betty sagte, die unfreundlichen UFO-Cowboys hätten Uniformen „wie die der Air Force" getragen und mit einem „fremden" Akzent gesprochen. Barney brachte die Sache direkt auf den Punkt und beschrieb ihren Anführer folgendermaßen: „...wie ein deutscher Nazi. Er ist ein Nazi!" Achtung! Heute Polen, morgen die Milchstraße.

QUELLEN

„Flying Saucers – The Real Story: U.S. Built First One in 1942." *U.S. News & World Report*, 7. April 1950.

Good, Timothy. *Top Secret. Die UFO-Akten. Begegnungen mit außerirdischen Intelligenzen.* München: Droemer, 1999.

Keith, Jim. *Alternative 3: Die Beweise.* Peit.: Michaels-Vertr, 1998.

Terziski, Vladimir. „Secret Research on Antigravity and Space Flight Organized by the German Secret Societies During World War II." *Steamshovel Press*, no. 9 (Herbst 1993).

Vallee, Jacques und Janine. *Challenge to Science: The UFO: Enigma.* New York: Ballantine, 1975.

13
Die Untertassen-Therapie

Die meisten Diskussionen zwischen UFO-Gläubigen und Skeptikern drehen sich um die Frage, ob diese Phänomene aus dem All kommen oder sich mit Hilfe anderer „wissenschaftlicher" Quellen erklären lassen. Es gibt aber noch eine dritte Option: Was wäre, wenn UFOs eine Art merkwürdiger Technologie wären, mit der man eine psychologische Massenmanipulation erreichen will?

Könnten UFOs der erste Schritt in einem Plan sein, mit der eine totalitäre Regierung eingeführt werden soll, die sich als „Sternenkinder"-Religion tarnt? Kündigen diese Lichter am Himmel die Ankunft von New-Age-Nazis an? Vielleicht ist Arthur C. Clarkes allmächtiger *2001*-Monolith bereits eingetroffen – nur, daß er dieses Mal stinksauer ist!

„Der größte Effekt, den UFOs auf ihre Zeugen ausüben, ist konditionierend", sagt Jacques Vallee, ein französischer Astronom, der durch seine Bücher über UFOs bekannt geworden ist. „Wenn der Mensch diesen kraftvollen Bildern ausgesetzt ist, entwickelt er neue Verhaltensformen und neue Modelle von seiner Beziehung zur Welt und zur Natur."

Vallee weist aber sofort daraufhin, daß „die Schlußfolgerung, UFOs seien nicht mehr als ein Geheimprojekt irgendeines Nachrichtendienstes, falsch und zu einfach wäre". Trotzdem bestätigt er, daß eine reale Technologie hinter den UFOs steckt und diese Technologie, sollte sie nicht von erfindungsreichen Menschen stammen (eine Möglichkeit, mit der sich Vallee beschäftigt), zumindest von erfindungsreichen Menschen mit unbekanntem Ziel genutzt wird.

Jay Katz (ein Pseudonym des bekannten Verschwörungstheoretikers Jim Keith) erwähnt in seinem spiralgebundenen Traktat *Saucers of the Illuminati* verschiedene Zwischenfälle bewiesener Einmischung innerhalb der Gemeinschaft der UFO-Gläubigen. Er zeigt mit dem Finger auf so verdächtige Figuren wie Nicholas de Rochefort, den CIA-Spezialisten für psychologische Kriegsführung, und andere namentlich bezeichnete „Helfer" der CIA, die das „National Investigations Committee on Aerial Phenomena", eine ältere zivile Kommission zur Untersuchung des UFO-Phänomens, unterwanderten und infiltrierten. Besonders scharf verurteilt er John Lear, einen ehemaligen CIA-Piloten, „der mehr als jeder andere dazu beigetragen hat..., die Öffentlichkeit davon zu überzeugen, daß Außerirdische unter uns in riesigen unterirdischen Stützpunkten leben und gemeinsam mit der Regierung daran arbeiten, aus uns allen Fleischprodukte zu machen." Dann gibt es da noch William Moore, der seine Informantendienste für die Regierung zugab und maßgeblich an der Veröffentlichung der berühmten MJ-12-Dokumente beteiligt war.

„Für die allgemeine Öffentlichkeit ist vermutlich schon die Vorstellung, UFOs könnten in irgendeiner Weise von Menschen kontrolliert werden, undenkbar", schreibt Katz. „In den Medien wird niemals erwähnt, daß UFOs auch etwas anderes sein könnten als ein außerirdisches Phänomen."

John Keel ist ein weiterer UFO-Forscher, der die ET-Theorie und die „wissenschaftlichen" Erklärungsversuche als verrückt bezeichnet und sich statt dessen auf die „medizinischen und psychologischen Effekte" konzentriert, den ein UFO-Kontakt auf seine Opfer hat. Für ihn sind UFOs „trojanische Pferde", von denen die menschliche Gesellschaft infiltriert wird und die irgendwann eine noch unbekannte, unerwünschte Ladung abwerfen werden. Keel ist nicht sonderlich optimistisch, wenn er über die Chancen schreibt, die der menschliche Geist haben wird, um den boshaften Plänen der Gedanken-Manipulatoren zu entkommen. „Wir sind biochemische Roboter, die hilflos von

Kräften kontrolliert werden, die unsere Gehirne verändern, unsere Gedanken zerstören und uns in jeder Weise benutzen können, die ihnen einfällt", sagt er.

Keel weist daraufhin, daß „Männer in hellen Overalls beobachtet wurden", wie sie während einer merkwürdigen Reihe von UFO-Sichtungen in Virginia „an den Telefon- und Stromleitungen herumspielten". *Saucers of the Illuminati* beschäftigt sich auch mit der Frage, wieso manchmal von Augenzeugen berichtet wird, die Insassen von UFOs seien nach ihrer Landung in normalen Autos davongefahren. Katz erwähnt auch die Menschenmengen, die sich zu „UFO-Beobachtungsparties" rund um das „streng geheime" Area 51 in Nevada versammeln und bemerkt trocken: „...die relativ häufige Begebenheit, bei der ganz normale Menschen innerhalb der Basis gesichtet und manchmal sogar beim Fliegen in einem UFO beobachtet wurden. Dies könnte ein klarer Hinweis darauf sein, woher diese Maschinen kommen."

Während sich Keel hauptsächlich auf die Erfahrungen Einzelner konzentriert, beschäftigt sich Vallee mit Kontaktierten-Kults. Diese Gruppen von Hardcore-UFO-Gläubigen versammeln sich immer um eine Person, die behauptet, direkten Kontakt zu außerirdischen Besuchern zu haben. In diesen Gruppen, die am Rande unserer Gesellschaft und Politik existieren, sieht Vallee die Saat einer neuen „höchst fordernden" Religion und politischer Philosophie.

Die Idee erscheint anfangs absurd. Aber praktisch jede Idee, die mächtig genug ist, die sklavische Verehrung von Millionen zu erreichen, beginnt mit einem angeblichen Kontakt zwischen Menschen und einer höheren Intelligenz: etliche Götter des Olymp, die herabstiegen, um sich in menschliche Angelegenheiten einzumischen; Moses und der brennende Busch; Jesus, der Paulus auf der Straße nach Damaskus erscheint.

Oder etwas aus der jüngeren Geschichte: die Kirche der Mormonen. Ihr Gründer, Joseph Smith, wurde von einem „Engel" besucht, der ihm sagte, wo er die lange vergrabenen Steintafeln finden könne, auf denen *Das Buch Mormon* stand. In der Sprache des 20. Jahrhunderts gesprochen, hatte Smith „eine unheimliche Begegnung der dritten Art."

Am zynischen Ende des Spektrums findet man die Scientology-Sekte, die von dem Science-Fiction-Autor L. Ron Hubbard gegründet wurde und dessen quasi-religiösen und sehr teuren Techniken, mit denen man den „Thetaner" in sich wecken soll, die Tom Cruises und John Travoltas auf der ganzen Welt anzieht.

Es gibt ein ganzes Unter-Genre der UFO-Literatur, das sich der Idee widmet, daß die wichtigsten religiösen Erfahrungen der Menschheit vielleicht nur mißverstandene außerirdische Kontakte waren. Der erwähnte Film *2001* spielt mit diesem Thema. Erich von Dänikens Werke – die sich, im Gegensatz zu Kubricks Film, als Sachbücher ausgeben – waren mit ihrer These, die alten Bauwerke der Menschheit (die Pyramiden, die Ebene von Nazca) seien entweder als Tribut für Außerirdische, wenn nicht sogar von ihnen selbst erbaut worden, die Sensation der 70er.

Vallees Hypothese dreht den Spieß um: „Unheimliche Begegnungen" könnten auch einfach nur fehlinterpretierte religiöse Erfahrungen sein.

Sind „Wunder", Visionen, Engelsbesuche und UFO-Kontakte allesamt Ausdruck des gleichen natürlichen Phänomens, dessen Erklärung nicht innerhalb des traditionellen Verständnisses von Natur und Physik zu suchen ist? Diese Frage führt Vallee auf einen Weg, auf dem er nicht nur UFOs, sondern auch die Realität selbst in Frage stellt. Vallee glaubt (um seine lange und nicht komplett nachvollziehbare Argumentation etwas abzukürzen), daß unser modernes Verständnis des Universums auf einem Fehler beruht. Wir gehen von einer „linearen" Kausalität aus – eine Sache führt zur nächsten. Ich schlage Ihnen auf die Nase, Sie fallen um. Ich erkläre Ihnen Vallees Theorien über Realität, Sie sind hoffnungslos verwirrt.

Statt dessen, so Vallee, leben wir in einem „assoziativen" Universum, in dem die konventionelle Logik („erst A, dann B") nicht funktioniert, sondern die Logik des Zufalls regiert.

Seine Analogie ist eine Computerdatenbank. Computer speichern Informationen ohne Zuordnung und fördern sie nur durch Kommandos wieder zu Tage. Wenn wir bestimmte Schlüsselwörter in einen Computer eingeben, versuchen wir, Zufälle zu erzeugen. Wo tauchen in unserer Verschwörungsdatenbank die Schlüsselworte „Attentat" und „Krebs" zusammen auf? Geben Sie einfach die magischen Worte ein, und aus dem Chaos zufälliger Informationen erscheinen fünf Artikel über Mae Brussell.

Das Universum, in dem wir leben, atmen und das wir wahrnehmen, so Vallee, ist nichts anderes als „ein Prozeß, bei dem Assoziationen und Informationen gefiltert und herausgezogen werden".

In einem Universum der Zufälle wären seltsame Phänomene „möglich, sogar normal", schreibt Vallee, „und UFOs würden ihre außerirdische Bedeutung verlieren". Jeder, der auch nur ein wenig von diesem absurden Konzept versteht, könnte einen Weg finden, um diese Phänomene zu seinen eigenen, vermutlich dunklen Zwecken zu nutzen. Vallee hat wie Katz in den meisten Kontaktierten-Gruppen Spione aus der Regierung und anderen, schwerer zu ortenden Interessengruppen gefunden. Aus welchen Gründen sie dort auftauchen, ist fast ebenso unklar wie die UFOs selbst.

„Zum System der Kontaktierten gehört häufig der Glaube an höhere Rassen und totalitäre Gesellschaftsformen, in denen die Demokratie ausgelöscht würde", schreibt Vallee. Die Kulte, die er untersuchte, glauben oft an ihre eigene rassische Überlegenheit, die sie von ihrem angeblichen Ursprung als „Sternenkinder" ableiten. Die gesellschaftlichen Konsequenzen eines solchen Glaubens lassen einen nicht gerade in Heiterkeit ausbrechen.

Katz gelangt zu der Schlußfolgerung, daß das Ziel des UFO-Phänomens die Errichtung einer weltweiten Monarchie ist. Vallee ist weniger eindeutig: „Sollten diese Manipulatoren existieren, möchte ich ihnen zu ihren Fähigkeiten gratulieren, aber dennoch bin ich mißtrauisch, was ihre Ziele angeht", sagt er. „Ich würde gerne mehr über das Menschenbild wissen, das sie in ihren Köpfen haben – und in ihren Herzen – vorausgesetzt natürlich, sie haben Herzen."

QUELLEN

Katz, Jay. *Saucers of the Illuminati*. Lilburn, GA: IllumiNet Press, 1993.
Keel, John. *Disneyland of the Gods*. New York: Amok Press, 1988.
Vallee, Jacques. *Messengers of Deception*. New York: Bantam Books, 1980.

14
Autopsien von Außerirdischen

Seit mehr als vier Jahrzehnten warten UFO-Schüler und Bekehrte auf einen einzigen unumstößlichen und eindeutigen Beweis. Der könnte von überall herkommen: Er könnte wie der biblische Regen vom Himmel herabfallen und selbst die härtesten Kritiker zum Schweigen bringen. Es könnte sich dabei um ein Stück exotisches Metall handeln, das nicht auf dieser Erde geschmiedet wurde. Es könnte ein schockierend deutliches Foto (eins, das zur Abwechslung mal scharf ist) sein oder in der besten aller möglichen Welten, der heilige außerirdische Gral. Das empirische Fleisch, na ja, *was auch immer* eines außerirdischen Wesens, tot oder lebendig.

Im Frühjahr 1995 wurde klar, daß sich etwas Großes anbahnte – so etwas wie die Wiederkunft Christi für UFOlogen. In einer britischen Talkshow erblickte eine Geschichte das Licht der Welt, die sich von dort im Internet über die ganze Welt verbreitete. Ein kleiner Videovertreiber in London sollte schon bald Filmmaterial der US-Regierung veröffentlichen, in dem die Autopsie eines Außerirdischen zu sehen war – eines echten *toten* E.T. Es handelte sich dabei nicht um einen x-beliebigen Toten, sondern um ein Opfer des berühmten Roswell-UFO-Absturzes in der Wüste von New Mexico – so erzählt man sich die Geschichte zumindest, wie wir in Kapitel 10 gesehen haben.

Mit einem Aufwand, den man sich normalerweise für einen großen Kinohit vorbehält, wurde das mittlerweile berüchtigte „Roswell-Autopsie"-Filmmaterial im August 1995 veröffentlicht. In den USA lief es bei Fox (Heimat von *Akte X*) und wurde außerdem in über dreißig Ländern weltweit gezeigt. Allein in den USA sahen über zehn Millionen Zuschauer die erste Ausstrahlung.

Bei den Aufnahmen handelt es sich um zwanzig Minuten Schwarzweiß-Film, auf dem zwei Chirurgen zu sehen sind, die einen Außerirdischen obduzieren, der mehr oder weniger der Beschreibung der sogenannten „Grauen" entspricht: klein, mit einem übergroßen Kopf, haarlos, runde Augen und schlanke Gliedmaßen. Kurz gesagt, all die Charakteristika, die eine Generation, die mit Filmen wie *Unheimliche Begegnung der dritten Art* und Büchern wie Whitley Striebers *Communion* gefüttert wurde, von einem echten Außerirdischen erwarten würde.

Allerdings, so argumentieren zumindest einige UFO-Anhänger, wirkt dieser kosmische Tote doch ein wenig zu menschlich und paßt so gar nicht zu den ohrlosen, flachnasigen, schlitzmündigen Kreaturen, die die ländlichen Farmer im mittleren Westen terrorisieren.

Der 16mm-Film wirkt zumindest oberflächlich authentisch: Mit einer tragbaren Kamera werden teils unscharfe, körnige und schlecht belichtete Bilder gezeigt, die man so auch in den 20-Uhr-Nachrichten sehen könnte – ein psychologisches Hilfsmittel, mit dem der Zuschauer aufgefordert wird, an die Echtheit der Bilder zu glauben.

Aber sind die Aufnahmen authentisch? Oder ist es nur wieder ein weiterer Betrug, so wie die anderen, mit denen man die Öffentlichkeit seit den späten 40ern zum Narren gehalten hat? In den Monaten vor der Ausstrahlung des Materials äußerten sich zwar einige prominente UFOlogen positiv über den Film, mittlerweile hat die UFO-Gemeinde den Film allerdings als gefälscht bewertet – und zwar als ziemlich schlecht gefälscht.

Bis jetzt hat niemand die Verantwortung für den Betrug übernommen. Allerdings sind wir uns zumindest sicher, daß der Film gefälscht ist. Die wenigen Journalisten, die sich die Mühe gemacht haben, nach den Hintermännern des Films zu suchen, stießen auf ein Netz von verdächtigen Zufällen und Widersprüchen. Abgesehen davon wecken die Aufnahmen an sich schon so viele Zweifel, daß man davon ausgehen muß, daß nichts, aber auch gar nichts an diesem Film echt ist.

Jetzt ziehen wir uns die Handschuhe über, greifen nach unserem rhetorischen Skalpell – das wir korrekt zwischen Daumen und Mittelfinger halten, *im Gegensatz* zu den „Chirurgen" im Autopsiefilm – in dem Versuch, das Material und seine problematische Herkunft zu obduzieren.

 Was die Curies für Radium und Schliemann für Troya, ist Ray Santilli für die erste, jemals im internationalen Fernsehen gezeigte Autopsie eines Außerirdischen. Santilli, dem ein kleiner Videovertrieb in London gehört, behauptete, er habe den Autopsiefilm entweder im Sommer 1992 oder 1993 (er hat seine Angaben mehrfach geändert) „entdeckt", als er einige seltene Filmaufnahmen von Elvis Presley (klar, Elvis *mußte* einfach in dieser Geschichte irgendwo auftauchen) von einem pensionierten amerikanischen Kameramann namens „Jack Barnett" kaufte. Santilli erzählt, während des Verkaufsgesprächs habe der Kameramann gesagt, er hätte „noch etwas anderes". Im Fox-TV-Special berichtet Santilli: „Wir sahen es uns an. Das war das unglaublichste Material, das ich je gesehen hatte. Ich dachte natürlich zu Beginn, daß das nicht echt sein könne."

Wie dem auch sei, Santilli legte diese Zweifel ab, kehrte nach England zurück und kaufte für eine ungenannte Summe 22 Filmrollen (oder 15, wie Santilli zuerst behauptete), auf denen die Autopsie dokumentiert wird. Laut Santilli wollte der Kameramann, der während der 40er und 50er Jahre für die „Army Air Force und Special Forces" gearbeitet hatte, anonym bleiben. Er war nicht nur Zeuge des berühmtesten außerirdischen Ereignisses der modernen Geschichte (die Autopsie), sondern hatte auch das Forrest-Gump-artige Glück, frühe Geheimtests der Atombombe zu filmen.

Der Kameramann wurde am 2. Juni 1947 von Washington D.C. nach Roswell, New Mexico, gerufen. Ihm wurde befohlen, Aufnahmen von einer Absturzstelle in der Wüste zu machen, wo – so glaubte er zumindest – ein geheimes Spionage-Flugzeug abgestürzt war. Einen Monat später wurde er zur Fort Worth Air Station in Texas gebracht, wo er die Autopsie eines der Außerirdischen filmte. Irgendwie gelang es dem Kameramann, mehr als 100 Minuten des historischen Filmmaterial vor seinen Bossen zu verbergen und die Aufnahmen auf seinen Speicher zu bringen, wo sie vierzig Jahre lang verstaubten. Das allein klingt schon sehr unglaubwürdig, egal, wie niedrig man den Kompetenzgrad der US-Streitkräfte ansetzt.

Der Rest der Geschichte ist, nun ja, irgendwie Geschichte. Acht Monate nachdem der Bericht erstmals in einer englischen Talkshow auftauchte, strahlte der US-Sender Fox die Pseudodokumentation mit beeindruckenden Quoten aus. Santilli (und sein mysteriöser, anonymer Hintermann, den er als „Filmsammler" bezeichnete) machten aus einer überirdischen Geschichte irdischen Reichtum, indem sie die Ausstrahlungsrechte an TV- und Video-Produzenten in der ganzen Welt verkauften.

Der Film selbst – den sie mittlerweile in jeder Videothek bekommen können – ist nicht wirklich glaubwürdig. In einigen Einstellungen wirkt der großköpfige „Humanoide" wie ein organisches Wesen, in anderen hingegen wie eine unglaubwürdige Hollywood-Requisite. Die „Ärzte", die die Autopsie ausführen und von Kopf bis Fuß in weiße Schutzanzüge gehüllt sind, scheinen wirklich eine Obduktion durchzuführen und schneiden den leblosen E.T. auf. Allerdings gehen sie dabei viel zu vorsichtig mit dem Körper um, so, als handele es sich um eine teure Latexpuppe.

Die Meinungen der Experten über diesen Film sind vernichtend. Chirurgen und klinische Pathologen haben auf zahlreiche Ungereimtheiten bei dieser Operation hingewiesen, die „mit wesentlich weniger Können als eine normale [irdische] Autopsie" durchgeführt wurde, sagte Dr. Joseph Bauer, ein Chirurg, der sich den Film für das The Skeptic-Magazin ansah. Das ungenaue Öffnen des Torsos und des Schädels, die falsche Handhabung der Skalpelle und das fehlende Abwiegen und Messen der Organe lassen eher auf einen „schlecht gemachten, billigen Film schließen, dessen Akteure nicht vernünftig instruiert wurden", schreibt Bauer.

Die Kameraarbeit des Films ist ebenfalls ein wichtiger Hinweis: Die Kamera bewegt sich viel zu melodramatisch für eine militärische Dokumentation. Zum Beispiel benutzte der Kameramann eine schwankende Handkamera und kein Stativ, obwohl das damals üblich war. Außerdem verwendete man – wie Militärfotografen aus der gleichen Zeit berichteten – Farbmaterial (und keinen Schwarz-weiß-Film), Fotos und eine an der Decke befestigte Filmkamera. Man sollte schon erwarten, daß das Militär bei der Autopsie einer noch nie gesehenen Spezies etwas mehr Sorgfalt walten lassen würde.

Noch verdächtiger ist die Angewohnheit des Kameramanns, die Kamera bei Schlüsselszenen zu dicht an das Objekt zu halten, so daß die Bilder praktischerweise völlig unscharf sind. Es ist fast schon komisch, wie er in wichtigen Momenten die Kamera auf den Rücken der Ärzte schwenkt, so als könne er in einem großen Raum, in dem außer ihm nur zwei lebende Menschen sind, keinen vernünftigen Kamerawinkel finden. Es ist fast schon ein Wunder, daß ein so unprofessioneller Kameramann überhaupt einen derartigen Auftrag bekam. Joe Longo, der Präsident eines Vereins ehemaliger Kriegsfotografen, sagte nach dem Film: „Hätte jemand in meiner Einheit solche Aufnahmen geschossen, hätte ich ihn zurück zum Latrinenputzen geschickt."

Man sollte eigentlich auch erwarten, bei einer so wichtigen Operation eine ganze Horde von Soldaten im Hintergrund zu sehen – und doch sind die einzigen sichtbaren Personen die beiden „Chirurgen" und ein dritter Mann, der hinter einer Glaswand steht und dessen Gesicht geschickterweise von einer Chirurgenmaske verdeckt wird.

Die interessanteste und überzeugendste Kritik kommt jedoch von Special-Effects-Experten aus Hollywood. Trey Stokes (ein Effektkünstler, der an Filmen wie *Abyss*, *Batmans Rückkehr* und *Robocop* arbeitete) führte eine Umfrage unter anderen Effektkünstlern durch, deren Urteil vernichtend war: Der Film ist mit allergrößter Wahrscheinlichkeit eine Fälschung. „Ob Sie nun glauben, daß in Roswell etwas Seltsames passiert ist oder nicht", schreibt Stokes in einem Artikel, der im Internet veröffentlicht wurde, „das ändert nichts an der Tatsache, daß der 'Alien' in diesem Film wie eine kompetent gemachte, aber sicherlich nicht perfekte Puppe aussieht."

Auf seiner hervorragend recherchierten Internetseite erklärt Stokes Firma, die Truly Dangerous Company (TDC), wie der Alien vermutlich konstruiert wurde und welche Fehler während der Autopsie gemacht wurden:

- Die Fett- und Muskelmasse des Wesens sackt nicht ab, wie das bei einem wirklichen Leichnam der Fall wäre. Statt dessen weist das Gewebe der Beine, Oberarme und des Kinns „auf eine Schwerkraft hin, die nach unten, zu den Zehen gerichtet ist... Eine Erklärung dafür ist, daß dieser Körper aus dem Körperabdruck einer stehenden Person gefertigt wurde" – so wie es in Hollywood üblich ist.
- Der Kameramann muß hellseherische Fähigkeiten besitzen: Er weiß immer im voraus, wohin er die Kamera im nächsten Moment rich-

ten muß, um die interessanten Dinge aufzunehmen – bevor sie geschehen! „Der Arzt bewegt das Skalpell über den Hals und die Brust, aber die Kamera bewegt sich nicht mit", erklärt TDC. „Statt dessen bleibt sie auf den Hals des Körpers gerichtet und verharrt für mehrere Sekunden – bis Blut aus der Wunde austritt."

- Laut TDC wurde das tropfende Blut vermutlich durch verborgene Schläuche in den Hals gepumpt, eine Technik, die man in Hollywood als „blood gag" bezeichnet.

- Der Kameramann stoppt seine Aufnahmen mehrfach ausgerechnet dann, wenn wichtige Details zutage kommen. Zum Beispiel entscheidet er sich anscheinend in dem Moment, eine Kaffeepause einzulegen, in dem der Arzt das Brustbein entfernen will – ein unentschuldbarer Fehler. War es vielleicht zu schwierig, die Knochenstruktur zu fälschen?

TDC bietet eigene Spekulationen, wie man die Puppe hätte herstellen können, ohne irgendwelche Budgets zu sprengen. Auf ihrer Internetseite präsentiert TDC einen „Alien-Vergleich", bei dem Santillis Alien mit dem verglichen wird, das Steve Johnson für den Fernsehfilm *Roswell* baute. (Ihr Urteil: Johnsons kleiner grauer Mann ist wesentlich überzeugender.)

Noch überzeugender sind jedoch die Gegenbeweise, die Santilli selbst, wenn auch unabsichtlich, in seinen widersprüchlichen Erzählungen über den Ursprung des Films lieferte.

In einer „detaillierten" Aussage des Kameramanns (den Santilli anfangs nicht namentlich nennen wollte), die auf seiner Internetseite erschien, beschreibt der alternde Fotograf eine atemberaubende Szene, in der er Soldaten filmte, die sich auf die Absturzstelle zubewegten, während sie „die Schreie der seltsamen Wesen hörten, die neben dem Fahrzeug lagen". In anderen Worten: tolle Bilder. Leider müssen diese Aufnahmen erst noch außerhalb von Santillis Erzählungen auftauchen. Die Glaubwürdigkeit der „Geschichte des Kameramanns" sank noch ein paar Grade, als nach der Ausstrahlung dieses Dokument von Santillis Internetseite verschwand.

Das war nicht die einzige bahnbrechende Behauptung, die sich später in Luft auflöste. Santilli behauptete, man könne im Film Präsident Truman hinter einer Glasscheibe sehen. Dies, so bemerkte Santilli gegenüber dem Kornkreisforscher und Autor Colin Andrews in der Winterausgabe des *Circle Phenomenon International Newsletter* (1995), hätte alle Zweifel an der Echtheit der Aufnahmen zerstreut. „Ich hatte keine Zweifel mehr, als ich Präsident Truman sah", wurde Santilli zitiert. Laut Philip Mantle, dem Forschungsdirektor der British UFO Research Association (BUFORA) sagte Santilli zu ihm: „Wenn es nicht Truman war, dann war es ein verdammt guter Schauspieler."

Nun, wenn es wirklich ein Schauspieler war, dann verließ er den Drehort vor dem Ende der Aufnahmen, denn die angekündigten Truman-Bilder fehlen in dem bisher veröffentlichten Autopsie-Film. In seiner systematischen Dekonstruktion von „Santilli's Controversial Autopsy Movie" (SCAM) schreibt Roswell-Forscher Kent Jeffrey: „Szenen, wie die mit dem Präsidenten oder die an der Absturzstelle, wären extrem teuer und schwierig zu fälschen. So gab es eine gewisse Wahrscheinlichkeit, daß die Aufnahmen echt waren. Allerdings stellten sich die spektakulären Behauptungen über diese Szenen als offensichtlich großspurige Lügen heraus."

Santilli bot eine andere Erklärung an: Leider gingen die Truman-Aufnahmen während der Entwicklung des Films verloren „und waren so stark beschädigt, daß sie nicht restauriert werden konnten". Blöd gelaufen...

Santinelli machte auch bei der Analyse des Filmmaterials einige irreführende Aussagen. Er überreichte der Eastman Kodak Company, dem Hersteller des Materials, das vom Kameramann verwendet wurde, einige Fragmente zur Überprüfung. Kodak bestätigte, daß der Herstellungscode darauf zu Filmmaterial paßte, das entweder 1927, 1947 oder 1967 hergestellt wurde. Allerdings sieht man auf den Fragmenten, die Santilli einreichte, nur nichtssagende Bilder wie einen Türrahmen. Niemand konnte bisher Material untersuchen, auf dem der angebliche Außerirdische zu sehen ist, so daß die Bestätigung von Kodak, auf die Santilli sich bezieht, keinerlei Bedeutung hat. Im Frühstücksfernsehen von Seattle behauptete Santilli, er habe englischen und französischen Journalisten derartige Aufnahmen gegeben, die diese an Kodak weitergeleitet hätten. Laut Jeffrey jedoch: „...haben ausführliche Recherchen ergeben, daß weder Journalisten noch die Eastman Kodak Company jemals Zugang zu Filmmaterial hatten, auf dem der Außerirdische zu sehen ist."

Als der britische UFO-Forscher Philip Mantle Santilli fragte, warum er keine Aufnahmen mit dem Außerirdischen herausgegeben hätte, bemerkte dieser: „Sehr viel Material ist freigegeben worden, unter anderem mit Aufnahmen des Autopsieraums. Ich würde Aufnahmen des Außerirdischen nur als letztes Mittel herausgeben, da die Bilder zu wertvoll sind. Außerdem ist das auch unnötig, da es sich um das gleiche Material handelt, das bereits veröffentlicht wurde."

Ein weiterer schwerer Schlag gegen die Echtheit des Films wird von Jeffrey so beschrieben: „Kein Kameramann, kein Film." Santillis alter Kameramann, der Dreh- und Angelpunkt der Geschichte, hat vermutlich nie existiert.

Santilli, der darauf beharrt, der Kameramann sei eine wirkliche Person, identifizierte den Mann als einen „Jack Barnett" und ließ Barnett sogar ein Telefongespräch mit Philip Mantle führen. Allerdings entdeckte der französische Sender TF1, daß Santilli, entgegen seinen Behauptungen, die seltenen Elvis-Aufnahmen nicht etwa von Barnett, sondern von Bill Randle, einem Discjockey aus Cleveland in Ohio kaufte. Und von welchem Kameramann stammten die Aufnahmen? *Jack Barnett.* Als Santilli im französischen Fernsehen darauf angesprochen wurde, gab er zu, die Elvis-Aufnahmen von Randle gekauft und den Kameramann des Militärs erst später getroffen zu haben. Das Problem ist nur, daß der echte Barnett – der 1955 die Aufnahmen des späteren King of Rock machte – nie auch nur einen Millimeter Film für die Armee drehte und 1967 im Alter von 61 Jahren starb.

Natürlich lieferte Santilli nach dem Bericht von TF1 eine neue Erklärung für diese Diskrepanz in seiner Geschichte: „Jack Barnett", erklärte er in einem Interview mit Philip Mantle, „ist nicht der wirkliche Name des Kameramanns. Hätte ich seinen richtigen Namen preisgegeben, würde jetzt die ganze Welt vor seiner Tür stehen. Jack Barnett ist der Name, den wir (inklusive des Kameramanns) angenommen haben, um dieses Problem zu umgehen."

Wenn es darum geht, die Fakten seiner Geschichte den Zweifeln seiner Kritiker anzupassen, scheint Santilli ebenso wie Elvis, die Muse, die ihn zu dem Filmmaterial führte, allmächtig zu sein. Es ist schwierig, ihn zu überführen. „Wissen Sie, daß der Film tatsächlich von 1947 ist", fragt Mantle, „darauf aber kein Außerirdischer zu sehen ist und er daher nichts mit UFOs zu tun hat?"

Santilli hat auch darauf eine Antwort: „Der Film stammt aus dem Jahr 1947", antwortet er, „allerdings weiß ich nicht, was für ein Wesen darauf zu sehen ist."

QUELLEN

Alien Autopsy, TV-Special des Fox-Networks, 1995.

„Alien Autopsy Goofs", von der Internetseite der Truly Dangerous Company.

Jeffrey, Kent. „Santilli's Controversial Autopsy Movie (SCAM)", im Internet erschienen.

Mantle, Susan und Philip. „Ray Santilli: Questions and Answers", aus *UFO Times*, erschienen im Internet.

Roswell Centre. Ray Santillis Internetseite.

15
Die Mond-Mars-Verschwörung

In Kapitel 11 sprachen wir über eine mögliche NASA-Verschwörung, bei der die Mondlandung nur vorgetäuscht wurde. Eine andere Theorie behauptet, daß die NASA tatsächlich Menschen zum Mond schickte, aber ihre bahnbrechenden Entdeckungen außerirdischen Lebens verschwieg. Diese Schule konspirativer Denkweise hat sogar eine eigene wissenschaftliche Disziplin hervorgebracht, die „Exo-Archäologie", das Studium angeblicher Ruinen auf anderen Planeten des Sonnensystems.

Im Sommer 1996 gab die NASA diesen Steinsuchern einen großen Motivationsschub, als die Agentur verkündete, man hätte einen Meteoriten gefunden, der mikroskopisch kleine Bestandteile enthielt, die Fossilien einzelliger Organismen gleichen würden. Und dieser Meteorit, der in der Antarktis entdeckt wurde, stammte vermutlich vom Mars. Natürlich sind uralte marsianische Bazillen etwas anderes als ein rotes Imperium, aber Weltraum-Archäologen sahen in der Entdeckung den Beweis, daß sie sich auf der richtigen Spur befanden.

Da sie die großen außerirdischen Artefakte, die von der NASA vor neugierigen Augen verborgen werden (sollten Sie die Geschichte glauben), nicht selbst besichtigen können, müssen sie ihre unglaublichen Entdeckungen auf verschwommenen Fotos machen, die von Astro-

nauten oder unbemannten Raumsonden aufgenommen wurden. Trotz
des offensichtlichen Handicaps dieser wissenschaftlichen Methodik,
gibt es eine ganze Gemeinschaft von Forschern, Verschwörungs-Pfad-
findern und Sensationsjournalisten, die eine epische Geschichte konstruiert haben: Nicht nur der Mond war vor langer Zeit voll mit außerirdischen Architekten und Bauarbeitern, der Mars war es auch.

Seit mehr als 10 Jahren ist Richard C. Hoagland der lautstarke Vor-
reiter der Theorie „Verlorene Städte auf dem Mond und dem Mars".
Der Wissenschaftsautor war Berater des Fernsehsenders CBS während
der Apollo-Mondmissionen und organisierte außerdem die Briefkam-
pagne, durch die Präsident Ford davon überzeugt wurde, das erste
Space Shuttle zu Ehren der alten *Star Trek*-Serie *Enterprise* zu nennen.
In den 80ern rief Hoagland ein Team von Wissenschaftlern zusammen, die ein rätselhaftes sphinxartiges Objekt analysieren sollten, das
auf einigen NASA-Fotos der Marsoberfläche aufgetaucht war.

Das „Mars-Gesicht", wie das Objekt genannt wird, wurde im Sommer 1976 offiziell in die Annalen der Verschwörungsgeschichte aufgenommen, als der *Viking 1*-Orbiter den Planeten zum 35. Mal umkrei-
ste. Zweitausend Kilometer über der Marsoberfläche machte *Viking*
Fotos eines Wüstengebiets namens „Cydonia", dabei entstanden auch
Aufnahmen einer kilometergroßen geographischen Eigenheit, die wie
die Vorderansicht eines menschlichen oder menschenähnlichen Gesichts aussieht (ein Revolverblatt schrieb: „Affengesicht auf dem
Mars"). Auf den verschwommenen Aufnahmen, die seitdem wohlbekannt sind, scheint das „Gesicht" tatsächlich Augen, eine Nase und einen Mund zu haben.

Die NASA wies solche Spekulationen als Schattenspiele auf natürlichen geologischen Formationen zurück, aber zwei Computerspezia-
listen namens Vincent DiPeitro und Gregory Molenaar, die nichts mit
der Weltraumagentur zu tun haben, vergrößerten die Aufnahmen digital mit einer Technik, die sie selbst entwickelt hatten. Und sie entdeckten noch erstaunlichere Details: Die Augen schienen Pupillen zu
haben; der Mund hatte Zähne und die Stirn einen Haaransatz.

Auftritt von Hoagland, lebenslanger Science-Fiction-Fan und
schamloser Blender. Er untersuchte die digitalen Fotos der beiden Spe-
zialisten und brachte so seinen eigenen Namen in Verbindung mit der
Entdeckung. Ein Gesicht auf dem Mars – na ja, das ist schon eine

ziemliche Sensation, aber Hoagland übertrumpfte seine Kollegen, in dem er noch viel mehr auf den Fotos entdeckte: Einige Kilometer süd-westlich des Gesichts behauptete Hoagland die Überreste einer Stadt gefunden zu haben, die von kilometerhohen Pyramiden umgeben sei und an deren Grenze ein festungsartiges Gebäude stände. Man könne sogar ein Honigwaben-Gewirr verschiedener Stockwerke sehen, durch die eine breite Straße führe.

„Eine ganze Stadt – auf dem Mars! – gebaut mit der Präzision eines Meister-Architekten", jubelte Hoagland in seinem Buch *Die Mars Connection* und schlug dabei einen Ton an, der eher zu Schliemann, dem Entdecker des alten Troya gepaßt hätte. „Ich hatte tatsächlich ei-nen künstlich erbauten marsianischen 'Komplex' entdeckt."

Aber Hoagland ruhte sich nicht auf den Lorbeeren aus, die er sich selbst verliehen hatte. Jeder seiner nachfolgenden Entdeckungen sollte die letzte übertreffen. Mit einem Kompaß und einem Taschenrechner bewaffnet, untersuchte er einen kleinen Ausdruck des digital ver-größerten Fotos und erkannte mathematische Proportionen zwischen den Merkmalen des Gesichts, der nahegelegenen „Stadt" und einem dritten Objekt, einer fünfseitigen Pyramide. Hoagland verkündete: Alle wichtigen Winkel der Stadt und des fünfseitigen Objekts sind auf das Gesicht ausgerichtet. Die Anordnung der anderen Gebäude scheint im Zusammenhang zur aufgehenden Sommersonne auf dem Mars zu stehen.

Mitte der 90er feilte Hoagland immer noch an seinen alten Ent-deckungen. Er behauptete, seine letzten Messungen der Cydonia-Fo-tos hätten eine komplexe Serie geometrischer Merkmale ergeben, „de-ren Zweck es zu sein scheint, uns eine Reihe von Gleichungen vorzustellen, die eine völlig neue Sichtweise der Physik ermöglichen."

Diese bahnbrechende Wissenschaft nannte Hoagland hyperdimen-sionale Physik, die, wie er dem *OMNI*-Magazin erklärte, „eine grund-legende Verbindung zwischen den vier Kräften der Natur schafft" und uns vielleicht sogar erlauben würde, richtig coole Sachen zu tun, wie zum Beispiel, Energie aus anderen Dimensionen anzuzapfen.

Es überrascht nicht, daß Mainstream-Wissenschaftler und NASA-Beamte die Nase über solche Theorien rümpfen. Allerdings haben ei-nige Forscher, die ein Interesse an Grenzwissenschaften haben, sich ihre eigenen Gedanken über das Mars-Gesicht gemacht. Die Kritiker haben darauf hingewiesen, daß Hoaglands Theorien viel zu spekulativ seien, wenn man bedenkt, daß er seine Schlüsse nur aus ein paar Luftaufnahmen zieht – und da haben sie nicht unrecht. Wenn man Hoaglands Buch liest, gewinnt man den Eindruck, daß er andere Fotos gesehen haben muß, als die, die in seinem Taschenbuch abgebildet sind.

Am Ende des Buchs bemüht sich Hoagland mit Passagen alter sumerischer Mythologie, eine Verbindung zwischen den Pyramiden auf dem Mars und denen in Ägypten zu ziehen, um uns über den letztendlichen Zweck des Mars-Gesichts aufzuklären. Dieses Gebilde könnte eine Art himmlische Werbetafel sein, mit der darüber informiert werden soll, daß antike Astronauten (1) eine Basis auf dem Mars hatten, (2) unsere Vorfahren auf den Mars entführten, (3) eine Rasse hochintelligenter Hybriden aus Menschen und Außerirdischen schufen, (4) sie zurück zur Erde brachten, (5) sie in den Grundlagen der Zivilisation unterrichteten, (6) ein Bild von uns in Cydonia hinterließen, so daß wir (zuerst Hoagland, dann der Rest der Menschheit) eines Tages unsere Wurzeln entdecken würden. Wie Hoagland – der offensichtlich sehr stolz auf seine mögliche Abstammung ist – so scharfsinnig bemerkt: „Letztendlich sind *wir* vielleicht die Marsianer."

Es ist kein Zufall, daß sich diese Theorie wie die Inhaltsangabe eines Science-Fiction-Films anhört. Hoagland bezieht sich in seinem Buch mehrfach auf Arthur C. Clarke, der dieses Szenario erstmals in seinem Buch *2001: Odyssee im Weltraum* durchspielte. Dort hinterließen Große Brüder aus dem All raumfahrenden Erdlingen eine archäologische Boje, die sie auf die mysteriöse Spur ihrer Herkunft bringt.

Auch passend zur Handlung von *2001* sind die dunklen Verschwörungstheorien, die Teil des Cydonia-Phänomens (zu dem mittlerweile eine ganze Industrie von T-Shirts, Büchern, Skulpturen und Internetseiten gehören) geworden sind. In *2001* verschweigt die Regierung, daß sie einen außerirdischen Obelisken auf dem Mond gefunden hat. In der Kultur der Cydonia-Spekulationen versucht die NASA verzweifelt, die Wahrheit über die Ruinen auf dem Mars zu vertuschen, indem sie wichtige Fotos fälscht und sogar die eigenen Missionen sabotiert. Den Fehlschlag der *Mars Observer*-Sonde – die hochauflösende Fotos von Cydonia schießen sollte – im August 1992 halten viele für einen der schlimmsten Momente der NASA. Der *Mars Ob-*

server stoppte seine Übertragungen, kurz bevor er in die Umlaufbahn des Mars eintrat. Nach einigen nutzlosen Versuchen, die Übertragung wiederherzustellen, schrieb die NASA die Mission ab und machte ein Treibstoffleck für den Fehlschlag verantwortlich. Die Gesichtsforscher glauben natürlich etwas anderes: Die NASA mußte *Mars Observer* zerstören, um die Geheimnisse von Cydonia auch weiterhin zu verbergen. Oder gab es eine andere Kraft, die vielleicht vom Mars stammte und die Sonde zerstören wollte?

Was uns zu den Verschwörungsgerüchten über die zahlreichen fehlgeschlagenen russischen Marsexpeditionen bringt. Obwohl alle bis auf eine Mission zum Mars durch mysteriöse mechanische Fehlfunktionen abgebrochen werden mußten, versuchten die Sowjets es in den späten 80ern noch einmal. Zwei unbemannte Raumschiffe, Phobos 1 und 2, wurden gestartet, um die Oberfläche des roten Planeten und den Mond Phobos zu fotografieren. Phobos 1 fiel durch einen mechanischen Fehler auf dem Weg zum Mars aus. 1989 erreichte Phobos 2 sein Ziel und machte zahlreiche Fotos von der Oberfläche, bevor er sich Phobos zuwandte. Dann „endete" er plötzlich, wie die Russen sich ausdrückten. Auf einem der Fotos, das Phobos 2 vor seinem Ende sendete, kann man einen zigarrenartigen Umriß auf der Oberfläche des Mars sehen. Einige Verschwörungstheoretiker glauben, daß dieser Schatten von einem außerirdischen Schiff stammte, das Phobos 2 in die Luft jagte. Ein Raumschiff, das vielleicht sogar von den medienscheuen „Cydoniern" gesteuert wurde.

Natürlich haben planetare Wissenschaftler eine wesentlich langweiligere Erklärung: Der Schatten auf dem Mars stammt von dem marsianischen Mond Phobos, einem ungewöhnlich geformten *natürlichen* Satelliten.

Die NASA-Vertuschungstheorie, wenn wir denn wirklich daran glauben wollen, benötigt natürlich ein Motiv. Erneuter Auftritt von Hoagland, Cydonias vielbeschäftigtem Presseagenten, der sich in letzter Zeit auch anderen Planeten zugewandt hat.

Im Frühjahr 1996 gab Hoagland bei einer Pressekonferenz in Washington seine neusten Entdeckungen bekannt. In seiner Pressemitteilung behauptete er, er habe 30 JAHRE ALTE VERTUSCHTE BEWEISE GEFUNDEN, DIE DIE EXISTENZ ANTIKER RUINEN AUF DEM MOND BELEGEN... FOTOS AUS GEHEIMEN US-

UND UDSSR-ARCHIVEN ZEIGEN ASTRONAUTEN ZWI-
SCHEN LUNAREN RUINEN. Hoagland wollte anscheinend nicht
nur die Geschichte der NASA, sondern die der gesamten Menschheit
auf den Kopf stellen.

Die „Pressekonferenz des Jahrtausends", wie Hoagland sie beschei-
den genannt hatte, ergab allerdings wenig Neues. Das Problem war,
daß die angeblichen Beweise aus einer Reihe von digitalisierten – und
mal wieder extrem unscharfen – Fotos bestanden, die für das „untrainierte" Auge noch nicht einmal entfernt wie außerirdische Gebäude
aussahen. Tatsächlich sahen Hoaglands Türme und Kristallschlösser
für das untrainierte Auge eher wie fotografische Verzerrungen aus, die
von Amateuren mit Computern vergrößert worden waren.

Allerdings präsentierte Hoagland einige interessante Dokumente,
die mehr als dreißig Jahre gereift waren. Das erste war eine Studie, die
von der NASA 1960 durchgeführt wurde und in der geraten wurde,
alle zukünftigen Hinweise auf außerirdisches Leben geheimzuhalten,
um die Erde des 20. Jahrhunderts nicht zu beunruhigen. Das zweite
war ein merkwürdiger Zusatz in den Gründungsakten der NASA, der
die Agentur zu einem Teil des Militärs erklärte. Diese Dokumente sind
natürlich interessant und werden den Verschwörungsforschern auf
Jahre hinaus Zündstoff bieten, aber Hoagland strapazierte trotzdem
ihre Glaubwürdigkeit, als er behauptete, sie seien Hinweise auf eine
„absichtliche Vertuschungskampagne der Supermächte", um Erdlinge
im unklaren über die erstaunlichen Entdeckungen auf dem Mond und
dem Mars zu lassen.

Das Marsgesicht ist natürlich seltsam und einen weiteren Besuch
wert. Aber die interplanetare Weltraumoper, die Hoagland darum
konstruiert hat, steht auf einem wackligeren Fundament als seine
außerirdischen Pyramiden und Kristallpaläste. Das letzte Kapitel seiner immer weiter wachsenden Saga hat die Außmaße des *Wüstenpla-
neten:* Hoagland spekuliert, daß unsere außerirdischen Cousins, nachdem sie ihren eigenen Planeten zu Kleinholz verarbeitet hatten (und
uns damit den Asteroidengürtel zwischen Mars und Jupiter schufen),
zum Mars abwanderten, wo sie die Stadt Cydonia bauten. Und irgendwann in unserer Vorgeschichte brachten sie den Mond in unsere
Umlaufbahn und beeinflußten so den Ursprung des Lebens auf unserem Planeten.

Um seine Lieblingsserie zu zitieren, der Ort, an dem Hoagland 1996 ankam, war keiner, an dem noch nie ein Mensch zuvor gewesen war. William L. Brian, Autor des 1982 erschienenen Buchs *Moongate: Surpressed Findings of the U.S. Space Program* entwarf ein ähnlich bizarres, NASA-lastiges Bild des Sonnensystems.

Brian schuf ein Szenario (komplett mit mathematischen Beweisen und noch leichtsinnigeren Spekulationen, als Hoagland je wagte), mit dem er die „monströse Vertuschungskampagne der NASA" über die Existenz außerirdischen Lebens auf dem Mond belegen wollte.

Das Fundament Brians kosmischer These ist, daß die Behauptung der NASA, die Schwerkraft des Mondes sei nur ein Sechstel der Erde, falsch ist (Hoagland ist übrigens anderer Meinung). Mit Gleichungen, die zu kompliziert für dieses Buch sind – Brian hat sie freundlicherweise in Anhang B seines Buchs abgedruckt – versucht Brian zu belegen, daß die NASA in den 60ern erfuhr, daß die Schwerkraft des Mondes ganze 64 % beträgt.

Die Implikationen dieser Entdeckung sind bahnbrechend, so bahnbrechend (laut Brian), daß sich die NASA wieder einmal auf eine ihrer Vertuschungskampagnen einlassen mußte. Wenn die Schwerkraft des Mondes so dicht an der der Erde liegt, so Brian, ist Newtons Gesetzt der Schwerkraft falsch, und die gesamten physikalischen Theorien stehen auf tönernen „Füßen". Außerdem bedeutet eine höhere Schwerkraft, daß der Mond möglicherweise eine Atmosphäre hat, und wo es Luft gibt, kann es auch Leben geben. Und wo es Leben gibt, könnte es auch futuristische Sci-Fi-Einschienenbahnen geben, richtig?

Aber wir greifen Brians Verschwörungsbeweisen vor:
• Er untersucht Filme und Fotos der NASA-Astronauten und ist nicht beeindruckt von den athletischen Wundern, die die NASA versprochen hatte. Wenn man der NASA glaubt, würden Astronauten bei der geringen Schwerkraft kaum eine Waage zum Ausschlag bringen. Nach Brians Berechnungen (Anhang F seines Buchs) sollte ein Mann, der 90 kg wiegt und einen ebenso schweren Raumanzug trägt, in der Lage sein, 1,80 m hoch zu springen. Aber anscheinend können weiße Astronauten nicht springen, denn sie schafften gerade einmal 50 cm. Brian behauptet, die NASA hätte die sperrigen Raumanzüge nur verwendet, um die niedrigen Sprünge zu erklären. (Brians Kritiker haben eine weniger exotische Erklärung gefunden:

Die unter Druck stehenden Raumanzüge machen ein Beugen der Knie extrem schwierig.) Um die Illusion neckischer Spiele in geringer Schwerkraft zu erzeugen, benutzte die NASA vermutlich „Zeitlupen"-Aufnahmen.

- Die Mondoberfläche war nicht wie erwartet voller zerklüfteter Berge, sondern sanft gerundet, als sei sie durch Wind und Wasser erodiert. Die Schluchten, so Brian, sahen aus wie ausgetrocknete Flußbetten.
- Einige NASA-Fotos bieten nach Brians Analyse Anzeichen atmosphärischer Störungen. Retouchierte die NASA ihre Mondfotos und ersetzte den blauen Himmel durch schwarze Tinte?
- Dann ist da noch das seltsame *Apollo 10*-Foto, das den Mond aus dem All zeigt. Man kann einen blauen Nebel um den felsigen Satelliten sehen. Tatsächlich sieht es Fotos, die man aus dem All von der Erde gemacht hat, erstaunlich ähnlich. Außerdem sagte Neil Armstrong, als er den Mond aus dem gleichen Winkel betrachtet: „Ich kann den Himmel um den Mond sehen." Hmm.

Brian behauptet, daß die Atmosphäre des Mondes möglicherweise ebenso dicht und ebenso atemtauglich wie die der Erde ist. „Daraus folgt, daß die Raumanzüge nur während der Filmaufnahmen verwendet wurden, um die Wahrheit zu vertuschen", schreibt er. Ach ja? Und was ist mit Galileos berühmtem Experiment, das *Apollo 15* durchführte, als sie einen Hammer und eine Feder auf dem angeblich luftlosen Mond mit gleicher Geschwindigkeit fallen ließen? (Hoagland, ein kurioser Zufall, war derjenige, der die Idee für dieses Experiment hatte.) Brian läßt sich aber von den Tricks der NASA nicht beirren. „In der Feder war vermutlich ein schwerer Gegenstand verborgen."

Brian bezieht sich auch auf Quellen, die etwas weniger exakt sind als sein Taschenrechner. Damit beschreibt er eine Geschichte, die etwas phantasievoller ist als der normale „Invasion vom Mars"-Plot aus den 50ern.

Denn wie der Weltraumreisende Klaatu in dem Klassiker *Der Tag, an dem die Erde stillstand* und wie Hoagland spricht auch Brian eine Warnung aus, die sich an die NASA, ihre militärischen Drahtzieher und alle anderen mit einer „Overkill-Mentalität" richtet: „Wenn es eine Intelligenz im Universum gibt, die dem Menschen überlegen ist, werden die Militaristen in ihnen einen Gegner haben, den sie nicht besiegen können."

Tatsächlich könnten die Astronauten ihren außerirdischen Gegner bereits unter dem blauen Himmel des Mondes gefunden haben. Brian nennt die Quelle zwar „zweifelhaft" (der *National Enquirer*), berichtet aber trotzdem, daß nachdem Armstrong und Edwin E. „Buzz" Aldrin Jr. auf dem Mond gelandet waren, „riesige UFOs über den Kratern auftauchten und die Astronauten beobachteten." Diese Geschichte hat mittlerweile Tradition in der UFOlogie. Es gibt zahlreiche Berichte, nach denen Armstrong vertraulich zugegeben hätte, daß der Mond voll mit Aliens war.

Es scheint, als haben die UFOs das Raumfahrtprogramm der NASA von Anfang an beobachtet. Es gibt berühmte Geschichten über unidentifizierte Objekte, vor allem John Glens „Feuerfliegen", die leuchtenden Partikel, die man auf vielen Raumflügen sieht und die von den Vertuschungskünstlern der NASA als „abgesplitterte Farbe" bezeichnet werden und nicht als verbrannter UFO-Treibstoff. Dann gibt es da noch die möglicherweise apokryphen, aber immer treffenden Beobachtungen der Astronauten, die von „scheibenförmigen" Objekten sprechen, die sich nahe den Raumkapseln der NASA aufhalten und anscheinend mysteriöse technische Ausfälle auslösen („elektronische Fehlschaltungen", laut der NASA-Desinformation).

Die UFO-Kontaktierten aus den 50ern, George Adamsky (Autor von *Flying Saucers Have Landed*) und Howard Menger (*From Outer Space to You*) lieferten die Grundlage für Brians nicht so originelle Theorie, in der er den Grund für die UFO-Verfolgungen darlegt: Die UFOs waren nervös über die nukleare Macht der Menschheit und beobachteten vor allem NASA-Missionen, da die, laut Brian, nicht mehr als eine Tarnung für den Test militärischer Ausrüstung waren. „Die Menschen haben einen sehr schlechten Ruf, da man sie für Killer hält", schildert Brian. „Wie können die UFO-Piloten uns für gütige Wesen halten, wenn unsere Geschichte so voller Kriege ist und wenn wir mit jedem Tag neue, mächtigere Waffen erfinden?"

Adamski (ein bekannter UFO-Entführer, der sich mit nordisch aussehenden Venusianern und Saturnianern verbrüderte) und Menger behaupten beide, zu turmartigen UFO-Basen auf dem Mond gebracht worden zu sein. Brian hält ihre Geschichten für den Beleg seiner eigenen

Ideen: Der Mond ist nicht die lebensfeindliche Welt der NASA-Propaganda, sondern sehr angenehm mit „safrangelbem Himmel", Vegetation und Tierleben in bestimmten Temperaturzonen, schneebedeckten, waldigen Bergen, Flüssen, Seen, außerirdischen Städten verschiedener Größe und, natürlich, einer Antischwerkraft-Einschienenbahn.

Was die Krater auf dem Mond angeht, zaubert Brian auch dafür eine Theorie aus dem himmlischen Hut. Er erklärt, daß sie das Ergebnis „weit entwickelter Waffen" seien, die in einem „furchtbaren Krieg" benutzt wurden, der auch auf dem Mond tobte und vor weniger als 30.000 Jahren stattfand. Brian, der sich anscheinend bei dem Regisseur George Lucas bedient hat, beschreibt ein Szenario wie aus *Krieg der Sterne*, in dem ein hohler Planet zwischen Mars und Jupiter durch hochentwickelte Teilchenstrahlen vernichtet wurde und so unseren heutigen Asteroidengürtel schuf. Dieser Asteroidengürtel-Planet („den wir von jetzt an Maldek nennen", wie Brian aus unbekannten Gründen schreibt) hatte einen Mond, der durch „große Schwebe- oder Gravitations-Strahlen" in die Umlaufbahn seiner neuen Heimat gebracht wurde: der Erde. (Erinnerungen an Hoagland werden wach.)

Dies sind nur einige der interplanetaren Geheimnisse über die die NASA wacht. Die werden vermutlich auch wissen, daß die Erde und der Mond, wie der längst vergangene Planet Maldek, hohl sind – und daher leicht durch kosmische Superwaffen zerstört werden könnten (was unfair gegenüber den Bewohnern wäre, die in den Hohlräumen leben, eine andere klassische Verschwörungstheorie, die sich Brian ausleiht). Die NASA muß sich ebenfalls einmal zu dem Antischwerkraft-Antrieb der UFOs äußern. Vielleicht, denkt Brian laut, hat die NASA diese Science-Fiction-Technik bereits für ihre eigenen Mondfahrzeuge verwendet – das würde auch das offizielle Schweigen der Regierung zum Thema UFOs erklären.

Die NASA weiß vielleicht auch, daß einige der Planeten und Monde in unserem Sonnensystem von Wesen mit weiter entwickelter Technologie bewohnt werden, nicht unähnlich den Venusianern und Saturnianern, die Adamski beschreibt (und die praktischerweise akzentfreies amerikanisches Englisch sprachen). „Wir können nur hoffen", schreibt Brian in einem Ton, der an den Kalten Krieg erinnert, „daß diese Leute die Supermächte in Schach halten, denn ein Krieg im All könnte zu unserer eigenen Zerstörung führen."

Brians Theorien erinnern an einen anderen Zweig der Weltraum-Verschwörungen, an die sich unaufhaltsam ausbreitende Geschichte der „Alternative 3". Alternative 3 begann als ein Scherz, eine fiktive Parodie auf Verschwörungsfanatiker, die 1977 im britischen Fernsehen lief. Aber die boshaften (und satirischen) Behauptungen riefen schon bald einen neuen Kult unter den humorgeschädigten Verschwörungsforschern aus.

Alternative 3 wurde von einer ganzen Reihe von Informanten (darunter der alkoholkranke ehemalige Astronaut „Bob Grodin") im englischen East Anglia TV „enthüllt". Es handelte sich dabei um den Plan einiger Superreicher, die verschmutzte und übervölkerte Erde den stinkenden Massen zu überlassen und zu verschwinden. Alternative 1 und 2, die von der NASA als undurchführbar abgelehnt wurden, forderten die Explosion einiger Atombomben (um die atmosphärische Verschmutzung abzubrennen) und den Bau riesiger unterirdischer Städte. Die pragmatischere Alternative 3 sah vor, die Elite der Menschheit und einige nichtsahnende „Arbeitseinheiten" – die von terrestrischen UFOs entführt und durch Gehirnwäsche versklavt werden sollten – zu Kuppelstädten auf dem Mars und dem Mond zu fliegen.

Wie ein amerikanischer Verschwörer in einem Protokoll sagt, das von Anglia TV „ausgegraben" wurde: „Ethik! Was zur Hölle glauben diese Leute, was wir vorhaben? Jesus! Wir sind gerade dabei, das wichtigste Unternehmen in der Geschichte zu planen... von dem das Überleben der gesamten menschlichen Rasse abhängt... und die reden von Ethik!"

Obwohl Alternative 3 eine augenzwinkernde Satire und kein dunkler Plan war, bleiben manche Verschwörungsforscher mißtrauisch. In seinem Buch *Alternative 3: Die Beweise* verreißt der Experte Jim Keith die „schlecht gemachte Science-Fiction-Satire" und demonstriert in den nächsten 159 Seiten, daß die britische Produktion „Fiktion ist, die auf Fakten beruht". Alternative 3 „hat mit einer Sache recht", schreibt Keith apokalyptisch. „Das Geld entscheidet über das Ende der Welt."

Wenn man darüber nachdenkt, erinnert Alternative 3 an „Biosphere 2", ein sehr reales, halbwissenschaftliches Experiment in der Wüste von Arizona, bei dem sieben Männer und Frauen sich in *Star Trek*-artige Overalls warfen und sich in einem überdachten Ekosystem einschlossen. Tatsächlich handelte es sich bei dem autoritären Anführer der Biosphäre um einen Sektierer, der das Experiment anfangs als Vorbereitung auf den nächsten Schritt in der menschlichen Evolution, den Aufbruch zum Mars, beschrieb. Nächster Halt: Cydonia!

QUELLEN

Brian, William L. *Moongate: Surpressed Findings of the U.S. Space Program and the NASA-Military Cover-Up.* Portland, OR: Future Science Research Publishing, 1982.
Hoagland, Richard C. *Die Mars Connection: Monumente am Rande der Ewigkeit.* München: Herbig, 1994.
Keith, Jim. *Alternative 3: Die Beweise.* Peit: Michaels-Vertr., 1998.

16
Die Akte X-
Verschwörung

ls die erste Ausgabe dieses Buchs in den Läden eintraf, begann eine Serie über zwei FBI-Agenten, die paranormale Fälle und Regierungsverschwörungen untersuchen, eine riesige Fangemeinde um sich zu scharen. Seitdem hat *Akte X* seinen Kultstatus abgelegt und ist zu einem weltweiten Phänomen geworden.

Ein wichtiger Faktor für den Erfolg der Serie (und des Films, der daraus hervorging) ist ihre instinktive Fähigkeit, sich in den paranoiden Zeitgeist hineinzudenken. Verschwörungstheorien sind zu den Mythologien unserer Zeit geworden, eine alternative Erklärung der Ereignisse. Und *Akte X* wühlt diesen Acker jede Woche auf. Tatsächlich tauchen in der Serie einige echte Verschwörungen auf, die in die dramaturgische Matrix verwoben werden (wir waren mehr als begeistert, als die erste Ausgabe dieses Buchs als Requisite in einer der besten *Akte X*-Folgen, „Anasazi", auftauchte).

Um das Motto der Serie zu zitieren: „Die Wahrheit ist irgendwo da draußen". Wie weit draußen? Nicht so weit, wie Sie vielleicht denken.

In der Pilotfolge wurde das zentrale Rätsel etabliert: Die Regierung vertuscht in irgendeiner Weise Beweise über die Existenz von Außerirdischen. Die Mythologie der UFO-Vertuschung ist wohl die mächtigste Verschwörungstheorie des 20. Jahrhunderts und das Herz von

Akte X. Zur UFO-Mythologie, die regelmäßig in der Serie auftaucht, gehören Hinweise auf außerirdische Entführungen (Mulder glaubt, daß seine Schwester entführt wurde), Anspielungen auf den angeblichen UFO-Absturz 1947 in Roswell, New Mexico, und der Glaube, daß die Regierung einen unheiligen Pakt mit Außerirdischen geschlossen hat.

Die Unterdrückung von Beweismaterial wurde ebenfalls zu einem wichtigen Thema der Serie. Wie in den realen Geschichten von Roswell und anderen UFO-Ereignissen behauptet wird, versucht die Regierung, Beweise zu unterschlagen. Schon der Pilotfilm der Serie führt dieses Thema ein, wenn wir einen kurzen Blick auf den ersten einer ganzen Reihe exhumierter Alienkörper werfen können (die am Ende der Folge natürlich immer verschwinden). Im Epilog der Folge wird ein außerirdisches Artefakt, das von Mulders Partnerin Scully gefunden wurde, im Keller des Pentagons neben zahlreichen anderen Beweisen versteckt. Der Agent der Verschwörung wird ebenfalls vorgestellt: Die Fans nennen ihn den „Zigarettenraucher". Er ist der namenlose, rätselhafte Regierungsagent mit scheinbar unbeschränkten Machtbefugnissen und einer ernsthaften Nikotinsucht (ein klares Zeichen des Bösen im US-Fernsehen der 90er).

In der zweiten Episode „Die Warnung" wird der Verschwörungsrahmen der Serie um einen Charakter bereichert, der auf dem berühmtesten aller mysteriösen Regierungsinformanten beruht, auf Watergates Deep Throat. Seine Motive waren niemals klar, auch seine Zugehörigkeit nicht (zumindest nicht, bis sich später der Hintergrund des Skandals enthüllte). Aber er sollte Mulder tiefer in das Mysterium der Außerirdischen/Regierungsverschwörung einweisen – und häufig auch fehlleiten.

In „Die Warnung" untersuchen Mulder und Scully auch eine geheime Militärbasis, die an Area 51, die Basis in Nevada, erinnert, auf der die Regierung angeblich mit Flugzeugen experimentiert, die auf außerirdischer Technologie beruhen (siehe Kapitel 12). Auf dem Höhepunkt der Folge entdeckt Mulder ein solches streng geheimes Flugzeug, aber seine Erinnerung daran wird ihm von schwarz gekleideten Regierungsagenten geraubt – eine Anspielung auf die legendären Men in Black der UFO-Geschichte (siehe Kapitel 17).

Am Ende der ersten Staffel erfahren Mulder und Scully, daß die Regierung mit außerirdischer DNA experimentiert. In der letzten Folge der ersten Staffel, „Das Labor", entdecken die Agenten, daß aus unbekannten Gründen Menschen mit außerirdischer DNA mutiert wurden. Die Herstellung von menschlich/außerirdischen Hybriden ist ein bekanntes Thema in den UFO-Theorien. In „Das Labor" taucht auch einer der Mutanten auf, der giftige Gase (und grüne Flüssigkeit) aus einer Wunde versprüht – eine Anspielung auf einen bizarren echten Fall in Südkalifornien, wo eine Frau bei der Einlieferung ins Krankenhaus giftige Gase ausstieß.

In der zweiten Staffel verstärkte sich der Verschwörungsaspekt der Serie noch, nicht nur in den Mythologie- sondern auch in den Einzelfolgen. In „Blut", einer Folge die auf den wahren MK-ULTRA-Experimenten der CIA beruht, setzen unbekannte Agenten halluzinogene Drogen und elektronische Stimuli ein, um die Bevölkerung einer kleinen Stadt zu irren Mördern zu machen. Natürlich verschwinden alle Spuren des Experiments, als Mulder seinen wahren Ursprung entdeckt. Und die realen Tests des Militärs mit Amphetaminen und anderen Drogen inspirierte „Schlaflos", eine Folge, in der ein Vietnam-Veteran nach Jahren der Schlaflosigkeit zu einem mordenden Wrack wird.

In der cleveren Episode „Andere Wahrheiten" stürzte sich die Serie auf das Labyrinth und die surrealen Mythen, die sich um die Men in Black ranken (siehe Kapitel 17), und auf die Theorie, daß die Regierung selber UFOs in einem Akt psychologischer Kriegsführung vortäuscht (siehe Kapitel 12 und 13).

Andere Referenzen zu gängigen Verschwörungstheorien tauchten in Folgen über den Chupacabra, den mysteriösen Absturz eines Passagierflugzeugs (so wie die TWA 800), das berüchtigte (und vermutlich gefälschte) Video einer außerirdischen Obduktion und einen UFO-Kult, der ein böses Ende nimmt – nicht unähnlich der Heaven's-Gate-Gruppe –, auf.

Akte X verbeugt sich auch vor den Archetypen des Verschwörungstheoretikers in der Form der „einsamen Schützen", drei wiederkehrende Charaktere, die einen Newsletter namens *The Magic Bullet* veröffentlichen und Mulder helfen, wenn er nicht mehr weiter weiß. Und die Figur des Überverschwörers wurde in einer Folge parodiert, in der man mehr über den Hintergrund des Zigarettenrauchers erfährt und sich herausstellt, daß er an jeder Verschwörung beteiligt war und sogar den tödlichen Schuß auf JFK abfeuerte!

Währenddessen verdichtete sich die UFO-Handlung. In einer zweiteiligen Folge wurde Scully anscheinend von einem Regierungsbeamten (und nicht von einem Außerirdischen) entführt, der medizinische Experimente an ihr durchführte. In den folgenden Episoden erfuhren wir, daß Scully einen kleinen Microchip in den Nacken eingesetzt bekam – ein anderes bekanntes Thema.

In weiteren Folgen erfuhren wir mehr über die Drahtzieher von Scullys Entführung und den Vertuschungsversuchen der Regierung, die niemals namentlich genannt werden, aber bei den Fans als „Syndikat" bekannt sind. Diese Gruppe – eine Art Gentleman-Club mit weißen Männern mittleren Alters, die keine hell beleuchteten Räume mögen – kontrolliert den Zigarettenraucher. Sie übt einen starken Einfluß auf Regierungen in aller Welt aus. Dieses Konsortium ist eindeutig durch die Verschwörungstheorien einer neuen Weltordnung entstanden, die insgeheim von einigen Geschäftsaristokraten geplant wird, die ohnehin bereits über unsere Welt herrschen (siehe Kapitel 35).

Obwohl der Grund für ihr Verhalten unklar bleibt (und vermutlich von den kreativen Veränderungen der Autoren und Produzenten abhängt), erfahren wir schließlich, daß das Syndikat einen Pakt mit außerirdischen Invasoren („Kolonisten", im Slang der Serie) eingegangen ist. Zur geheimen Arbeit des Syndikats gehören Kloning-Experimente, durch die menschlich/außerirdische Hybriden erschaffen werden sollen (und durch deren Venen eine giftige grüne Flüssigkeit läuft). Die Handlung geht zurück bis zum Jahr 1948 und involviert ehemalige Nazi-Wissenschaftler, deren Eugenik-Experimente Teil von Hitlers Endlösung waren. Das ist natürlich eine Anspielung auf die sehr reale Operation Paperclip, bei der der amerikanische Geheimdienst deutsche Wissenschaftler, von denen viele Kriegsverbrecher waren, in die USA brachte und ihnen Immunität im Austausch für ihr wissenschaftliches Können anbot (siehe Kapitel 44). In einer Art Verschwörungs-Crossover verbindet *Akte X* diese Operation mit den Hybriden-Experimenten.

In der dritten Staffel erfahren wir, daß auch japanische Forscher, die nach dem Krieg in die USA gebracht wurden, Teil des Hybridenprojekts sind. In einer Folge wird die Einheit 731 angesprochen, die im

Krieg brutale Experimente an amerikanischen und chinesischen Kriegsgefangenen durchführte (siehe Kapitel 5).

Als sich im Verlauf der Serie die Hinweise auf die Verschwörung anhäuften wie schleimartige außerirdische Sekrete, herrschte Verwirrung. In einem Versuch, den Dschungel vor der Veröffentlichung des Kinofilms zu lichten (und um den Fans zu versichern, daß doch Methode in diesem Wahnsinn liegt), gab der Schöpfer der Serie, Chris Carter, auf einem (natürlich) versteckten Stück auf der Soundtrack-CD des Films einige Handlungsdetails preis.

Laut Carter ist das Syndikat eine Schattenregierung von Kollaborateuren (wie die nazi-freundliche Vichy-Regierung in Frankreich während des Zweiten Weltkriegs), denen die außerirdischen Invasoren „Immunität" oder „Asyl" gewährt haben. Im Gegenzug hat sich das Syndikat verpflichtet, einen Hybriden zu schaffen, der den Weg zur Kolonisierung der Erde erleichtern soll. Der Name des Kloning-Projekts? „Purity Control" („Reinheitskontrolle"). Dem Syndikat wird auch vorgeworfen, diese Operation seit rund 50 Jahren zu verstecken (und das hätten sie auch geschafft, wenn Mulder und Scully nicht ihre Nasen in andere Angelegenheiten gesteckt hätten).

Natürlich wird die Handlung noch dichter, wenn auch nicht so dicht, wie das „schwarze Öl", in das sich die Außerirdischen verwandeln, bevor sie einen menschlichen Körper infizieren. Carter sagt, das Syndikat würde insgeheim gegen die Außerirdischen rebellieren, indem sie einen Impfstoff entwickelten, der die Eroberer tötet, nachdem sie einen Menschen befallen haben.

Auftritt: Der *Akte X*-Film, in dem Carter und Co. die Handlung noch einmal mit echten Verschwörungen anreicherten. Die außerirdischen Kolonisten sind bereits seit prähistorischen Zeiten auf der Erde – eine Anspielung auf die antiken Astronauten in der UFO-logie.

Währenddessen hat das Syndikat die Federal Emergency Management Agency (FEMA) engagiert, um die Invasionspläne in den USA voranzutreiben. Die FEMA soll alle Dissidenten aufspüren, das Kriegsrecht verhängen und alle Regierungsfunktionen übernehmen. Das, abgesehen von den Aliens, ist das Zentrum einer echten Verschwörungstheorie, die sich mit der FEMA, einer Katastrophenschutz-Behörde beschäftigt, die zu Zeiten der Reagan-Regierung den Plan entwickelte, die Verfassung außer Kraft zu setzen, das Kriegsrecht zu verhängen und alle Dissidenten in Konzentrationslager zu stecken (siehe Kapitel 4).

Im Film kommt außerdem ein von der Regierung angeordneter Bombenanschlag auf ein Gebäude in Dallas (eine seit JFK für Verschwörungen signifikante Stadt) vor, eine Anspielung auf Verschwörungstheorien rund um den Bombenanschlag in Oklahoma City (siehe Kapitel 40). Die paranoiden Phantasien werden durch eine unterirdische UFO-Basis in der Antarktis abgerundet, was sich natürlich auf die Theorie der hohlen Erde und Nazi-UFOs bezieht (siehe Kapitel 12).

Obwohl versprochen wurde, die Verschwörung im Kinofilm aufzuklären, bleibt sie so offen wie die echten Verschwörungstheorien. Was natürlich in der Natur von Verschwörungstheorien liegt. Jede neue Entdeckung ist immer nur die Spitze eines anderen Eisbergs. Das Geheimnis bleibt bestehen.

Tatsächlich ist Mulders Parole in der Serie, die sehr schön die Impulse der Paranoiden zusammenfaßt, auch eine gute Antwort für Fans, die glauben, daß die Erfinder von erfolgreichen Fernsehserien ihr Wort halten: „Traue niemandem."

17
Die wahren Men in Black

Hollywoods Version der Men in Black (MIB) – der gleichnamige Film – hat wenig mit der wirklichen Legende der MIB zu tun. Im Film sind Tommy Lee Jones und Will Smith harte galaktische Cops, die Armani-Anzüge und Ray-Ban-Sonnenbrillen tragen. (Obwohl sie die Regeln brechen, halten sie sich trotzdem an die Kleidungsvorschriften ihrer Organisation und entsprechen damit dem Wunschbild, das jeder junge Manager von sich hat.) Um die Werbezeile des Films zu zitieren: Sie beschützen die Erde vor dem Abschaum des Universums.

In dem wesentlich interessanteren echten Mythos um die MIB *sind* sie der Abschaum des Universums. Das bedeutet, sie sind die Bösen, bedrohliche Schläger aus einer anderen Welt, die von der vertuschungsgierigen Regierung losgeschickt werden.

(Es ist interessant – und ein wenig verstörend -, daß in der Hollywood-Version des Mythos die MIB die „Guten" sind, obwohl sie Mitglieder einer elitären, fremdenfeindlichen Organisation sind, die der SS ähnelt. Offenbar ist es im Hollywood der 90er politisch korrekt, degenerierte Fremde aufzugreifen, wenn sie nur genügend außerirdisches Ektoplasma spucken.)

Moderne Berichte verbinden die MIB meist mit UFO-Aktivitäten.

Normalerweise tauchen sie kurz nach einem UFO-Zwischenfall auf und versuchen, die Zeugen mit ihrem sehr seltsamen und manchmal bedrohlichen Verhalten einzuschüchtern. Sie tragen schlecht sitzende oder veraltete schwarze Anzüge und reisen entweder allein oder zu zweit oder dritt. Die Art ihrer Anreise ist unterschiedlich. Sie befahren die paranormalen Nebenstraßen gerne in schwarzen Limousinen, wurden aber auch schon in Lieferwagen oder dem Verschwörungsfahrzeug für alle Zwecke, dem schwarzen Hubschrauber, gesehen. Trotz ihres fremdartigen Aussehens kaufen sie offensichtlich amerikanische Produkte und scheinen alte Cadillacs aus den 50ern zu bevorzugen, die seltsamerweise oft brandneu riechen.

Zeugen, die von Begegnungen mit den MIB berichten, beschreiben sie häufig als „ausländisch wirkende" Männer mit exotischem Aussehen – als kämen sie „nicht von dieser Welt". Sie wirken „orientalisch" oder „indianisch" und haben „stark gebräunte" Haut, obwohl sie manchmal auch extrem blaß sind. Die MIB sind „schlitzäugig" oder haben Augen, die „hervortreten" als hätten sie eine Schilddrüsenerkrankung. Ihre Nasen und Kinne wirken „spitz" und ihre Wangenknochen liegen hoch. Einige sind groß und schlank mit unnatürlich langen Fingern, während andere kurz und kräftig wirken. Sie haben möglicherweise keine Fingernägel.

Noch seltsamer sind die Berichte über ihr Benehmen, das manchmal verstörend, ab und zu aber einfach dämlich wirkt: Von einem MIB wird berichtet, daß er versuchte, die ihm angebotene Marmelade wie ein Getränk zu sich zu nehmen. Ein anderer war zuerst perplex, als man ihm ein seltsames terrestrisches Gerät namens Kugelschreiber zeigte, wirkte dann aber vor Freude fast spastisch, als er sich mit seinem Preis davonmachte.

MIBs sprechen häufig gebrochenes Englisch mit außergewöhnlichen Akzenten. In manchen Berichten bewegen sie ihre Lippen nicht, wenn sie kommunizieren, was darauf hinweist, daß sie Telepathen sind. In anderen sprechen sie wie „Maschinen". Wenn man über die MIB berichtet, steht zwischen den Zeilen immer: „Wir sind nicht von hier."

Die wirklich unerklärlichen MIB-Begegnungen von den Scherzen und Lügen zu trennen, ist keine leichte Aufgabe. Viele der MIB-Geschichten, die erstmals während der UFO-Hysterie in den 50ern auf-

tauchten, entstanden aus Scherzen oder den Besuchen aufdringlicher
Regierungsbeamter, die herausfinden wollten, was der ganze Ärger mit
den „fliegenden Untertassen" sollte.

Das Buch, in dem der Welt der moderne MIB vorgestellt wurde,
hatte den mit Abstand besten Titel: *They Knew Too Much About Flying
Saucers.* Es wurde 1957 von dem Filmagenten und UFO-Fan Gray
Barker geschrieben und entwickelte sich zu einem kleinen Meisterwerk
in den Kreisen der Hobby-UFOlogen. Barker, ein „do it yourself"-
Mulder, ging Berichten über UFOs und Waldmonster in seinem Heimatstaat West Virginia nach, als er auf Albert K. Bender traf, einen etwas exzentrischen Mann aus Conneticut, der kurz zuvor eine
Organisation gegründet hatte, die den ehrgeizigen Namen International Flying Saucer Bureau (IFSB) trug. Bender bat Barker, eine Zweigstelle in West Virginia zu gründen und „Untersuchungsleiter" des IFSB
zu werden.

Benders anfänglicher Enthusiasmus kühlte allerdings schnell ab, als
er von „drei Männern in schwarzen Anzügen" besucht wurde. Zuerst
glaubte Bender, es handele sich um Regierungsbeamte, die zu ihm gekommen waren, weil „ich über etwas gestolpert war, daß ich nicht
hätte herausfinden sollen".

Später vermutete Bender, daß die Männer möglicherweise Außerirdische waren. Sein Chronist Barker, der wußte, wie man Horrorfilme
in den Klitschen auf dem Land bewerben muß, trieb die Spannung auf
einen fast unglaublichen Höhepunkt. Der Inhalt von *They Knew Too
Much About Flying Saucers* widmete sich fast ausschließlich den Spekulationen über die düsteren, aber doch undurchsichtigen Ziele der
Anzug-tragenden Kräfte.

Laut Barker wurden auch UFO-Forscher in Australien und Neuseeland von einschüchternden Besuchern in Schwarz „zum Schweigen gebracht". Ein Forscher behauptete, einen Anruf von einer Maschinen-
stimme erhalten zu haben, in dem gesagt wurde: „Sie sollten sich von
Dingen entfernt halten, die Sie nichts angehen." Dann verabschiedete
er sich mit den Worten: „Ich bin... von einem anderen Planeten". Laut
Barker eskalierte das Phänomen am anderen Ende der Welt so stark,
daß es zu Poltergeist-Aktivitäten und den Besuchen von „unsichtbaren
Wesen" kam, die sehr sichtbare Moccasins trugen.

Barker wies schnell darauf hin, daß Bender und seine Gefolgsleute im Commenwealth nicht die ersten waren, denen MIBs im Zusammenhang mit UFOs begegneten. 1947 meldete der Hafenwachmann Harold A. Dahl eine der ersten UFO-Sichtungen dieses Jahrhunderts (in der Nähe von Maury Island im Staat Washington). Dahl und sein 15jähriger Sohn sahen sechs runde metallische Objekte, die rund dreißig Meter über dem Wasser schwebten. Eines der Objekte schien technische Schwierigkeiten zu haben, denn es stieß eine flüssige metallische Schlacke ab, die auf Dahls Boot fiel, seinen Sohn verletzte und seinen Hund tötete. Danach flogen die Objekte davon.

Das Nachspiel der „Maury-Island-Affäre", wie der Zwischenfall später genannt wurde, interessierte Barker. Dahl berichtete, daß er am nächsten Morgen in einem örtlichen Restaurant einem Mann im schwarzen Anzug begegnete, der genau über den Zwischenfall am vorangegangenen Tag informiert war. Der Mann bedrohte Dahl, indem er Konsequenzen für ihn und seine Familie androhte, sollte Dahl seine Geschichte erzählen. Aber Dahl ließ sich nicht beirren, und so wurde der Zwischenfall bekannt. Dann wird der Fall merkwürdig, denn Dahl gab später zu, die ganze Geschichte erfunden zu haben, zog dieses Geständnis dann aber wieder zurück und trieb so die Verwirrung auf die Spitze.

Es ist egal, was wirklich in der Nähe von Maury Island passierte, denn von diesem Moment an gehörten die MIB fest zur UFO-Legende, ausgelöst durch Barkers Bestseller. Und die mysteriösen Männer der, wie man sie heute nennt, „Silence Group" wurden schon bald zu einer Besessenheit der UFO-Jäger.

Schließlich überzeugte Barker Bender davon, sich mit seiner Geschichte an die Öffentlichkeit zu wenden. Das Resultat war das Buch *Flying Saucers and the Three Men* (1962), das namentlich von Bender stammte, aber von Barker stark überarbeitet wurde. Leider waren Benders Enthüllungen nach Barkers aufregender Vorarbeit eine ziemliche Enttäuschung. *Flying Saucers and the Three Man* las sich mehr wie Kinder-SF als wie das interplanetarische Exposé, das es hätte sein sollen. Es war voller Klischees, von Teleportation über unterirdische UFO-Stützpunkte bis hin zu steifen außerirdischen Dialogen wie: „Bitte bemühen Sie sich, nicht tiefer in die Mysterien des Universums einzudringen."

Bender kontaktierte die UFO-Leute telepathisch aus seinem Schlafzimmer (in dem er eine Botschaft „totaler Freundlichkeit" mental pro-
jizierte) und traf wenig später drei MIBs. Sie waren „dunkel gekleidet...
wie Priester", trugen aber „Zylinder". Bender: „Die Augen der drei Personen leuchteten plötzlich wie Taschenlampen auf... Sie schienen sich
in meine Seele einzubrennen." Um eine lange Geschichte abzukürzen:
Die MIBs verkündeten, daß sie Besucher vom Planeten „Kazik" seien,
die sich auf einer Geheimmission befänden, um das Meerwasser der
Erde zu stehlen. Sie sagten Bender (was man wohl als die trockene Ironie einer weiterentwickelten Rasse verstehen muß), sie hätten sich an
ihn gewandt, weil „du eines Tages über all das schreiben wirst, und wir
sind sicher, daß dir niemand glauben wird, aber du wirst viel weiser als
jeder andere auf diesem Planeten sein."

Es ist natürlich möglich, daß ein Körnchen Wahrheit irgendwo in
dieser phantastischen Geschichte verborgen ist. Als Gründer des be-
eindruckend klingenden „International Flying Saucer Bureau" könnte
Bender tatsächlich von Regierungsbeamten besucht worden sein, die
wegen der zahlreichen UFO-Sichtungen neugierig geworden waren —
von da an könnte Benders Phantasie den Rest dazugesponnen haben.
Barker vertrat später eine ähnliche Meinung.

Das wahre Problem mit der MIB-Legende ist, daß auch Barker
nicht ganz zweifelsfrei davonkommt. Er starb zwar schon 1985, aber
in den letzten Jahren bestätigten viele seiner Freunde, daß er ein geüb-
ter Betrüger war.

Er könnte sich tatsächlich als einer der größten Trickbetrüger dieses
Jahrhunderts erweisen: Laut John Keel, einem Freund und MIB-Autor
(mehr über ihn später), hinterließ Barker „ein reiches Erbe von Scherzen und gefälschten UFO-Zwischenfällen, die... heute ein wichtiger
Teil der Literatur geworden sind. Er legte das Fundament für die Be-
trügereien in den 80ern."

Im Nachwort seines Buchs *The Mothman Prophesies* behauptet Keel,
daß Barker die Geschichte von Hanger 18, der angeblich streng geheimen Basis der Air Force, in der abgestürzte UFOs und tote Außerirdische gelagert werden, erfand. Ebenso soll er hinter der Geschichte
um die „Edwards Air Force Base" stecken (bei der er neben Präsident
Eisenhower einige seiner engeren Freunde als Zeugen benannte). Beide
dieser Knaller „waren der Rahmen für die MJ-12- und Roswell-Fäl-

schungen, die in den 80ern die UFO-Fans täuschten." (Und auch in den 90ern, müssen wir hinzufügen. Wenn Keel recht hat, bewegen sich viele UFOlogen, für die MJ-12 und Roswell Tatsachen sind, auf sehr dünnem Eis.)

Lonzo Dove, ein ehemaliger Mitstreiter Barkers, erzählte dem Verschwörungstheoretiker Jim Keith, daß Benders mysteriöse drei Männer in Wahrheit Barker und zwei seiner Freunde waren, die sich verkleidet hatten. Laut Dove war das nur „ein böser Scherz" auf Benders Kosten.

Der UFO-Forscher Jim Moseley, ebenfalls ein Freund Barkers, erzählte Keith, daß Barker Bender „anfangs ernst nahm. Als er begriff, daß Bender entweder geistesgestört oder ein Lügner war... als er das Vertrauen in Bender verlor, was Mitte der 50er passierte, wollte er einfach nur noch Spaß haben und Geld verdienen."

Was uns zu der nächsten Welle von MIB-Begegnungen bringt. Zwischen 1966 und 1967 wurde die Stadt Point Pleasant in West Virginia von einer extrem bizarren Serie paranormaler Ereignisse heimgesucht, die alle mit der Sichtung einer humanoiden, geflügelten Kreatur zusammenhing, die als „Mottenmann" bekannt wurde. Interessanterweise tauchte Gray Barker mehr als einmal während dieser Ereignisse in der Stadt auf, was Grund zu der Annahme gibt, daß hier ein fröhlicher Betrüger an der Arbeit war. Aber die Vielzahl der Merkwürdigkeiten weist daraufhin, daß mehrere Parteien, übernatürlich oder nicht, involviert waren.

John Keel berichtet über diese Hysterie in seinem Klassiker *The Mothman Prophesies*. Glücklose Bürger, die dem rotäugigen Vogelmann begegneten oder die himmlischen Lichter sahen, die in diesem Jahr ständig über Point Pleasant auftauchten, wurden häufig von den MIB besucht.

Im November 1996, nicht weit von dem Ort entfernt, wo der Mottenmann bald seinen ersten Auftritt haben sollte, begegnete der Vertreter Woodrow Derenberger einem UFO, „das wie eine alte Kerosinlampe geformt war und an beiden Enden leuchtete." Dieses seltsame Vehikel landete vor Derenberger und zwang ihn zu bremsen. Ein 1,60 m großer Mann mit dunkler Haut stieg aus und ging auf Derenbergers Wagen zu. Er grinste und sprach mit Derenberger, ohne seine Lippen zu bewegen, also anscheinend telepathisch. Sein Name war

„Indrid Cold", und er sagte, er stamme aus „einem Land, weitaus weniger mächtig" als die USA.

Nach einer kurzen Unterhaltung ging Cold zu seinem Vehikel zurück und verschwand im nächtlichen Himmel. Bald darauf erhielt Derenberger Drohanrufe, in denen er aufgefordert wurde, die Begegnung zu verschweigen. Außerdem bekam er Anrufe mit seltsamen elektronischen Störungen und Lautfolgen (auch eine beliebte Methode der MIB). Laut Derenberger kontaktierte ihn der Raumfahrer auch weiterhin telepathisch und persönlich. Cold stammte vom Planeten Lanulos „in der Galaxie Ganymed". Derenberger wurde zur Lokalberühmtheit und schmückte seine Geschichte mit der Zeit immer weiter aus. Schließlich wurde der Vertreter zuerst nach Brasilien gebracht und dann zum Planeten Lanulos.

Zur gleichen Zeit, als Derenberger seine ersten Unterhaltungen mit Indrid Cold führte, begegneten auch andere seltsamen, ausländischen Männern in Anzügen. Es schien, als seien die MIBs und ihre schwarzen Limousinen an jeder Ecke zu finden:

• Mary Hyre, eine Zeitungsreporterin aus Point Pleasant, beobachtete ein UFO, das über ihr Haus flog. Kurz darauf wurde sie von seltsamen Männern mit dick besohlten Schuhen besucht. Ein großer schwarzer Wagen folgte ihr, verschwand aber immer, wenn sie ihn bemerkte. Nur einmal hielt er mit quietschenden Reifen an, ein Mann sprang heraus und fotografierte sie.
• Einmal kamen zwei kleine Männer, die schwarze Mäntel trugen, in Hyres Büro. Sie sagte, die Besucher hätten fast wie Zwillinge gewirkt, mit dunkler Haut und „orientalischen" Gesichtszügen. Einer von ihnen fragte nach den UFO-Sichtungen und sagte dann: „Was würden Sie tun, wenn jemand ihnen verbieten würde, über fliegende Untertassen zu schreiben?" Am gleichen Tag kam ein weiterer kleiner, asiatisch aussehender Mann in Schwarz in ihr Büro. Er hatte annormal lange Finger und einen unbekannten Akzent. Er stellte sich als „Jack Brown", einen UFO-Forscher vor und stotterte: „Was – würden – was würden Sie tun –, wenn jemand Ihnen befehlen – befehlen würde – aufzuhören? Mit den UFO-Geschichten aufzuhören?" Er behauptete, die beiden anderen Männer nicht zu kennen, aber ein Freund von Gray Barker zu sein.

- Anscheinend besuchte der gleiche Jack Brown an diesem Tag noch andere Bewohner der Stadt, unter anderem eine Frau, die den Mottenmann gesehen hatte. Auch hier erwähnte er Gray Barker und fügte hinzu, er sei auch ein Freund von Mary Hyre und John Keel. Er fummelte an einem großen Tonbandgerät herum, das er offensichtlich nicht bedienen konnte.
- Tad Jones beobachtete ein rundes UFO mit vier Landeklappen und einem Propeller und meldete den Zwischenfall der Polizei. Am nächsten Morgen fand er eine handgeschriebene Notiz, die jemand unter der Tür durchgeschoben hatte. Darauf stand in Großbuchstaben: „Wir wissen, was Sie gesehen haben, und wir wissen, daß Sie geredet haben. Sie sollten besser ihren Mund halten." Einige Tage später traf eine zweite Notiz ein. Sie war auf ein Stück Pappe geschrieben, das an den Ecken angesengt war. Darauf stand: „...es wird keine weitere Warnung geben."
- Eine Woche später sah Jones einen Mann an dem Ort stehen, an dem er zuvor das UFO gesehen hatte. „Er war sehr braungebrannt", sagte Jones. „Er sah normal aus und trug einen blauen Mantel und eine blaue Schirmmütze... es sah aus wie eine Uniform, glaube ich. Ich bemerkte, daß er eine Schachtel in der Hand hielt. Das war eine Art Instrument. Darauf war eine große Scheibe, wie bei einer Uhr, und daraus lief ein Draht, den der Mann in der anderen Hand hielt."
- Andere UFO- und Mottenmann-Zeugen erhielten seltsame Anrufe mit elektronischem Lärm oder „metallischen" oder „maschinenartigen" Stimmen, die meistens in einer anderen Sprache redeten.
- Die MIB schüchterten auch die 18jährige Connie Carpenter ein, die dem Mottenmann auf dem Weg nach Hause begegnet war. „Jack Brown" tauchte in ihrem Haus auf, erzählte seine übliche Geschichte und erwähnte auch Gray Barker und Mary Hyre. Als Connie zur Schule ging, hielt ein schwarzer Buick neben ihr an. Der Fahrer, ein gut gekleideter Mann Mitte Zwanzig, versuchte sie ins Auto zu zerren. Connie konnte fliehen, aber am nächsten Morgen schob jemand eine mit Bleistift geschriebene Notiz unter der Tür durch. „Sei vorsichtig, Mädchen", stand darauf. „Ich kann dich kriegen."

Der katastrophale Schlußakt der Ereignisse bahnte sich schon bald an. In *The Mothman Prophesies* schreibt Keel, daß eine Frau aus Long Island namens „Jane" von den MIBs vor der Katastrophe gewarnt wurde. Nach einer Begegnung mit einem gleißenden Lichtstrahl erhielt Jane den Anruf einer maschinenhaften Stimme, die sie anwies, in der örtlichen Bücherei nach einem bestimmten Buch zu suchen. Keel berichtet, Jane habe das Buch gefunden und wie angeordnet Seite 42 gelesen. Als sie die Seite betrachtete, „wurden die Buchstaben zuerst immer kleiner und danach immer größer". Dann veränderten sie sich „zu einer Botschaft", in der stand, daß sie eine Reihe von Voraussagen bekommen würde.

Die Voraussagen wurden von einem grinsenden „Hawaiianer" mit asiatischen Augen überbracht, der einen grauen Anzug trug und auf dem Rücksitz eines neuen schwarzen Cadillac saß. Er nannte sich Apol. Jane hatte Keel informiert, und so erfuhr er von jeder neuen Vorhersage. Laut Keel trafen die von Apol vorhergesagten Flugzeugabstürze zu. Aber Apols Behauptungen, „der Papst würde blutig niedergestochen werden" und „der Antichrist würde sich in Israel erheben" trafen nicht ein. Als Keel Jane hypnotisierte, erinnerte sie sich angeblich an einige weitere Vorhersagen, unter anderem an die Ermordung von Robert F. Kennedy und die Katastrophe vom 15. Dezember in Point Pleasant. An diesem Tag brach die 250 m lange Silver Bridge zusammen. Dabei starben 46 Menschen.

Was auch immer wirklich in Point Pleasant passierte, es war in jedem Fall aufregend zu lesen. Daß Gray Barker sich dort aufhielt, angeblich, um die Ereignisse zu beobachten, ist eine Sache, die unsere Paranoia-Antennen ausschlagen läßt.

In einem Interview mit Jim Keith gab Keel zu, daß Barker hinter einigen paranormalen Ereignissen in Point Pleasant steckte. „Er machte diesen Telefon-Blödsinn, und ich habe ihn dabei erwischt." Keith sagte dazu: „War es wirklich nur ein Zufall, daß die Mottenmann-Begegnungen, dieses unglaubliche paranormale Ereignis, ausgerechnet in Gray Barkers Heimatstaat West Virginia stattfand?"

Es ist möglich, daß Barker Helfer hatte, die ihn bei den paranormalen Spezialeffekten unterstützten. Aber das Ausmaß der übernatürlichen Spukereien weist darauf hin, daß noch andere Parteien beteiligt waren. In seinem ausführlichen Buch *Casebook on the Men in Black* spekuliert Jim Keith, daß Point Pleasant möglicherweise ein Experiment der Regierung über Massenhysterie war. Immerhin hat die CIA bei den berüchtigten MK-ULTRA-Experimenten schon einmal nichtsahnende US-Bürger Gehirnwäschen unterzogen. Da der Geheimdienst mittlerweile die meisten MK-ULTRA-Akten vernichtet hat, werden wir nie erfahren, welches Ausmaß das Projekt wirklich hatte. Vielleicht benutzte die Regierung die Bewohner von Point Pleasant tatsächlich als Laborratten in einem Experiment zur psychologischen Kriegsführung.

Aber ebenso, wie es unmöglich ist, die ganzen Mottenmann-Geschehnisse als Scherz oder Experiment abzutun, kann man auch nicht alle Berichte über die MIB als Lügen bezeichnen. Die UFO-Literatur ist voll von unerklärlichen Begegnungen mit den MIB. Tatsächlich haben UFOlogen ähnliche Berichte über übernatürliche, betrügerische und oft gefährliche Wesen in Schwarz in den Legenden gefunden. Jacques Vallee und andere machten sich die Mühe, die Kosmologie der Elfen, Geister und Dämonen in der Mythologie zu katalogisieren, und konnten herausfinden, daß sie sich ebenso verhalten wie moderne UFO-Piloten. Ob die Berichte über MIBs einfach nur Bilder sind, die in unserem kollektiven Unterbewußtsein lagern, oder Realität, ist noch ungeklärt.

Am extremen Ende der realen Front muß man wohl William Bramleys Buch *Die Götter von Eden* ansiedeln. Dort behauptet er, daß außerirdische MIB hinter der Pest steckten. Er zitiert eine Zusammenfassung, die 1682 geschrieben wurde: „In Brandenburg erschienen 1559 schreckliche Männer, von denen zuerst fünfzehn und dann zwölf gesehen wurden. Die ersten hatten kleine Köpfe, die anderen angsteinflößende Gesichter und lange Sensen, mit denen sie den Hafer schnitten, so daß sie aus großer Entfernung gehört werden konnten..."

Unmittelbar nach dem Besuch der MIB auf den Haferfeldern brach die Pest in Brandenburg aus, was Bramley zu der Frage bringt: „Was waren die langen, sensenartigen Instrumente, die ein zischendes Geräusch machten? Es scheint, als wären die 'Sensen' möglicherweise lange Instrumente, mit denen Gift oder bazillenverseuchte Gase über den Feldern versprüht wurden."

Oder auch nicht.

QUELLEN

Barker, Gray. *They Knew Too Much About Flying Saucers.* Lilburn, GA: IllumiNet Press, 1997.

Bender, Albert K. *Flying Saucers and the Three Men.* Clarksburg, WV: Saucerian Books, 1962.

Bramley, William. *Die Götter von Eden. Eine neue Betrachtung der Menschheitsgeschichte.* Peit.: In-der-Tat-Verlag, 1994.

Keel, John A. *The Mothman Prophesies.* Lilburn, GA: IllumiNet Press, 1991.

Keel, John A. *Operation Trojan Horse.* Lilburn, GA: IllumiNet Press, 1996.

Keith, Jim. *Casebook on the Men in Black.* Lilburn, GA: IllumiNet Press, 1997.

III

Sie starben allein

18
Die Sexgöttin, die zuviel wußte

Die große Frage, die sich bei Marilyn Monroes Tod stellt, ist nicht, ob oder von wem sie ermordet wurde, sondern ob die Männer, die 1962 die USA regierten, jemals genug Zeit hatten, um sich ihren Jobs zu widmen. Waren sie doch alle so sehr mit Marilyn Monroe beschäftigt.

Die Kennedy-Brüder, John F. und Robert, Präsident und Justizminister, lagen entweder stundenlang mit Marilyn im Bett oder führten mit ihr am Telefon anzügliche Gespräche. Sam „Momo" Giancana – der Bandenchef aus Chicago/Vegas, über den einige sagen, daß er in Wirklichkeit das Land regierte – war so sehr von dem Sexsymbol besessen, daß er sie abhören ließ – ebenso wie der Teamster-Führer und Kennedy-Hasser Jimmy Hoffa. Giancana sah in ihr die Chance, Macht über Kennedy zu erlangen. Außerdem hatte auch er eine Affäre mit der Monroe. Er prahlte gegenüber einem anderen Gangster, daß er Kennedy überrunden konnte, denn er war der letzte, der vor ihrem Tod mit ihr geschlafen hatte.

Und – wen erstaunt es – J. Edgar Hoover verbrachte seine Zeit damit, den Aufzeichnungen zu lauschen, die von den Wanzen aufgenommen wurden, die in jedem Zimmer ihres Hauses angebracht waren – oder in einem anderen Hotel oder Haus, in dem sie sich aufhielt.

Die Marilyn-Bänder, so Hollywood-Privatdetektiv Fred Otash, der viele von ihnen aufzeichnete und behielt, seien „möglicherweise die interessantesten Bänder, die jemals aufgenommen wurden – abgesehen vielleicht von Watergate".

Aber seien wir ehrlich: Was ist so besonders an den Watergate-Bändern, außer den Flüchen alter Richter, die Zigaretten rauchen und über Politik schimpfen? Die Marilyn-Bänder, so wird behauptet, beweisen ausführlich, was Amerikas berühmtester Kinostar mit Amerikas bekanntestem Präsidenten treibt – gespickt mit weiteren interessanten Details. Der Privatdetektiv Milo Speriglio, der 30 Jahre an dem Monroe-Fall arbeitete, ist der festen Überzeugung, daß die Tonbänder keinen Zweifel daran lassen, wer Marilyn ermordete.

Unter den Journalisten, Autoren und Detektiven, die vorgeben, einige der Bänder gehört zu haben oder zu wissen, was sie enthalten (oder die einfach viel herumgelaufen sind), gibt es ein breites Spektrum an Aussagen, wie die ehemalige Norma Jean Baker am 4. August 1962 im Alter von 36 Jahren ihrem Tod begegnete. Bei den meisten Spekulationen fällt der Name der Kennedy-Brüder und der von Giancana, mit einem (wie immer) im Hintergrund beobachtenden Hoover.

Speriglio nennt als Auftraggeber für den Mord niemand anderen als John Kennedy persönlich, in Absprache mit seinem skrupellosen Vater Joe (der zu dieser Zeit durch einen Schlaganfall in seinen körperlichen und geistigen Fähigkeiten stark beeinträchtigt war, was aber anscheinend ohne Auswirkungen auf seine Boshaftigkeit blieb). Marilyn war zu nervtötend geworden. Ihre pausenlosen Anrufe im Weißen Haus und im Justizministerium heizten unter den Insidern in Washington die Gerüchteküche an. Und dann gab es auch noch die immerwährende Gefahr einer Pressekonferenz, in der Marilyn die Beziehung zu den Kennedy-Brüdern enthüllen könnte – eine Möglichkeit, die Marilyn gelegentlich in Erwähnung zog. Sie gefährdete nicht nur die Kennedy-Dynastie, sondern die nationale Sicherheit. Um seiner außerehelichen Flamme zu imponieren, plauderte ein liebestrunkener Bobby in aller Öffentlichkeit vor Marilyn Monroe geheime Informationen über die Pläne der CIA aus, Castro zu ermorden. Und das ist die andere Variante: Von offizieller Seite spricht man von einem Selbstmord durch eine Überdosis an Schlaftabletten.

Doch sogar Anthony Summers, Autor von „Die Wahrheit über ihr

Leben und Sterben", der zwar nicht an Marilyns Selbstmord glaubt, aber die Möglichkeiten eines Mordes nur „offenläßt", kommt in seinem Buch zu dem Schluß, daß sich Bobby Kennedy in der Todesnacht in ihrem Bungalow aufhielt. Der Justizminister mag sie in dieser Nacht aus „menschlichen Gründen der Vergebung" besucht haben, spekuliert Summer – vielleicht war hier der Wunsch Vater des Gedankens.

Marilyn war an diesem Tag völlig außer sich über die abgebrochene Beziehung zu den Kennedy-Brüdern und rief in ihrer Verzweiflung jeden an, den sie kannte. Die meisten ihrer „Freunde" waren aber nur an ihrer eigenen Karriere interessiert, nahmen sie nicht ernst und legten auf. In den meisten Versionen dieser Geschichte initiierte Bobby die Affäre mit Marilyn vor allem, um den Präsidenten zu schützen. Für John war Marilyn nur eine kurze Episode, für sie war er ein attraktiver Heiratskandidat. Die Monroe träumte von einem Leben als First Lady, doch als sie begann, John zu langweilen, wollte sie ihn nicht so einfach gehen lassen. Dann betrat Bobby die Bildfläche – doch er begann den tragischen Fehler, daß er sich in sie verliebte.

Einige Biographen berichteten, daß Marilyn Monroe 1962 ein Kennedy-Kind unter ihrem Herzen trug, doch ob es von John oder Bobby stammte, konnte nicht eindeutig geklärt werden.

Laut Summers traf Bobby Kennedy erst ein, als sich die Monroe bereits im Todeskampf wand, aber noch lebte. Er, oder eine andere Person, rief den Krankenwagen, der Marilyn in ein Krankenhaus bringen sollte, doch sie starb noch auf dem Weg dorthin. Als Kennedy feststellte, daß seine Geliebte gestorben war, änderte er sein Verhalten und wollte die Ereignisse geheimhalten. Ganz egal, welche Umstände zu Marilyns Tod geführt hatten: Für den möglicherweise kommenden Präsidenten der USA war es keine gute Promotion, im Krankenhaus neben der Leiche des größten amerikanischen Sexsymbols aufzutauchen.

Der Krankenwagen, so Summers, drehte um und kehrte zum Bungalow zurück. Der Körper, Mittelpunkt unzähliger feuchter Träume, wurde wieder ins Bett gelegt, das Zimmer aufgeräumt, und Marilyns Vertrauter und Psychiater Robert Greenson bekam einen Anruf. Es war Greenson, der offiziell die verstorbene Marilyn Monroe entdeckte. Zu diesem Zeitpunkt befand sich Bobby bereits außerhalb von L.A. in Sicherheit. Der Polizist Lynn Franklin berichtet von einem Auto, das er kurz nach Mitternacht von der Straße winkte und das von Peter Lawford gefahren wurde – Stunden, nachdem Marilyn gestorben war. Bobby Kennedy saß auf dem Rücksitz.

Im Gegensatz zu einigen anderen Autoren, die sich diesem Thema widmeten, gibt Summers zu, daß seine Rekonstruktion der Ereignisse möglicherweise „in manchen Details falsch sei, es sich aber im Ganzen schlüssig anhört, wenn man die Informationen zugrundelegt, die es im Moment gibt." Er ist auch der Meinung, daß in dieser Nacht vermutlich kein wirkliches Verbrechen verübt wurde. Laut Summers war Bobby Kennedy einfach mit der falschen Frau zur falschen Zeit am falschen Ort. Doch Bobby kam im Gegensatz zu seinem Bruder Ted noch einmal mit einem blauen Auge davon.

In der neuen Ausgabe seines Buchs befragt Summers eine ungenannt bleiben wollende Quelle, die behauptet, Bänder aus Marilyns letzter Nacht abgehört zu haben. Die Bänder scheinen nachbearbeitet worden zu sein. Bobby Kennedy, Peter Lawford und Marilyn Monroe sind auf den Bändern zu hören – die beiden Ex-Geliebten schreien sich gegenseitig an, während Lawford versucht, sie zu beruhigen. An einem Punkt, so Summers' Informant, sind Geräusche eines Kampfes zu vernehmen. Vielleicht wurde Marilyn von Bobby auf ihr Bett geworfen.

Die Bänder erwecken den Eindruck, so Summers, daß Marilyn bereits tot war, als Bobby das Haus nach seinem zweiten Besuch an diesem Nachmittag verlassen hatte, und daß erst später ein Anruf bei ihr erfolgte. Auf den Bändern nimmt eine Person das Telefon ab – sagt aber nichts. Als Marilyns Körper gefunden wurde, hielt sie den Telefonhörer in der Hand fest umklammert. Summers vermutet, daß er im Nachhinein dort hingelegt wurde – der Anruf sollte vortäuschen, daß Marilyn noch lebte und ihn zu einer Zeit beantwortete, in der sie eigentlich schon viel zu tot war, um zu reden.

Verschwörungstheoretiker und Mediziner bemerkten schon lange das Fehlen von Medikamentenspuren in ihrem Magen und eines Glases mit Wasser, mit dessen Hilfe sie die Überdosis hätte herunterschlucken können. Ärzte fanden auch keine Anzeichen injizierter Drogen. Summers veröffentlichte als erster die Theorie der Nahrungsaufnahme, die jedoch zu keiner Spur führte, da sie niemals überprüft wurde.

Peter Lawford, der zügellos lebende Schauspieler und Schwager der

Kennedys, der Johns Ausschweifungen an der Westküste arrangierte, wußte etwas über Marilyns Tod, doch drogen- und alkoholabhängig nahm er das Geheimnis mit in sein Grab. Als ihn eine seiner Ex-Frauen fragte, ob er wisse, wie Marilyn starb, bemerkte er: „Marilyn nahm ihren letzten großen Einlauf."

„Der Star litt schon lange unter Verdauungsschwierigkeiten", schrieb Summers. „Einläufe linderten die Schmerzen. Zu jener Zeit war diese Methode im Showbusineß 'in', besonders, um Gewicht zu verlieren." Marilyn Monroe nahm schon seit Jahren Einläufe.

Die „rektale Aufnahmetheorie" ist heutzutage sehr weit verbreitet. In *Double Cross*, geschrieben von Sam Giancanas Patenkind Sam Giancana und seinem Bruder Chuck, ist zu lesen, daß Marilyns Mörder Giancanas Wanzen abgehört haben, als sie in der Nähe ihres Hauses auf den richtigen Moment warteten, um zuzuschlagen. Sie lauschten den Worten von Bobby Kennedy und einem anderen Mann im Haus, als diese sich mit Marilyn stritten. Am Ende ordnete Bobby an, Marilyn ein Beruhigungsmittel zu geben, und verließ das Haus. Die Mörder schlichen sich in das Haus und gaben Marilyn, die sich im Drogenrausch befand, noch eine zusätzliche tödliche „Überdosis".

Das neueste Buch über Marilyn (zur Zeit der Recherche für *Die 50 größten Verschwörungen*), *Der Fall Marilyn Monroe* von Speriglio, beschreibt, wie Supergangster Johnny Roselli – ein Bekannter von Giancana, besser bekannt für seine Beteiligung am CIA-Mafia-Mordkomplott an Castro und, bis zu einem gewissen Grad, an JFK – vor Marilyns Haus auftauchte, um sie abzulenken (die beiden kannten sich; Roselli verkehrte auch in Show-Biz-Kreisen), während zwei Killer im Hintergrund warteten. Einer brachte sie durch ein in Chloroform getauchtes Kleidungsstück um ihr Bewußtsein, der andere führte den tödlichen Einlauf ein. Es wird aus dem unzusammenhängend geschriebenen *Der Fall Marilyn Monroe* nicht deutlich, ob Speriglio sein Szenario wirklich auf die Beweise der Marilyn-Bänder stützt, obwohl er es andeutet.

Der Fall Marilyn Monroe enthält Speriglios Behauptung, daß Joe und John Kennedy Giancana anflehten, Marilyn von der Bildfläche verschwinden zu lassen und daß der Gangster glücklich zustimmte, da er immer gerne Druck auf die Kennedys ausübte. Das Buch widerspricht Speriglios früherer Theorie aus *The Marilyn Conspiracy* besonders in dem Punkt, daß ihm Giancana und Hoffa, unter dem Druck von Bobby Kennedy und durch die Abhörgeräte im Wissen von seiner Affäre mit der Monroe, einen Skandal anhängen wollten. Die Ermordung seiner Sex-Queen war Teil des Plans. Aber die Vertuschung der Kennedys funktionierte. Weder Bobby noch John hatten etwas zu befürchten – erst später. Und dann auch nur durch etwas andere Methoden.

Das Versteckspiel hielt weiter an. In diesem Punkt stimmen alle Marilyn-Autoren überein: Ganz egal, ob sie ermordet wurde, Selbstmord beging oder versehentlich ihre Toleranzgrenze für Tiefschläge falsch einschätzte (Summers' bevorzugte Theorie), es besteht kein Zweifel daran, daß die Beziehung zu den Kennedy-Brüdern zu gefährlich wurde. 1985 nahm ABC vermutlich aus diesen Gründen eine Reportage aus seinem *20/20*-Nachrichtenmagazin, die die Informationen aus Summers *Die Wahrheit über ihr Leben und Sterben* bestätigte. Die halbstündige Sendung beinhaltete Informationen über diverse Affären von J.F. Kennedy, unter anderem mit Judith Campell Exner und der vermeintlichen Nazi-Spionin Inga Arvad.

Die Verantwortlichen von ABC bekamen kalte Füße und ordneten eine Kürzung der Sendung an. Sie wurde bereits auf dreizehn Minuten zusammengeschnitten, als ABC-News-Präsident Roone Arledge, ein enger Freund von Robert Kennedys Witwe Ethel, sie ganz aus dem Programm nahm. Er bestritt, daß seine Freundschaft die Entscheidung beeinflußt habe, und bezeichnete den Inhalt seiner eigenen Reporter als schlecht. Laut Hugh Downs, einer der Persönlichkeiten von ABC, war der Bericht „besser recherchiert als alles, was der Sender während der Watergate-Affäre veröffentlichte".

In einer Biographie ist zu lesen, daß mehr als ein Jahrzehnt nach Marilyn Monroes Tod eine TV-Schauspielerin namens Veronica Hamel, später besser bekannt aus der Serie *Polizeirevier Hill Street*, das Haus, in dem Marilyn gelebt hat und gestorben ist, gekauft hatte. Während der Renovierungsarbeiten fand sie ein Bündel alter Kabel, die aus dem Dach ragten. Die Schauspielerin engagierte einen privaten Elektriker, der die Kabel vernichten sollte, um so die Geräusche von Marilyn Monroes qualvollem Leben und mysteriösem Tod für immer in den Abgründen der Geschichte verschwinden zu lassen.

QUELLEN

Brown, Peter Harry und Patte B. Barham. *Marilyn: Das Ende, wie es wirklich war.* München: Droemer, 1992.

Gregory, Adela und Milo Speriglio. *Der Fall Marilyn Monroe.* München: Langen-Müller, 1996.

Speriglio, Milo. *The Marilyn Conspiracy.* New York: Pocket Books, 1986.

Summers, Anthony. *Marilyn Monroe. Die Wahrheit über ihr Leben und Sterben.* Frankfurt a. M.: Fischer-TB-Verlag, 1988.

19
Jim Morrison lebt!

Aller Wahrscheinlichkeit nach liegt die Rock'n'Roll-Legende Jim Morrison auf dem Pariser Friedhof Père-Lachaise begraben. Dieses Faktum konnte natürlich diverse „Sichtungen" des Leadsängers der Doors seit seinem vermeintlichen Tod 1971 nicht verhindern. Wenn Sie möchten, können Sie diese Ereignisse unter der wunderbaren Mythologie von Rock-Legenden verbuchen – ebenso wie das immer wiederkehrende Auftauchen vom toten Elvis oder die Vorliebe der Jungfrau Maria, auf Tortillas zu erscheinen.

Dennoch waren die Umstände von Morrisons Tod mysteriös und verwirrend. So verwundert es nicht, daß im Zuge unzähliger Verschwörungstheorien nach seinem Tod eine Reihe von Gerüchten kursierten, daß der Lizard King lebt. In der Tat ist die offizielle Version von Morrisons Tod in manchen Punkten sogar noch unglaubwürdiger als der Mythos.

Von offizieller Seite her hieß es, daß Morrison am 3. Juli 1971 gegen fünf Uhr früh an einem Herzanfall gestorben ist, für einen jungen Mann von 27 Jahren ein ungewöhnliches Schicksal – obwohl schon wahrscheinlicher für einen Rockstar, der durch kräftezehrende Parties vorzeitig alterte. Laut seiner langjährigen Freundin Pamela Courson entschied sich Morrison, in seiner Pariser Wohnung an diesem Abend ein Bad zu nehmen. Courson ging ins Bett und entdeckte am nächsten Morgen Morrisons Leiche in der Badewanne.

Seltsame Gerüchte kursierten umgehend, die durch Coursons widersprüchliche Versuche, die Neuigkeiten unter Kontrolle zu halten, noch genährt wurden. Courson erzählte zu Beginn den Reportern, daß Morrison „nicht tot, sondern nur sehr müde im Krankenhaus liegen würde". Dennoch geisterte die Nachricht durch Paris, daß Morrison in dem heruntergekommenen Nachtclub „Rock 'n' Roll Circus" an einer Überdosis Heroin gestorben war. (Sehr beliebt ist auch das Gerücht, daß Morrison an einer Überdosis Kokain gestorben sei, eine Droge, die er oft konsumierte.) Andere spekulierten, daß er nach Hause gebracht und in Folge eines Wiederbelebungsversuchs in die Badewanne gelegt wurde. Natürlich gab es keine Zeugen.

Obwohl Courson auch noch nach dessen Tod behauptete, Morrison sei am Leben, hatte ein Pariser Arzt schon längst den Totenschein unterschrieben und den Toten als „James Morrison, Dichter" bezeichnet. Der Sarg wurde versiegelt, bevor die amerikanische Botschaft und die Familie vom Tod Morrisons in Kenntnis gesetzt wurden. Es gab keine Autopsie. Nur sechs Tage nach Morrisons stiller Beerdigung auf dem Friedhof Père-Lachaise hielt der Doors-Manager Bill Siddons eine Pressekonferenz ab, in der er die Neuigkeit verkündete, der „junge Löwe" sei an einem Herzinfarkt gestorben, der durch ein Blutgerinnsel und möglicherweise eine Lungenentzündung ausgelöst worden war.

Die *Los Angeles Times* stachelte mit ihrer Schlagzeile: „Warum wurde die Nachricht von Morrisons Tod so spät verkündet?" die Gerüchteküche weiter an. Ohne Zweifel wurde über eine Vertuschung gesprochen. Nach den ganzen Ereignissen hatten nur Courson, einige französische Ärzte und unbekannte Polizisten Morrisons Leiche wirklich gesehen. Nicht einmal Siddons (der nach Paris flog, nachdem Courson am Telefon Morrisons Tod verneint hatte und dann weinend zusammengebrochen war) dachte daran, den Sarg zu öffnen, als er in der Wohnung eintraf.

Im offiziellen Szenario folgten noch weitere unwahrscheinliche Details: Wie schaffte es ein amerikanischer Rockstar, auf Père-Lachaise, dem alten französischen Friedhof, auf dem Persönlichkeiten wie Balzac, Chopin, Molière und Oscar Wilde liegen, begraben zu werden? Aus mysteriösen Gründen gab es monatelang keinen Grabstein, und das Grab blieb anonym. Als der Schlagzeuger der Doors, John Densmore, später den Friedhof besuchte, sagte er: „...das Grab ist zu kurz!"

Zusätzlich zur von den Parisern bevorzugten, nicht bewiesenen

Theorie, daß Morrison in einem Nachtclub an einer Überdosis Heroin
gestorben sei, kursierten noch einige andere Szenarien:

Eine politische Verschwörungstheorie behauptet, auf Morrison sei
ein Anschlag verübt worden, der von reaktionären Konservativen des
FBI in Auftrag gegeben worden war. Um die neue radikale Linke und
die Hippie-Bewegung zu zerschlagen, hatten J. Edgar Hoovers Jungs
nicht nur Morrison auf Eis gelegt (dessen Popularität, Antiautorität
und persönlicher Charme den „American Way of Life" bedrohten),
sondern auch Janis Joplin und Jimi Hendrix, die zuvor alle „angeblich"
an einer Überdosis gestorben waren. (Diese Theorie war zentrales
Thema des Low-Budget-Films *Down on Us*, der später in *Beyond the
Doors* umbenannt wurde.)

Dieses Szenario ist nicht so weit hergeholt, wie es heute vielleicht erscheinen mag. Die Regierung hatte ein großes Interesse daran, die
„Neue Linke" zu schwächen, und das FBI wollte Martin Luther King
Jr. in Mißkredit bringen (ohne hier näher auf die Verstrickungen der
Regierung in das Attentat auf King eingehen zu wollen). Nach Morrisons berühmter Verhaftung in Miami (angeblich wackelte er auf der
Bühne mit seinem „Zauberstab"), veranlaßte das FBI eine Nachfor-
schung seiner Vergangenheit. Neben Mangel an Beweisen ist die Theorie auch nicht schlüssig, weil Morrison es stets ablehnte, sich vor ir-
gendeinen politischen Karren spannen zu lassen. Warum sollte so ein
Mann Schwierigkeiten machen?

Die okkulten Theorien über Morrisons Tod entsprangen aus seiner
allseits bekannten Beschäftigung mit der Esoterik. (Er „heiratete" in einer Wiccan-Zeremonie und glaubte daran, daß ein indianischer Geist
in seinem Körper lebte.) In einer Theorie wird behauptet, daß er starb,
als jemand seine Augen ausstach, um seinen „Geist zu befreien". Eine
andere übernatürliche These besagt, daß eine verschmähte Geliebte
ihn aus New York mit Hilfe von Hexenkräften über den Atlantik ermordete. Andere glaubten, daß Jims Geist den Körper verlassen hatte
(nach Coursons Behauptungen war ihm dies oft während Trance-Sit-
zungen gelungen), doch diesmal die Rückkehr verweigerte.

Bestandteil in den bekanntesten Theorien ist immer, daß Morrison
– der Märtyrer im Sinne eines *Jesus Christ Superstar* – irgendwie dem
Tode trotzte und (entweder metaphysisch oder wortwörtlich) lebendig
davonkam! Wie auch James Riordan und Jerry Prochnicky in ihrer

Morrison-Biographie *Break On Through* schreiben, „inspirierte sein bizarrer Lebensstil diese Ansichten." Morrisons notorische Abwesenheit hatte schon zuvor Todesgerüchte geschürt, und die Verwirrung um seinen anscheinend wirklichen Tod beruhte allein auf Spekulationen. Er sprach oft davon, der Bürde des Starruhms durch einen vorgetäuschten Tod zu entgehen und im Herzen Afrikas oder einem anderen mysteriösen Ort unterzutauchen. Er vertraute Freunden an, daß er sich unter dem Kriegsnamen Mr. Mojo Risin (das berühmte Anagram Jim Morrisons aus dem Song „L.A. Woman") melden würde, sobald er „in Afrika verschwunden sei". Außerdem faszinierten ihn Verschwörungstheorien, z.B. der Diebstahl von Jesus' Körper aus der Gruft durch dessen Jünger, was er scherzhaft als „Osterraub" bezeichnete.

Es überrascht nicht, daß die Sichtungen kurz nach seinem „Tod" begannen – zuerst in Paris, dann in Los Angeles, wo ein in schwarzem Leder gekleideter Morrison in Schwulen-Nachtclubs herumlungerte. Ein Angestellter der Bank von Amerika behauptete, das Konto von einer Person zu betreuen, der sich selbst Jim Morrison nannte und ihm auch ähnlich sähe – obwohl der Mann später bei einem Interview einräumte, sich nicht sicher zu sein, ob es sich um den Sänger der Doors handele. 1974 kochte die Gerüchteküche über, als Capitol Records das Album *Phantom's Divine Comedy* auf den Markt brachte, aufgenommen von einer Band mit einem Drummer X, Bassisten Y und Keyboarder Z – und mit einem Leadsänger, der unglaublich nach Morrison klang. (Kürzlich wurde berichtet, daß der vermeintliche Morrison in Wahrheit Punk-Rocker Iggy Pop gewesen sei.)

Eine Legende, so beschrieben in *Break on Through*, besagt, daß Jim plötzlich mitten in der Nacht in einer obskuren Radioshow im Mittleren Westen auftauchte und ein langes Interview gab, das alles erklärte: Natürlich verschwand der mysteriöse Mann wieder, und es „existieren keine Aufzeichnungen des Interviews". Anderen Gerüchten zufolge hält sich Morrison in Louisiana auf, wo er zurückgezogen lebt. Mit den Sichtungen bei der Bank von Amerika läßt sich in Verbindung bringen, daß der inkognito lebende Morrison behauptete, 1975 ein Buch mit dem Titel *The Bank of America of Louisiana* unter der Schirmherrschaft des Zeppelin-Verlages geschrieben und veröffentlicht zu haben. Der Widerruf zu diesem Buch, der fordert, die Namen in diesem Roman, die auf Fakten beruhen, umgehend zu ändern, oder „ich finde mich im Gerichtssaal wieder", ist mit „Jim Morrison" unterzeichnet. Die letzte Zeile des Buchs ist seltsam verschlüsselt, so wie man es von einem unsterblichen Rockstar der 60er erwartet: „B of A & Company, USA... where monkey business is big business."(...Wo faule Geschäfte große Geschäfte sind.)

Diese Art von Gerüchten stachelte besonders die Gruppe von Fans an, die, bewaffnet mit Morrisons Zahnarztunterlagen, versuchten, den Sarg zu exhumieren – vergeblich. Doch schließlich sah sich auch Doors-Keyboarder Ray Manzarek zu der Aussage verleitet: „Wenn es jemand geben würde, der fähig wäre, seinen eigenen Tod zu inszenieren, ein gefälschtes Todeszertifikat von bestochenen französischen Ärzten zu bekommen, 150 Pfund Sand in einen Sarg zu schaufeln und irgendwo auf diesem Planeten unterzutauchen – in Afrika, oder wo auch immer –, Jim Morrison wäre derjenige gewesen, der es schaffen würde."

Die Spekulationen überschlugen sich zusehends und wurden immer nebulöser. Dank der Tasache, daß Morrisons Vater, Steven Morrison, Admiral in der US-Navy war und aus diesem Grund an geheime Informationen gelangen konnte, verbreiteten sich „Theorien, die Spionage in Verbindung mit Jims Tod nicht ausschlossen". Laut Verschwörungstheoretiker Thomas Lyttle veröffentlichte ein skandinavisches Magazin einen Artikel über einen „Versuch des französischen Geheimdienstes, in Paris einen Anschlag auf Jim Morrison zu verüben."

In seinem Morrison-Essay in der Anthologie *Secret and Suppressed* verknüpft Lyttle nicht nur die Spionage- mit den mystischen Theorien, sondern verbindet diese beiden mit dem Doppelgänger aus Louisiana zu einer ausgewachsenen Verschwörung.

Lyttle beginnt mit der Theorie, daß krasse kommerzielle Interessen Morrisons spirituelle Seelenwanderung durchkreuzten. Wie Lyttle von einem Punkt zum anderen springt, ist ein bißchen verwirrend, doch kurz zusammengefaßt klingt die Theorie folgendermaßen: Lyttle behauptet, daß Morrison in einem Voodoo/Voudon-Mysterium lebte, in dem die Seele oder Aura ein paar Monate braucht, um sich erfolgreich abzusplitten. Hohe Priester des Voodoo trennen aufgrund dieser Tradition astral-gebundene Seelen, um ihren Preis in einem Tontopf, „Canari" genannt, zu sammeln. Da stellt sich die Frage: Wurde Morrisons Aura „gekauft, verkauft und dann an jenem schicksalhaften Tag in

Paris, als er 'starb', gesammelt? Laut Lyttle war der „Canari", der Morrisons elementare Identität enthielt, nichts anderes als der oben erwähnte Zeppelin-Verlag. (Lyttle behauptet, kann es aber nicht exakt beweisen, daß der echte Jim Morrison selbst auf die Zeppelin-Organisation aufmerksam wurde, was darauf schließen läßt, daß Morrison Nr. 1 den Verkauf seiner Seele billigte.) Und der „Hohepriester"? Laut Lyttle war es der mysteriöse Inhaber der „B of A Company", der „einen gültigen Paß und Personalausweis unter dem Namen James Douglas Morrison besitzt und behauptet, der wahrhaftige Rockstar zu sein!" Das bedeutet, daß die Seele von Morrison 1 vom Körper des mysteriösen Morrison 2, dem Lyttle die Abkürzung JM2 gibt, Besitz ergriffen hat – und JM2 war anscheinend in mehr verwickelt als in Sex, Drogen und depressive Gedichte. Laut Lyttle behauptete JM2, „als Agent für eine Vielzahl von Geheimdiensten tätig zu sein, darunter der CIA, NSA, Interpol, der schwedische Geheimdienst und andere." Lyttle gibt an, Dokumente gesehen zu haben- angeblich von JM2 zur Verfügung gestellt -, die JM2s CIA-Mitarbeit und „unsolide Geschäfte mit der Bank von Amerika" im Auftrag von Geheimdiensten, eingeschlossen „die Versuche, fremde Währungen zu destabilisieren", belegen können. Lyttle räumt ein, daß er die Authentizität dieser Papiere nicht bestätigen kann. „Aber alles sah ausgesprochen offiziell und ausgearbeitet aus", versichert er.

Die Handlung für JM2 ist also hervorragend ausgearbeitet. Lyttle behauptet, daß JM2 öffentlich zugab, daß zahlreiche Morrison-Doubles in einer obskuren Verschwörung, die soziologische Experimente der CIA beinhaltete, existierten. „Außerdem kannten sich alle James Douglas Morrisons untereinander und trafen sich gelegentlich, um alles auszuarbeiten."

Whow! Man fragt sich, ob der „Paul McCartney ist tot"-Gag wirklich von James Bond-Gegenspieler Ernst Stavro Blofeld stammt.

Ungeachtet JM2s Astral-Projektionen tauchte 1991 in der Biographie *Break on Through* eine weltlichere Theorie über die geheimnisvollen Umstände von Morrisons Tod auf. Obwohl Pamela Courson ihr Geheimnis 1974 mit ins Grab nahm (sie starb an einer Überdosis Heroin), sprachen die Autoren Riordan und Prochnicky mit ihren engen Freunden, denen sie sich anvertraut hatte.

Sie erzählten, daß ein niedergeschlagener Morrison in der Pariser

Wohnung Coursons Heroinvorräte fand und sich eine Überdosis spritzte – vielleicht schnupfte er es auch, denn er hatte Angst vor Nadeln. Am nächsten Morgen entdeckte Courson die Leiche. Um einen Medienrummel wie bei den Drogentoten Hendrix und Joplin zu vermeiden, versuchte sie, den Tod mit Hilfe eines Freundes zu vertuschen. Irgendwie gelang es Courson und ihren Freunden, einen französischen Arzt dazu zu überreden, Herzinfarkt als Todesursache anzugeben und damit einer offiziellen Autopsie aus dem Wege zu gehen. In der Zwischenzeit hatten sie die Erlaubnis eingeholt, daß Morrison in aller Stille auf dem Friedhof Père-Lachaise beigesetzt wurde – Tage bevor sie die Welt informierten. Damals konnten sie natürlich nicht ahnen, daß sie den Nährboden für Morrisons mystische Auferstehung gelegt hatten.

QUELLEN

Hopkins, Jerry und Danny Sugerman. *No One Here Gets Out Alive*. New York: Warner Books, 1980.
Lyttle, Thomas. „Rumors, Myths and Urban Legends Surrounding the Dead of Jim Morrison." Aus: *Secret and Supressed*, hrsg. von Jim Keith, Portland, OR: Feral House, 1993.
Riordan, James und Jerry Prochnicky. *Break on Through: The Life and Death of Jim Morrison*. New York: William Morrow and Company, 1991.

20
Der Pate, Teil 3
Die wahre Geschichte

ls geistliches Oberhaupt einer katholischen Gemeinde mit 800 Millionen Mitgliedern kann man den Papst kaum als isolierte Persönlichkeit bezeichnen. Doch Alberto Luciani, Papst Johannes Paul I., der diese 800 Millionen nur 33 Tage lang anführte, starb ganz allein in einer Herbstnacht im Jahre 1978.

David Yallop, ein englischer Journalist, stellte die Behauptung auf, daß der Papst vergiftet wurde. In seinem Buch *Im Namen Gottes* argumentiert er, daß Luciani trotz der Kürze seiner Amtszeit Reformen durchsetzen wollte. Ganz oben auf Lucianis Liste standen die Vatikanbank und andere finanzielle Institutionen, mit denen die Kirche in Verbindung stand – das wahre Römische Reich.

Als Luciani an der Reihe war, er folgte Giovanni Montinim, Papst Paul VI., hatte sich die Vatikanbank zu einer multinationalen, finanzstarken Hydra entwickelt, die in Bereiche verstrickt war, die nicht unbedingt mit dem Heiligen Geist übereinstimmten. Die Verwandlung hatte fünf Jahrzehnte zuvor begonnen, als der Vatikan einen lukrativen Deal mit Benito Mussolinis faschistischer Regierung einging und danach einen ähnlichen Pakt mit Hitler unterzeichnete. Luciani versuchte nichts anderes, als die vorherigen 50 Jahre der Geschichte ungeschehen zu machen. Seine ersten offiziellen Worte als Papst richtete

er – sogar noch vor seiner Antrittsrede vor den Tausenden von Gläubigen – an den diplomatischen Corps des Vatikans: „Wir opfern keine
zeitlichen Güter, wir diskutieren keine ökonomischen Interessen."

Was für eine Aussage für das Oberhaupt eines Bank- und Besitz-
konglomerats mit einem Wert von über drei Milliarden Dollar, einer
kaum zu stoppenden Kraft, die eine Dekade später beinahe die italienische Wirtschaft ruinieren sollte. Als die italienische Regierung die
Frechheit besaß, vom Vatikan einige Steuerzahlungen für das Aktien-
geschäft zu verlangen, drohte der Vatikan damit, seine ganzen Besitztümer an die italienische Börse zu bringen, was Italiens Wirtschaft völlig aus dem Gleichgewicht gebracht hätte. Die Vatikan GmbH blieb
von Steuern verschont.

Die vielleicht verwerflichste unter den zweifelhaften Verbindungen
der Vatikanbank ist die mit der zwielichtigen P2, ein mysteriöses, Freimaurern untergeordnetes, kriminelles Syndikat, mit Mitgliedern aus
den Spitzen der Gesellschaft, der Mafia und dem Vatikan selbst.

Nicht gerade aus reinem Zufall war P2 auch ein neofaschistischer
politischer Kader (zumindest waren vatikanische Finanziers dort über
die Jahre hinweg ständige Mitglieder), der für diverse terroristische Aktionen, unter anderem ein blutiger Bombenangriff auf einen Bahnhof
in Bologna, verantwortlich zeichnete. Für P2-Begründer Licio Gelli –
Geschäftspartner von Klaus Barbie, Geldgeber von Juan Peron, be-
zahlter Mittelsmann der CIA und Ehrengast bei Ronald Reagans
Amtseinführung 1980 – bilden Finanzen und Faschismus eine Einheit.
Ein Kernspruch von Gelli lautet: „Die Türen aller Banken öffnen sich
nach rechts."

Geleitet wurde die Vatikanbank von dem amerikanischen Bischof
Paul Marcinkus, der aus niemals geklärten Gründen an dem besagten
Morgen, an dem der Papst verstarb, durch den Vatikanstaat schlich.
Marcinkus, der nicht gerade für Gewaltmärsche um 6 Uhr in der Früh
bekannt war, hatte im Auftrag der Bank unzählige Vereinbarungen mit
den P2-Mitgliedern Michele Sindona und Roberto Calvi geschlossen.
Sindona, der nun im Gefängnis sitzt, war ein internationaler Spekulant
und Mafioso, der für Machenschaften verantwortlich ist, die zu den
größten Fehlentscheidungen von Banken in der amerikanischen und
italienischen Geschichte führten. Marcinkus auf der anderen Seite behauptet, noch immer eine Geschäftsverbindung mit Sindona zu

führen, leugnet aber, ihn jemals persönlich getroffen zu haben. Vor den anderen P2-Finanziers sagte Marcinkus einmal: „Calvi verdient unser Vertrauen. Daran habe ich keinen Grund zu zweifeln."

„Seine Kommentare bringen teilweise viel Licht ins Dunkle", bemerkt Yallop mit trockenem Humor, „weil sie nur acht Monate später bekannt wurden, als Calvi zu einer Geldstrafe von 13,7 Millionen Dollar und zu vier Jahren Gefängnis verurteilt wurde, und nur sieben Monate, nachdem der Vatikan und Marcinkus entdeckten (wenn wir die Version des Vatikans glauben), daß Calvi über eine Milliarde Dollar gestohlen hatte und den Vatikan verließ, um die Rechnung zu begleichen." Roberto Calvi war unglaublich korrupt, ein italienischer Banker, der im Laufe seiner Karriere als Krimineller mit weißer Weste Millionen über Millionen gestohlen hatte. Mit großer Freude befahl er seinen Mitstreitern, *Der Pate* von Mario Puzo zu lesen. Ein Exemplar trug er immer bei sich, oder es lag in seiner Nähe. „Erst dann verstehst du, wie die Welt funktioniert", riet der zutiefst unmoralische Mann. Welch Ironie des Schicksals, daß Calvis eigener Tod und der Byzantinische Skandal die Grundlage für *Der Pate, Teil 3* bildeten, der zweiten Fortsetzung der Filmversion von Puzos Gangster-Epos.

Calvis letzte Stunde schlug in einer Schlinge, befestigt an der Unterseite der Blackfriars-Brücke in London. Ein hartes Los für Calvi, der, obwohl sein Erhängen von einem Beamten als Selbstmord bezeichnet wurde, sicherlich sein Schicksal seinen P2-Kameraden zu verdanken hat. Er muß ein guter Turner gewesen sein, denn er versuchte, die Unterseite der Brücke zu erreichen und sich von dort unten aufzuhängen, anstatt den leichteren Weg zu wählen und zu springen. Das wäre einfacher gewesen, vor allem wenn er seine Taschen mit Ziegelsteinen gefüllt hätte.

Vier Stunden vor Calvis Tod fiel sein Sekretär fatalerweise in Italien aus einem Fenster. Unter der Leitung von Marcinkus fungierte die Vatikanbank als Strohmann für Calvis komplexe, illegale Börsengeschäfte. Der Vatikanbank gehörten angeblich zahlreiche Firmen, die in Wirklichkeit von Calvi kontrolliert wurden. Der Deal war für beide Seiten von Nutzen. Der Vatikan und Calvi hatten mit Millionen zu tun. Calvi war zudem der Finanzchef von P2. Wann immer der P2-„Strohmann" Gelli die Banker anrief, benutzte er den Codenamen *Luciani*.

Die ungewöhnliche Prinzipientreue Alberto Lucianis brachte dieses perfekt gesponnene Netz in tödliche Gefahr. Luciani wollte nichts anderes, als den Vatikan von seinen beiden gewaltigen Reichtümern befreien. Die Kirche sollte nach den Ansichten des neuen Papstes genauso arm sein wie Jesus, und Bischof Paul Marcinkus sollte verschwinden.

Starb Luciani am 28. September 1978 tatsächlich an einer „natürlichen Todesursache", wäre es für Gelli, Calvi, Sindona und Marcinkus ein phänomenaler Zufall gewesen, ebenso wie für die Mafia und die P2. Die ersten drei Männer dieser Liste hatten bereits zur Genüge ihre Fähigkeiten, Ermordungen zu planen und zu befehlen, unter Beweis gestellt. Neben Rivalen ermordeten sie auch unzählige Journalisten, die versuchten, ihre schmutzigen Geschäfte aufzudecken.

Marcinkus fehlten zwar noch die Mord-Erfahrungen, aber seine Motive, Papst Johannes Paul I. beiseite zu schaffen, waren nicht weniger gewichtig als die Machenschaften seiner Kollegen. Hätten Gelli, Sindonas oder Calvi – wahrscheinlich aber alle drei zusammen – die Möglichkeit übersehen, den Tod des Papstes zu arrangieren, wären sie nicht mehr als unbekümmerte Gauner und nach dem Zusammenbruch des Papstes die glücklichsten Männer der Welt.

Papst Johannes Paul I., mächtigstes und einflußreichstes religiöses Oberhaupt der Welt, führte unterdessen seine täglichen Geschäfte unter den Sicherheitsmaßnahmen, die auch einem Zeitungsausträger zuteil werden, fort – mit anderen Worten: keine.

Luciani war in der Situation, die ihn erwartete, nicht nur unbewaffnet und allein, sondern manche Quellen berichteten, daß er einen Notfallknopf in der Nähe des Bettes betätigte, als sein letztes Stündchen geschlagen hatte (ganz egal wann und wo das war). Die Alarmlampe wurde ignoriert, und die zuständige Wache, die für die nächtlichen Sicherheitsvorkehrungen verantwortlich war, lag im Bett. Niemand fragte sich, warum das Licht im päpstlichen Appartement, von außen deutlich sichtbar, die ganze Nacht über brannte, obwohl der Papst immer pünktlich um 21.30 Uhr zu Bett ging.

Zur großen Verwunderung der italienischen Journalisten wurde Papst Johannes Paul I. nicht obduziert, obwohl sie – verständlicherweise bei der politischen Geschichte Italiens – viel schneller als ihre amerikanischen Kollegen eine Verschwörung vermuteten. Der Vatikan

versuchte, die protestierende Presse zu beruhigen, indem er fälschlicherweise behauptete, das Kirchenrecht verbiete eine Autopsie an einem Papst (es gibt keinen derartigen Beschluß). Herzinfarkt wurde als
Todesursache angegeben, obwohl niemand eine Todesurkunde auf
diese oder auf eine andere Ursache ausstellte.

Laut Yallop läßt sich ohne Autopsie eine tödliche Dosis des Medikaments Digitalis (Fingerhut) nicht von einem Herzinfarkt unterscheiden. Das gilt ebenso für eine Vielzahl von anderen Giftstoffen.
Yallop konzentriert sich allerdings auf Digitalis, weil Gelli alle P2-Mit-
glieder instruierte, mit einer tödlichen Dosis dieses Medikaments auf
Befehl der Loge Selbstmord zu begehen, falls sie gezwungen würden,
Geheimnisse über die freimaurerrische und rechtsextreme Gruppe zu
enthüllen.

Gestützt auf Yallops Quellen wurde der Papst mit einigen Zetteln in
seinen steifen Fingern gefunden, auf denen die Veränderungen standen, die er im Vatikan durchsetzen wollte. Der Vatikan behauptete,
daß er ein Exemplar von *The Imitation of Christ* in den Händen hielt.
Die ersten Reporter, die davon hörten, brachen in schallendes Geläch-
ter aus.

„Man kann kaum glauben, daß es ein natürlicher Tod war", sagt ein
persönlicher Berater des französischen Erzbischofs Marcel Lefebvre,
„denkt man an all die Kreaturen des Teufels, die im Vatikan leben."

Als Karol Wojtyla, Papst Johannes Paul II., die Wahlen als Lucianis
Nachfolger gewann, wurde er sofort in die radikalen Pläne des Papst
Johannes Paul I. eingeweiht. Er erfüllte keinen einzigen.

QUELLE

Yallop, David: *Im Namen Gottes.* Droemer, München 1988.

21
Der Mann, der zuviel wußte

Kurz nach 12.30 Uhr, am Nachmittag des 10. August 1991, machten die Zimmermädchen des Sheraton Inns in Martinsburg, West Virginia, eine grausige Entdeckung. Im Zimmer Nummer 517 lag ein nackter Mann in der Badewanne, seine weißen Knie ragten aus dem blutroten Wasser heraus. Überall war Blut, an der Wand über der Wanne und über dem gesamten gefliesten Boden.

Der Tote war Danny Casolaro, ein 44jähriger freiberuflich arbeitender Journalist und aufstrebender Romanautor aus Fairfax, Virginia. Seine Handgelenke waren an zwölf Stellen tief eingeschnitten. Unter seinem Körper fanden die Notärzte ein scharfes Rasiermesser, eine leere Bierdose, ein Pappbecher und zwei weiße Mülltüten. In der Nähe lag eine gekritzelte Notiz, auf der stand: „Bitte vergebt mir für das, was ich getan habe. Es ist das Schlimmste, was ich tun konnte."

Alles sah nach Selbstmord aus. Das dachte anscheinend auch der Gerichtsmediziner, als er sich gegen eine Autopsie entschied und den Körper an ein ansässiges Bestattungsunternehmen freigab. Der Leichenbestatter balsamierte gleich am selben Abend den toten Körper, noch bevor die Verwandten informiert wurden – eine nicht nur übereilte, sondern auch illegale Entscheidung.

Hätten die Verantwortlichen aus Martinsburg sofort Casolaros Familie informiert, wären sie diesen Fall vielleicht ein bißchen behutsamer angegangen. Nachdem der Arzt Anthony Casolaro zwei Tage nach dem Ereignis vom Tod seines Bruders erfuhr, erinnerte er sich an Dannys Warnung aus der vorherigen Woche: „Ich bekam einige sehr bedrohliche Telefonanrufe. Wenn mir irgend etwas zustößt, glaube nicht an einen Unfall." Außerdem hatte er an seinem Todestag und am Tag zuvor zu Hause Drohanrufe erhalten. Laut Dannys Hausmeister, der den Telefonhörer abgenommen hatte, waren die Drohungen nicht gerade subtil: „Du Hurensohn", und weiter: „Du bist tot."

Als leidenschaftlicher, wenn auch etwas unerfahrener Journalist hatte Danny Casolaro seiner Familie und seinen Freunden erzählt, daß er kurz davor stand, eine verstrickte Machenschaft aufzudecken, die er „Oktopus" nannte, eine auswuchernde Veschwörungstheorie. Casolaro glaubte an eine internationale Gruppe von sieben oder acht Personen, der Kopf einer Reihe von Skandalen, die Auswirkungen auf die folgenden Ereignisse hatten und die der finanzielle Arm (oder das Tentakel) von unzähligen geheimen amerikanischen Verschwörungen waren: der kontroverse „October Surprise", der angebliche Deal zwischen Reagan und Bush und dem Iran, die US-Geiseln in der Teheraner Botschaft ausharren zu lassen; die Inslaw-Affäre, in der es darum ging, daß unter Reagan das Justizministerium Computersoftware von einer Privatfirma gestohlen hat; die Iran-Contra-Affäre und der BCCI-Bank-Skandal. In einem Buchmanuskript beschrieb Casolaro in der für ihn typischen enthusiastischen Bildsprache „ein Netz aus Gaunern und Dieben, die mit ihren Waffen durch die Welt streifen und morden, und die für die Geheimnisse ihres Tempels mit Rauschgift und schmutzigem Geld handeln."

Die schicksalhafte Reise nach Martinsburg erschien Casolaros Familie und Freunden von besonderer Bedeutung, da Casolaro beinahe jedem, den er traf, von seinem geplanten Treffen mit einer Super-Quelle berichtete, die die letzten Teile des „Oktopus-Puzzles" an seinen richtigen Platz bringen würden.

Verärgert über die Berichterstattung der US-Medien von der Nachlässigkeit der Martinsburger Behörden (und unwahrscheinlichen Gerüchten, daß der Ort mit der „Oktopus-Gruppe" unter einer Decke steckte), starteten diese sofort mit verspäteten Nachforschungen, dar-

unter fiel eine komplette Autopsie durch den staatlichen Gerichtsmediziner. Obwohl die Beweiskette unterbrochen war, bestätigten die örtlichen und die Bundesbehörden die alte These: Casolaro verübte
Selbstmord. Es gab offensichtlich nicht die geringsten Anzeichen für
einen Kampf, und die örtlichen Behörden behaupteten, daß sich Casolaro die Wunden selbst zugefügt hatte. Außerdem gab es ja noch den
Abschiedsbrief – in seiner eigenen Handschrift.

Dennoch behaupteten die Kritiker, daß die örtliche Polizei andere
Beweise, die *zumindest* auf beängstigende Alternativen hätten hinweisen können, willentlich oder zufällig übersah:

• Bevor der Notarztwagen am Tatort erschien, entdeckte die Shera-
ton-Mitarbeiterin Barbara Bittinger unter dem Waschbecken zwei
blutige Handtücher. Sie berichtete später dem Journalisten John
Connolly: „Es sah so aus, als habe jemand die Handtücher auf den
Boden geworfen (und das waren bestimmt nicht die Zimmermädchen, Anm. d. Autoren), um das Blut mit den Füßen aufzuwi-
schen – aber sie haben das Blut statt dessen nur über den Boden verteilt." Die Polizei stellte Bittinger nur kurz Fragen. Die
Putzkolonne, die den Raum später reinigen mußte, bestätigte die
Anzahl der Handtücher – und warf sie weg.

• Laut eines bei der Autopsie anwesenden Mediziners der George
Washington Universität wiesen Casolaros tiefe Einschnitte an den
Handgelenken nicht die für einen Selbstmordkandidaten typischen
„zögerlichen Schnitte" auf, die er sich zufügt, um seine Schmerz-
grenze zu testen. In Casolaros Fall wäre das sehr wahrscheinlich gewesen, denn seine Freunde und seine Familie bezeichneten ihn als
außerordentlich empfindlich. FBI-Special-Agent Thomas Gates,
den Casolaro als Sprachrohr für seine Theorien benutzte, berichtete
später vor einem Komitee, daß die Polizei aus Martinsburg die
Wunden als „zerstückelt" bezeichnete, was wesentlich gewalttätiger
klingt als die offizielle Stellungnahme, die eine Kampfhandlung aus-
schloß.

• Die lokale Polizeibehörde konnte das Verschwinden von Casolaros
Aufzeichnungen nicht erklären, die laut Casolaro in einem Brief-

umschlag in Martinsburg hätten eintreffen müssen. Die Aufzeichnungen und der Briefumschlag verschwanden spurlos.

- Eine Kellnerin aus der Coctailbar im Sheraton erinnerte sich daran, daß Casolaro die Bar mit einem Mann betrat, den sie als „Araber oder vielleicht Iraner" beschrieb. Die Polizei konnte diesen Mann niemals finden.

- Casolaros Familie und viele seiner Freunde glaubten nicht an einen Selbstmord. Sie beschrieben ihn als lebenslustigen, optimistischen und jungenhaft übersprudelnden Menschen – keine Eigenschaften eines Selbstmordkandidaten.

Danny Casolaro hatte sich ohne Zweifel mit seltsamen und wahrscheinlich auch gefährlichen Personen eingelassen. Wie schon viele Verschwörungsforscher vor ihm, die in den faulen Apfel bissen, fand Casolaro sich in einer faszinierenden Welt aus Intrigen wieder, in der man mit ausreichenden Kenntnissen (sollte es einem gelingen, sie zu erlangen) die geheime amerikanische Geschichte enthüllen kann. Leider schmücken Spinner, Gauner und Möchtegern-Künstler, die die David-Lynchian-Landschaft bevölkern, die Fakten oft mit ihrer Phantasie aus – aus Gründen, die – gelinde gesagt – im Dunkeln bleiben.

Die Person, die Casolaro in den Abgrund der Verschwörungen warf, war ein verschrobenes Genie mit dem Namen Michael Riconosciuto. Verschrien als „verrückter Wissenschaftler", der meisterhaft Fakten und Phantasie verknüpfte, behauptet Riconosciuto, bei fast jedem nationalen Sicherheitsskandal der letzten zwölf Jahre seine Finger im Spiel zu haben.

In Aufzeichnungen und Gesprächen bezeichnete Casolaro den verrückten Wissenschaftler als „Danger Man". Riconosciuto tauchte im Frühling 1990 in Casolaros Welt auf. Vorgestellt wurde er ihm durch einen gemeinsamen Bekannten, Bill Hamilton, der selbst in einer Verschwörung steckte, dem berühmt-berüchtigten Inslaw-Skandal.

Riconosciuto versorgte Hamilton, der Inhaber von Inslaw Inc., mit Informationen über den vermeintlichen Diebstahl seiner Computersoftware durch Mitglieder aus Reagans Justizministerium. Hamilton gewann in seinem offenen Krieg gegen die Freunde von Generalstaatsanwalt Edwin Meese III einige Schlachten. Der Zankapfel, Hamiltons PROMIS-Software, war ein mächtiges und potentiell orwellianisches Computerprogramm, das landesweit eine Datenbank mit Gerichtsurteilen einrichten sollte, damit die Behörden Gerichtsfälle, Verteidiger, Kriminelle, Staatsanwälte, Polizisten, Richter und jeden anderen, der auf dem Radarschirm des Kriminalsystems auftauchte, im Auge behalten konnten.

Hamilton und sein profilierter Rechtsanwalt, der frühere US-Generalstaatsanwalt Elliot Richardson, behaupteten, daß Meeses Truppe gegen eine vertragliche Vereinbarung, eine einfachere Version von PROMIS zu nutzen, verstoßen hatte, um eine fortgeschrittenere Variante des Computerprogramms für ihre Zwecke auszuschlachten. Zwei Bundesrichter pflichteten Hamilton bei und entschieden, daß Meeses Justizministerium Hamiltons PROMIS durch „Tricks, Betrug und Täuschung an sich genommen, verändert und gestohlen habe."

Nach dem großen Auftritt von unserem Szenejunkie Riconosciuto wurde die Inslaw-Affäre sogar noch verrückter und weitete sich – wie ein überzogener Spionageroman – zu diversen Punkten des Erdballs aus. Der Mann, der, so Riconosciuto, das Computerprogramm gestohlen haben soll, war Ed Meeses Kumpel Dr. Earl Brian. Es kommt sogar noch besser: Riconosciuto behauptete, daß der Gewinn aus dem Diebstahl die Belohnung für Brians Mithilfe beim „October Surprise"-Deal der Reagan-Bush-Kampagne war. „Danger Man" berichtete, daß er und Brian bei einem vermeintlichen Treffen im Oktober 1980 in Paris persönlich 40 Millionen Dollar an die Iraner ausgezahlt hätten, mit dabei waren angeblich auch iranische Mullahs, George Bush und der zukünftige CIA-Chef Bill Casey. Brian lehnte selbstverständlich jede Verbindung zu Riconosciuto, der Inslaw-Affäre und zu „October Surprise" ab.

Sicherlich kann man Riconosciuto leicht als kompletten Spinner abtun, aber einige Aspekte seiner Geschichte lassen sich überprüfen. Hamilton *hatte* herausgefunden, daß die Canadian Mounties die gestohlene PROMIS-Software wirklich nutzten. Zeugen berichteten, Riconosciuto und Brian zusammen im Reservat der Cabazon-Indianer in Indio, Kalifornien, gesehen zu haben, wo laut Riconosciuto unter seiner Mithilfe PROMIS verändert und hochtechnisierte Waffen für die nicaraguanischen Contras entwickelt wurden. Andere Quellen geben an, daß Riconosciuto und Brian in ein gemeinsames Unternehmen zwischen den Cabazon-Indianern und der Wackenhut Corporation verwickelt waren, eine kleine private Sicherheitsfirma, die bekanntermaßen für die CIA schmutzige Geschäfte erledigte. Das Unternehmen nutzte den quasi-souveränen Status des Cabazon-Stammes, um Herstellungs- und Verkaufszweige zu umgehen. Laut eines Berichts des Bezirksstaatsanwalts von Riverside County ersuchten die örtlichen Polizisten um Schutz, da das Reservat laut Brian „zu der CIA" gehörte.

Welchen machiavellistischen Nutzen besaßen Riconosciutos Software-Modifikationen? PROMIS sollte in ein Werkzeug internationaler Spionage umgewandelt werden, ein High-Tech-Abhörgerät, mit dessen Hilfe fremde Geheimdienste und Polizeiagenturen abgehört werden konnten. Ohne das Wissen der glücklosen Fremden hätten die Computer-Hacker der CIA eine elektronische „Falltür", um an geheime Daten der ausländischen Geheimdienste zu gelangen.

Nachdem Hamilton Casolaro den „Danger Man" vorgestellt hatte, fuhr Riconosciuto damit fort, Bomben zu zünden: Er behauptete, die mit der CIA in Verbindung stehende, geldwaschende Nugan Hand Bank sabotiert zu haben; für die Contras „Benzin-Bomben" hergestellt zu haben und bei der Produktion der kanonenartigen Super-Waffe beteiligt gewesen zu sein, die der in Brüssel ermordete Gerald Bull für den Irak baute. Jede einzelne Stellungnahme notierte Casolaro pflichtgemäß in seinem Buchmanuskript. Laut Casolaros Aufzeichnungen führte er den Journalisten auch in die konspirative UFOlogie ein und behauptete, von geheimen Verhandlungen der Regierung mit Außerirdischen in der Wüste Nevadas zu wissen.

Obwohl Riconosciuto, wie viele andere auch ein halb-allmächtiger Deep Throat, viel versprach, konnte er seine luftigen Thesen nie mit Beweisen belegen, dazu gehörten unter anderem auch Kassettenaufnahmen, die beweisen sollten, daß er auf „Du und Du" mit Reagans CIA-Chef Bill Casey war.

Aber Riconosciuto führte Casolaro in der Tat zu einigen sehr gefährlichen Personen. Kurz vor seinem Tod plante Casolaro einen Besuch in Riconosciutos altem Schaffensfeld, dem Cabazon-Reservat — ein recht feindseliges Terrain für Anfänger. Während der frühen 80er Jahre versuchte ein Stammesmitglied den weißen Leiter des Reservats,

John Philip Nichols, abzusetzen. Das führte zu einem dramatischen Zwischenfall, als jemand – wie bei einer Exekution – eine Kugel in die Stirn des Indianers schoß. Ein früherer Bodyguard von Nichols behauptete vor seiner überstürzten Flucht nach Südamerika, daß sein Boss die Killer angeheuert hatte und ihm befahl, sie auszuzahlen.

Nichols, ein um die Welt reisender „Sozialarbeiter", prahlte gerne damit, wie er für die CIA einen Mordanschlag auf Fidel Castro plante und versuchte, den chilenischen Präsidenten Salvador Allende zu überwältigen (der schließlich ermordet wurde). Mitte der 80er Jahre wurde Nichols als Auftraggeber einer Ermordung von fünf Menschen verurteilt. Er erhielt eine äußerst milde Strafe und war achtzehn Monate später wieder zurück im Reservat.

Casolaro freundete sich mit einem Unternehmer an, den er besser den „Extreme Danger Man" hätte taufen sollen. Anscheinend hatte Robert Booth Nichols (nicht verwandt mit John Philip Nichols) am Cabazon-Wackenhut-Projekt mitgearbeitet. Schnell ersetzte er Riconosciuto als Casolaros wichtigster Kontakt im Verschwörungszirkus. Casolaro fühlte sich zu diesem weltmännischen Mann hingezogen, der mit den Worten „Clark Gable ohne die Ohren" beschrieben wurde. Später bezeichnete Casolaro ihn als „Gauner, der sich wie ein Gentleman verhielt".

Casolaro hatte schließlich erfahren, daß das FBI Robert Booth Nichols als Drogendealer und Geldwäscher identifiziert hatte, mit Verbindungen zur von Gambino organisierten Mafia und zur japanischen Yakuza-Bande. (Nichols verklagte die Regierung ohne Erfolg auf Verleumdung.) Drei Tage vor seinem Tod erzählte Casolaro einem Geheimagenten vom FBI, daß Nichols ihn gewarnt habe: „Wenn du weiter nachforschst, wirst du sterben." Casolaro war sich nicht sicher gewesen, ob das eine Drohung war oder sorgenvolle Anteilnahme.

Der Journalist John Connolly mutmaßte, daß es wohl nicht „der Oktopus" gewesen sein könnte, der Casolaro umgebracht hatte. Vielleicht war der Mörder ein Krimineller, der in die Nachforschungen verstrickt war. In einem gut recherchierten Artikel im SPY-Magazin schrieb Connolly, daß Casolaro von einem früheren Ankläger im Justizministerium von Nichols' Angebot erfahren hatte, als Informant für sie zu arbeiten. Diese Information – so vermutet Connolly – könnte Casolaro in große Gefahr gebracht haben. Mit Connollys Worten:

„Hätte John Gotti jemals das herausgefunden, was Danny Casolaro wußte, wäre Nichols ein toter Mann."

Um fair zu bleiben: Nichols besaß ein Alibi. Am Tag vor Casolaros Tod erzählte Nichols Bill Hamilton, daß er noch am gleichen Abend nach Europa fliegen wollte. Tage später, als er Casolaros Bruder sein Beileid aussprach, erwähnte Nichols, gerade aus London zurückgekehrt zu sein.

Andere Journalisten hatten eine Alternative zu den tödlichen Machenschaften: Casolaro verübte Selbstmord, weil seine Theorien nicht veröffentlicht wurden oder weil er die Verstrickungen der „Oktopus"-Verschwörung nicht gänzlich aufdecken konnte. Die Tatsache, daß bei der Autopsie Spurenelemente eines Antidepressivas entdeckt wurden, stützte diese Spekulationen. Die Gerichtsmediziner entdeckten bei Casolaro auch die frühen Symptome einer multiplen Sklerose. Die Vertreter der Selbstmordthese waren der Meinung, daß er eher sein Leben beendete, als MS ausbrechen zu lassen. Doch das sind natürlich alles nur Vermutungen.

Casolaros überlieferte Notizen werfen nur wenig Licht auf seinen Tod und zeichnen auch kein genaues Bild von der Verschwörung, die er aufdecken wollte. Wir wissen von seinen Plänen, den „abtrünnigen" CIA-Agenten Edwin Wilson zu interviewen, der in einem Gefängnis vor sich hin schmachtete, weil er dem libyschen Führer Gaddafi explosives Material hatte zukommen lassen. Neben einer Anzahl von anderen alten CIA-Mitarbeitern sollte Wilson in der Theorie des Christic Institute über ein „geheimes Team" – eine Gruppe, die über zwei Jahrzehnte für nationale Sicherheitsskandale verantwortlich zeichnete, vom Anschlag auf JFK über Drogenhandel in Süd-Ost-Asien bis zur Iran-Contra-Affäre und noch vieles mehr – eine wichtige Rolle spielen Obwohl die Christic-Theorie über weite Stellen lächerlich ist (und der damit in Verbindung gebrachte Zivilprozeß aus dem Gerichtssaal verbannt wurde), tauchten aber die Fingerabdrücke von Wilson und anderen CIA-Agenten tatsächlich in einigen „inoffiziellen" Operationen auf.

Während „der Oktopus" als einheitliche Verschwörungstheorie möglicherweise ein bißchen aus der Luft gegriffen erscheint, bewegte sich Casolaro mit Sicherheit auf einem sehr gefährlichen Terrain. Ein Komitee, das sich mit der Inslaw-Affäre beschäftigte, war derselben

Meinung und sprach die Empfehlung aus, die Umstände, die zu Casolaros Tod führten, noch weiter zu erforschen.

1994 entschied sich das Justizministerium unter Clinton zu einer nationalen Untersuchung des Casolaro-Falles. Casolaros Telefonfreund, FBI-Agent Gates, verkündete vor dem Komitee: „Das Mißtrauen ist begründet."

QUELLEN

Casolaro, Danny: „Behold, a Pale Horse: A True Crime Narrative." In *Secret and Suppressed*. Portland, OR: Feral House, 1993.
Connolly, John. „Dead Right." *SPY*, Januar 1993.
Connolly, John. „Inside the Shadow CIA." SPY, Sept. 1992.
Connolly, John und Eric Reguly. „Badlands." *SPY*, April 1992.
Corn, David. „The Dark World of Danny Casolaro." *The Nation*, 28. Okt. 1991.
Fricker, Richard L. „The Inslaw Octopus." *Wired*, 1.1 (1993).
„The Inslaw Affair: Investigative Report by the Committee on the Judiciary." Washington: U.S. Government Printing Office, 1992.
Ridgeway, James und Doug Vaughan. „The Last Days of Danny Casolaro." *Village Voice*, 15.Okt. 1991.

IV

Die große Politik

22

Watergate – Die Mutter aller „Gates"

W atergate ist wahrscheinlich der berühmteste Skandal Amerikas und die „Mutter" aller Skandale, die danach mit der Nachsilbe „-gate" bezeichnet wurden. Fast jeder kennt zumindest die Grundzüge der Watergate-Ereignisse: ein „drittklassiger Einbruch"; Richard Nixons Versuche, dieses und zahllose andere Verbrechen zu vertuschen; die achtzehn-einhalb-minütige Lücke in den aufgezeichneten Bändern des Weißen Hauses; Nixons Manipulation der CIA und des FBI während der weiteren Vertuschungen; „Ich bin kein Gauner" – und dann doch beinahe ein Amtsenthebungsverfahren und Nixons Rücktritt.

Aber überlegen wir einmal kurz, was wir eigentlich tatsächlich über die spezielle Verschwörung wissen, die den ganzen schmutzigen Schneeball ins Rollen brachte. Noch einmal für die Neueinsteiger: Wer befahl den Einbruch in das Hauptquartier des Democratic National Committee (DNC) im Watergate-Gebäudekomplex, und warum? Wessen Telefon wurde abgehört? Und als dann die Vertuschung begann: Wer verheimlichte was und in wessen Auftrag?

Genau in diese klaffende Wissenslücke stoßen die Watergate-Revisionisten. Bis zu den Zähnen mit explosiven Gegentheorien bewaffnet, kämpfen sie einen unerbittlichen Kampf zur Rehabilitierung Richard

Nixons. Andere legen tatsächlich neues Beweismaterial auf den Tisch, das die herkömmlichen Theorien über den Skandal zweifelhaft erscheinen läßt.

Welchen Standpunkt man auch einnehmen mag: Alle Interpretationen der Watergate-Geschichte beginnen unvermeidlich mit jenen schicksalhaften Stunden des 17. Juni 1972: Nachdem am frühen Morgen bei der Polizei der Anruf eines Wachmanns des Watergate-Gebäudekomplexes eingegangen war, überrumpelte eine Polizeitruppe in Zivil fünf Einbrecher, die sich im sechsten Stockwerk in den Büros des Democratic National Committee hinter Möbeln versteckt hatten. Zu ihnen gehörten Exilkubaner, die von der CIA ausgebildet worden waren, und der „ehemalige" CIA-Drahtzieher James McCord. Sie hatten Kameras und Einbruchswerkzeug bei sich. Von einem in der Nähe gelegenen Hotelzimmer aus koordinierten der „ehemalige" CIA-Agent E. Howard Hunt und G. Gordon Liddy, der „Klempner" für alle „undichten Stellen" im Weißen Haus, den Einbruch. Hunt hatte die Exilkubaner rekrutiert, die ihm seit den guten alten Schweinebucht-Tagen treu ergeben waren. Hunt, Liddy und McCord waren die Handlanger in Nixons schmutzigem Spiel.

Üblicherweise wird behauptet, die Einbrecher hätten versucht, eine Abhörwanze in das Telefon eines Demokraten einzubauen oder eine fehlerhafte Wanze, die bei einem früheren Einbruch installiert worden war, zu ersetzen. Diese Theorie war jedoch schon immer problematisch, und trotz ihrer Popularität ist sie eben nichts anderes als eine unbewiesene Theorie. Die Einbrecher selbst machten widersprüchliche Angaben über ihre Ziele. Suchten sie nach belastendem Material, das der DNC-Vorsitzende Larry O'Brien über Nixon gesammelt hatte, wie Liddy erklärte, oder andere geheime Informationen, wie zwei der Exilkubaner später behaupteten? Wenn dem so war, warum riskierte man überhaupt so viel für solche Kleinigkeiten? Wie Nixons Beauftragter für die Beziehungen zum Kongreß später formulierte: „Man riskiert schon einiges, wenn es sich lohnt, aber das war Mist."

Es überrascht nicht, daß der „nicht angeklagte Mitverschwörer" selbst aus vollstem Herzen zustimmte: „Das ganze Durcheinander ergab so wenig Sinn, daß es beinahe aussah, als sei es eine Art Inszenierung", schrieb Nixon in seinen Memoiren, wobei er auf typische Weise die Geschichte auf den Kopf stellte und sich selbst als Opfer darstellte.

Die tatsächlichen Schuldigen waren natürlich seine zahllosen Feinde. Kurz bevor er sein Amt verlor, entdeckte Nixon „neue Informationen, daß die Demokraten schon vorher Bescheid wußten und daß die (Howard) Hughes-Organisation darin verwickelt sein könnte... Und es gab Geschichten über merkwürdige Allianzen."

Damit kommen wir zu der Theorie, die Demokraten hätten Nixon eine Falle gestellt, die besonders von unbeirrbar loyalen Nixon-Anhängern vertreten wird. Diese „Trap-gate"-Theorie beruft sich vor allem auf die in sieben Bänden festgehaltenen Aussagen der Zeugen, die während der Watergate-Untersuchung des Senats vernommen wurden. Dabei kam heraus, daß im April 1972 ein New Yorker Privatdetektiv namens A.J. Woolsten-Smith einen Beauftragten von Larry O'Brien und den Journalisten Jack Anderson darüber informierte, daß das DNC ausspioniert werden sollte. Woolsten-Smith beschrieb detailliert die Anfänge dieser Operation und erwähnte dabei sowohl das Watergate-Büro als auch die Teilnahme von Exilkubanern.

Diese Information benutzten die Nixon-Anhänger, um in typischer verdrehter Nixon-Logik die Schuld an dem ganzen Skandal auf die Demokraten abzuwälzen: Diese *wußten*, daß in das Watergate-Gebäude eingebrochen werden würde, also haben sie den Republikanern eine Falle gestellt.

So unterschiedliche Theoretiker wie H.R. Haldeman (Nixons letzter Stabschef) und Carl Oglesby (ein Kritiker aus dem linken Parteiflügel) haben eine andere Version der Fallen-Theorie in Umlauf gebracht. Sie behaupten, daß Carl Shoffler (der Polizeibeamte, der für die Watergate-Festnahmen verantwortlich war) schon im voraus entweder von den Demokraten oder von einem der Einbrecher einen Tip in bezug auf den Einbruch erhalten habe. Die Beweise? Shoffler hatte seinen Dienst bereits beendet, meldete sich aber freiwillig zu einer zusätzlichen achtstündigen Nachtschicht – und das an seinem Geburtstag. Als der Anruf des Informanten kam, waren Shoffler und seine Kollegen nur einige Blocks vom Watergate-Gebäude entfernt, als ob sie das Signal des Informanten erwartet hätten. Außerdem hatte Edmund Chung, ein Bekannter Shofflers, ausgesagt, daß er bei einem späteren gemeinsamen Essen den Eindruck gehabt habe, „daß Shoffler schon im voraus von dem Einbruch wußte."

Shoffler stritt ab, etwas Derartiges gesagt zu haben, und behauptete,

Chung habe versucht, ihn mit 50.000 Dollar zu „bestechen", damit er „gestehen" würde, schon vorher Bescheid gewußt zu haben. Shoffler äußerte gegenüber dem Senat auch die Vermutung, Chung sei vielleicht ein CIA-Agent, obwohl es dafür weder Beweise noch Anhaltspunkte gibt. Shoffler erklärte, er habe von dem Einbruch vorher nichts gewußt, und über seine Überstunden sagte er nur: „Mir war einfach danach." Damit endet diese Version der Fallen-Theorie in einer Sackgasse.

Andere Fallen-Theorien warten mit neuen Drahtziehern auf, darunter die allgegenwärtigen Howard-Hughes-Agenten, Jack Anderson und die CIA. Gary Allen, der stets Intrigen witternde Autor der John Birch Society, nannte ein Kapitel seines Buches über die Rockefellers: „Was Nixon Watergated?" Immerhin, so Allen, machte Gerald Fords Aufstieg das heißbegehrte Oval Office für den Mulitmillionär Nelson Rockefeller unerreichbar.

Die stärksten revisionistischen Theorien tauchten erst relativ spät auf und wurden von den Medien sofort heftig angegriffen. Neues Beweismaterial stellte die offizielle Version der Geschichte, die eine ganze Generation von Journalisten zu Helden gemacht hatte, in Frage.

In *Secret Agenda* von Jim Hougan und *Silent Coup* von Len Colodny und Robert Gettlin wird die Theorie vertreten, daß die Watergate-Aktionen nicht von höchster Stelle in Auftrag gegeben wurden. Laut *Silent Coup* setzte der Präsidentenberater John Dean eine Art Ein-Mann-Verschwörung in Gang. Damit rückte ein Mann ins Rampenlicht, der bisher nur als Nebendarsteller gegolten und den eigentlichen Hauptakteuren zur Seite gestanden hatte: Ex-Generalstaatsanwalt John Mitchell, Stabschef H.R. Haldeman, der Berater für innere Angelegenheiten, John Erlichman – und natürlich Nixon.

Was war also Deans Ziel? Nicht so etwas Läppisches wie Telefone abhören oder im politischen Schmutz wühlen. Laut *Silent Coup* und *Secret Agenda* ging es bei dem Watergate-Skandal in Wirklichkeit um Sex! Hougan behauptet in seinem Buch, daß die Einbrecher nach Namen, Telefonnummern und vielleicht sogar belastenden Bildern von Prostituierten suchten. Zu dieser Zeit operierte ein teurer Callgirl-Ring vom vornehmen Columbia-Plaza-Gebäude aus, das sich nur wenige Blocks vom Wastergate-Komplex entfernt befindet.

Nach Angaben von Phillip Bailley, einem Kuppler des Callgirl-Rings, hatte ein Mitarbeiter des DNC-Hauptquartiers Treffen zwischen Prostituierten und hohen Amtsträgern der Demokraten arrangiert. In den DNC-Büros gab es anscheinend sogar eine Werbe-Akte mit Bildern und Daten der Prostituierten.

Vielleicht war es die Verhaftung Bailleys wegen Kuppelei, die zu dem berühmten zweiten Watergate-Einbruch führte. Colodny und Gettlin fanden heraus, daß John Dean ein spezielles Interesse an Bailleys Verhaftung hatte, die von den Medien mit großer Aufmerksamkeit bedacht wurde. Er verhielt sich höchst irregulär und anscheinend auch eigenmächtig, als er den Staatsanwalt im Fall Bailley zu einem persönlichen Gespräch in sein Büro kommen ließ. Dabei erhielt Dean Einblick in wichtiges Beweismaterial: Bailleys Adreßbücher.

Laut Colodny und Gettlin, die Hougans Theorie fortführten, war Deans damalige Verlobte Maureen Biner eine Freundin und Zimmergenossin der Leiterin des Callgirl-Rings. Maureen „Mo" Biners Name, ihre Telefonnummer und ihr Spitzname „Clout" (= „Macht, Einfluß" – immerhin würde sie bald den Berater des Präsidenten heiraten) sollen in den konfiszierten Adreßbüchern gestanden haben. Außerdem waren in den kleinen schwarzen Büchern die Mädchen des Columbia-Plaza-Rings aufgeführt.

Die Hypothese von *Silent Coup?* Als das FBI und die Presse den Callgirl-Ring aufdeckten, befürchtete Dean, seine eigene beschämende, wenn auch nur indirekte Verbindung zu den Huren könnte ans Tageslicht kommen. Daher heuerte er selbst die Einbrecher an, die im Watergate-Gebäude belastendes Material sicherstellen sollten. (Das Buch sagt aber merkwürdigerweise nichts darüber, ob das DNC eine Akte über „Clout" besaß oder nicht.) Laut Colodny und Gettlin war das tatsächliche Motiv der Watergate-Einbrüche weniger konspirativ (aber viel schlüpfriger) als eine vom Präsidenten autorisierte Erpressung oder eine Spionageaktion gegen den politischen Gegner: Dean wollte einfach wissen, was in den geheimen Nutten-Akten des DNC stand.

Silent Coup präsentiert überzeugende Beweise (die hier nicht im einzelnen aufgelistet werden können) dafür, daß Dean sofort nach den Watergate-Verhaftungen eine Vertuschungsaktion startete – nicht, um Nixon zu schützen, sondern um seinen eigenen Hintern zu retten.

Nach dieser Theorie erscheint Nixon selbst als der Hereingelegte, der zwar für viele andere schwere Verbrechen und Fehler verantwortlich war, aber von den Meldungen über den „drittklassigen Einbruch" selbst überrascht wurde. (Er blieb sich jedoch treu und nutzte reflexartig die Gelegenheit, ein anderes Verbrechen zu vertuschen, über das er fast gar nichts wußte.)

Aber Deans Leute (oder Nixons, wenn Sie die traditionelle „Von-oben-nach-unten"-Theorie bevorzugen) waren womöglich nicht die einzigen, die im trüben Watergate-Gewässer fischten.

Zum zwanzigsten Jahrestag des Einbruchs schrieb der Autor Jim Hougan: „Wenn man versucht, Watergate als einfache Operation zu begreifen, bei der ein Team von Verschwörern ein einziges Ziel verfolgte, wird man nicht zu einem wirklichen Verständnis gelangen."

Secret Agenda bietet faszinierende Argumente dafür, daß die Einbrecher ihre ganz eigenen Motive hatten. Hougan verweist vor allem auf den Drahtzieher James McCord, einen „Ex"-CIA-Offizier, der für die Sicherheit von Nixons Wahlkampagne zuständig war und Liddys Team der „Klempner" im Weißen Haus angehörte. McCords Rolle während der beiden Einbrüche war, gelinde gesagt, äußerst merkwürdig, vielleicht sogar kontraproduktiv. Ein früherer Versuch, in das Watergate-Gebäude einzudringen, wurde abgeblasen, als McCord seine Einbrecherkollegen informierte, das Gebäude sei durch ein Alarmsystem gesichert. Dieses Alarmsystem existierte jedoch überhaupt nicht, wie Hougan herausfand. Außerdem machte sich McCord in den entscheidenden Momenten derartig rar und erledigte seinen Job so nachlässig, daß seine Unfähigkeit als CIA-Offizier nur mit dem Agenten vergleichbar wäre, der den Plan entwickelte, bei Castro einen Haarausfall zu bewirken. Es sei denn, McCord hatte seine eigenen Pläne.

Wollte McCord die Operation sabotieren? Hougan mutmaßt, daß McCord die Aktion für die CIA überwachte. Vielleicht schützte McCord sogar eine CIA-Operation, die durch die Einbrecher aufgedeckt zu werden drohte: Der DNC-Vorsitzende O'Brien, ein Mitarbeiter von Howard Hughes, könnte von der geheimen Vereinbarung zwischen der CIA und der Howard-Hughes-Organisation gewußt haben, ein gesunkenes sowjetisches U-Boot aus dem Pazifik zu bergen. Oder, so Hougans Spekulation, der Callgirl-Ring könnte Teil einer illegalen CIA-Operation gewesen sein. Bei den ungesetzlichen Experimenten mit Drogen und Bewußtseinskontrolltechniken spielten Prostituierte häufig eine Rolle. Eine andere Möglichkeit wäre, daß die CIA die Freier ausspionierte (die Mitglieder der Demokraten), um sie erpressen zu können.

Das führt uns – auf einigen Umwegen – zu „Deep Throat". Wenn McCord im Hintergrund blieb und Dean im Tiefschlaf, wer war dann „Deep Throat", die geheimnisvolle Regierungsquelle, die den *Washington Post*-Reporter Bob Woodward kontinuierlich mit Watergate-Informationen versorgte?

In den diversen Theorien werden so viele mögliche Kandidaten genannt, daß man mit ihnen ein ganzes Parkhaus füllen könnte. Ganz oben auf der Liste steht Robert Bennett, der für Howard Hughes' Öffentlichkeitsarbeit zuständig war. Er war der Chef von E. Howard Hunt in einer Werbeagentur, die routinemäßig für die Tarnung von CIA-Operationen sorgte. (Bennett ist zur Zeit US-Senator in Utah.) Bennett kommt hauptsächlich deshalb in Frage, weil er laut Hougan selbst damit prahlte, eine wichtige Informationsquelle für Woodward gewesen zu sein, der deswegen auch eine „angemessene Dankbarkeit" bewiesen habe.

Zu den anderen Verdächtigen auf der „Deep Throat"-Liste zählen: der damalige stellvertretende FBI-Direktor Mark Felt; der ehemalige *Post*-Reporter und spätere Mitarbeiter im Weißen Haus Ken Clawson (für den Autor Ron Rosenbaum der wahrscheinlichste Kandidat); David Gergen (den John Dean einst favorisierte und der heute Präsident Bill Clinton berät); und, laut Hougans Buch, Admiral Bobby Ray Inman, der Geheimdienstveteran und Multi-Verschwörer. (UFOlogen behaupten, Inman habe zugegeben, daß die Regierung Kenntnisse über außerirdische Untertassen besitze. Inman selbst ist mit Verschwörungstheorien auch nicht gerade zurückhaltend und prangerte in jüngster Zeit eine angebliche Intrige des *New York Times*-Kolumnisten Bill Safire, des Senators Bob Dole und der israelischen Lobby an, die seine kurzlebige Nominierung als Bill Clintons Verteidigungsminister torpediert hätten.)

In *Silent Coup* erhält jedoch der populärste aller „Deep Throat"-Kandidaten den Zuschlag: General Alexander Haig. Hougan deckte als erster Bob Woodwards kaum bekannte Kontakte zum Pentagon und, jawohl, zu Al Haig auf. Hougan fand heraus, daß Woodward vor seiner Reporterkarriere als Marineoffizier für den obersten Stabschef Admiral Thomas H. Moorer gearbeitet hatte. Moorer und andere militärische Quellen bestätigten, daß Woodward regelmäßig mit Kissingers Mitarbeiter Al Haig Besprechungen im Weißen Haus abhielt.

Woodward gab Hougan gegenüber seine Aktivitäten beim Militär zu, bestritt aber, Besprechungen mit Haig gehabt zu haben. Als Colodny und Gettlin Jahre später Hougans Spur weiter verfolgten, leugnete Woodward jedoch, jemals Militärberater gewesen zu sein. Colodny und Gettlin vermuten, daß Woodward seine Marinelaufbahn geheimhalten wollte, um seine Verbindung zu „Deep Throat" Al Haig zu vertuschen.

Laut *Silent Coup* hatte Haig seine eigenen Geheimpläne – und wieder erscheint Nixon nur als das Opfer seiner perfiden Untergebenen. Colodny und Gettlin nehmen an, daß Haig Woodward mit Informationen und Desinformationen versorgte, die ihn selbst schützten und die Aufmerksamkeit auf Nixon lenkten.

Warum? Laut *Silent Coup* drohte der Watergate-Skandal aufzudecken, daß Haig selbst Leichen im Keller hatte: In der Anfangszeit der Nixon-Regierung (vor den Watergate-Einbrüchen) soll Haig in einen Spionagering des Pentagon verwickelt gewesen sein, der außenpolitische Dokumente vom Nationalen Sicherheitsberater Henry Kissinger entwendete. Pentagon-Hardliner, darunter Admiral Moorer, befürchteten, Nixon sei gegenüber Vietnam und dem kommunistischen China zu nachgiebig. Laut *Silent Coup* stand Haig auf der Seite der „Falken".

Dem ehrgeizigen Haig war es laut Colodny und Gettlin gelungen, die eigenen Spuren zu verwischen, bis durch den Watergate-Skandal auch andere Verbrechen und Täuschungsmanöver der Nixon-Regierung ans Licht kamen. Zu diesem Zeitpunkt soll der neue Stabschef des Präsidenten eingegriffen haben, um zu verhindern, daß der Spionagering des Pentagon aufflog. Daher sorgte Haig dafür, daß Nixon noch schuldiger wirkte – vielleicht, um den angeblichen Friedensfreund aus dem Amt zu befördern.

Watergate ist anscheinend eine Verschwörung, die zu immer neuen Spekulationen Anlaß gibt. Dieser Skandal und die Ermordung John F.

Kennedys bilden die zentralen Themen der modernen amerikanischen Verschwörungstheorien. Es gibt sogar Verbindungen zwischen den Schüssen von Dallas und Watergate, die so offensichtlich sind, daß dadurch vielen angehenden Verschwörungstheoretikern erstmals die Möglichkeit bewußt wurde, daß sich unter der glänzenden Oberfläche der amerikanischen Politik ein schwarzes Netz der Korruption verbergen könnte. Für die Neueinsteiger: Der von der CIA ausgebildete Watergate-Einbrecher Frank Sturgis hatte unmittelbar nach der Kennedy-Ermordung eine verdächtige Rolle als Fehlinformant gespielt, indem er den Verdacht auf Fidel Castro lenken wollte. Hunt und die Exilkubaner hatten auch wichtige Rollen bei den Anti-Castro-Operationen der CIA zu Beginn der 60er Jahre gespielt, durch die der Grundstein für die kubanische Feindseligkeit gegen JFK gelegt wurde. Einige Verschwörungstheoretiker weisen auch darauf hin, daß Hunt und Sturgis eine erstaunliche Ähnlichkeit mit zwei der erstaunlich gepflegten „drei Landstreicher" aufweisen, die in Dealey Plaza festgenommen und später wieder freigelassen wurden.

Nixon selbst, der vom Tod seines Rivalen so sehr profitierte, war am Tag des Anschlags zufällig in Dallas – als Anwalt, der für Pepsi arbeitete. Als er später durch Watergate ins Schwimmen geriet, ließ Nixon dem CIA-Direktor Richard Helms bizarre, hektische Warnungen zukommen, daß, wenn die CIA bei der Vertuschung nicht mithelfe, durch Watergate „die ganze Schweinebucht-Geschichte" ans Licht kommen würde. Das veranlaßte H.R. Haldeman, in seinem Buch *The Ends of Power* zu schreiben: „Es scheint, als habe Nixon mit seinen Anspielungen auf die Schweinebucht in Wirklichkeit die Kennedy-Ermordung gemeint... In einer erstaunlichen Parallele zur Watergate-Vertuschung löschte die CIA sämtliche Spuren einer Verbindung zwischen dem Kennedy-Attentat und der CIA aus."

Zahllose Watergate-Spekulationen ranken sich um Haldemans vagen, vieldeutigen Kommentar. War „Schweinebucht" Nixons Codewort für die Beteiligung der CIA an der Ermordung Kennedys? Versuchte er, Helms durch Erpressung zur Mitarbeit zu bewegen? Oder bezog sich Nixon auf die damals noch nicht aufgedeckten Pläne der CIA, Castro zu stürzen – unter Mitwirkung von Exilkubanern, die zur Zeit der Schweinebuchtinvasion von der CIA ausgebildet worden waren und später als Watergate-Einbrecher wieder auftauchten?

Helms, „der Mann mit dem versiegelten Mund", gibt keine Aus-
kunft. Und Nixon, der nach seinem Tod öffentlich rehabilitiert wurde,
nahm das Geheimnis mit ins Grab, wo es den „merkwürdigen Allianzen" seiner Feinde schwerfallen wird, ihn zum Sprechen zu bringen.

QUELLEN

Colodny, Len und Robert Gettlin. *Silent Coup: The Removal of a President.* New
    York: St. Martin's Press, 1991.
Haldeman, H.R. *The Ends of Power.* New York: Times Books, 1978.
Hougan, Jim. *Secret Agenda: Watergate, Deep Throat and the CIA.* New York: Ran-
    dom House, 1984.
Rosenbaum, Ron. *Travels With Dr. Death and Other Unusual Investigations.* New
    York: Penguin Books, 1991.

23
Libidogate

Nach den ständigen Sex-Skandalen in Washington zu urteilen, ist Macht tatsächlich das stärkste Aphrodisiakum, wie es Henry Kissinger, der 70er-Jahre-Casanova, in etwas anderem Zusammenhang einmal formulierte. Bei jungen und alten Politikern scheint politischer Erfolg sowohl die Selbstüberschätzung als auch den Hormonausstoß zu steigern. Es ist daher nicht verwunderlich, daß auch die sexuelle Erpressung in der pulsierenden Hauptstadt Amerikas eine regelrechte Tradition hat.

Der Pionier dieser Form der Erpressung war der unheimlichste von all diesen Spannern: J. Edgar Hoover. Mit Hilfe seiner berüchtigten Sex-Akten, die schmutzige Informationen über so ziemlich jeden in Washington bis hinunter zum Schuhputzer enthielten, gelang es J. Edgar Hoover, beinahe ein halbes Jahrhundert lang die Hauptstadt (und acht Präsidenten) mit seinen Sex-Akten und dubiosen Machenschaften zu dominieren.

Am meisten hatte Hoover natürlich zu tun, als John F. Kennedy ins Weiße Haus und dessen viele Schlafzimmer einzog. Bei mehreren Gelegenheiten, als es Gerüchte gab, Kennedy wolle seinen alternden, lästigen FBI-Chef loswerden, rettete Hoover seinen Hals, indem er seine Kennedy-Akte einsetzte. Mit einer Obsession, die den Bereich des Pathologischen nicht nur streifte, verwanzte Hoover JFKs zahllose Liebesnester und hörte die Telefone vieler Kennedy-Gespielinnen ab, darunter die Gangsterbraut Judith Campbell Exner und das Superstar-

let Marilyn Monroe, deren Schlafzimmer von beiden Kennedy-Brüdern frequentiert wurde.

Hoover besaß auch Aufnahmen von JFK und der Schauspielerin
Angie Dickinson, die sich im Waschraum eines Charterflugzeugs ver-
gnügten. Geschickt nach beiden Seiten taktierend, ließ Hoover der
Presse Informationen über eine frühere Affäre Kennedys mit einer Se-
natssekretärin und über eine angebliche frühere Ehe zukommen, um
anschließend „die Gegendarstellung in der *Newsweek* zu unterstützen,
wodurch Kennedy in seiner Schuld stand", wie der Journalist Anthony
Summers schrieb.

Hoover war nicht der einzige, der Johns und Bobbys kompromittierende Affären aufzeichnete. Auch der Mafia und Jimmy Hoffa gelang es, Marilyns Allerheiligstes mit elektrischen Ohren auszustatten –
besonders das Strandhaus des lebenslustigen Schauspielers und Ken-
nedy-Schwagers Peter Lawford.

Hoover benutzte dieselbe Taktik in seinem Rachefeldzug gegen
Martin Luther King Jr., indem er die verschiedenen Liebesnester des
Bürgerrechtlers belauschte und das falsche Gerücht verbreitete, King
sei bisexuell. Er legte sogar Überwachungsfotos vor, die King im selben
Raum mit einem bekannten Homosexuellen zeigten (schluck!). Ab-
schriften wurden an die Presse lanciert, die jedoch nicht anbiß.

Hoover hatte sogar eine Sex-Akte über Richard Nixon, der ja nicht
gerade als Partylöwe bekannt war. Anthony Summers berichtet in seiner revisionistischen Hoover-Biographie *Der Pate im FBI*, daß sich
Nixon während seiner Zeit als Vizepräsident mit einer jungen Reise-
leiterin aus Hong Kong namens Marianna Liu getroffen habe. Da die
CIA überzeugt war, daß Liu für das kommunistische China spionierte,
ließ sie bei einem Hong-Kong-Besuch Nixons den britischen Geheimdienst dessen Schlafzimmerfenster mit Infrarotkameras überwachen.
Liu und Nixon schworen gegenüber Summers, daß sie niemals Sex
hatten, aber Hoover soll den entsprechenden Bericht mit großer Scha-
denfreude gelesen und Nixon gezeigt haben, bevor dieser Präsident
wurde.

Hoover, der niemals schlüpfrige Anspielungen auf sein „Beweisma-
terial" machte, legte später einen Bericht vor, nach dem die künftigen
Watergate-Beteiligten H.R. Haldeman, John Ehrlichman und Dwight
Chapin homosexuelle Beziehungen unterhielten. Das war 1969, und

Hoovers Quelle, ein anonymer Barkeeper, behauptete, die drei feierten schwule Partys im Watergate-Hotel. Das war natürlich nicht wahr, und Ehrlichman sagte zu Summers: „Ich begann zu glauben, daß Hoover das tat, um seine Krallen zu zeigen, oder um sich bei Nixon einzuschmeicheln – wahrscheinlich beides."

In Washington wird mit gleicher Münze heimgezahlt, und Hoovers eigene Homosexualität war unter seinen zahlreichen Feinden kein Geheimnis. Gangsterboß Meyer Lansky gab damit an, daß er „den Hurensohn festgenagelt" habe und Fotos besitze, die Hoover beim Oralsex mit seinem Lebensgefährten Clyde Tolson zeigten. Laut Summers gab es auch Fotos aus den 40er Jahren, auf denen Hoover als Transvestit zu sehen war. Auch der wichtigste „Müllschnüffler" der CIA, der Gegenspion-Fänger James Jesus Angleton, besaß angeblich kompromittierende Sex-Fotos von Hoover.

Erpressung oder nicht: Der Einfluß der Mafia auf Hoover war enorm. Öffentlich weigerte sich der patriotische, moralisch unanfechtbare (und Reizwäsche tragende) FBI-Direktor jedoch zuzugeben, daß die Mafia überhaupt existierte.

Hoover starb vor über zwei Jahrzehnten und nahm seine umfangreichen „persönlichen und vertraulichen" Sex-Akten mit ins Grab. Natürlich verschwanden sie auf geheimnisvolle Weise und lieferten dadurch Stoff für die verschiedensten Verschwörungstheorien: Hatten loyale Hoover-Anhänger sie vernichtet? Hatte die CIA sie ergattert? Oder hatten sogar Nixons Watergate-Einbrecher versucht, in den Besitz des explosiven Materials zu gelangen?

Und ist heute, da Hoover von der Bildfläche verschwunden ist, die sexuelle Erpressung in Washington nur noch eine historische Merkwürdigkeit? Das Produkt einer skrupelloseren Zeit, wie Hoover und die Kennedys?

Nun, sexuelle Erpressung könnte eine beständigere Rolle in Washington spielen, als wir annehmen. Viele Ermittler glauben, daß in Washington von der Mafia kontrollierte Callgirls, Geheimdienstler und sogar Lobbyisten im Untergrund zusammenarbeiten, um Kongreß- und Regierungsmitglieder sexuell zu kompromittieren.

Der Verschwörungstheoretiker Peter Dale Scott spricht von einer „andauernden, organisierten und abgeschirmten Operation". Scott, ein früherer kanadischer Diplomat und Englischprofessor an der Universität von Kalifornien, Berkeley, geht sogar so weit zu behaupten, das von Mafia und Geheimdienstlern benutzte Sex-Syndikat habe „die großen Washingtoner Skandale mindestens seit Beginn des Kalten Kriegs verursacht".

Offensichtlich gehört zu jedem anständigen politischen Skandal eine Prostituierte. Scott ist nicht der einzige, der so denkt. Er nennt einen „ehemaligen Detektiv aus Washington, der im Watergate-Skandal eine kleine, aber wichtige Rolle spielte" und behauptet, Mafiosi und Lobbyisten setzten teure Callgirls ein, um wichtige Amtspersonen unter Druck zu setzen. Das ist offenbar eine Anspielung auf Carl Shoffler, der Polizeibeamte, der den Watergate-Einbrechern die Handschellen anlegte.

Während einer Untersuchung von 1982 zum Einsatz von „Drogen und sexuellen Aktivitäten zur Beeinflussung von Kongreßabgeordneten" gab Shoffler den Kongreßermittlern den Tip, einen Callboy-Ring unter die Lupe zu nehmen, der Capitol Hill bediente. Der Polizeiveteran glaubte, daß es eine Verbindung zwischen diesem Ring und dem wichtigen Washingtoner Lobbyisten Robert Keith Gray gebe, der wiederum zahlreiche Kontakte zur CIA unterhielt. Laut Peter Dale Scott hatten einige Ermittler auch den Verdacht, daß der Gangsterboß Joe „das Opossum" Nesline mit dem schwulen Sex-Ring zu tun hatte.

Leider endete die Kongreßuntersuchung, bevor sie irgend etwas erreichte. Gegenüber der Autorin Susan Trento faßte einer der Ermittler aber die unbewiesene Libidogate-Hypothese folgendermaßen zusammen: „Wenn ein Lobbyist Nutten einsetzen will, um die Gesetzgebung zu beeinflussen, kann er auf viele geeignete Damen in der Stadt zurückgreifen. Es ist logisch, daß man eine ähnliche Reserve haben muß, wenn man dazu männliche Prostituierte oder Kinder benutzen will... Wenn wir damit beginnen, einige der Kunden zu identifizieren, finden wir möglicherweise Zulieferer des Geheimdienstes, des organisierten Verbrechens und der Lobbyisten." Mit anderen Worten: Suche nach dem Liebchen...

Der frühere (und flüchtige) CIA-Offizier Frank Terpil hatte keine Bedenken, einen solchen Klienten zu identifizieren: seinen früheren Arbeitgeber. Terpil sagte dem Autor Jim Hougan, daß von der CIA organisierte sexuelle Erpressungen in den Watergate-Jahren in Washington durchaus üblich waren. Terpil nannte in diesem Zusammenhang seinen früheren Partner Ed Wilson, der eine solche Operation durchgeführt haben soll. Wilson habe die CIA-„Männerfalle" vom George Town Club aus geleitet, der koreanischen Geheimdienstorganisation von Tong Sun Park, die eine Rolle im Koreagate-Skandal von 1970 spielte.

Terpil erläuterte: „Eine von Wilsons Aufgaben bei der CIA war es, Mitglieder beider Kongreßhäuser mit allen nötigen Mitteln zu schädigen... Manche waren leicht beeinflußbar, indem man sie ihre sexuellen Phantasien ausleben ließ... Eine Erinnerung an diese Gelegenheiten wurde durch versteckte Kameras konserviert."

Man muß allerdings feststellen, daß Terpil seine Behauptungen durch keinerlei Beweise stützt, und Ex-CIA-Offiziere – besonders solche, die in Abwesenheit wegen terroristischer Aktivitäten verurteilt wurden – sind nicht gerade für ihre Unvoreingenommenheit berühmt. Andererseits war sexuelle Erpressung tatsächlich eine beliebte CIA-Methode, um ausländische Agenten „umzudrehen" oder sie zu veranlassen, die Wünsche von Uncle Sam zu erfüllen. Wenn man alle illegalen Aktivitäten der CIA auf heimischem Boden in den letzten vier Jahrzehnten bedenkt, wirkt Terpils Geschichte sicherlich nicht unplausibel.

Interessanterweise hatte Robert Keith Gray – der omnipräsente Super-Lobbyist, dessen Name 1982 während der Untersuchung des schwulen Sex-Rings auftauchte – auch mit Terpil und dem George Town Club zu tun. Gray, der (zufällig oder nicht) von Spionagenestern magisch angezogen zu werden scheint, war der erste Inspektor und Direktor von Terpils Firma „Consultants International", einer bekannten CIA-Tarnorganisation.

Und wenn wir schon von seltsamen Zufällen sprechen: Terpils und Parks Namen wurden einige Jahre später auch im Adreßbuch einer Callgirl-Chefin gefunden, die mit einem anderen großen Skandal zu tun hatte: Watergate.

Die Theorie, daß die Watergate-Affäre einem politischen Sex-Ring entsprang, wurde von dem Journalisten Jim Hougan in seinem faszinierenden Buch *Secret Agenda* vertreten. Die Callgirl-Chefin, Heidi Rikan, arbeitete in Washingtons vornehmem Columbia-Plaza-Gebäude, das sich direkt gegenüber dem Watergate-Bürokomplex befand.

Hougan nimmt an, daß Rikans Callgirl-Ring „entweder eine CIA-Operation oder das Ziel einer CIA-Operation war".

Hougans These lautet, kurz zusammengefaßt, wie folgt: Die Girls vom Columbia Plaza bedienten eine sehr interessante politische Klientel – demokratische Abgeordnete, die ihre Liebeswünsche vom DNC-Hauptquartier im Watergate-Gebäude per Telefon durchgaben. Als Nixons Handlanger das herausfanden, beschlossen sie, die prominenten Kunden ins Visier zu nehmen. Dadurch bestand jedoch die Gefahr, daß sie die Spanner von der CIA entlarvten, die bereits die Telefone der Demokraten abhörten. Also waren die CIA-Männer im Weißen Haus (die superpatriotischen Verschwörer James McCord und E. Howard Hunt) gezwungen, die Watergate-Einbrüche zu sabotieren, um die Entdeckung der höchst illegalen Sex-Operationen der CIA durch Nixons übereifrige Einbrecher zu verhindern.

Eine kriminelle Sex-Erpressung der CIA, die versehentlich den Sturz von Nixon verursachte? Das darf doch nicht wahr sein!

Ging die Geschichte der sexuellen Erpressung auch nach Watergate noch weiter? Der Verschwörungstheoretiker im Ruhestand Peter Dale Scott wagt diese Behauptung. Mit den Mitteln der Verschwörungsforschung – Namen sind mit anderen Namen, Taten und Untaten verbunden, wodurch ein faszinierendes, wenn auch nicht immer überzeugendes Netzwerk des Verdachts entsteht – hat Scott die verschiedenen Hinweise zusammengefügt.

Interessanterweise war die Watergate-Callgirl-Chefin Heidi Rikan eine Freundin des Gangsterbosses Joe „ das Opossum" Nesline, dessen Verbindung zum schwulen Sex-Skandal von Capitol Hill zehn Jahre später den Verdacht der Detektive von Washington erregte.

Einige Freunde und Ex-Ehemänner von Rikan und ihrer zeitweiligen Zimmergenossin Mo Biner (die die Watergate-Schlüsselfigur John Dean heiratete, was sie für Watergate-Revisionisten interessant macht) hatten mit dem *Quorum* zu tun, einem „Singles"-Club der frühen 60er, der von Bobby Baker, einem ehemaligen Mitarbeiter Lyndon Johnsons, geleitet wurde. Scott nimmt an, daß deswegen alle Wege zu Bakers Club führen, weil dieser eine von der Mafia und dem Geheimdienst kontrollierte Sex-Falle war.

Bobby Baker war es auch, der Präsident Kennedy mit der ostdeutschen Sexbombe Ellen Rometsch bekanntmachte, mit der JFK, sich selbst treu bleibend, sofort ins Bett ging. Scott spekuliert, daß J. Edgar Hoover gegenüber der Presse etwas über diese internationale Indiskretion durchsickern ließ. Ob Hoover tatsächlich dahintersteckte oder nicht, die Meldung verursachte jedenfalls beinahe einen weltweiten Skandal, da JFKs attraktive Walküre zufällig auch mit einem sowjetischen Diplomaten geschlafen hatte – ein Umstand, der, wenn er bekannt geworden wäre, Kennedys Ansehen mitten im Kalten Krieg wohl kaum dienlich gewesen wäre. Die Gefahr eines internationalen Skandals rief Bobby Kennedy als Retter auf den Plan.

Scott weist darauf hin, daß die Affäre JFK-Rometsch an den Skandal erinnerte, der 1962 den britischen Kriegsminister John Profumo sein Amt kostete. Profumo gab öffentlich zu, daß er mit Christine Keeler geschlafen hatte, einer Prostituierten, die für den Zuhälter Stephen Ward arbeitete. Zur selben Zeit hatte Keeler auch eine Affäre mit (richtig!) einem sowjetischen Diplomaten. Jüngste Untersuchungen haben ergeben, daß der britische Geheimdienst MI5 „Stephen Wards Sex-Ring eine Zeit lang benutzt hatte, um den sowjetischen Agenten zu kompromittieren." Scott fragt sich, ob MI5 auch Profumo schädigen wollte. Und tappte der sexhungrige JFK womöglich in eine ähnliche Sex-Falle?

Es gibt sogar eine noch direktere Verbindung zwischen JFKs Affäre und dem vom MI5 manipulierten Profumo-Skandal. Im Sommer 1963 hatte Hoovers Sex-Archiv mal wieder eine undichte Stelle, was zu Presseberichten über einen hochrangigen US-Politiker führte, der mit zwei Callgirls des britischen Ward-Keeler-Rings geschlafen hatte, der damals Profumo zum Verhängnis geworden war. Dieser hochrangige Politiker war – welche Überraschung – John F. Kennedy. Scott stellt fest, daß der „MI5 direkte Kontakte mit Hoover vom FBI" und mit der CIA unterhielt. Halfen die Briten Hoover bei dem Versuch, Kennedy zu stürzen?

Bobby Baker, der die Affäre JFK-Rometsch angezettelt hatte, gab später damit an, er besitze Briefe der ostdeutschen Frau, die für die Kennedys recht peinlich seien und „den Eindruck einer andauernden, ausgefeilten Erpressungs-Operation erweckten".

Vielleicht. Aber vielleicht beweist das auch nur, daß in Washington fast jeder mit jedem ins Bett geht.

QUELLEN

Hougan, Jim. *Secret Agenda: Watergate, Deep Throat and the CIA.* New York: Random House, 1984.

Scott, Peter Dale. *Deep Politics and the Death of JFK.* Berkeley, CA: University of California Press, 1993.

Summers, Anthony. *J. Edgar Hoover. Der Pate im FBI.* München: Langen-Müller, 1994.

Trento, Susan B. *The Power House: Robert Keith Gray and the Selling of Access and Influence in Washington.* New York: St. Martin's Press, 1992.

24
Die riesige Verschwörung von rechts

Inmitten der „Fin de siècle"-Verrücktheit der Kreuzzüge gegen Clinton erscheint es wie ein Wunder, wenn irgend jemand einmal seinen gesunden Menschenverstand einsetzt oder offensichtlichen Tatsachen Beachtung schenkt. Genau das geschah aber am 1. April 1998, als eine republikanische, von George Bush ernannte Richterin Paula Jones' unberechtigte Anklage gegen Clinton wegen sexueller Belästigung in die Mülltonne der Geschichte warf.

Natürlich ist die Clinton-Story noch in vollem Gange, während wir diese Worte niederschreiben. Wer weiß, welche Indiskretionen, Lügen und heimlich aufgenommene Tonbänder in der Zukunft noch auftauchen werden? Dieses Kapitel spiegelt den Informationsstand bis zur Fertigstellung dieses Buches wider.

Für diejenigen unter unseren Lesern, die nach 1994 geboren wurden: Paula Jones ist eine frühere Staatsbedienstete aus Arkansas, die behauptete, Bill Clinton habe sie während des Präsidentschaftswahlkampfes 1992 in sein Hotelzimmer eingeladen, wo er seine Hose heruntergelassen und ihr seinen, ähm, „Wahlkampfstab" zeigte. Dann fragte er Jones angeblich, ob sie „ihn küssen" wolle.

Ein äußerst seltsames Verhalten Clintons, wenn Jones' Geschichte (die sich im Laufe der Zeit mehrfach änderte) wahr ist. Aber vielleicht hielt sie ja einer gerichtlichen Untersuchung stand? Jones glaubte das jedenfalls und wurde dabei möglicherweise von hochrangigen Clinton-Hassern unterstützt. Nachdem sie ein paar Jahre abgewartet hatte, verklagte sie Clinton plötzlich, der inzwischen zum Präsidenten der Vereinigten Staaten geworden war.

Die Verhandlung zog sich über Jahre, und Clintons konservative Gegner versuchten, daraus soviel Nutzen wie nur irgend möglich herauszuschlagen, und stützten sich sogar auf Jones' angebliche Beobachtung, der Penis des Präsidenten zeige eine deutliche Krümmung nach links.

Aus irgendeinem merkwürdigen Grund, den wohl nur sie selbst verstanden, entschieden die Richter des Obersten Gerichtshofes, daß der Jones-Prozeß noch während der Amtszeit Clintons verhandelt werden solle. Dadurch wurde der Weg frei für weitere Anklagen – vor allem der Vorwurf, Clinton habe oralen Sex mit der drallen Ex-Praktikantin Monica Lewinsky gehabt. Clinton bestritt das in einer eidlichen Erklärung.

Als Bills Frau Hillary in einem Fernsehinterview zu den Vorwürfen befragt wurde, antwortete sie außergewöhnlich ruhig. Sie stärkte ihrem Mann nicht nur den Rücken, sondern erklärte, diese Anklagen (und die meisten anderen, die gegen ihn erhoben wurden) gingen auf das Konto einer „riesigen Verschwörung von rechts", wie sie es bezeichnete.

Und hier beginnt unsere Geschichte.

Eigentlich hätte sie vorbei sein müssen, als Jones' Klage von der Richterin Susan Webber-Wright in sämtlichen Punkten zurückgewiesen wurde. Man braucht kaum zu erwähnen, daß diese Entscheidung bei den pathologischen Clinton-Hassern und rechten Verschwörern für viel Wehklagen und Zähneknirschen sorgte. In einem untypischen Moment der Klarheit bemerkte sogar Rush Limbaugh nach der Abweisung der Klage, daß zu viele Clinton-Hasser ihr ganzes Leben dem Schicksal des Präsidenten verschrieben hätten. Aber all das Geschrei kann die offensichtliche Tatsache nicht überdecken, daß Jones gegen Clinton einfach nichts in der Hand hatte.

Die unzweideutige Zurückweisung ließ keinen Zweifel daran, daß der Jones-Fall von Anfang an nichts anderes als ein politischer Schachzug war. Wie sonst hätte eine so magere Anklage so lange für so viel

Wirbel sorgen können? Die Richterin sah das, was jeder sehen konnte, der nicht durch all den Qualm, den die Medien verursachten, erblindet war.

(Gut, hier ist die obligatorische Einschränkung: Wir erlauben uns kein Urteil darüber, ob Clinton in jenem Hotelzimmer tatsächlich mit seinem Schwanz wedelte, wie Jones behauptete. Es geht nur darum, daß die Beweislage niemals für einen gerichtlichen Prozeß ausreichte.)

Das Ende des Jones-Falles bedeutete jedoch noch lange nicht das Aus für die Machenschaften der rechten Clinton-Gegner. Während die meisten Medien die jüngsten Behauptungen ausbreiteten (z.B. daß Lewinsky ein Kleid in ungewaschenem Zustand aufbewahrte, das Spuren des Samens des Präsidentens aufwies), beauftragte das Internet-Magazin *Salon* den Reporter Murray Waas, der angeblichen „Riesigen Rechten Verschwörung" nachzugehen (inzwischen schrieb man sie bereits mit Großbuchstaben).

Der *Salon* berichtete, Generalstaatsanwältin Janet Reno habe die Schmutzkampagnen gegen Clinton mit eigenen Untersuchungen unterstützt. Besonders fasziniert war sie vom Whitewater-Hauptzeugen David Hale, auf den sich einige der gewichtigsten Anklagepunkte gegen Clinton in diesem schon zwei Jahrzehnte alten Fall stützten. Laut *CNN Online* soll Hale indirekt Zahlungen von dem Clinton-Feind Richard Mellon Scaife empfangen haben.

Der rechtsgerichtete Scaife ist der Erbe des Bankvermögens der Mellon-Familie aus Pittsburgh und hat anscheinend einen Großteil des Kreuzzugs gegen Clinton finanziert. Günstigerweise besitzt er die *Pittsburgh Tribune-Review*, in der der Reporter Christopher Ruddy die „Morde" von Clintons Berater Vince Foster und Handelsminister Ron Brown untersuchte.

Die Medien griffen Teile der Berichterstattung im *Salon* auf. Am 8. April 1998 spürte die CNN Caryn Mann auf, die frühere Freundin von Hales angeblichem Zahlmeister. Sie bestätigte öffentlich die Aussagen im *Salon*, daß Hale Zahlungen erhalten habe, die sich bis zu Scaife zurückverfolgen ließen.

Scaife, ein ultrarechter Multimillionär, war anscheinend bereit, jeden zu bezahlen, der Clinton öffentlich anklagte, wobei es keine Rolle spielte, ob dem Präsidenten Affären oder Massenmorde vorgeworfen wurden.

Waas, der vor allem durch seine „Irakgate"-Enthüllungen nach dem Golfkrieg bekannt geworden war, brachte Licht in das Dunkel einer der ältesten und finstersten Clinton-Verschwörungstheorien: „Mena". Mena war ein Flugplatz in Arkansas, von dem aus Geheimflüge starteten, die den Contras Gewehre brachten und mit Kokain zurückkamen. Clinton stellte sich hinsichtlich dieser illegalen CIA-Operation angeblich blind.

Anti-Clinton-Verschwörungstheoretiker glauben, der Präsident selbst habe von den Mena-Drogengeschäften profitiert. Für andere beweist Clintons angebliche stillschweigende Duldung des Schmuggels, daß er, wie zuvor Bush, nur eine Marionette des Geheimdienstes ist.

Die Mena-Verschwörungstheorien stammten nicht nur aus dem Umfeld von Jerry Falwell, aber in dem von Falwell vertriebenen Video *The Clinton Chronicles* spielte Mena eine wichtige Rolle. Verschwörungstheoretiker aller Fraktionen haben sich mit dem Mena-Szenario beschäftigt. Vielleicht steckt etwas dahinter, vielleicht auch nicht. Wir warten immer noch auf irgendeinen Beweis für eine Verbindung zwischen Mena und Clinton, der über das Niveau bloßer Andeutungen hinausgeht. Bis jetzt gibt es keinen. (Und das liegt nicht daran, daß nicht gründlich genug gesucht wurde, wovon man sich leicht überzeugen kann, wenn man sich die Mena-Skandal-Website der rechtsgerichteten „Washington Weekly" ansieht. Auf der Gegenseite hat sich die Steamshovel Press jahrelang mit Mena auseinandergesetzt.)

Waas berichtete, daß Scaife eine Viertelmillion Dollar ausgab, um die Mena-Geschichte zu verbreiten, und dafür einen Großteil der „Verschwörungsgemeinde" einspannte. Laut Waas' heuerte Scaife den Privatdetektiv Rex Armistead an, um Clintons angebliche Mena-Verbindung zu untersuchen. Scaife bezahlte Armistead sogar Flüge nach Europa und Belize (um nur zwei zu nennen), um Beweise zu finden, daß Clinton in Sachen Kokain keine saubere Weste hatte.

Waas berichtet im *Salon*, daß Armistead auf die Frage eines Reporters nach seiner Verbindung zu Scaife geantwortet habe: „Seien sie besser vorsichtig, was Sie schreiben, oder ich werde sie verklagen!" Dann fragte er: „Sind Sie Jude?" Er bestritt, Geld von Scaife erhalten zu haben, aber Waas kam ihm auf die Schliche.

Armistead teilte seine „Entdeckungen" Journalisten – besonders den

Anti-Clinton-Skandaljägern des *American Spectator* –, dem Untersuchungsausschuß des Kongresses und der Drug Enforcement Administration (DEA) mit.

Scaife ist aber nicht die einzige Geldquelle für die Anti-Clinton-Verschwörer. Am 31. März 1998 brachte die *Chicago Sun-Times* den Investment Banker Peter W. Smith von Windy City dazu, seine Rolle bei den Bemühungen, Clinton zu stürzen, einzugestehen. Er hatte über 80.000 Dollar ausgegeben, um Gerüchte über Clintons ausuferndes Sexleben in Umlauf zu bringen. Smith bezahlte auch die beiden Polizisten, die als Quellen für David Brocks berühmten *American Spectator*-Artikel dienten, in dem der Name „Paula" zum ersten Mal auftauchte. Wir wissen alle, was dieser Artikel bewirkte: Die verrückte Geschichte wurde am 1. April von der Richterin Susan Webber-Wright zum schlechten Aprilscherz erklärt.

Trotz all dieser recht interessanten Erkenntnisse während des großangelegten Versuchs, den gewählten Präsidenten zu stürzen, waren die Medien fast ausschließlich auf die Monica-Lewinsky-Affäre fixiert. Gleichzeitig kamen in denselben Medien immer wieder Kommentatoren zu Wort, die betonten, die ganze Angelegenheit zähle nicht gerade zu den Sternstunden des modernen Journalismus. Aber in all den moralischen Überlegungen über Indiskretionen und wie man darüber zu berichten habe (der allgemeine Konsens lautete: Es ist einfach unsere Pflicht, es zu tun!), wagte niemand, das schlimme Wort „Desinformation" zu gebrauchen.

Der Terminus „Indiskretionen" ist jedoch irreführend. Er klingt ethisch neutral und ermöglicht die simple Entschuldigung: „Das tun doch alle!" Die selbstgerechten Medien und die Anti-Clinton-Verschwörer stimmten unisono den Refrain an: „Starr gibt Informationen preis, Clinton gibt Informationen preis – es ist ein Krieg der Indiskretionen!" Wir sollen glauben, daß der eine genauso schlimm ist wie der andere.

Aber wenn eine „Indiskretion" bewußt falsch ist, handelt es sich um eine Lüge, die anonym als Tatsache in Umlauf gebracht und als solche weiterverbreitet wurde. Wenn das keine Desinformation ist, was sonst?

Es mag paranoid klingen, aber wenn sich eine „Indiskretion" nach der andern als falsch entpuppt, ist es nicht abwegig, eine organisierte Desinformations-Kampagne in Betracht zu ziehen, durch die zumindest Clintons Ruf und seine Handlungsfähigkeit als Präsident beschädigt werden sollen. Zum Glück für Clinton hielt seine Beliebtheit allen Angriffen stand. Seine Cleverness sucht im späten 20. Jahrhundert seinesgleichen, und ein weniger abgebrühter Politiker hätte sein Amt längst verloren oder wäre nur noch eine „lahme Ente". Da die Flut anonymer Lügen nicht abreißt, kommt man nicht umhin, bei jedem neuen Fall wieder an eine mögliche Verschwörung zu denken.

„Die riesige Verschwörung von rechts" war nicht weit von einem versuchten Staatsstreich entfernt, und jeder, der bereit war, genau hinzusehen, konnte verfolgen, wie sich das Ganze entwickelte.

Während der Watergate-Affäre, als Bob Woodward und Carl Bernstein unkorrekterweise über die Grand-Jury-Zeugenaussage von Hugh Sloan, Assistent im Weißen Haus, berichteten, kam es bei der *Washington Post* zu einer Krise, in deren Verlauf die beiden Reporter ihre Kündigung anboten.

Fünfundzwanzig Jahre später haben wir nun „Fellatio-gate", und diese Art journalistischer Vorgehensweise scheint alltäglich geworden zu sein. Niemand scheint dabei auch nur rot zu werden. Man kann Woodward und Bernstein zurecht kritisieren, aber wenigstens hatten sie noch einen Rest von Schamgefühl, was man von der heutigen Presse leider nicht mehr behaupten kann.

QUELLEN

Frieden, Terry und Pierre Thomas. „Hale Accused of Selling Information to Groups." *CNN Online*, 8. April 1998.

Isikoff, Michael und Evan Thomas. „Clinton and the Intern." Newsweek, 2. Feb. 1998.

„The Secret Sex Wars." *Newsweek*, 9. Feb. 1998.

Lyons, Gene. „The Roots of the Clinton Smear." Salon, 5. Feb. 1998.

Shepard, Scott. „The Dress Rumor: A Stalin on Reputable Journalism?" *Atlanta Journal and Constitution*, 31. Jan. 1998.

Solomon, Norman. „Our Man at *The Post*." *EXTRA!*, Jan.-Feb. 1998.

Sweet, Lynn. „Chicago Man Paid Clinton Troopers." *Chicago Sun-Times*, 31. März 1998.

Waas, Murray. „Behind the Clinton Cocaine Smear." *Salon*, 26. März 1998.

Weiner, Tim und Jill Abramson. „Clinton Foes Have Ties But Deny They Are in Concert." *New York Times*, 28. Jan. 1998.

Weisberg, Jacob. „Leak Soup: The New Absurdity of Anonymous Sources." *Slate*, 12. Feb. 1998.

V

Blutige
Geheimnisse

25
Der königliche Jack the Ripper

Die ultimative Verschwörungstheorie über Jack the Ripper wurde in dem Sherlock-Holmes-Film *Mord an der Themse* (1978) verarbeitet. Ursprünglich stammte sie jedoch aus dem Buch *Jack the Ripper: The Final Solution* von dem britischen Journalisten Stephen Knight. Er behauptete, eine Freimaurerverschwörung, die sich bis in die höchsten Kreise der britischen Regierung erstreckte, sei für die Morde von Whitechapel verantwortlich gewesen. Knight schien von den Freimaurern besonders fasziniert zu sein. Er schrieb noch eine weitere, allgemeinere Abhandlung mit dem Titel *The Brotherhood* und arbeitete gerade an einer Fortsetzung, als er plötzlich verstarb.

Nicht einmal die Monarchie kam bei Knight ungeschoren davon. Seine Version der Geschichte lautete folgendermaßen:

Mitten in einer Atmosphäre politischer Unruhen und Arbeiteraufstände gegen die Aristokratie in allgemeinen und die königliche Familie im besonderen (es gab sieben Attentatsversuche auf Queen Victoria) beging ein Mitglied der Königsfamilie eine kleine Indiskretion: Er heiratete insgeheim eine Bürgerliche, nachdem – und das machte die Sache noch schlimmer – er sie geschwängert hatte. Außerdem war sie katholisch, was die viktorianische Empfindlichkeit zusätzlich verletzte.

Der Übeltäter war Eddy, der sensible und bisexuelle Graf von Clarence und der zweite in der Reihe der Thronanwärter. Da sein Vater, der Prinz von Wales, durch sein loses Mundwerk ständig in Skandale verwickelt war, so daß seine Anwartschaft auf die Thronnachfolge mehr als zweifelhaft erschien, stellte Eddys Fehltritt eine echte Bedrohung für die Monarchie dar. Der Skandal konnte von republikanischen Aufrührern ausgenutzt werden, wenn die Heirat bekannt würde.

Lord Robert Salisbury, Englands Premierminister und einer der hochrangigsten Freimaurer des Landes, beschloß, daß es dazu nicht kommen sollte. Er handelte nicht nur aus Patriotismus (obwohl er sicher ein Verehrer der traditionellen britischen Monarchie war), sondern auch aus Selbstschutz. Er verdankte seine Existenz oder zumindest seine Bedeutung (was ja dasselbe ist) der Freimaurerei. In Großbritannien war die Loge untrennbar mit der Krone verbunden, und niemand anderes als der Prinz von Wales war gleichzeitig der „Höchst verehrungswürdige Großmeister von England". Die Freimaurer waren tatsächlich die „Macht hinter den Kulissen", vor der der frühere Premierminister Benjamin Disraeli gewarnt hatte. Freimaurerei und Monarchie waren aufeinander angewiesen.

Salisbury vertraute die Aufgabe einem seiner engsten Logenfreunde an, dem Familienarzt mit Abtreibungskenntnissen Sir William Gull.

Die Einzelheiten zu diesem Hintergrundszenario von Knight (mit Ausnahme eines wichtigen Details, wie sich später herausstellte) lieferte die Geschichte von Walter Sickert, einem britischen impressionistischen Maler und Bohemien, der sich problemlos unter den unglückseligen Gestalten des Londoner East Ends bewegen konnte. Sickert war nach eigenen Angaben aber auch mit dem Grafen von Clarence befreundet. Der mögliche Thronerbe gab sich manchmal sogar als Sickerts Bruder aus, um seine häufigen Ausflüge in den verbotenen Teil der Stadt zu erleichtern, wo er ein geheimes Doppelleben führte. In seiner bürgerlichen Tarnrolle verliebte er sich laut Sickert in die Ladenangestellte Annie Elizabeth Crook, bekam eine Tochter von ihr und heiratete sie heimlich. Eddys königliche Verwandtschaft hielt davon natürlich nichts. Mit Hilfe des hilfsbereiten Doktor Gull ließen sie die nicht autorisierte Braut in eine Irrenanstalt einweisen – oder, was Knight für wahrscheinlicher hält, in ein „Arbeitshaus", eine Art Rehabilitationsanstalt, die es mit der Anwesenheit der Insassen nicht ganz so genau nahm.

Es gab zwei Zeugen für die unkönigliche Hochzeit: Sickert und ein Mädchen namens Marie Kelly, das in demselben Laden wie Annie arbeitete. Als Eddys Eltern das ungleiche Paar getrennt hatten, floh Kelly voller Angst in ihre irische Heimat, wo ihr Schweigen ihr das Leben rettete.

Ein paar Jahre später kehrte Kelly ins East End zurück, was ihr kein Glück brachte, wie man sich leicht vorstellen kann. Ihre einzige Einnahmequelle befand sich in ihrem Schlüpfer, und sie kam mit den falschen Leuten zusammen. Einige Kolleginnen, denen sie unklugerweise ihre Geschichte erzählt hatte, versuchten auf recht halbherzige Weise, sie zu erpressen – und unterschrieben damit ihr Todesurteil.

Vergessen wir nicht, welch hoher Einsatz für die Freimaurer auf dem Spiel stand. Ein offenbar leicht erregbarer Verschwörungstheoretiker formulierte das (mit Bezug auf Knights Beweisführung) so: „Kaum ahnten sie, daß ihr Plan der Weltherrschaft im Wege stand!!!" Wie dem auch sei, Salisbury fühlte sich in seinem Freimaurerjob erneut bedroht und bevollmächtigte Gull, die Vertuschung fortzuführen. Der Arzt führte die Tötungen in seiner Kutsche durch, die von John Netley gesteuert wurde, der in glücklicheren Tagen Eddy ins East End gefahren hatte. Ein dritter Komplize, den Sickert als Polizeikommissar Sir Robert Anderson (ein weiterer wichtiger Freimaurer) identifizierte, half dabei, die Opfer in die Todeskutsche zu locken.

Soweit also die Version des Malers Walter Sickert, dessen Sohn Joseph sein Wissen an Knight weitergab. Joseph selbst war ein direkter Nachkomme des Grafen: Seine Mutter war Annie Crooks Tochter Alice, die aufwuchs, um die Geliebte des älteren Sickert zu werden.

Was die genaueren Details der Verbrechen und ihrer Vertuschung angeht, leistete Knight bei der Überprüfung oder Bekräftigung von Sickerts Angaben hervorragende Arbeit. Daraus würde folgen, daß die Morde von Jack the Ripper nichts weiter als eine „gewöhnliche" Routine-Vertuschungsaktion der Regierung waren – genau wie später, als die Zeugen der Ermordung John F. Kennedys zum Schweigen gebracht wurden. Wenn da nicht die Freimaurer-Symbolik und die Ähnlichkeit der Durchführung der Morde mit bestimmten Freimaurer-Riten wäre...

Knight betont zwar, daß die meisten gewöhnlichen Freimaurer keine Ahnung davon hatten, was ihre Glaubensbrüder an der Spitze des Ordens alles taten, führt aber im folgenden aus, daß die Glaubensregeln der Freimaurer den Höhergestellten nicht nur „böse" Taten erlaubten, sondern sie sogar ganz offen dazu ermutigten. Einerseits bezeichnet er diejenigen, die nach solchen Regeln handeln, als verrückte Fanatiker, andererseits zählt er aber Gull, Anderson und auch Salisbury zu den Anhängern – äußerst prominente Fanatiker also.

Eine Wandschmiererei am Ort eines der Verbrechen machte die „Juwes" für die Morde verantwortlich. Sie wurde von Polizeikommissar Sir Charles Warren (natürlich ebenfalls Freimaurer) entfernt, der behauptete, er befürchte einen Ausbruch antisemitischer Gewalt. In Wirklichkeit bezog sich die Schmiererei jedoch nicht auf die Juden (englisch: „Jews"), sondern auf die drei „Ju's": die Killer Jubela, Jubelo und Jubelum, die den Architekten Hiram Abiff, den ersten mythischen Märtyrer der Freimaurer, umgebracht hatten. Auch die Art, wie die Mörder dem vierten Opfer Catherine Eddowes den herausgeschnittenen Verdauungstrakt über die Schulter legten, erinnerte an Hirams groteske Verletzungen. Eddowes' Leiche wurde am Mitre Square gefunden, der von Knight als „der freimaurerischste aller Plätze in London" bezeichnet wurde – nicht zuletzt deshalb, weil Mitra und Winkelmaß (engl.: square) wichtige Freimaurersymbole sind. Am Mitre Square befanden sich mehrere Freimaurertreffpunkte, darunter die Mitre Tavern, in der sich Gulls Leute manchmal versammelten.

Aus irgendeinem Grund verwechselte Gull Eddowes mit Kelly, weshalb ihre Ermordung auch mit Freimaurer-Symbolik geradezu überfrachtet war. Der Mord sollte ein Gipfelpunkt sein und signalisieren: „*Wir* sind die Freimaurer, nicht ihr." Als die Killer feststellten, daß sie das falsche Mädchen aufgeschlitzt hatten, warteten sie neununddreißig Tage (die „perfekte" Zahl der Freimaurer, dreimal die „Lieblingszahl" dreizehn, wie Knight erläutert), um dann Kelly zu erledigen.

Die zahlreichen Verstümmelungen Kellys scheinen den geheimnisvollen Vorschriften der Freimaurer über die Verstümmelung von Menschen zu entsprechen. Man sollte meinen, daß schon die bloße Tatsache der Existenz solcher Vorschriften darauf hinweist, daß im Freimaurer-Land irgend etwas nicht stimmt. Wichtiger ist aber, daß die Morde selbst, ihre schockierende Wirkung und die Panik, die die zehnwöchige Herrschaft von Jack the Ripper (ob es sich nun um einen oder um drei Killer handelte) hervorrief, mit einer erneuten Befestigung der Macht der Freimaurer einherging, die durch die Unruhen in der Arbeiterklasse bedroht worden war.

Tatsächlich fordern die Prinzipien der Freimaurer solche terroristischen Akte, um Gefährdungen der Autorität des Ordens zu begegnen, wie Knight berichtet. Nach Sickerts Version war Lord Salisbury zwar durch die Morde etwas beunruhigt, aber auch „zufrieden" über die öffentliche Demonstration der Überlegenheit der Freimaurer.

Als Quelle für die Geheimvorschriften der Freimaurer nennt Knight *Die Protokolle der Weisen von Zion*, was man durchaus kritisieren kann, zumal Knight nur den kurzen Hinweis gibt: „Die *Protokolle* waren der Gegenstand von Diskussionen, seit sie zum ersten Mal im Druck erschienen." Knight versichert: „Es ist unbestritten, daß sie einen großen Einfluß hatten." Ohne dafür andere Beweise zu bieten als das „Es sieht eindeutig so aus"-Argument, nimmt er insbesondere einen Einfluß auf den „fanatischen Geist" von Sir William Gull an.

Obwohl Knights Untersuchung überzeugend und zum Teil bahnbrechend ist, neigt er wie viele andere Verschwörungstheoretiker dazu, echte Beweise durch Mutmaßungen zu ersetzen. Seine Vermutung, Gull habe die *Protokolle* in die Tat umgesetzt, ist ein Beispiel dafür. Richtig ist allerdings Knights Bemerkung, daß es für die Plausibilität dieser Annahme unwichtig ist, ob die *Protokolle* authentisch sind oder nicht. Entscheidend ist nur, was Gull aus ihnen herauslas.

Es gibt noch eine letzte interessante Pointe in Knights Hypothese: Knight glaubt zwar, daß Anderson als fanatischer Freimaurer an der Vertuschung der wahren Identität von Jack the Ripper beteiligt war, deckt aber andererseits zu viele Tatsachen auf, die Anderson als Beteiligten an den Morden ausschließen. Knight schließt daraus, daß der „dritte Mann" nur Walter Sickert sein konnte. Sickerts detaillierte Kenntnisse über die Morde konnten, so Sickert, nur die eines Augenzeugen sein. Sickerts Motive waren das eigene Überleben und der Schutz der illegitimen Tochter von Eddy, die Jahre später die Mutter seines eigenen Sohnes werden sollte. Die Freimaurer mußten Sickert mit Drohungen eingeschüchtert haben, glaubt Knight.

Abgesehen von Knights Geschichte gibt es noch eine weitere populäre Theorie, nach der der an Syphilis leidende Eddy, dessen ohnehin verwirrter Geist durch die Krankheit noch weiter zerrüttet wurde, selbst der Ripper war. Laut einer Synthese aus beiden Theorien soll Sickert als eine Art Babysitter für Eddy fungiert haben, dessen Bewußtsein von den Freimaurern kontrolliert wurde. Danach wäre Sickert doppelt schuldig: als Mordkomplize und als Verführer seines ehemaligen Schülers Eddy.

Sickerts schlechtes Gewissen brachte ihn nicht nur dazu, sich seinem Sohn indirekt anzuvertrauen (wobei Anderson seine Rolle übernahm), sondern auch Hinweise an den Orten der Verbrechen zu plazieren (darunter die „Juwes"-Botschaft), die zu den Freimaurern im allgemeinen und zu Gull im besonderen führen sollten. All diese Hinweise wurden von den Freimaurern angehörenden Polizisten vernichtet oder verheimlicht, die nur so taten, als seien sie an der Aufklärung der Verbrechen interessiert. Der frustrierte Sickert versteckte in seinen späteren Malereien Anspielungen auf die Geschehnisse. Er sagte oft, daß bestimmte Gemälde durch die Ripper-Morde oder seine alte Freundin Marie Kelly inspiriert worden seien.

„Er war ein seltsamer Mann", sagt Sickerts Sohn Joseph am Ende von Knights Buch. „Manchmal fing er grundlos an zu weinen, schrecklich erschüttert durch etwas, das vor langer Zeit geschehen war."

QUELLEN

Knight, Stephen. *Jack the Ripper: The Final Solution.* London: Granada Publishing, 1977.
Rumbelow, Donald. *The Complete Jack the Ripper.* Boston: New York Graphic Society, 1975.

26
Charles Mansons
Todesschwadron

Heute, nach einem jahrzehntelangen Bombardement von Serienkillern wie Bundy und Dahmer, den „Sons of Sam"- und den „Night Stalkers"-Morden, den McDonald's-Massakern und kopflosen Leichen, die in Oben-ohne-Bars gefunden wurden – ein endloses Blutvergießen, das vom Fernsehschirm direkt in unsere Wohnzimmer schwappt –, kann man sich die ungeheure Wirkung von Charles Mansons Verbrechen kaum noch vorstellen. In den 90er Jahren klingen sie beinahe wie Routine: Fünf Menschen in einer Nacht getötet, zwei in der nächsten. Erstochen und erschossen. Mit Blut an die Wand geschmierte Wörter. Vielleicht wurde auch ein bißchen Blut getrunken. Schalt mal um, Liebling, ich glaube, da läuft Fußball.

Am 9. August 1969 schlich sich eine Gruppe von Anhängern des Manson-Kults in ein Haus am 10050 Cielo Drive im Stadtteil Benedict Canyon von Beverly Hills. Die Mieter des Hauses waren Filmregisseur Roman Polanski und seine bezaubernde, schwangere Braut, die Schauspielerin Sharon Tate. Die Eindringlinge gingen nicht, bevor sie alle fünf Anwesenden auf bestialische Weise ermordet hatten (Polanski war zu dieser Zeit außer Landes).

Amerika war darauf nicht vorbereitet. Am nächsten Abend schlachtete die Gang den Supermarktmagnaten Leno LaBianca und seine Frau auf dieselbe Weise ab, und von diesem Zeitpunkt an war das Land nie mehr frei von Angst. Selbst in den mildesten, ruhigsten amerikanischen Sommernächten ist das Böse irgendwo dort draußen – und vielleicht, nur vielleicht, kommt es zu dir...

Warum geschah das alles?

Vincent Bugliosi, der Staatsanwalt, der Manson und seine (in der Mehrzahl weiblichen) Killer lebenslänglich hinter Gitter brachte, schrieb über das mögliche Motiv ein Buch mit dem Titel *Helter Skelter*. Dieser Ausdruck, den die Täter mit dem Blut ihrer Opfer an die Wände der Verbrechensschauplätze geschrieben hatten, war nicht nur der Titel eines Beatles-Songs, sondern auch Mansons Bezeichnung für Rassenkrieg. Er hoffte, die Morde würden militanten Schwarzen angelastet werden, so daß es zu einem apokalyptischen Konflikt käme.

Nach Charlies ultrarassistischer Vorstellung würden die physisch überlegenen, aber geistig minderwertigen Schwarzen den Krieg gewinnen, aber dann unfähig sein, das verwüstete Land zu regieren. Dann kämen Charlie und seine „Familie" aus ihrem Höhlenversteck in der Wüste und könnten die Macht übernehmen.

Zweifellos glaubte Charlie an dieses comicartige Szenario. Aber selbst der Hexer (wie der ehemalige Manson-Gönner Dennis Wilson von den Beach Boys ihn nannte) gab zu, daß „Helter Skelter" nicht das wahre Motiv für die Massaker war. Bugliosi sagte, er habe sich auf die Helter-Skelter-Theorie gestützt, weil es die Polizei von Los Angeles nicht geschafft habe, irgend etwas anderes herauszufinden. Jedenfalls ergab diese Theorie nie besonders viel Sinn. Wenn Manson wirklich einen Rassenkrieg starten wollte, warum gab er dann nach zwei Nächten des Blutvergießens auf?

Eine Anhängerin erklärte, Manson habe für alles selbstsüchtige Beweggründe gehabt. Tatsächlich gab es für die anderen Morde, die Manson begangen oder in Auftrag gegeben hatte, sehr greifbare Motive, bei denen es entweder um Drogen ging, oder darum, potentielle Verräter zum Schweigen zu bringen.

Bugliosi schickte Manson und die anderen mit der Helter-Skelter-Geschichte in den Knast, aber er hatte den Verdacht, daß mehr dahinter steckte. Im Nachwort seines Bestsellers wies er darauf hin, daß Manson Verbindungen zur Process Church of the Final Judgement gehabt zu haben schien, einer satanistischen Sekte, deren Anführer

Robert Moore (auch bekannt als DeGrimston) sich einer Rhetorik bediente, die sehr an Manson erinnerte. Als Bugliosi Manson fragte, ob er je von Moore gehört habe, reagierte Manson prompt: „Sie sehen ihn vor sich. Moore und ich sind ein und dieselbe Person."

Die Process Church, womöglich besorgt um ihr Image, entsandte zwei Repräsentanten von ihrer Zweigstelle in Cambridge, Massachusetts, zu Bugliosis Büro nach Los Angeles. Sie hatten ein nettes, höfliches Gespräch mit dem jungen Staatsanwalt, aber Bugliosi fand später heraus, daß ihre Namen am selben Tag auch auf der Liste für Mansons Gefängnisbesucher standen. Bugliosi erfuhr nie, was sie mit Manson besprochen hatten, aber jedesmal, wenn er danach gegenüber Manson die Process Church erwähnte, waren dessen Lippen versiegelt.

Bugliosis Nachforschungen wurden durch die Prozeßvorschriften eingeschränkt, aber der Untergrundjournalist Ed Sanders und der Reporter Maury Terry widmeten dem „Familien"-Stammbaum weitergehende Untersuchungen. Sanders schrieb *The Family*, die umfassendste Abhandlung über Manson. Terry brachte etwa zehn Jahre später *The Ultimate Evil* heraus, worin er, wenn auch nur beiläufig, Manson mit den „Son of Sam"-Morden in New York in Verbindung brachte.

Beide Reporter glauben, daß ein fehlgeschlagener Drogendeal das wahre Motiv für die Tate-Morde und möglicherweise auch für die LaBianca-Morde war. Sie stimmen darin überein, daß Manson seine mörderische Sekte einer höheren Autorität unterstellt hatte. Das eigentliche Ziel der Tate-Morde war wahrscheinlich Vojtek Frykowski, ein Playboy und LSD-Dealer, der seine Nase zu tief in fremde Angelegenheiten gesteckt hatte. Frykowski, seine Freundin Abigail Folger (vom Folger-Kaffeeimperium) und die Hollywood-Star-Hairstylistin Jay Sebring wurden zusammen mit Tate ermordet. Es gibt auch Hinweise darauf, daß Rosemary LaBianca in LSD-Geschäfte verwickelt war. Ihr Ehemann, der Supermarktmogul, hatte außerdem erhebliche Spielschulden.

„Glauben Sie nicht, daß diese Leute es verdient haben zu sterben?" platzte es Manson Jahre später in einem Interview heraus. „Sie hatten mit Kinderpornografie zu tun." Ausgefallene Pornofilme, ob mit Kindern oder nicht, können immer ein lukratives Geschäft sein, und es ist nicht ganz unwahrscheinlich, daß die Tate-Clique daran interessiert war. Das Problem ist: Solche Filme sind nie aufgetaucht.

Einige Quellen, die es eigentlich wissen müßten, haben berichtet, daß das Haus am 10050 Cielo Drive eine Art Pornostudio war. Terry Melcher, der früher in dem Haus gewohnt hatte, war Mansons Hauptkontaktperson zum Musik-Busineß. Außerdem war er der Sohn von Doris Day, und in der Autobiographie seiner Mutter erzählte er, er wisse von mindestens einer „Orgie", die in seinem früheren Wohnsitz gefilmt wurde. Sharon Tate war mit von der Partie. Angeblich waren auch andere bekannte Hollywood-Gesichter in den Cielo-Drive-Streifen zu sehen, von denen viele auch S/M-Spielchen zeigten.

Für manche Untergrundgruppen scheinen Filme mit nicht-simulierten Unanständigkeiten und Grausamkeiten eine beliebte Form der Unterhaltung (und vielleicht auch eine wichtige Einkommensquelle) zu sein. Einer von Sanders' Informanten behauptete, einen Kreis von „Familienmitgliedern" am Strand um eine geköpfte Leiche herumtanzen gesehen zu haben. Außerdem gab es Gerüchte über spärlich bekleidete Manson-Girls, die Tiere opferten und Blut tranken.

Maury Terry glaubt, daß einer der „Son of Sam"-Morde auf Video aufgenommen wurde und daß die Sekte den Kameramann umbrachte, um in den Besitz der Aufnahme zu gelangen. Ein weiterer Interessent für dieses Mordvideo war womöglich der Okkult-Killer „Manson II", der später als der verurteilte Mörder William Mentzer identifiziert wurde, der sich in derselben Sex-Drogen-Porno-Szene von Los Angeles wie Manson bewegte und außerdem Abigail Folger kannte.

Terry erwähnt ein Zitat aus zweiter Hand von „jemandem vom Geheimdienst", der über Mentzer gesagt haben soll: „Wir wissen, daß er einen 'Son of Sam'-Mord begangen hat."

Der Geheimdienst?

Es scheint tatsächlich so, als habe sich der Geheimdienst sowohl für Manson als auch für Manson II interessiert. Zwei Tage nach den Tate-Morden wurde Charlie Manson am Steuer eines schicken schwarzen Mercedes gesehen, der einem LSD-Dealer gehörte, dessen Boß – der „Mr. Big" der LSD-Industrie – laut Terry „angeblich ein früherer Israeli mit starken Verbindungen zum Geheimdienst war."

Wer sich mit Verschwörungstheorien auskennt, dem wird gleich der Name Ronald Stark einfallen. Stark, *der* internationale LSD-Unternehmer der späten 60er Jahre, war zwar kein früherer Israeli, sprach aber mehrere Sprachen fließend und gab sich oft als Angehöriger an-

derer Nationen aus. Seine Verbindungen zur CIA waren anscheinend
so offensichtlich, daß ein italienischer Richter aus diesem Grund einmal eine Anklage gegen Stark zurückwies. Und während Manson an
der Westküste sein Unwesen trieb, spielte Stark im dortigen LSD-Handel eine wichtige Rolle.

Die Polizei von Los Angeles war bei weitem nicht die einzige
Behörde, die die Tate-Morde untersuchte. Anscheinend interessierte
sich jedes Amt bis hinauf zum FBI dafür – einschließlich des israelischen Geheimdienstes, wie Terry behauptet. Erstaunt über soviel offizielle Teilnahme fragte sich Sanders, „ob die Process Church nur eine
Tarnung für irgendeine Geheimdienstoperation war."

Solche Erwägungen sind natürlich reine Spekulation, und da es
keine abschließende Untersuchung des Manson-Falles gibt, wurden
viele weitere Theorien aufgestellt. Der frühere Bezirksstaatsanwalt von
Inyo County in Kalifornien, Frank Fowles, untersuchte nicht nur
Mansons Verbindung zur Process-Church (wahrscheinlich nahm er in
San Francisco Kontakt zu der Sekte auf, und nach einigen Berichten
trat er sogar ein), sondern auch zum Zodiac-Killer von Bay Area, auf
dessen Konto eine unbestimmte Anzahl von Opfern ging und der nie
gefaßt wurde. Er (oder sie) schickte der Polizei einige spöttische Briefe
voller okkulter Rätsel und Andeutungen. Einige Jahre später ahmten
die „Son of Sam"-Killer dieses Verfahren nach.

Wer auch immer die Manson-Morde in Auftrag gab, kann laut Ed
Sanders immerhin den Anspruch erheben, eine Entwicklung zu einem
traurigen Abschluß gebracht zu haben: „Mansons Familie schien die
besten Qualitäten einer ganzen Generation zu verletzen: ihr Gemein-
schaftsgefühl und ihr Selbstvertrauen, ihre Musik und ihre wilden Far-
ben, ihre Liebe zur Natur und zur Schönheit der amerikanischen
Landschaften, ihre Suche nach besseren Lebensbedingungen und ihr
früher Einsatz für den Umweltschutz. Könnte es sein, daß diese
Gruppe den grotesken und abscheulichen Schlußpunkt hinter ein
Jahrzehnt setzte, das einmal ein so starkes und schönes Versprechen gewesen war?"

Richard Nixon und J. Edgar Hoover unter Mithilfe der CIA hätten
es jedenfalls nicht besser machen können.

QUELLEN

Bugliosi, Vincent. *Helter Skelter.* New York: Bantam Books, 1973.
Newton, Michael. *Raising Hell: An Encyclopedia of Devil Worship and Satanic Crime.* New York: Avon Books, 1993.
Sanders, Ed. *The Family.* Reinbeck: Rowohlt TB, 1995.
Schreck, Nicholas (Hrsg.). *The Manson File.* New York: Amok Press, 1987.
Terry, Maury. *The Ultimate Evil.* Garden City, NY: Dolphin Books, 1987.

27
Mordbefehle von einem Hund

D ie .44-Kaliber-Schüsse, die 1976 und 1977 New York in Panik versetzten, waren schon schrecklich genug. Wenn die Morde aber nun nicht auf das Konto eines einzelnen, verrückten Schützen gingen, der nun im Gefängnis dahinvegetiert, sondern Rituale einer landesweiten Drogen-und-Todes-Sekte waren, dann wäre das noch weitaus beängstigender. Der Journalist Maury Terry behauptete, die „Son of Sam"-Morde seien der Schnittpunkt mehrerer beunruhigender satanischer Verschwörungen.

Weil natürlich ausnahmslos alle Serienkiller entweder paranoide Schizophrene oder sexuell frustrierte Außenseiter sind, die unfähig sind, an irgendeiner organisierten Verschwörung teilzunehmen, galt der „Son of Sam"-Fall als gelöst (und zwar auf ziemlich bequeme Weise), als die Polizei einen Wachmann und früheren Sicherheitsbeamten namens David Berkowitz festnahm, der pflichtbewußt einen Strafzettel für illegales Parken in der Nähe eines der Tatorte bezahlen wollte.

Der angebliche Einzeltäter behauptete, er habe den Befehl zum Töten von einem Nachbarshund erhalten. Auf diese Weise konnte man das beruhigende Fazit ziehen: Es gibt einfach keine Erklärung dafür! Als ob es nicht genügte, einfach durchgeknallt zu sein, paßte der über-

gewichtige, babygesichtige Berkowitz auch noch in das andere populäre Klischeebild eines Massenmörders: einsam, vertrottelt, und ein
sexueller Versager (angeblich war er noch Jungfrau). Im vergangenen
Jahr sollte er zwei Frauen mit einem Messer angegriffen haben.

Wie so oft erwies sich diese offizielle Version als unzulänglich, wenn
man sie mit dem tatsächlichen Beweismaterial konfrontierte.

Terry veröffentlichte seine Verschwörungs-Geschichte 1981 in einem Artikel in der Gannett-Zeitung *Today*. Darin hieß es, Berkowitz
könne nur an zwei der sieben Angriffe teilgenommen haben. Die restlichen waren von anderen Sektenmitgliedern geplant und durchgeführt worden. Terry behandelte das Thema ausführlich in seinem Wälzer *The Ultimate Evil* von 1987.

Die wirklichen Täter gehörten laut Terry (der mit seinen „Sam"-
Forschungen Karriere gemacht hat) zu einer satanistischen Sekte namens „The Children", die geschmacklose und grausame Rituale (viele
Drogen und Hundetötungen) in Yonkers' Untermeyer Park durchführten.

Berkowitz selbst gab durch Briefe aus dem Gefängnis und Gespräche mit Zellengenossen Hinweise auf Verbindungen zu der Sekte.
Seine Weigerung, in den Details über Andeutungen hinauszugehen
und das Sekten-Thema zur eigenen Verteidigung zu benutzen, spricht
gegen die Möglichkeit, daß Berkowitz sich die Geschichte zum eigenen Vorteil ausgedacht haben könnte. Er ließ sich bequem als „mör-
derischer Exhibitionist" einordnen und half einem Psychiater, der diese
Diagnose stellte, bei der Arbeit an seinem Buch.

Ende Oktober 1978 ließ David Berkowitz jedoch Kenntnisse über
einen Mord durchblicken, der drei Jahre vor der „Son of Sam"-Ge-
schichte und über fünftausend Kilometer entfernt stattgefunden hatte.

Die Polizei von North Dakota erhielt ein anonymes Päckchen mit
einem Buch über Zauberei, in dem die in Berkowitz' Handschrift
geschriebenen Worte standen: „Arliss Perry, gejagt, aufgespürt und
getötet. Verfolgt zur Stanford University, Calif." Das Buch enthielt
auch Anspielungen auf die Process Church of the Final Judgment, eine
der seltsamen gegenkulturellen Auswüchse aus dem San Francisco der
60er Jahre. Der Anführer der Process Church, der Ex-Scientologe
Robert DeGrimston (früher Moore) hatte erwiesenermaßen Einfluß
auf Charles Manson.

Zur selben Zeit schrieb der verurteilte „Son of Sam" vom Gefängnis aus einige Briefe mit näheren Details über die Ermordung von Perry, einer frischvermählten gläubigen Christin aus North Dakota, deren systematisch und symbolträchtig verstümmelte Leiche am 12. Oktober 1974 in einer Kapelle auf dem Campus der Stanford University gefunden wurde. Dieser Tag war – vielleicht zufällig – der Geburtstag der Okkultismus-Legende Aleister Crowley *und* von John Carr, Berkowitz' Kamerad und ein bekannter Satanist, der 1979 auf einem Luftwaffenstützpunkt in North Dakota an einem Gewehrschuß in den Kopf starb.

Carrs Tod wurde als Selbstmord eingestuft, obwohl jemand die Zahl 666 in das getrocknete Blut auf seiner Hand geritzt und mit seinem Blut NY SS auf eine in der Nähe stehende Wand geschmiert hatte. NY SS scheint offensichtlich eine Anspielung auf die „Son of Sam"-Morde in New York zu sein, und Carr war tatsächlich ein echter „Sohn von Sam": Sein Vater hieß Sam Carr und war der Besitzer des Hundes, der Berkowitz nach dessen Aussage die Mordkommandos gegeben hatte.

Carr entsprach auch den Beschreibungen, die ein Augenzeuge von dem Schützen bei einem der Sam-Morde abgegeben hatte, und in einem der „Son of Sam"-Briefe machte Berkowitz (oder wer immer ihn geschrieben hatte) eine Anspielung auf „John Wheaties, Vergewaltiger und Erwürger junger Mädchen". Carr hatte eine Schwester namens Wheat, und aus irgendeinem Grund wurde er selbst manchmal Wheaties genannt.

Bei dieser Indizienlage ist es erstaunlich, daß die Polizei überhaupt jemand anderen als Carr verdächtigte.

Und auch andere hätten zum Kreis der Verdächtigen gezählt werden müssen. Zeugen beschrieben einen blonden jungen Mann, der um die Stanford-Kapelle herumschlich, kurz nachdem Perry in der Nacht ihres Todes beim Betreten der Kapelle gesehen worden war. Ihre Beschreibungen ähnelten denen des Schützen beim zweiten Sam-Massaker. Berkowitz bestätigte, daß es sich tatsächlich um ein und dieselbe Person handelte, die er nur „Manson II" nannte.

Nach Berkowitz' Angaben war dieser gefährliche Kerl ein „Okkult-Superstar" und Verbündeter des Original-Manson, der jetzt zu einem Team von satanischen Auftragskillern gehörte, die im ganzen Land Ritualmorde durchführten. Sie schalteten abtrünnige Sektenangehörige, mögliche Zeugen, neugierige Außenstehende oder einfach jeden aus, den die Sekte exekutieren wollte. Der Grund für Perrys Ermordung lag nach dieser Hypothese in ihren missionarischen Versuchen, eine Gruppe von Teufelsanbetern in ihrem Geburtsort in North Dakota zu bekehren.

1988 nahm die Polizei von Los Angeles William Mentzer fest, ein Sektenmitglied, Drogendealer und ehemaliger Leibwächter des gelähmten Pornographen Larry Flint. Mentzer wurde beschuldigt, Roy Radin, den Impresario von Long Island, umgebracht zu haben. Radin hatte 1983, im Jahr seines Todes, gerade versucht, die Finanzierung für den Film *The Cotton Club* auf die Beine zu stellen. Radin tätigte auch diverse Kokaingeschäfte mit der Drogendealerin Karen Greenberger, die wiederum Kontakte zu Mentzer hatte. Terry hegte schon lange den Verdacht, daß Radin (der in seiner Wohnung auf Long Island Orgien feierte, zu denen auch auf Video festgehaltene Massenvergewaltigungen gehörten – bei einer war die Schauspielerin Melanie Hallor von der Sitcom *Welcome Back, Kotter* beteiligt) der „Pate" der „Son of Sam"-Sekte war, auf den Berkowitz angespielt hatte. Nach Terrys Quellen erwarb dieser Pate die Videoaufnahme eines der Sam-Morde für seine private Snuff-Filmsammlung und, was noch bedeutsamer war, um ihn über ein landesweites Netzwerk an wohlhabende Irre und Widerlinge zu verkaufen.

Mit anderen Worten: „Son of Sam" war ein großes Geschäft.

Als Terry den Tip erhielt, daß sich in der Nähe der Stelle, an der Radin ermordet wurde, irgendwelche okkulte Hinweise finden lassen würden, reiste er nach Kalifornien, um den Tatort zu untersuchen. Er entdeckte eine Bibel, die an einer Stelle aufgeschlagen war, an der stand: „Lasset uns essen und trinken, denn morgen werden wir sterben."

Radins Mörder Mentzer entpuppte sich als Freund von Charles Manson (er war kein Mitglied der „Familie", gehörte aber zu Mansons Umfeld in L.A.) und Abigail Folger, der Kaffee-Erbin, die von Mansons Anhängern im Haus von Sharon Tate umgebracht worden war. Außerdem hatte er sich zur Zeit der Ermordung von Arlis Perry in Bay Area aufgehalten.

Berkowitz' detaillierte Kenntnisse über den Tod Perrys stammten von Manson II persönlich, der der Yonker-Sekte Einzelheiten über die grauenhafte Tat mitgeteilt hatte, als er sie in New York besuchte. Die Polizei von Los Angeles sprach offen von Mentzers Mitgliedschaft in „einer Art Todesschwadron".

Terrys Gefängnisinformant berichtete auch, Berkowitz habe behauptet, daß Manson selbst auf Befehl gehandelt habe, als er durch seine „Familie" die Tate-Clique und das LaBianca-Paar abschlachten ließ. Sektenmitglieder eignen sich hervorragend als Killer.

Wenn Mentzer wirklich Manson II war und Berkowitz das Ganze nicht nur erfunden hatte, dann stellt allein seine Existenz schon eine Verbindung zwischen den „Son of Sam"-Morden und den Manson-Massakern acht Jahre zuvor dar. Eine okkulte Verschwörung über Raum und Zeit hinweg – aber wie weit reicht sie zurück?

Die „Son of Sam"-Briefe waren mit einem okkulten Symbol unterzeichnet, das von Eliphas Levi, einem Schwarzmagier des 19. Jahrhunderts, stammte. „Ich glaube, jemand hat meinem Geist eingegeben, das zu schreiben", erklärte Berkowitz später. Eines der Attentate fand vor einer Disco namens „Elephas" statt. Und ein „Son of Sam"-Briefschreiber bezeichnete sich selbst als „der rundliche Koloß". Ein Elefant?

„Könnte der Schwarzmagier Eliphas Levi die 'Son of Sam'-Aktionen vom 19. Jahrhundert aus programmiert oder geplant haben?" fragte sich der mit einer blühenden Phantasie gesegnete Verschwörungstheoretiker Michael Hoffman II 1984 in einem *Conspiracy Tracker*-Artikel. Hoffman dehnt die Grenzen der Plausibilität recht weit aus, indem er „Son of Sam" nicht nur mit Manson verbindet, sondern auch mit der Vergewaltigung und Ermordung von Virginia Rappe durch den „rundlichen Koloß" und Stummfilm-Komiker Roscoe „Fatty" Arbuckle im Jahre 1921. Hoffman hält diesen Vorfall für ein Ritual der Schwarzen Magie zur Beschwörung der „Elefantenkraft". Arbuckle (der von der Anklage freigesprochen wurde) soll das Opfer mit dem unglücklichen Namen (Virginia Rappe erinnert an das englische „Virgin Rape" = „Jungfrauenvergewaltigung") mit einer Weinflasche verletzt haben, laut Hoffman eine traditionelle magische Prozedur, die die „Brunst" des Elefanten simuliert – was immer das bedeuten mag. Auf jeden Fall vollführte Arbuckle sein Elefantenritual im St. Francis-Hotel in „Kaliforniens geheimnisvoller, nach dem heiligen Franziskus benannten Stadt" (hm, könnte das San Francisco sein?). Der heilige Franziskus hat nach Hoffmans Angaben für Okkultisten eine ganz spezielle Bedeutung, insbesondere für Manson. Ungefähr vierzig Jahre später wurde San Francisco der Sitz der Process Church.

Hoffmans Analyse verdient ein Lob für ihren, sagen wir mal, Erfindungsreichtum. Seinen Kommentar zum „programmierten Son of Sam" sollte man sich jedoch ruhig etwas genauer ansehen. Wenn man Berkowitz' Aussage bedenkt, jemand habe ihm „eingegeben", Eliphas Levis Symbol auf seine Briefe zu setzen (und seine Schutzbehauptung, ihm seien die Morde befohlen worden – wenn wir einmal von dem Hund absehen), könnte „Son of Sam" in die Kategorie der „ferngesteuerten Morde" gehören.

Der kalifornische Verschwörungs-Radiomoderator Dave Emory schmückte Terrys These in einer mehrteiligen „Dokumentation" mit dem Titel *The Ultimate Evil* aus, indem er die „nationalen Sicherheitsbehörden" ins Spiel brachte. Während seiner Militärzeit in Korea experimentierte Berkowitz mit LSD. Die Annahme, daß er (wissentlich oder nicht) an einem Bewußtseinskontroll-Experiment im Stil von MK-ULTRA teilnahm, ist nicht allzu weit hergeholt. Es ist auch nicht unplausibel, daß skrupellose Agenten der nationalen Sicherheit ihre ferngesteuerten Mörder aus satanistischen Sekten rekrutierten.

Führen denn *alle* Hinweise zu „Son of Sam"? Man sollte sich daran erinnern, daß 1974 eine der unbelehrbarsten Manson-Anhängerinnen, Lynette „Squeaky" Fromme, Präsident Gerald Ford zu ermorden versuchte. Wenn sie erfolgreich gewesen wäre, hätte niemand anderes als Vizepräsident Nelson Rockefeller seine Nachfolge angetreten – und Rockefellers Name ist ein Synonym für die multinationale okkulte Verschwörung der Illuminati. Der Freimaurer Ford selbst gehörte der Warren-Kommission an, die die Hintergründe von JFKs Tod vertuschte. Wäre Rockefeller an die Macht gekommen, hätte er das der okkulten, die Nazis und den Teufel verehrenden Manson-Familie zu verdanken gehabt, die derselben Process Church entsprungen war, die für die „Son of Sam"-Sekte verantwortlich war und deren Nachfolger sich als Auftragskiller verdingen.

QUELLEN

Newton, Michael. *Raising Hell: An Encyclopedia of Devil Worship and Satanic Crime.* New York: Avon Books, 1993.
Terry, Maury. *The Ultimate Evil.* Garden City, NY: Dolphin Books, 1987.

VI

Vereinigte
Feldtheorien

28
Die Erleuchteten

Wenn es um die Illuminati geht, ist die Grenze zwischen Geschichte und Hysterie ziemlich verwaschen. Die Bayrischen Illuminati, die bekannteste aller Gruppen mit diesem Namen, gehörte zu den zahlreichen Manifestierungen des erleuchteten (illuminierten?) Geistes, der Europa im 18. Jahrhundert überschwemmte und es als höchste Pflicht erachtete, die jahrhundertealten Ketten des Monarchie-/Feudalsystems abzuwerfen und die Menschheit aus dem dunklen Zeitalter herauszuführen. Die Illuminati waren sowohl ein Produkt als auch ein Schöpfer ihrer Zeit.

Auf der anderen Seite...

Der Gründer der Gesellschaft, Adam Weishaupt, war 1774 ein aufstrebender Juraprofessor an der Universität von Ingolstadt – mit gerade mal 26 Jahren –, als er den Freimaurern beitrat und sich direkt an die Ausarbeitung eines utopischen Schemas machte, mit dem die menschliche Zivilisation in einen universal-natürlichen Zustand ohne jede Autorität gehoben werden sollte. Weishaupt war zwar sehr ehrgeizig, aber auch realistisch genug, um zu wissen, daß er eine ganze Reihe Mitstreiter für die Ausführung seiner Pläne benötigen würde. Er hatte einen rastlosen Geist, der alle geregelten Glaubenssysteme ablehnte, und so entwickelte sich der junge Adam zu einem Okkultisten mit einer Vorliebe für die mysteriösen Religionen der Griechen. Obwohl niemand so richtig weiß, was in diesen Kulten passierte – deshalb waren sie schließlich mysteriös –, fand Weishaupt genug heraus, um seine

eigene Geheimgesellschaft auf ihren Strukturen zu gründen. Er rekru-
tierte fünf Mitglieder einer Freimaurerloge, über die er eine gewisse
Kontrolle ausübte und gründete am 1. Mai 1776 den Orden der Per-
fektibilisten, besser bekannt als die Bayrischen Illuminati.

Obwohl Weishaupt seine Ideen gut verkaufen konnte, hatte er im
politischen Szenario der Freimaurer nicht viel zu sagen. Erneut über-
wand er diesen Nachteil durch Klugheit. Es gelang ihm, Adolf Francis
zu rekrutieren, den man eher unter dem Namen Baron Knigge kennt
und der 1780 einer der führenden Freimaurer Europas war. Der Baron
versuchte bereits seit Jahren, alle europäischen Logen zu einem riesigen
Spinnennetz zusammenzuschließen. Durch Knigges Organisationsta-
lent vergrößerten sich die Illuminati auf 3000 Mitglieder – jedes einzelne von ihnen ein hochrangiger Freimaurer. Damit gelang ihnen die
kampflose Eroberung der Oberklasse der Freimaurer.

Auf dem Kontinent waren die Freimaurer traditionell ein Refugium
für radikale Intellektuelle, Politiker und die, die ihnen nahe sein wollten. Die Illuminati suchten die ambitioniertesten und mächtigsten
dieser Männer heraus und selektierten sie durch Initiationsriten, die
noch grausamer und esoterischer waren als die der Freimaurer. Sie taten das vor allem, um die Loyalität zu Weishaupt und den anderen Lei-
tern des Ordens zu festigen. Aus den Illuminati wurde so eine geheime
revolutionäre Zelle, deren Einfluß wesentlich größer als die Zahl ihrer
Mitglieder war.

Aber wie viele Geheimorganisationen hatte auch diese ein Problem
damit, geheim zu bleiben. Einige Deserteure sprachen öffentlich von
Weishaupts Ideen, worauf die Illuminati offiziell verboten wurden und
die bayrische Polizei in Aktion trat. Weishaupt und einige andere Anführer flohen in benachbarte Provinzen – oder an andere Orte.

Adam Weishaupts Spur scheint sich an diesem Punkt zu verlieren.
Der New-Age-Autor und Scherzbold Robert Anton Wilson hat (unbe-
legt) vorgeschlagen, daß er nach Amerika floh und den ersten Präsidenten der USA umbrachte und anschließend dessen Rolle einnahm.
Vielleicht waren Washingtons Ideen in Wahrheit Weishaupts. Diese
Annahme ist so gut wie jede andere, denn die Geschichten über die Illuminati wollen einfach nicht sterben. Unmittelbar nach ihrer er-
zwungenen Auflösung tauchten die ersten Gerüchte auf, in denen behauptet wurde, Weishaupts subversive Elite würde immer noch ihre

dämonischen Pläne verfolgen. In dem klassischen Exposé *Proofs of a Conspiracy*, das vierzehn Jahre nach dem angeblich letzten Atemzug der Illuminati entstand, heißt es, die Illuminati hätten sich in Deutsche Union umbenannt und eine wichtige Rolle in der französischen Revolution gespielt (oder sie sogar ausgelöst), deren Motto „Freiheit, Gleichheit, Brüderlichkeit" klar von den Freimaurern stammt.

In seiner wundervollen Geschichte des Themas, *The Illuminoids*, berichtet Neil Wilgus, daß George Washington, wer auch immer er wirklich war, *Proofs* las und entschied, daß diese Behauptungen verbreitet werden sollten. Natürlich, fügte er hinzu, würden amerikanische Freimaurer sich nie so verhalten. Thomas Jefferson, ebenfalls Freimaurer (wie die meisten Gründerväter), kannte Weishaupts Schriften. Er bewunderte sie und sagte, er könne angesichts der Verhältnisse in Europa verstehen, daß der Deutsche auf Geheimhaltung bestanden hätte. Hätte Weishaupt in Amerika gelebt, so Jefferson, „hätte er keine Geheimhaltung gebraucht", um seine Freidenker-Ideologie zu schützen.

Weishaupts Illuminati sind zur Verschwörung für alle Gelegenheiten geworden – die Theorie, die alles erklärt und immer stimmt. In verschiedenen Berichten wird Franklin Delano Roosevelt als Illuminat genannt, da unter ihm das Freimaurer-Auge auf den Dollarnoten eingeführt wurde.

Eine Anekdote, bei der es sich vermutlich um eine „urbane Legende" handelt, erzählt, wie Charles Manson als ein Mitglied der Illuminati identifiziert wurde – in der *Oprah Winfrey Show*.

Man muß allerdings darüber nachdenken, ob die Geschichte um die Illuminati nicht erfunden ist. Ist es möglich, daß es Adam Weishaupt nie gegeben hat? Sein Name klingt nach einer Erfindung: Adam, der erste Mann, Weishaupt, das weise Haupt. Netter Name für den Anstifter einer weltweiten Revolution.

Obwohl es einen Konsens gibt, daß eine solche Person einmal auf Erden gewandelt ist (und ein vielleicht wesentlich unspektakuläreres Leben führte), ist Weishaupt eine mystische Figur, so wie jede historische Persönlichkeit: JFK, John Dillinger, Hitler oder Casanova: Eine lebende Metapher. Aber für was?

Wilgus wählte den besten Weg, indem er nicht die Geschichte der Illuminati beschrieb, sondern den Terminus „Illuminoide" einführte, also „wie die Illuminati". In der Geschichte war die Menschheit immer

von der „Erleuchtung", der „Illumination" besessen. Weishaupts bayrische Illuminati erlangten zwar die größte Verbreitung, waren aber
nur die Fußnote einer Tradition, die vermutlich noch aus der Vorgeschichte stammt, als irgendein Schamane seinen Stamm schockierte,
indem er mit Steinen und Ästen Feuer entstehen ließ. Die Suche nach
Erleuchtung kann gleichzeitig zerstörerisch und wohlwollend sein. Die
Macht hat immer eine dunkle Seite. Wenn man dem rechten Flügel
zuhört, könnte man meinen, daß eine ganze Armee von Darth Vaders
durch die Geschichte marschiert ist. Wenn man das Prisma aber aus einem anderen Winkel betrachtet, sieht man die Illuminati als Menschen, die sich mit ihrem Los auf dieser Lehmkugel nicht abfinden
wollten und nach einem besseren Weg suchten.

Die frühen Geheimbünde, die Weishaupt inspirierten, gehörten zu
den ersten Manifestationen organisierter menschlicher Erleuchtungs-
suche. Die jüdischen Kabbalen, die christlichen Gnostiker und die islamischen Sufisten folgten ebenso wie eine ganze Reihe von Kulten
und Geheimbünden, wie die gefürchteten Hashishimer (Killer), die
glücklosen Tempelritter und kleinere okkulte Gruppen, die sich (wie in
Spanien und Frankreich) sogar Illuminati nannten.

Weishaupts Organisation paßt gut in dieses Kontinuum.

Seit dem angeblichen Untergang der Bayrischen Illuminati brennt
ihre Flamme immer heller. Okkulte Gruppen von Aleister Crowleys
Ordo Templis Orientis bis Anton LaVeys Church of Satan sind das
eine Ende des Spektrums, die die Paranoia der Christen füttern, die ein
ganzes Kraftwerk an Energie aufwenden, um den „Satanismus" zu
bekämpfen. Aber sind sie wirklich so verrückt? Denn wer ist Satan,
wenn nicht Luzifer, der „Engel des Lichts"?

Der erste Illuminatus.

Auf der eher respektablen Seite findet man Spuren der Illumination
schon in der Tatsache, daß ein „Establishment" existiert, eine herrschende Klasse, die glaubt, über ein bestimmtes Wissen zu verfügen,
durch das sie herrschen dürfen. Noch deutlicher werden die Spuren bei
etablierten Institutionen: das Council on Foreign Relations, die Trilateral Commission (mit ihrem verdächtigen dreieckigen Logo), die Bilderberg Group. Alles private Organisationen, die aus den „großen
Lichtern" der Wirtschaft, der Politik und der Wissenschaft stammen
und die, trotz gegenteiliger Aussagen, großen Einfluß auf die Weltpo-

litik haben. Das Council on Foreign Relations (CFR) wurde als amerikanische Version von Cecil Rhodes' British Round Table geboren. In seinen Mitgliedslisten findet man die meisten Präsidenten und Innenminister der letzten sechzig Jahre. Henry Kissinger wurde als junger Akademiker in den CFR berufen, die auch sein bahnbrechendes Buch *Nuclear Weapon and Foreign Policy* veröffentlichten, in dem Kissinger die Idee eines „gewinnbaren" Atomkriegs darlegte.

Die CIA hatte bei ihrer Gründung 1947 enge Verbindungen zur CFR. Beamte der CIA tragen bis heute bei Treffen der CFR Geheimberichte vor. Die Trilateral Commission, die von dem multinationalen Bankenhalbgott David Rockefeller gegründet wurde, ist ein Ableger der CFR, zu dem auch Japan gehört. Die Mitgliedslisten beider Organisationen überschneiden sich stark. Jimmy Carter gehörte zur Trilateral Commission. Als er zum Präsidenten gewählt wurde, reagierten Verschwörungstheoretiker alarmiert.

Die in den Niederlanden sitzende Bilderberg Group arbeitet mehr im Geheimen, hat jedoch prinzipiell den gleichen Einfluß – nur mit europäischem Akzent.

Das Ziel dieser elitären Gruppen, laut den Anti-Illuminati, liegt in der Gründung einer „Weltregierung", durch die sie die Kontrolle ausüben wollen. Also eine „neue Weltordnung". Seltsam übrigens, daß der „Meditationsraum" im Gebäude der Vereinten Nationen mit dem Motiv des Auges über der Pyramide dekoriert ist. Ein Hinweis, mit dem die genarrt werden sollen, die immer noch im Dunkeln tappen? Nicht unähnlich den Reden von George Bush, der immer wieder seinen Enthusiasmus für eine neue Weltordnung äußerte. Seine Lieblingsfotografie zeigt ihn angeblich in einem Krankenhausbett liegend, eine Pyramide im Schoß und umgeben von Kindern (wer sagt hier „Fruchtbarkeitsritus"?). Dies ist der gleiche Präsident, der sich damals, um in einen Studenten-Geheimbund aufgenommen zu werden, nackt in einen Sarg legen und masturbieren mußte.

Die Illuminati sind überall. Um sie zu erkennen, muß man nur den Willen dazu aufbringen. Der verrückte und geniale Verschwörungstheoretiker James Shelby Downard hat ihre Handschrift sogar bei der Ermordung Kennedys entdeckt.

Ein Autor namens Jay Katz (Pseudonym für Jim Keith) beschreibt sie in seinem Buch *Saucers of the Illuminati* als die menschliche Macht hinter den UFO-Sichtungen, während William Bramley in seinem Buch *Die Götter von Eden. Eine neue Betrachtung der Menschheitsgeschichte* davon ausgeht, daß die Bosse der Erleuchteten Außerirdische sind – eine Theorie, die von verschiedenen, zumeist militanten Gruppen vertreten wird. Gegen die wirken Adam Weishaupt und seine intellektuellen Revolutionäre wie blutige Anfänger.

QUELLEN

Robinson, John. *Proofs of a Conspiracy.* Boston: Western Islands Press, 1967.
Wilgus, Neil. *The Illuminoids: Secret Societies and Political Paranoia.* Santa Fe, NM: Sun Books, 1978.

29
Anglophobie

Heute wirkt die britische Königsfamilie harmlos und ab und zu fast lächerlich. Mal ehrlich: Wenn ein Mann seiner Geliebten gesteht, daß er gerne den Platz ihres Tampons einnehmen würde, wie Prinz Charles es gegenüber Camilla Parker-Bowles tat, kann man ihn kaum als den Boß einer großen, bösartigen Verschwörung ernst nehmen. Aber genau dies ist die Position, zu der Prinz Charles aufsteigen wird, wenn er den Thron besteigt – glauben zumindest einige Theoretiker, die die Briten ins Zentrum ihres Verschwörungs-Universums gesetzt haben.

Lyndon LaRouche ist der bekannteste aus dieser Gruppe. LaRouche sah sich schon oft wegen seiner Behauptung, die „Königin verschiebt Drogen", der Lächerlichkeit ausgesetzt (vielleicht nicht zu Unrecht).

Aber LaRouche ist nur der erfahrenste Selbstverleger der britischen Verschwörungstheoretiker. Dazu gehört zum Beispiel auch Lloyd Miller, der Gründer von A-Albionic Research, die sich als Nachrichtenservice wie der *Washington Letter* ausgibt – allerdings nicht die Gerüchte von Capitol Hill weitergibt, sondern die Schlacht um die Weltherrschaft zwischen dem Vatikan und dem britischen Königshaus dokumentiert.

Zumindest bringt Miller noch eine zweite Gruppe ins Spiel. Bei LaRouche sind die Briten an allem schuld. In seinem Buch *Dope Inc.: Britain's Opium War Against the U.S.* wird LaRouches Ansatz in Großbuchstaben dem erstaunten Leser präsentiert: „Der gesamte Drogenhandel der Welt wird von einer Familie kontrolliert."

Und welche mag das sein?

Trotz seiner Holzhammer-Methodik hat er nicht ganz unrecht. Bedenken Sie, daß wir über ein Land reden, das bis vor kurzem der größte Kolonialist der Welt war und keine Skrupel hatte, die Weltherrschaft an sich zu reißen.

Um *Dope Inc.* zu zitieren. „Das als 'Verschwörung' zu bezeichnen, würde den Begriff überstrapazieren… die britische Oligarchie sitzt so fest im Sattel, daß sie sich nicht mit Verschwörungen abgeben muß: Laut ihrer eigenen Beschreibung waren sie immer und werden immer sein."

Ihr Ziel, so LaRouche, und die, die ähnlich denken, ist ein „neues, dunkles Zeitalter" (NDZ) mit einer extrem kleinen Weltbevölkerung, die durch AIDS, Hungersnöte und ein paar Atombomben dezimiert wurde – bis nur noch so viel Soylent Green übrig ist, um die perversen Gelüste dieser wilden, sexhungrigen, sabbernden, aber auch schrecklich intelligenten Adligen zu befriedigen.

Aber selbst der britische Adel schafft das nicht allein. Sie haben ein ganzes Universum von Geheimbünden, privaten politischen Gruppen und untereinander vernetzten Geheimdiensten geschaffen – zu denen nicht nur Briten, sondern auch Anglophile aus den USA und Kontinental-Europa gehören –, die sich dem NDZ gewidmet haben. Dazu gehören nicht nur die üblichen Verdächtigen wie die Bilderberg-Group, die Trilateral Commission, das Royal Institute for International Affairs, sondern auch einige weniger bekannte Gruppen. Die wichtigste dieser Gruppen ist der Club of Rome (CoR), eine Organisation, die aus politischem, finanziellem und intellektuellem Adel besteht. Dieser harmlos klingende Club hat eine wahre Flut von Think-Tanks und Firmen hervorgebracht, die unermüdlich daran arbeiten, die Massen durch New-Age-Blödsinn, Rockmusik, Sex und Drogen zu verdummen, das glauben zumindest die Anhänger dieser Weltanschauung.

LaRouche zum Beispiel hält die Grateful Dead für eine „britische Geheimoperation", die nach den LSD-Experimenten der CIA an der Stanford Universität gegründet wurde. „Das war eine Operation, die zusammen mit dem Okkulten Büro, einem Teil des britischen Geheimdienstes und Aldous Huxley durchgeführt wurde", schreibt LaRouche trocken.

„Das ist ein Teil dieser Satanismus-Sache. Nennen Sie es Gegenkultur. Nennen Sie es das Dionysus-Modell der Gegenkultur."
Okay, wir nennen es das Dionysus-Modell der Gegenkultur.
„Rock ist eine Wiederentdeckung des antiken Bacchus- oder Dionysus-Rituals", fährt LaRouche fort. „Er wirkt auf die Alphawellen des Gehirns. Wenn man das mit etwas Alkohol und, sagen wir, stimmungsverändernden Drogen und komischem Sex kombiniert, löst das eine Persönlichkeitsveränderung hin zur Gegenkultur aus."
Komischer Sex?
Dr. John Coleman, der sich als ehemaliger britischer Geheimagent bezeichnet, hat LaRouches Ideen auf die Spitze getrieben – wenn das überhaupt möglich ist –, in dem er dem Ganzen eine „christliche" Dimension gab.
Die Grateful Dead sind nur eine Fingerübung. Coleman hat sich einen viel größeren Preis ausgesucht. Die Beatles, behauptet er, sind ein Experiment des CoR, das in zwei Think-Tanks entstand, einer britischen Forschungsgruppe namens Tavistock Institute for Human Relations und ihrem amerikanischen Zwilling, dem Stanford Research Institute (SRI).
„Als Tavistock die Beatles in die USA brachte, ahnte niemand, welches kulturelle Desaster folgen würde", schreibt Coleman. „Das Phänomen der Beatles war keine spontane Rebellion der Jugend gegen das alte Sozialsystem. Es war ein sorgfältig ausgearbeiteter Plan, mit dem ein zerstörerischer Fremdkörper in die Gesellschaft eingeführt wurde, der sie gegen ihren Willen verändern sollte."
Taktische Unterstützung, so Dr. John, lieferte Tavistock, die Wortneuschöpfungen einführten, mit denen „die Akzeptanz von Drogen" gesteigert werden sollte. Dazu gehörten Worte wie *Teenager, cool* und *Popmusik.*
„Das Wort *Teenager*", schreibt Coleman, „wurde vor dem Auftauchen der Beatles nie benutzt, sondern erst von ihnen über Tavistock eingeführt."
Coleman ist vielleicht kein Experte für Etymologie, aber er zeigt eine Vorliebe für Rock'n'Roll, die Albert Goldman wie Lester Bangs aussehen läßt. Er schreckt davor zurück, Worte wie *Musik* oder *Texte* im Zusammenhang mit den Beatles zu benutzen, weil „es mich daran erinnert, wie falsch man das Wort *Liebhaber* einsetzt, das man auch be-

nutzt, wenn man über die eklige Interaktion zwischen zwei Homosexuellen redet."

Die Briten haben überall Agenten. Was hätten die Beatles jemals
ohne den „skrupellosen Ed Sullivan" erreicht, fragt Coleman.

Nun muß man sich aber davor hüten, zu glauben, daß diese Studie
in Massenhysterie mit der Veröffentlichung von Paul McCartneys er-
stem Solo-Album endete. Coleman versichert uns, daß „die britische
Krone durch ihre Geheimdienste sexuell degenerierte Kulte schaffen
läßt. Wir wissen ja bereits, daß alle Kulte, die es heute gibt, von britischen Geheimdiensten im Namen der adligen Herrscher erschaffen
wurden."

Coleman nennt allerdings nicht nur die Briten als diese „Herrscher".

„Diese Hierarchie der Verschwörer", schreibt er, „nennt sich DAS
KOMITEE DER 300." (Coleman liebt die Feststelltaste seines Com-
puters genau so, wie er Rockmusik haßt.) „Das Komitee der 300 ist der
ultimative Geheimbund, der aus einer unberührbaren herrschenden
Klasse besteht", schreibt er in seinem Buch, das bezeichnenderweise
den Titel *Komitee 300* trägt.

„Haben Sie beobachtet, wie die Königin die zeremonielle Eröffnung
des britischen Parlaments vornimmt?", bemerkt Coleman düster.
„Dort, für alle sichtbar, ist die Chefin des Komitees der 300."

QUELLEN

Coleman, Dr. John. *Komitee 300.* Peit: Michaels-Vertr. (noch nicht erhältlich)
U.S. Labor Party Investigating Team. *Dope, Inc.: Britain's Opium War Against the
   U.S.* New York: New Benjamin Franklin House, 1978.
Vankin, Jonathan. *Conspiracies, Coverups, and Crimes.* New York: Dell Publishing,
   1992.

30
Diese Christen...

Bei der mysteriösen französischen Organisation, die unter dem Namen Priorei von Zion bekannt wurde, handelt es sich möglicherweise um einen 900 Jahre alten Geheimbund, der Beweise dafür besitzt, daß Jesus die Kreuzigung überlebt hat. Darüber hinaus könnte er der Schlüssel zu Europas geheimer Geschichte sein und vielleicht sogar die Grundlage des Christentums. Oder aber, er ist eine sehr ausgekochte Lüge. Egal, in jedem Fall entstand 1982 daraus ein Bestseller, *Der heilige Gral und seine Erben*, der von dem BBC-Dokumentarfilmer Henry Lincoln und den Historikern Michael Baigent und Richard Leigh stammt.

Die Autoren wollten über eins von Frankreichs hartnäckigsten Rätseln schreiben, die Legende von Rennes-le-Château, einem altertümlichen Dorf in den Pyrenäen. Die Legende behauptet, daß irgendwo unter dem Kopfsteinpflaster ein riesiger Schatz lagert. Die Einheimischen entwickelten die Theorie, das Geld habe den Katharern gehört, christlichen Heretikern, die im 13. Jahrhundert von der katholischen Kirche ausradiert wurden. Okkultisten reisen in das Dorf, um dort die angebliche spirituelle Energie aufzunehmen. Schatzjäger durchstöbern die Ecken auf der Suche nach weltlicheren Gütern – andere vermuten einen Zusammenhang zu UFOs.

Seine Wiederentdeckung verdankte Rennes-le-Château einem Kleriker aus dem 19. Jahrhundert namens Bérenger Saunière, und dort begannen Lincoln, Baigent und Leigh mit ihrer Suche.

Die Geschichte beginnt 1885, als die katholische Kirche den 33jährigen, gut aussehenden und gebildeten Saunière nach Rennes-le-Château versetzte. Saunière begann mit der Restaurierung der kleinen Kirche des Dorfes, die auf einem heiligen Ritualplatz der Visigothen aus dem 6. Jahrhundert erbaut worden war. Unter dem Altarstein, in einer hohlen Säule, entdeckte der junge Priester einige Schriftrollen. Darunter waren zwei Stammbäume, die auf 1244 und 1644 datiert waren und einige neuere Dokumente, die um 1780 von einem Priester angefertigt worden waren. Laut Lincoln und seinen Koautoren bestanden diese Papiere aus einer Reihe von Kodierungen, von denen einige „so unglaublich komplex waren, daß sie selbst von einem Computer nicht entschlüsselt werden konnten".

Saunière zeigte seine Entdeckung dem Bischof im nahegelegenen Carcasonne, der den Priester nach Paris schickte, wo kirchliche Forscher die Dokumente untersuchten. Einer der einfacheren Kodes wurde geknackt. Dort stand: DAGOBERT II KÖNIG UND SION GEHÖRT DER SCHATZ UND ER IST DORT TOT.

Was auch immer das bedeutete, es wurde Saunières Schlüssel zu einer neuen Welt. Während seines kurzen Aufenthalts in Paris umgab er sich mit der kulturellen Elite der Stadt, von denen sich viele mit Okkultismus beschäftigten. Die Gerüchteküche läßt vermuten, daß der ländliche Priester eine Affäre mit Emma Calvé, der berühmten Operndiva und Hohe Priesterin des okkulten Untergrunds der Stadt, hatte. Sie sollte ihn später oft in Rennes-le-Château besuchen.

Als Saunière in seine Gemeinde zurückkehrte, setzte er die Restaurierung fort und fand eine unterirdische Krypta, in der sich angeblich Skelette befanden. An diesem Punkt scheint sein Geschmack in Sachen Inneneinrichtung, nun, sagen wir exzentrisch geworden zu sein: Unter den ungewöhnlichen Dingen, die er dort anbrachte, befanden sich ein Weihwasserbecken, über dem die Statue eines grinsenden, roten Dämons lauerte, und ein ebenso furchterregendes Wandrelief, auf dem Jesus zu sehen ist, der auf einem Hügel steht, an dessen Fuß sich ein Sack voll Geld befindet. Die Bilder der Kreuzigung waren ebenfalls seltsam. Auf einem sah man, wie Jesus in eine Gruft getragen wurde – oder herausgeschmuggelt wurde? Saunière brachte auf den Gegenständen zusätzlich verschlüsselte Botschaften an. Er gab ein Vermögen für die Restaurierung des Ortes aus und entwickelte eine Vorliebe für teures

Porzellan, Antiquitäten und andere wertvolle Gegenstände. Unklar ist nur, woher der Priester auf einmal das ganze Geld hatte – er weigerte sich standhaft, seinen Kirchenfürsten das Geheimnis seines Erfolgs zu erklären. Als er 1917 starb, war er angeblich mittellos, seine Haushälterin sprach jedoch später von einem „Geheimnis", das seinen Besitzer nicht nur reich, sondern auch „mächtig" machen würde. Leider erzählte sie nie mehr darüber.

Lincoln und seine Koautoren fanden keinen Schatz, spekulierten aber, daß Saunière die **Beute** von *irgend jemandem* gefunden haben mußte: Vielleicht war es der legendäre Schatz der Katharer oder die Schatzkammer der Visigothen, oder es war das Gold der Merowinger-Könige, von denen die Region vom 5. bis 8. Jahrhundert regiert wurde – Dagobert II., der in den Dokumenten erwähnt wird, war einer von ihnen. Vielleicht waren es auch alle drei Schätze. Vielleicht war es aber auch kein finanzieller Schatz, sondern verbotenes Wissen, das Saunière fand und dann benutzte, um jemanden zu erpressen – die Kirche zum Beispiel.

Wie auch immer, während ihrer Nachforschungen entdeckten Lincoln und Co. etwas, das man zwar nicht zu Geld machen konnte, das aber ebenso mysteriös war: Eine ungesehene Hand, die „diskret und vorsichtig" die Legende langsam in die Medien brachte.

Im Zentrum dieser Untergrund-PR-Kampagne stand eine rätselhafte, aber sehr reale Person namens Pierre Plantard de Saint-Clair, der anscheinend die Quelle hinter den meisten neueren Artikeln über den Ort und seinen Priester war. In der Pariser Nationalbibliothek entdeckte unser Trio einen provokativen Stammbaum, der Pierre Plantard mit Dagobert II. und der Merowinger-Dynastie in Verbindung brachte. Nicht gerade ein normaler Blaublütiger, dieser Monsieur Plantard, denn die Merowinger wurden zur ihrer Zeit für fast schon mystische Kriegerkönige mit übernatürlichen Kräften gehalten. Allerdings war das nur ein Aspekt von Plantards beeindruckender Familiengeschichte. Mehr dazu später.

In diesen *dossiers secrets* der Pariser Nationalbibliothek fanden sich immer wieder historische Anspielungen auf einen mysteriösen alten Geheimbund namens Prieuré de Sion, oder Priorei von Zion. Das Word *Zion* tauchte auch in einigen verschlüsselten Dokumenten aus Rennes-de-Château auf. Es scheint sich außerdem auf den Berg Zion in Jerusalem zu beziehen, auf dem der Tempel des Salomon stand.

Laut dieser Geheimdokumente hatte die Priorei Verbindungen zu den berühmten Tempelrittern, einem Orden von Kriegermönchen, die während des 12. Jahrhunderts die Besetzung des Heiligen Lands durch die Europäer verteidigten. Die Templer bezogen sich mit ihrem Namen auf den Tempel von Salomon, auf dessen Ruinen sie auch ihre Quartiere erbaut hatten. Das war natürlich nicht die erste Verschwörungstheorie, die den Templern okkulte Neigungen unterstellte, aber es war die erste, die eine Verbindung zu der (möglicherweise erfundenen) Priorei von Zion herstellte. Lincoln und Co. spekulierten nach Sichtung der Dossiers, daß sich die Priorei hinter den Templern verbarg und die Kriegermönche als Begleitschutz und öffentliches „Gesicht" nutzte.

Wenn man diesen Geheimdossiers glauben kann, war die Priorei von Zion nicht etwas, mit dem man sich anlegen sollte. Referenzen zu bekannten historischen Ereignissen lassen darauf schließen, daß sie seit den Kreuzzügen eine geheime Macht in Europa war, eine graue Eminenz, die Päpste und Könige manipulierte, um eine mysteriöse Mission voranzutreiben.

Laut den Pamphleten in Frankreichs Nationalbibliothek gehörten zu den Anführern der Priorei solch herausragende Persönlichkeiten wie Leonardo da Vinci, Sir Isaac Newton, Charles Radclyffe, Victor Hugo und, als neuster Eintrag in der Liste, der Künstler und Autor Jean Cocteau. Alles in allem fanden sich auf der Liste 26 „Großmeister" aus den letzten 700 Jahren!

Könnte die Gruppe bis ins ausgehende 20. Jahrhundert überlebt haben? Lincoln und Co. wandten sich an die französischen Behörden und fanden heraus, daß es tatsächlich eine Organisation gab, die den Namen Priorei von Zion trug, und dessen Generalsekretär natürlich Pierre Plantard war.

Lincoln fand ihn schließlich. Plantard war ein listiger alter Aristokrat, der eine kleine Rolle in der Widerstandsbewegung gespielt hatte. Seine absichtliche Verschleierungstaktik wies darauf hin, daß er etwas verbergen, die Autoren aber gleichzeitig tiefer in das Rätsel führen wollte.

Was war es, das Plantard verbergen oder *lüften* wollte? Was war das Ziel der Priorei von Zion?

Die Autoren von *Der heilige Gral und seine Erben* konstruierten eine Theorie, die so verschlungen und kompliziert war wie die Geheimdossiers der Nationalbibliothek, gleichzeitig jedoch sehr unterhaltsam geschrieben und überraschend gut belegt war. Sie fragten sich, ob es eine Verbindung zwischen den heretischen Katharern des 13. Jahrhunderts, Saunières Rennes-le-Château, den Templern und der allmächtigen Priorei von Zion gab.

Aber natürlich, war ihre Antwort. Lincoln und Co. spekulierten, daß der legendäre Schatz der Katharer der gleiche war wie der der Merowinger und der Templer. An irgendeinem Punkt gelangte der Schatz von den Merowingern zur Priorei von Zion, deren Templer die wertvolle Fracht vom Heiligen Land zu den französischen Katharern brachten, die, kurz vor der Zerstörung ihrer Kirche durch die Katholiken, die Beute in den Pyrenäen versteckten.

Was aber, wenn es sich bei diesem „Schatz" nicht um Gold handelte? Immerhin besagt die Legende, daß die Katharer ein wertvolles, sogar heiliges Relikt besaßen, bei dem es sich „laut einer Reihe von Legenden um den Heiligen Gral" handelte. Während des Zweiten Weltkriegs gruben die Nazis angeblich einige Stellen in der Nähe von Rennes-le-Château auf ihrer vergeblichen Suche nach dem Gral aus (was übrigens in dem Film *Indiana Jones und der letzte Kreuzzug* dramatisiert wurde).

War der verlorene Katharer-/Templer-/Merowinger-/Saunière-Schatz vielleicht der berühmte Heilige Gral? Unsere Autoren wollten allerdings mit dieser Theorie nicht aussagen, daß die Priorei sich nur um ein religiöses Objekt drehte – einen rostigen alten Becher, um genau zu sein. Lincoln und Co. hatten etwas Ehrgeizigeres vor. Mutig reinterpretierten sie Jahrhunderte von Legenden und spekulierten, daß es sich bei dem mittelalterlichen Gral um etwas wesentlich Kontroverseres handele: um die Erbfolge Christi.

Und das ist es, was Lincoln und Co. in Verschwörungseifer versetzte. Sie borgten sich die These aus Hugh J. Schonfields Buch *The Passover Plot* aus und reicherten sie mit den rätselhaften Hinweisen Plantards an. Daraus konstruierten sie eine, nun ja, gewagte Theorie. Wenn man die stilistische Eleganz beiseite läßt, klingt sie ungefähr so: Jesus überlebte die Kreuzigung, in dem er seinen eigenen Tod „vortäuschte", oder er war vor Karfreitag „fruchtbar" – in jedem Fall hinterließ er Frau und Kind. Die Familie „Christus" schaffte es bis nach Frankreich und heiratete in den fränkischen Adel ein, woraus schließlich die mystische Dynastie der Merowinger entstand. Ergo, die *wahre* Mission der Templer und der Priorei von Zion: nicht nur den Schatz zu bewachen, sondern den Gral zu schützen, der in mittelalterlichen Texten „Sangraal" oder „Sangreal" genannt wird, was von Lincoln und den anderen als *sang réal*, „königliches Blut", übersetzt wurde. In anderen Worten: das Erbe der Christus-Dynastie.

Das könnte das unglaubliche Geheimnis sein – und der Geheimbund, der seit Jahrhunderten darüber wacht -, was Abbé Saunière in Rennes-le-Château fand: DAGOBERT II KÖNIG UND SION GEHÖRT DER SCHATZ UND *ER* IST DORT TOT. Wer Er? Jesus Christus.

Die verwirrende Geschichte Europas ergibt plötzlich Sinn: Die Verfolgung der Katharer durch die Kirche, die geheime Absprache Roms bei der Ermordung von König Dagobert, die erfolgreiche Verschwörung zwischen Papst Clement V. und Phillipe IV. von Frankreich, die zum Untergang der mächtigen Templer führte – alles waren Versuche, die „Erbfolge Christi auszulöschen". Denn immerhin hätte daraus eine gegnerische Kirche entstehen können, die einen wesentlich engeren Bezug zum Erbe Christi gehabt hätte als der Vatikan.

Wow! Springen Sie jetzt ins 20. Jahrhundert, und Plantards Merowinger-Stammbaum impliziert einiges...

Natürlich war Plantards einzige Antwort auf die wilden Theorien ein rätselhaftes Mona-Lisa-Lächeln. Er lief auch nicht über's Wasser, zumindest nicht vor den zukünftigen Bestseller-Autoren.

Seltsamerweise klangen die drei in ihrem nächsten Buch *Das Vermächtnis des Messias* fast so, als würden sie predigen. Sie verfolgten weiterhin das Konzept des verlorenen „Priesterkönigs" und argumentierten, daß eine Prise spiritueller Führung dem haltlosen Europa nur wohl bekommen würde, gerade zu einem Zeitpunkt, wo die seit Jahrhunderten verfeindeten Nationen ein Wirtschaftsbündnis planten. „Theokratische Vereinigte Staaten von Europa" könnten jetzt genau das richtige sein, so Lincoln und Co.

Ihre Fortsetzung endete allerdings in einem Stimmungstief, denn bei weiteren Nachforschungen hatten sie Dinge entdeckt, die Zweifel über die wahre Natur der Priorei aufwarfen.

Als sie die Mauern durchbrachen, die Plantard um sich herum aufgebaut hatte, stießen sie auf einen wahren Schmelztiegel der Verschwörungen. Wichtige Dokumente der Priorei, die den Stammbaum
bis Christus zurückverfolgten, waren angeblich von britischen Agenten
aus Frankreich herausgeschmuggelt worden, vermutlich auf Anweisung amerikanischer Agenten. Es gab weitere besorgniserregende Elemente, die im Hintergrund lauerten, darunter auch Italiens krypto-fa-
schistische P2-Loge, die während der 80er reservierte Plätze bei jeder
Verschwörung zu haben schien.

Könnten Lincoln, Baigent und Leigh auf eine ausgekochte Lüge
hereingefallen sein, mit der rechte Kräfte an Macht gewinnen wollten?
War Plantard nur ein cleverer Selbstdarsteller mit zuviel Zeit und einer
Sehnsucht nach dem *ancien régime*? Oder, wenn nicht alles gelogen
war, hatte die Priorei von Zion dann vielleicht den sozialen Abstieg zu
einer Horde von Agenten vollzogen? War der Gral nur ein dreckiger
Kelch voll schlüpfrigem Spionagestaub?

Während der 80er traf das Buch den richtigen Nerv. Die amerikanischen Priester wurden fast wahnsinnig bei der Vorstellung, daß Jahrhunderte christlicher Dogmatik plötzlich *falsch* sein könnten. Obwohl
Der heilige Gral und seine Erben die unterrepräsentierten Franzosen
wieder ins Zentrum des Kosmos rückten (schließlich hat Er ja keinen
amerikanischen oder englischen Akzent, oder?), waren die Gallier
nicht sonderlich begeistert. Einige stießen sich sogar an der Tatsache,
daß ihre nationalen Rätsel von Fremden auf dem internationalen
Marktplatz breitgetreten wurden. Amerikanische und britische Buch-
käufer waren da schon großzügiger.

Anfang der 90er hatte Lincoln sich von seinen Nachforschungen
verabschiedet. Auf die Frage, ob er eine Fortsetzung über den Geheimbund schreiben würde, antwortete er nur: „Auf meine alten Tage
habe ich entschlossen, bei den Dingen zu bleiben, die ich beweisen
kann."

Obwohl er desillusioniert war, gab er sich weiter mit dem Ort ab, an
dem alles angefangen hatte. In seinem 1991 erschienenen Buch *The
Holy Place* schrieb Lincoln, daß Rennes-le-Château sicherlich „das
achte Wunder der antiken Welt" sei, ein „riesiger, geometrischer Tempel, der sich über Kilometer erstreckt". Aber wie ein reformierter Here-
tiker, der einmal zuviel der Kritik ausgesetzt war, schloß Lincoln sein

Buch mit den bescheidenen Worten: „Dieses Buch behauptet nicht,
das Rätsel gelöst zu haben."

QUELLEN

Baigent, Michael, Richard Leigh und Henry Lincoln. *Der heilige Gral und seine Erben.* Berg. Gladbach: Bastei Lübbe, 1987.
Baigent, Michael, Richard Leigh und Henry Lincoln. *Das Vermächtnis des Messias.* Berg. Gladbach: Bastei Lübbe, 1987.
Lincoln, Henry. *The Holy Place: Discovering the Eighth Wonder of the World.* New York: Arcade Publishing, 1991.

31
Die Apokalypse auf einen Blick

D as Ende ist nah, aber wie nah genau, ist noch die Frage. Das Millennium-Fieber tobt über den Globus, Partygänger wie Apokalyptiker sind fixiert auf das Jahr 2000. Währenddessen weisen Erbsenzähler immer darauf hin, daß es kein Jahr Null gegeben hätte, daher müsse man Millennium plus 1 rechnen und käme auf das Jahr 2001. Die Apokalypse festzulegen, ist da schon schwieriger. Wenn es ums Ende der Welt geht, sind die Daten ebenso unterschiedlich wie unser mögliches Schicksal (Feuer oder Flut? Aufstieg oder Untergang? Dämonen oder Pleiaden?).

Im Angesicht früherer Verfehlungen (die Welt endete nicht im Jahr 1000, und die Geschichten über die harmonischen Konvergenzen im Jahr 1987 waren auch Blödsinn) sind die modernen Propheten selten bereit, ein genaues Datum zu nennen.

„Propheten machen Vorhersagen, bleiben aber vage, wenn es um ihr Eintreffen geht", erklärt Stephen D. O'Leary, ein Jahrtausendforscher an der Universität von Südkalifornien. Die erfolgreichsten Millennium-Propheten drücken sich „seltsam vorsichtig" aus, sagt er. „Die konkreten Propheten sind eher Randgruppen."

Es ist nicht überraschend, daß das Internet – ein Biotop für Randgruppen aller Art, die Heimat zahlreicher Propheten ist, die ein genaues Datum gesetzt haben. Tatsächlich spielt das Internet eine wichtige Rolle auf der „Ende der Welt-Bühne". „Das Internet wird für das 20. Jahrhundert das sein, was die Druckerpresse für das 16. war", sagt der mittelalterliche Historiker Richard Landes von der Universität von Boston. Er gründete zusammen mit O'Leary das Zentrum für Jahrtausendstudien. Die Druckpresse machte apokalyptische Texte erstmals einer breiten Masse zugänglich, so wie heute das Internet eine gewaltige Flut von Informationen enthält.

„Das Internet hat die Informationsmenge verstärkt, mit der die Leute Millennium-Szenarios erstellen können", sagt O'Leary. „Es gibt den Leuten auch die Möglichkeit, verschiedene Interpretationen auszuprobieren oder in Diskussionsforen darüber zu reden. Es gibt den Menschen ein Podium, die man woanders für irrsinnig halten würde."

Nun, in der Lotterie des Weltuntergangs könnte der Irre von heute der heilige Seher von morgen sein. Und wie können wir uns auf das endgültige Ende oder den großen Neuanfang vorbereiten? Dieser praktische Führer durch die Weltuntergangschronologie ist ein guter Startpunkt:

• Juli 1999 (Nostradamus): Das Ende trifft im Sommer 1999 (gerade noch rechtzeitig für den Prince-Song) ein. Unser aller Lieblingsprophet des 16. Jahrhunderts war erstaunlich deutlich, als er vorhersah, daß „im siebten Monat des Jahres 1999 ein großer König des Terrors vom Himmel herabsteigen" wird. Heutige Pessimisten denken, daß damit ein Nuklearschlag gemeint ist. Und das Zelt dieser Pessimisten ist sehr groß: Jeder, der aufs Ende der Welt setzt, will ein Stück von Nostradamus – New Ager, Hellseher, fundamentale Christen und Tom-Clancy-Fans.

• 18. August 1999 (Criswell): Ed Woods verehrter TV-Hellseher war so mutig, den Weltuntergang auf einen bestimmten Tag festzulegen: „Wenn Sie und ich uns an diesem Tag, dem 18. August 1999, auf der Straße treffen und wir darüber reden, was wir am nächsten Tag tun werden, werden wir den Mund öffnen, aber keine Worte hören, denn wir haben keine Zukunft... Sie und ich haben keine Zeit mehr!" Natürlich erklärte Criswell nie, wie genau die Welt enden wird, er sagt nur, daß sich spätere Generationen fragen werden, wer „Henry Ford" oder was mit „Hollywood" gemeint war. Aber wie gut war Criswell? Urteilen Sie selbst: „Ein Meteor wird 1988 London zerstören"; „Ich sehe die Einbalsamierung durch Radar, wodurch der Körper steinhart wird"; „1980 werden Sie in der Lage sein, ihr Gesicht zu Hause selber für nur fünf Dollar zu liften!"

- 1999 (Edgar Cayce): Der „schlafende Prophet" hält 1999 für das richtige Datum für den Weltuntergang, auf den ein Neues Zeitalter und die Wiederkehr Christi folgen. In der Zwischenzeit kann man sich auf eine Reihe guter Spezialeffekte freuen: Eine Verschiebung der Erdachse wird zum Schmelzen der Polkappen und zum Untergang von England und Japan führen. New York, San Francisco und Los Angeles werden durch Erdbeben und Fluten zerstört, wodurch es endlich keinen Grund mehr für Großstadtbewohner gibt, über die Leute auf dem Land zu lästern. Auf der positiven Seite wird Atlantis aus dem Meer aufsteigen und einen neuen Grundstücksmarkt schaffen. Und als ob das nicht genug wäre, wird Christus ein „Zeitalter des Friedens" ausrufen. Laut Cayces lockerer Zeiteinteilung könnte der Weltuntergang aber auch 2001 oder 2002 kommen.
- 5. Mai 2000 (Richard W. Noone): Der Autor des Buchs *5/5/2000: Ice – The Ultimate Disaster* ist erfrischend präzise: „Am Montag, den 5. Mai 2000, werden Venus, Mars, Jupiter und Saturn zum ersten Mal seit 6000 Jahren in einer Linie mit der Erde stehen. An diesem Tag werden die Eismassen des Südpols die Erdachse verschieben, und Milliarden Tonnen Eis werden den Planeten überfluten." Der Buchumschlag behauptet zwar, daß „eindeutige Beweise für eine weltweite Katastrophe in unserer Lebenszeit existieren", aber diese Beweise stammen größtenteils von Randgruppen-Wissenschaftlern wie Emanuel Velikofsky. Daher ist es wahrscheinlich, daß das größte Ereignis am 5.5.2000 die Happy Hour in einer mexikanischen Bar ist.
- 2000 oder 2007 oder 2048 (Hal Lindsey): Der Bestsellerautor (mehr verkaufte Exemplare als Stephen King) hält sich zurück, wenn es um das große Datum geht. In seinen früheren Büchern (unter anderem *The Late, Great Planet Earth*) gab der moderne Barde der christlichen Apokalypse einige Zahlen zum besten: Armageddon im Jahr 2000 (40 Jahre nach der Vereinigung Jerusalems) und die Wiederkehr Christi 2007. Allerdings gab Lindsey auch 2048 (siehe Bede weiter unten) als mögliches Ende an.
- 2001 (Unarius-Gesellschaft): Durch interstellare Gedankenbot-

schaften erfuhren die UFO-Gläubigen aus Südkalifornien, daß „ein Raumschiff der Pleiaden auf der sich erhebenden Insel Atlantis im Bermuda-Dreieck 2001 landen wird." Zu diesem Zeitpunkt wird die Erde die letzte Welt werden, die dem „Verbund der 33 Welten" beitritt und eine „interplanetarische Konföderation für die spirituelle Wiedererweckung der Menschheit auf der Erde" schafft. Obwohl unsere „Weltraum-Brüder" smart genug sind, um sich an den Kubrick-Film anzuhängen, sind sie nicht in der Lage, sich an Termine zu halten, denn sie sollten das letzte Mal 1985 erscheinen, aber weder Sternenschiffe noch Sternenkinder tauchten auf.

- 2003 (Kalki Avatar): Laut dem Hindu-Kalender wird 2003 Sree Vishiva Karma Veera Narayana Murthy, der Bote des Krishna, kommen, um die Herrschaft des dharma (Gerechtigkeit) einzuläuten. „Er wird 108 Jahre lang über das Universum herrschen und dann in Sein Gebiet, Vaikunta, zurückkehren. Davor wird die Welt voller Leid sein, und vieles wird sich ändern." Zum Beispiel wird es zwischen 1999 und 2003 „Blut regnen in Städten, Dörfern und Wäldern. Münzen von schlechter Qualität werden als Währung benutzt werden. Hammel und Ochsen werden weibliche Organe tragen und gemolken werden. Blut wird aus den Gliedmaßen von Elefanten und Pferden fließen... Es wird viele unheilbare Krankheiten geben. Ein Mann wird zehn Frauen hinter sich haben, was zu einem extremen Verhalten bei Menschen führt."

- 21. Dezember 2012 (Maya-Kalender): Die „harmonische Konvergenz" von 1987 war wohl doch kein Schlag ins Wasser. Sie eröffnete eine Übergangsphase von kosmischen Veränderungen, die zur Wintersonnenwende 2012 ihren Höhepunkt finden wird. Das hat José Arguelles, der New-Age-Visionär, der 1987 die Festivitäten organisierte, vorhergesehen. Er ist allerdings nicht der einzige, der 2012 für das Ende unseres Planeten anpeilt. Eine ganze Reihe von New-Age-Denkern berufen sich auf dieses Datum, das aus dem Maya-Kalender stammt, eine Art mystischer Tagesplaner, dessen Seiten am 21. Dezember 2012 verbraucht sein werden – notieren Sie sich den Termin schon mal. Man erwartet große „Erdveränderungen" von der Atlantis-steigt-auf-Los-Angeles-sinkt-Variante. Da die Mayas ihren Kalender nach den Sternen ausrichteten, erwartet man spektakuläre Himmelsphänomene. Laut Arguelles wird die Menschheit im Jahr 2012 von der „dritten Dimension" in die „vierte Dimension" (einem neuen galaktischen Bewußtseinszustand) geführt. Andere Maya-Kalenderzähler peilen den 22. Dezember 2012 als Datum an.

- 2058 (Bede, der Ehrwürdige): Der Theologe aus dem 8. Jahrhundert rechnete aus, daß Jesus 3942 Jahre nach der Erschaffung der Welt geboren wurde, woraus folgt, daß die sechstausend Jahre während Welt 2058 endet. Bisher hat niemand Bedes Berechnungen nachvollzogen, allerdings sind die modernen Millennium-Theoretiker an seinen Theorien nicht sonderlich interessiert.

- 2076 (das Jahr des Haj): 2076 ist nach dem moslemischen Kalender das Jahr 1500. Aus diesem Grund haben einige Sufi-Sekten dieses Jahr zum Ende der Welt erklärt. Unsere Vorhersage: Die Amerikaner werden mit ihren Parties zum 300jährigen Bestehen ihres Landes den Weltuntergang in den Schatten stellen.

- 2240 (jüdischer Kalender): Laut den Juden ist 2240 das Jahr 6000. Sollte uns bis dahin kein Untergangsszenario entweder in den Mülleimer der Geschichte oder in ein Stadium kosmologischer Harmonie verbannt haben, wird uns nichts und niemand mehr von unserem selbstzufriedenen Platz vertreiben. Außer vielleicht den Klingonen...

QUELLEN

Cayce, Edgar Evans. *Edgar Cayce on Atlantis.* New York: Warner Books, 1996.

Center for Millennial Studies: http://www.mille.org.

Criswell. *Criswell Predicts.* Anderson, SC: Droke House, 1968.

Hogue, John. *The Millennium Book of Prophesy.* San Francisco: Harper, 1997.

Jenkins, John Major. „The How and Why of the Mayan End Date in 2012 A.D." Internetseite: http://www.levity.com/eschaton/Why2012.html.

Lindsey, Hal und C.C. Carlson. *The Late, Great Planet Earth.* New York: Harper, 1992.

Noone, Richard W. *5/5/2000.* New York: Three Rivers Press, 1997.

Internetseite der Unarius-Gesellschaft: http://www.unarius.org/et.html.

Van Impe, Jack. „Overview of Major Events." Internetseite: http://www.jvim.com/timeline.html.

32
Das Grabtuch und die Schriftrollen

Am 18. April 1998 kehrte Jesus zurück. Natürlich nicht wirklich, sondern nur als Bild. Tatsächlich handelte es sich dabei um das detaillierteste Bild, das je von Jesus Christus veröffentlicht wurde. Hätten Sie eine Eintrittskarte für die zweimonatige Ausstellung in Turin, Italien, gehabt, wären Sie in der Lage gewesen, direkt ins Gesicht des größten Superstars der westlichen Geschichte zu sehen.

Das Turiner Grabtuch war aus seinem Versteck gekommen.

Das Grabtuch ist nur selten öffentlich zu sehen. Das letzte Mal war vor 20 Jahren. Drei Millionen Menschen kamen damals. Für diejenigen unter Ihnen, die fragen müssen *(Heiden!)*: Das Grabtuch ist ein großes Leinentuch, das mehrere hundert, vielleicht sogar zweitausend Jahre alt ist. Darauf sieht man das blasse Abbild eines bärtigen, langhaarigen Mannes mit einer recht großen Nase, der – da sind sich alle einig – Wunden hat, die zum Tod durch Kreuzigung passen. Tatsächlich passen die Wunden sehr gut zu der Beschreibung, die in der Bestseller-Anthologie antiker Literatur (sprich Bibel) dem Großen C selbst zugefügt wurden. Die etwas Vorsichtigeren nennen ihn „Tuchmann".

Die unglückliche Figur auf dem Tuch hat Einstiche auf der Stirn, vermutlich von einer „Dornenkrone". Der Rücken ist übersät mit Peitschenspuren. Der Tuchmann hat sogar eine Wunde an der rechten

Seite, genau dort, wo laut dem Johannes-Evangelium Jesus mit einem Speer verletzt wurde. Das Grabtuch ist voller Flecke, bei denen es sich vermutlich um Blut aus den Wunden handelt.

Es klingt unwahrscheinlich, daß es sich bei diesem Tuch wirklich um das Grabtuch von Jesus handelt, wie die Tradition sagt. Auf der anderen Seite ist allein die Existenz des Grabtuchs im Jahr 1998 ein Zeichen dafür, daß es etwas Besonderes ist. Die meisten Grabtücher aus dieser Zeit sind seit Jahrhunderten zerfallen. Sollte dieses Tuch tatsächlich 2000 Jahre alt sein, müssen sich die Leute seit damals besondere Mühe gegeben haben. Eine andere Frage: Wie kam dieses überraschend realistische Bild überhaupt auf das Tuch?

Die Echtheit des Tuchs ist seit seiner „Entdeckung" umstritten. Der erste Brief, in dem es erwähnt wurde, stammt von Bischof Pierre d'Arcis aus dem Jahr 1389, der es als Fälschung beschreibt! D'Arcis schreibt sogar, der Fälscher sei gefaßt und geständig. Der Bischof scheint jedoch unrecht zu haben. Wie auch immer das Grabtuch hergestellt wurde – was bis heute niemand weiß –, es war ein komplizierter Vorgang. Bedenkt man die irre Begeisterung des Mittelalters für Relikte (nicht nur von Jesus, sondern von jedem, der mit ihm zu tun hatte), warum hätten die Erfinder dieses Vorgangs nur ein Grabtuch fälschen sollen? Warum nicht auch noch andere Bilder? Oder welche von Maria? Oder Petrus? Für jedes hätten sie einen ganzen Sack Dukaten bekommen.

Aber da ist nur das Tuch.

Weiß jemand, was das Tuch wirklich ist? Ein britischer Tuchforscher machte 1960 eine möglicherweise hochinteressante Entdeckung: Die Art, in der der Tuchmann begraben wurde, entspricht genau der, mit der die Mitglieder einer kleinen Sekte, die im antiken Israel die Qumran-Rollen schrieben, ihre Körper begruben.

Diese Schriftrollen eröffnen uns ein Labyrinth der Verschwörungen und Vertuschungen. Wie immer ging es den Mächtigen darum, sich selbst zu schützen. Der Zweck dieser Verschwörung war (sagen wir einmal mutig) Öffentlichkeitsarbeit. Genauer gesagt, die Erhaltung eines Images – Jesus' Image. War er der sanftmütige, von Gott gezeugte Zimmermann, den wir alle kennen und lieben? Oder war er ein extremer politischer Revolutionär, der mehr an Aufständen als an neuen Religionen interessiert war?

Die Schriftrollen wurden an einem Ort entdeckt, wo sie anscheinend seit den antirömischen Aufständen im ersten Jahrhundert, bei denen Jerusalem zerstört wurde, gelegen hatten: in einer Reihe von Urnen, verborgen unter den Ruinen einer alten Festung namens Qumran.

Die Siedlung liegt rund 60 km vom Hügel von Massada entfernt, wo jüdische Rebellen sich gegen die Römer verteidigten, bis die Situation so hoffnungslos wurde, das sie sich in ihre Schwerter stürzten.

Die Schriftrollen enthalten zahlreiche Texte, einige in hebräisch, andere in aramäisch. Einige schildern andere Versionen biblischer Geschichten. Dann gab es noch einige kontroverse Texte, die das Leben in der Qumran-Kolonie und einige sehr interessante Zwischenfälle schilderten.

Die Qumran-Sekte, die mindestens ein Jahrhundert vor Jesus existierte, hielt sich an erkennbar frühe christliche Rituale und Dogmen. Das steht natürlich im Gegensatz zu der katholischen Doktrin, daß es kein Christentum vor Jesus gab. Irgendwie wichtig, wenn man darüber nachdenkt.

Die Idee, daß das Christentum aus einer Splittergruppe des Judentums entstand, war noch die geringste Heresie, die Forscher außerhalb des „internationalen Teams" beim Studium der Schriften entdeckten. Was vermutlich auch der Grund dafür ist, daß de Vauxs' kleine Gruppe sie fast niemanden lesen läßt. Mehr als die Hälfte der Schriften wurde bisher nicht veröffentlicht (es gibt einen Schriftrollen-Untergrund, der seit langem Texte herausschmuggelt und an die Öffentlichkeit bringt). Das „internationale Team" frißt sich im Schneckentempo durch die Texte, verweigert aber jedem unabhängigen Forscher einen Blick darauf.

Michael Baigent und Richard Leigh (wohlbekannt für ihre wilde, abgefahrene Theorie über „Diese Christen") haben ein Buch namens *Verschlußsache Jesus. Die Qumranrollen und die Wahrheit über das frühe Christentum* geschrieben, das sich größtenteils auf die Arbeit des amerikanischen Forschers Robert Eisenman stützt, der sich wie kein anderer bemüht hat, die Schriftrollen aus den monopolistischen, gierigen Händen des „internationalen Teams" zu reißen. Sie kommen zu folgenden Schlußfolgerungen:

• Die angeblich pazifistischen Bewohner von Qumran waren in Wirklichkeit Zeloten, die militanteste und brutalste revolutionäre Splittergruppe des Judentums – eine Art antiker Vietcong –, die kurz vor der Geburt Jesu gegründet wurde.

- Die orthodoxen Forscher der Schriftrollen sind sich einig, daß die Bewohner von Qumran isoliert waren und keine politischen Neigungen hatten. Allerdings zeigen die Autoren der Schriftrollen ein großes Interesse an den Vorgängen im Tempel von Jerusalem, der damals der Mittelpunkt der jüdischen Zivilisation war. Die Gemeinde von Qumran, die ihre Schriften in Höhlen versteckten, hielt außerdem engen Kontakt zur Massada-Sekte, die sechs Jahre gegen die Römer Widerstand leistete, bevor sie Massenselbstmord beging. Einige Qumran-Mitglieder könnten in Massada gefallen sein.

- Die Zeloten, die man allgemein für Freiheitskämpfer hält, waren außerdem religiöse Fanatiker, die keine Abweichung vom biblischen Gesetz duldeten. Die Selbstmörder von Massada waren Zeloten. Die Lehren von Jesus, dem angeblichen „Friedensstifter", waren stark von zelotischem Denken beeinflußt und beeinflußten umgekehrt auch die Zeloten.

- Es ist daher wahrscheinlich, daß Jesus ein Zelot war, oder zumindest ein politischer Revolutionär, der den Zeloten Sympathie entgegenbrachte. In jedem Fall war er nicht die abgehobene Figur aus dem Neuen Testament und hielt sich zu keiner Zeit für den Stifter einer neuen Religion, die aus dem Judentum ausbrechen wollte. (Sogar die Bibel nennt Simon, einen der Jünger, „Simon Zelotes", also Simon, den Zeloten, was beweist, daß Jesus zumindest einen Zeloten in seiner Begleitung hatte.)

- Der „Lehrer der Gerechten", der in den Schriftrollen als Anführer der Qumran-Gemeinschaft genannt wird, und der Bruder von Jesus, der in der Bibel erwähnt wird, waren ein und dieselbe Person.

- Qumran ist die „frühe Kirche", die in den Briefen der Apostel „Damaskus" genannt wird. Dabei handelt es sich um das gleiche Damaskus – nicht die syrische Großstadt –, zu der der römische Killer Saulus unterwegs ist, bevor er plötzlich zum „Christentum" konvertiert und unter dem Namen „Paulus" der eifrigste Evangelist des neuen Glaubens wird.

- Der „Lügner" in den Texten der Schriftrolle, der Gegner des „Lehrers der Gerechten", war niemand anders als Paulus. Ein Text schildert einen Konflikt in der „frühen Kirche", der zwischen den Anhängern von Jesus, dem charismatischen Revolutionär, und denen Paulus', des Killers, der zum Prediger geworden war (und Jesus nie traf, aber trotzdem behauptete, mehr über seine Gedanken zu wissen als dessen eigene Jünger), schwelte.

- Paulus wurde vielleicht absichtlich von den Römern eingeschleust, um die neue Bewegung zu entzweien.

Zu behaupten, daß man nach diesen Enthüllungen das Christentum überarbeiten muß, wäre eine Untertreibung. Die Qumran-Rollen stellen die gesamte Geschichte dieser Religion auf den Kopf. Und da das Christentum die Kraft war, die die westliche Zivilisation zusammenschweißte, könnten die Qumran-Rollen, wenn man sie vernünftig studiert, das gesamte Bild der westlichen Welt ändern. Das ist ein hoher Einsatz.

Wenn das Grabtuch eine Verbindung zu Qumran hätte und wirklich Jesus darauf wäre, kann man sich die Konsequenzen kaum vorstellen. Das Geheimnis des Grabtuchs könnte die geheime Geschichte der westlichen Zivilisation enthüllen.

Aber genug davon. Die wichtigste Frage ist: Echt oder gefälscht? Wenn das Grabtuch wirklich 2000 Jahre alt ist, wo war es die ersten 1350 verborgen? Skeptiker, die glauben, das Grabtuch sei im 14. Jahrhundert entstanden, wirken immer etwas überheblich, wenn sie darauf hinweisen, daß es vorher nie erwähnt wurde.

Laut Ian Wilson wird das Grabtuch nicht nur erwähnt: Es ist eines der heiligsten Objekte des Christentums und beeinflußte die künstlerische Darstellung von Jesus ab dem 6. Jahrhundert.

Wilson, der von der Echtheit des Tuchs überzeugt ist, hat sein Leben dem Ziel gewidmet, das zu beweisen. Er schreibt, daß man Jesus in den ersten Jahrhunderten nach seinem Tod immer mit kurzen Haaren, rosigem Gesicht und frisch rasiert gemalt hätte – ein gutaussehender junger Mann.

Plötzlich veränderte sich das Bild jedoch. Er ist nicht mehr Leonardo DiCaprio. Er ist älter und trägt das lange Haar in der Mitte gescheitelt. Er trägt einen Bart. Seine Nase ist lang. Er ist, um es so auszudrücken, Tuchmann geworden.

Die Skeptiker sagen: „Na und?" Diese Darstellung war im 14. Jahrhundert sehr populär. Natürlich hätte der Grabtuchfälscher – vermutlich irgendein irrer Mönch – das übernommen. Aber, wie man so schön sagt, Gott steckt im Detail. Fast alle Jesusbilder, die vor 1350 angefertigt wurden, zeigen bestimmte Eigenheiten, die man auf dem Grabtuch entdecken kann. Eine v-förmige Falte zwischen den Augen, eine Linie auf dem Hals, eine Schwellung auf der Stirn (vermutlich eine Beule).

Laut Wilson ist das Grabtuch in Wahrheit die Ikone von Edessa – eine Hypothese, durch die das Tuch eine nachvollziehbare Geschichte bekommen würde, die bis ins 4. Jahrhundert reicht. Edessa (heute die türkische Stadt Urfa) war im damaligen Syrien ein Zentrum des Christentums. Die Christen dort waren wild auf ein Stück Stoff, auf dem Jesus' Kopf zu sehen war. Wilson glaubt, daß es sich dabei um das Grabtuch handelte, das man gefaltet hatte, so daß nur der Kopf zu sehen war.

Für Freunde der Verschwörungen birgt das Tuch noch mehr Geheimnisse. Für einen Zeitraum von 150 Jahren, ab 1204, befand sich das Tuch möglicherweise im Besitz der legendären Tempelritter, Beschützer des Grals (mehr Informationen über die Templer und den Gral finden Sie in Kapitel 30). Einige Autoren halten das Grabtuch sogar für den Gral. Jahrhundertelang wurde das Tuch in einer Kiste mit gitterartiger Abdeckung aufbewahrt. Ab und zu wurde das Tuch soweit enthüllt, daß man den Kopf von Jesus sehen konnte.

Die Templer übernahmen eine Reihe heretischer Angewohnheiten, wegen der sie schließlich verfolgt und getötet wurden. Eine dieser seltsamen Angewohnheiten war ihre Verehrung eines Bildes von einem Kopf, das sie „Baphomet" nannten. Niemand weiß genau, was der Name bedeutete, aber das Wort könnte sich auf das arabische *abufihamet* beziehen, was „Vater der Weisheit" heißt. Einige beschreiben Baphomet als den Kopf eines bärtigen Mannes. Lange nach dem brutalen Ende der Templer entdeckte man eine Statue des Baphomet in einer verrotteten Templer-Festung in England. Die Büste, so heißt es, habe Tuchmann extrem ähnlich gesehen.

Das Bild auf dem Grabtuch wirft ohnehin Fragen auf. Es sieht aus wie das Negativ eines Fotos. Allerdings braucht man normalerweise eine Kamera, um ein Foto zu machen, und vor zweitausend Jahren oder auch siebenhundert Jahren (wo die meisten Forscher das Grabtuch ansiedeln) gab es so spaßige Geräte einfach noch nicht.

1988 erlaubte es die katholische Kirche einigen Forschern erstmals, Proben des Tuchs zu entnehmen. Sie datierten es unabhängig voneinander an drei verschiedenen Orten rund um den Erdball und kamen auf einen Entstehungszeitpunkt, der zwischen 1260 und 1390 lag. Diese Resultate erhielten sie mittels der Karbon-14-Methode, die den Zerfall radioaktiver Isotope mißt.

Ein anderer Wissenschaftler entdeckte 1978, nach mehr als zehn Jahren der Forschung, daß es sich bei dem Abbild auf dem Tuch um ein Gemälde handelt. Er entdeckte Pigmentspuren auf dem Tuch. Grabtuchanhänger weisen jedoch darauf hin, daß diese Flecken über die Jahrhunderte entstanden sein könnten, wenn Künstler ihre Bilder weihen wollten, indem sie sie gegen das Tuch preßten. Andere Wissenschaftler fügen hinzu, daß sie keine Pinselstriche finden können, die bei einem Gemälde so wichtig sind wie eine Kamera bei einem Foto.

Sogar die Karbon-14-Resultate sind nicht unumstritten. Es heißt, die Forscher von 1988 hätten eine bioplastische Schicht nicht bemerkt, durch deren Anwesenheit die Resultate sich um bis zu 1300 Jahre verschieben könnten, worauf die Entstehung des Tuchs praktischerweise *wieder auf 2000 Jahre zurückdatiert* wird.

Man kann beruhigt sagen, daß die wissenschaftliche Beweislage eher auf eine Entstehung im Mittelalter schließen läßt. Trotzdem bleibt der Ursprung des Grabtuchs ein Geheimnis. Selbst wenn das Ding von einem cleveren Mönch gemacht wurde, der das ultimative Relikt schaffen wollte (ein dickes Geschäft in dieser Zeit), wie ging er vor? Die extreme Detailfreude und der Realismus des Bildes sind völlig untypisch für diese Zeit. Wenn es kein Gemälde ist, was dann? Und wenn es eins ist, wieso wurde es als Negativ gemalt?

Und was ist mit all dem Blut auf dem Stoff? Der Chemiker Alan Adler, der in dem prestigereichen Magazin für religiöse Archäologie, *Time*, zitiert wurde, sagt, er habe bei chemischen Tests herausgefunden, daß das Blut nicht nur echt sei, sondern sogar geronnen war. Natürlich könnte sich unser cleverer Mönch entschlossen haben, auf das Tuch zu bluten, um es realistischer aussehen zu lassen, aber hätte er gewartet, bis sein Blut geronnen war? Damals wußte kein Mensch, daß es in geronnenem Blut Substanzen gibt, die in flüssigem fehlen. Unser Mönch muß seiner Zeit weit voraus gewesen sein.

Wie dem auch sei, wie jedes gute Rätsel und jede gute Verschwörung wird das Geheimnis des Grabtuchs für immer in den dunklen Tiefen der Geschichte verborgen bleiben.

QUELLEN

Baigent, Michael und Richard Leigh. *Verschlußsache Jesus. Die Qumranrollen und die Wahrheit über das frühe Christentum.* München: Droemer, 1991.

Baigent, Michael, Richard Leigh und Henry Lincoln. *Der heilige Gral und seine Erben.* Berg. Gladbach: Bastei Lübbe, 1987.

Drews, Robert. *In Search of the Shroud of Turin.* Totowa, NJ: Rowan and Allanheld, 1984.

McCrone, Walter C. *Judgement Day for the Turin Shroud.* Chicago: Microscope Publications, 1997.

Nickell, Joe. *Inquest on the Shroud of Turin.* Buffalo, NY: Prometheus Books, 1983.

Stevenson, Kenneth E. und Gary R. Habermas. *Verdict on the Shroud.* Ann Arbor, MI: Servant Books, 1981.

Van Biema, David. „Science and the Shroud." *Time.* 20. April 1998.

Wilcox, Robert. *Shroud.* New York: MacMillan, 1977.

Wilson, Ian. *The Shroud of Turin.* New York: Doubleday, 1978.

ebd. *The Blood and the Shroud.* New York: Free Press, 1998.

ebd. *Das Turiner Grabtuch. Die Wahrheit.* München: Goldmann, 1999.

33
Der Protokoll-Betrug

Betrachtet man sie als historisches Dokument, sind sie gefälscht. Als Verschwörungstheorie haben sie keinerlei Gehalt und sind ohne jeden Belang. Trotzdem haben sich die *Protokolle der Ältesten von Zion* in viele Verschwörungstheorien eingeschlichen. Dort wird die Legende verbreitet, daß die Juden die Welt beherrschen, so wie ein Violinist sein Instrument.

Diese rassistische, antisemitische Theorie findet sich häufig in Theorien über „die neue Weltordnung" und besagt, daß jüdische Bankiers die Fäden aller globaler Ereignisse in Händen halten. So lächerlich sich das auch anhört, aber diese Theorie tauchte sogar in Malaysia und Japan auf, wo behauptet wurde, die Juden hätten die Wirtschaft sabotiert und zum Kollaps gebracht (dafür gab es natürlich nicht den geringsten Beweis).

Wie der Mythos der jüdischen Verschwörung entstand und sich auf dem Erdball bis nach Asien ausbreitete – wo es nun wirklich nicht viele Juden gibt –, ist eine faszinierende Geschichte, die auch eine gewisse Ironie enthält, denn die rassistische Theorie mit dem Namen „Internationale Zionistische Verschwörung" entstand aus einem politischen Text, der überhaupt nichts mit Juden zu tun hatte. In seiner frühesten Form findet man ihn kurz nach der französischen Revolution.

Das apokryphe Dokument, das die antisemitische Idee vor rund 100 Jahren hervorbrachte, heißt *Protokolle der Ältesten von Zion*. Der Ursprung der *Protokolle* ist schon bezeichnend: Es ist eine Ansammlung fiktionaler Texte und gestohlener politischer Pamphlete, die im 19. Jahrhundert in Europa gärten. Den ältesten Hinweis dieses Mythos findet man in einem Buch aus dem Jahre 1797, das der französische Geistliche Abbé Barruel über die revoltierenden Jakobiner schrieb. In diesem Buch, das ein Bestseller in Europa und den USA wurde, steht, daß die Geheimsekten wie die Illuminati und die Freimaurer die grauen Eminenzen hinter der französischen Revolution waren.

Aber Barruel erwähnte keine Juden. Die tauchten erst 1806 in diesem Mythos auf, als Barruel den Brief eines pensionierten Offiziers aus Florenz erhielt. Dieser J.B. Simonini warnte Barruel vor einer „jüdischen" Sekte, die „eine beachtliche Macht darstellt, da sie sehr reich ist und überall in Europa Schutz genießt". Simonini behauptete, er habe sich als Jude verkleidet und sich in eine verschwörerische Versammlung in Norditalien eingeschlichen, wo ihm die jüdischen Verschwörer angeblich gestanden hätten, sie hätten die Illuminati und die Freimaurer gegründet und auch schon die Hierarchie der christlichen Kirche infiltriert. Außerdem planten sie, einen Juden zum Papst zu machen.

Diese Verschwörungsidee tauchte 75 Jahre, nachdem Simonini den Brief schrieb, wieder auf und zwar in einem Roman eines preußischen Postbeamten (Sir John Retcliffe, ein Pseudonym von Hermann Goedsche). Dieser fiktionale Text enthielt ein Kapitel namens „Auf dem jüdischen Friedhof in Prag". Darin wird beschrieben, wie sich aller hundert Jahre die Ältesten der zwölf Stämme Israels am Grabe eines Rabbis treffen und die Unterdrückung der christlichen Welt planen. Dieses Kapitel wurde als Pamphlet in Rußland und Frankreich nachgedruckt und schließlich als Tatsache akzeptiert.

Die vollständigen *Protokolle der Ältesten von Zion* erschienen um die Jahrhundertwende in Rußland. Das Buch bediente sich bei Retcliffes Roman und einem 1865 erschienenen Pamphlet von Maurice Joly gegen Napoleon III., mit dem Titel *Dialogue aux Enfers entre Montesquieu et Machiavel*. Die *Protokolle* taten nicht mehr, als ein französisches politisches Traktat in ihre Wahnvorstellung einer jüdischen Verschwörung einzubinden. Die *Protokolle* bestanden aus 24 Kapiteln mit 1200 Seiten, auf denen ein Mitglied der geheimen jüdischen Weltregierung – die Ältesten von Zion – die jüdischen Pläne der Weltherrschaft beschrieb. Die *Protokolle* behaupteten, da die Menschen nicht in

der Lage seien, sich selbst zu regieren, bräuchten sie einen machiavelli-
artigen Despoten.

Außerdem behaupteten die *Protokolle*, die Juden hätten zur Vorbereitung der Weltrevolution die christlichen Bürger gegen ihre Herrscher aufgehetzt. Nach der Revolution würden die jüdischen Herren
die Christen durch einen Sozialstaat mit einer zentralistischen Regierung, Vollbeschäftigung, Besteuerung nach Einkommen, freier Schul-
bildung und Unterstützung kleiner Geschäfte ruhig halten. Die Ältesten von Zion würden die Freiheit wie eine Karotte vor den Nasen der
Christen schwenken, dieses Versprechen aber nie einlösen.

In Rußland verstärkte das Buch nur noch den Ärger und die Hysterie, die zu den Pogromen führte (eine andere Version wurde kurz vor
der russischen Revolution von der Geheimpolizei des Zaren benutzt,
um Revolutionäre außerhalb Rußlands anzugreifen). Die *Protokolle*
fanden bald ihren Weg nach Deutschland, wo die Leser gerne an diesen Schwindel glauben wollten: Immerhin schoben sie schon ihre Niederlage im Ersten Weltkrieg auf die Juden. Britische Zeitungen kom-
mentierten und besprachen das Buch und ließen es dadurch seriös
wirken. Die Nazis sollten die *Protokolle* später in ihre verworrene Ideo-
logie mit einbinden.

Während der 20er Jahre fand das Dokument seinen Weg nach Amerika, wo Automobil-Pionier Henry Ford sein größter Fan wurde. Laut
dem Historiker Leo P. Ribuffo gab ein Angestellter Ford das Buch, der
es von einem russischen Einwanderer bekommen hatte, der behauptete, er habe Informationen über jüdische Verschwörungen in ganz Europa. Der *Dearborn Independent* veröffentlichte eine Reihe von Artikeln über den „internationalen Juden".

Die *Protokolle* haben immer die Sorgen der Gruppe reflektiert, die sie
annahm. Wie Ribuffo bemerkt, repräsentierten sie in den USA ganz andere Sorgen als in Rußland. Dort benutzte man die *Protokolle*, um die
Versuche der rechten Oligarchie an der Macht zu bleiben, zu rechtfertigen – man schob das Chaos im eigenen Land einfach auf die Juden. In
Fords Händen wurden die *Protokolle* benutzt, um die raschen sozialen
Veränderungen im immer stärker industrialisierten Amerika zu erklären.
Der Aufstieg der Gewerkschaften, die Ankunft von immer mehr Einwanderern, das Anwachsen der „großen Regierung" – all diese ungewohnten
und angsteinflößenden Veränderungen schob man auf die Juden.

1917 fanden die *Protokolle* ihren Weg nach Japan. Laut David G. Goodman und Masanori Miyazawa, den Autoren des Buchs *Jews in the Japanese Mind* erhielten japanische Soldaten, die nach der bolschewistischen Revolution in den Osten Rußlands versetzt worden waren, das Buch von konterrevolutionären weißrussischen Truppen. So kam der Mythos über eine jüdische Verschwörung nach Japan, wo er erneut die Ängste und Sorgen der Nation widerspiegelte. Laut Goodman und Miyazawa diente der antisemitische Mythos in Japan dazu, das Selbstwertgefühl der Japaner als „nationalistische, ethnische Xenophoben" zu stärken.

Leider sorgt die Flexibilität dieses Mythos, die Art, wie man ihn auf die nationalen Ängste jedes beliebigen Landes anwenden kann, dafür, daß er nicht ausstirbt. Der Trend zur Globalisierung setzt sich fort und destabilisiert den wirtschaftlichen Nationalismus. Allein deshalb müssen wir befürchten, daß die haltlose Verschwörungstheorie einer zionistischen Bedrohung ihr häßliches Angesicht immer wieder zeigen wird.

QUELLEN

Cohn, Norman. *Warrant for Genocide.* New York: Harper and Row, 1969.

Goodman, David G. und Masanori Miyazawa. *Jews in the Japanese Mind.* New York: Free Press, 1995.

Ridgeway, James. *Blood in the Face.* New York: Thunder's Mouth Press, 1990.

VII

Die Verschwörungs-GmbH

34
Der Putsch im Weißen Haus

Nur wenige Amerikaner wissen davon. Während der großen Depression brütete eine Gruppe von millionenschweren Bankiers und Industriellen eine Verschwörung aus, um die amerikanische Regierung zu entmachten und eine faschistische Diktatur zu errichten. Es war in den Worten des zeitgenössischen Journalisten John J. Spivak „eines der phantastischsten Komplotte in der amerikanischen Geschichte".

Spivaks Einschätzung in seinem Buch *A Man in His Time* aus dem Jahre 1967 trifft sicherlich auch sechzig Jahre nach dem Sachverhalt noch zu: „Was hinter dem Komplott stand, wurde in Schweigen gehüllt, das bis zum heutigen Tag nicht gebrochen wurde. Auch eine Generation später wußten die, die noch am Leben waren, daß alle Tatsachen so gut verschwiegen wurden, daß die Verschwörung nicht einmal eine Fußnote in der amerikanischen Geschichte ist." Auch wenn ein Komitee des amerikanischen Kongresses alle Behauptungen bestätigte, wurden die Feststellungen vertuscht. Kein Wunder! Die Intriganten waren namhafte amerikanische Finanziers aus den Imperien von Morgan und Du Pont, Leute vom rechten politischen Flügel, die erbittert gegen Franklin Delano Roosevelts *New Deal*-Wirtschafts- und Sozialpolitik und die Sympathien des Präsidenten für die organisierten Arbeiter kämpften.

Vielleicht würden die Amerikaner mehr als genug über die Verschwörung wissen und sogar einen „Präsident Duce-Tag" feiern, wenn da nicht ein patriotischer Militär namens Major General Smedley Darlington Butler gewesen wäre. Im Sommer 1933 traten die Putschanstifter an Butler, den pensionierten Kommandanten der amerikanischen Marine und berühmten Kriegshelden, der liebevoll „der kämpfende Quäker" genannt wurde, heran. Sie boten ihm die Aufgabe an, aus der Veteranengruppe des Frontkämpferbundes eine 500.000 Mann starke Plündererarmee als Spitze für einen amerikanischen Staatsstreich zu machen.

Zum Nachteil für den Faschismus stellte sich die Wahl Butlers als Niedergang für die Verschwörung heraus. Die Verschwörer hatten den ehemaligen General offensichtlich wegen seiner großen Popularität bei der großen Masse der Soldaten ausgesucht. Es waren jedoch Butlers anti-elitäre Haltung und sein ehrlicher Ruf, die ihn zum Favoriten der Populisten machten. Kurz gesagt, die Verschwörer hätten keinen anderen auswählen können, der weniger mit einer faschistischen Übernahme einverstanden gewesen wäre. Schlauerweise entschied sich Butler mitzuspielen. Unter der Vortäuschung von Interesse brachte er die Pläne der Verschwörer ans Tageslicht und entlarvte die Intrige im Kongreß.

Wie er dem McCormack-Dickstein-Ausschuß des Repräsentantenhauses, das Ermittlungen über kommunistische und Nazi-Aktivitäten in Amerika anstellte, erzählte, wandte sich zuerst ein gewisser Gerald G. MacGuire, ein Obligationsvertreter und ehemaliger Kommandeur des Frontkämpferbundes in Connecticut, an Butler. Als Journalist beschrieb Spivak ihn: „MacGuire war ein kleiner, stämmiger Mann mit der Neigung zu einem Dreifachkinn, der aufgrund einer Kriegsverletzung eine silberne Platte im Kopf hatte."

Laut einem ehemaligen General beschrieb MacGuire Butler etwas, „das einer Intrige zur Übernahme der Regierung, nötigenfalls mit Gewalt, gleichkam." MacGuire erklärte Butler zufolge, daß er nach Europa gereist war, um die Rolle, die Veteranengruppen bei der Unterstützung von Mussolini im faschistischen Italien, Hitler in Nazideutschland und der französischen Regierung gespielt hatten, zu studieren. MacGuire lobte Frankreichs Croix de Feu als „eine Organisation mit Über-Soldaten" mit tiefgreifendem politischem Einfluß. Dann verkündete der Mann mit der Silberplatte im Schädel, daß es

„unsere Idee hier in Amerika" sei, „eine Organisation dieser Art aufzubauen", weil „die politische Organisation ein wenig geändert werden muß".

Laut Butler führte MacGuire weiter über das Komplott aus: „Ist Ihnen jemals aufgefallen, daß der Präsident überarbeitet ist? Wir könnten einen Hilfspräsidenten haben, jemand, der die Verantwortung auf sich nimmt." MacGuire nannte diesen neuen Superfunktionär des Kabinetts „Minister für allgemeine Aufgaben". Und er sagte: „Sie wissen, daß das amerikanische Volk das schlucken wird. Wir haben ja die Zeitungen. Wir werden eine Kampagne über die schwächer werdende Gesundheit des Präsidenten starten. Jeder kann das bei seinem Anblick erkennen, und die dumme amerikanische Bevölkerung wird darauf innerhalb einer Sekunde hereinfallen..."

Auch wenn MacGuire unter Eid Butlers Bericht abstritt, kam eine bestätigende Aussage von Paul Comly French, einem Reporter des *Philadelphia Record*. Butler hatte French gebeten, MacGuires Intrige zu untersuchen und Licht in das zu bringen, „um was zum Teufel es da eigentlich geht".

Nach Absprache mit Butler stimmte der redegewandte MacGuire zu, French zu treffen. French bezeugte, daß MacGuire ihm erzählte: „Wir brauchen eine faschistische Regierung in diesem Land, ...um die Nation vor den Kommunisten zu beschützen, die alles vernichten und kurz und klein schlagen wollen, was wir in Amerika aufgebaut haben. Die einzigen, die den nötigen Patriotismus haben, dies zu tun, sind Soldaten, und der ideale Führer ist Smedly Butler. Er könnte eine Million Männer über Nacht organisieren."

French fuhr fort: MacGuire „wurde lockerer, als wir in Gang kamen, und sagte: 'Wir könnten mit Roosevelt zurechtkommen und dann das mit ihm machen, was Mussolini mit dem italienischen König gemacht hat.' „Wenn Roosevelt mitspielt", so faßte French zusammen, „um so besser, und falls nicht, würden sie ihn vertreiben."

French zufolge soll MacGuire Namen genannt haben, um den Eindruck zu schaffen, daß hohe Tiere des Frontkämpferbundes am Komplott beteiligt waren.

Um Butler zu beeindrucken, hatte MacGuire mit einem Sparbuch angegeben, das ein Guthaben von mehr als 100.000 US-Dollar für „Spesen" aufführte. Später wedelte er mit einem Bündel aus achtzehn

1000-Dollar-Scheinen und prahlte mit gewissen „Freunden", von denen auch dieses Geld kam, und die in der Lage waren, noch viel mehr Zaster auszuspucken.

Einer dieser Freunde war Robert Sterling Clark, ein prominenter Bankier und Aktienhändler an der Wall Street. Als Butler MacGuire nach dessen Vorgesetzten fragte, stellte sie ihm der pummelige Unterhändler vor. Laut Butlers Aussage sprach Clark davon, die Hälfte seines 60-Millionen-Dollar-Vermögens einzusetzen, um die andere Hälfte zu retten. Was noch wichtiger ist, Clark soll vage Befürchtungen über den fehlgeleiteten FDR gehabt haben: „Sie wissen, daß der Präsident schwach ist. Er wird mit uns zusammenarbeiten. Er wurde in dieser Klasse geboren, und er wird zurückkommen. Er wird sich erwartungsgemäß verhalten. Am Ende wird er sich erholen. Wir müssen jedoch vorbereitet sein, um ihn zu unterstützen, wenn es soweit ist."

Erstaunlicherweise kümmerte sich der Ausschuß McCormack-Dickstein (ein Vorläufer des unbeliebten Komitees für nicht-amerikanische Aktivitäten des Repräsentantenhauses) nicht darum, Clark je zur Befragung heranzuziehen. Und die Mitglieder des Komitees – die deutlich mehr Eifer beim Aufstöbern von „kleinen Kommunistenfischen" vorwiesen als bei dem hochrangiger amerikanischer Faschisten – versagten dabei, ein halbes Dutzend anderer Verdächtiger in die Zange zu nehmen, die von Butler und French benannt wurden. In der Tat ignorierte das Komitee viele der Namen, auch wenn der Zeitungsartikel von French Aufsehen erregte, als er die betuchten Verschwörer benannte (auf dem Höhepunkt der Depression).

Neben MacGuire und Clark gehörten zu den wichtigsten Verschwörern:

- Grayson Murphy, ein Direktor von Goodyear, Bethlehem Steel und einer Dachgesellschaft der Morgan Bank. Murphy war der ursprüngliche Geldgeber des Frontkämpferbundes, den er und andere reiche Militäroffiziere nach dem Ersten Weltkrieg zusammen einrichteten, um „Radikalismus auszugleichen". Er war außerdem MacGuires Vorgesetzter in der Maklerfirma in New York.
- William Doyle, ein ehemaliger Oberkommandierender der Legion und angeblicher Architekt der Idee eines Staatsstreichs.
- John W. Davis, ein früherer Präsidentschaftskandidat der Demokratischen Partei und dienstältester Anwalt von J.P. Morgan and Company.

- Al Smith, ehemaliger Gouverneur von New York, ein Feind Roosevelts und stellvertretender Direktor der neu gegründeten American
Liberty League, einer Organisation, die von MacGuire als Nährboden für das Komplott beschrieben wurde.

Andere bekannte Geschäftsleute versteckten sich im Hintergrund.
So z.B. John J. Raskob, der stellvertretende Direktor von Smith in der
American Liberty League, der ein früherer Vorsitzender der Demokra-
tischen Partei, ein hochrangiger Du Pont-Offizier und erbitterter
Feind von FDR war, den er zu den gefährlichen „Radikalen" zählte. In
einem noch dunkleren Schatten war der rechtsgerichtete Industrielle
Irénée Du Pont, der die American Liberty League gründete. Grayson
Murphy – MacGuires Chef – war der Schatzmeister dieser Gruppe.
Selbstverständlich war dies kein „Arme-Leute-Club". Am überra-
schendsten ist allerdings die Präsenz von hartgesottenen Politikern von
FDRs eigener Partei.

Mysteriöserweise endete die Kongreßuntersuchung mit Heulen und
Wehklagen. Das McCormack-Dickstein-Komitee gab stark redigierte
Ausschnitte von Butlers Aussage heraus, behauptete aber, sie beinhalteten
„zwar keine Beweise", aber „Gerüchte", die prominente Amerikaner mit
einer faschistischen Verschwörung in Verbindung brachten.

Hatte das Komitee lieber nachgegeben, als einen Rüffel von macht-
trunkenen Millionären zu kassieren? Haben hochrangige Demokraten
– vielleicht einer im Weißen Haus, wie es in einigen Berichten stand –
die Ermittlungen aus ähnlichen Gründen zerstört, um politische Ver-
legenheiten abzuwenden oder um demokratische Dreckschweine zu
beschützen, die beteiligt waren?

Alles Obengenannte klingt glaubhaft, da in der Tat der öffentliche
Bericht des McCormack-Dickstein-Komitees der internen Zusammenfassung für das Repräsentantenhaus vollkommen widersprach.
Das Dokument wäre der Geschichtsschreibung verlorengegangen,
wenn Spivak es nicht irgendwie geschafft hätte, eine Kopie zu bekommen. Ganz im Gegensatz zu der öffentlichen Schönfärberei erkannte das Komitee im vertraulichen Rahmen Butlers Genauigkeit
und MacGuires Lügen. Der Bericht schloß daraus:

„In den letzten Wochen des Bestehens des Komitees erhielt es Beweise, daß bestimmte Personen einen Versuch gemacht hatten, eine faschistische Organisation in diesem Land aufzubauen...

Es ist keine Frage, daß diese Versuche diskutiert, geplant und vielleicht in die Tat umgesetzt worden wären, wenn die reichen Hintermänner es für angebracht erachtet hätten...

MacGuire stritt die Behauptungen (von Butler) unter Eid ab, aber das Komitee war in der Lage, alle sachdienlichen Darstellungen von General Butler, mit Ausnahme der direkten Darlegung der Organisationsgründung, zu bestätigen. Dies wurde jedoch untermauert durch die Korrespondenz von MacGuire mit seinem Mittäter Robert Sterling Clark in New York, während er selbst im Ausland war, um die verschiedenen Varianten von Veteranenorganisationen mit faschistischem Charakter zu studieren."

Doch leider war es wie so oft in solchen Fällen: Als die Wahrheit endlich ans Tageslicht kam, wurde sie aufgenommen wie die Neuigkeiten von gestern – oder noch schlimmer, wie die überholte Mode aus dem Vorjahr, die mit der öffentlichen Abweisung der Beschuldigungen kollidierte. Spivaks Bericht erschien in einer kleinen linksgerichteten Publikation, wo sie kaum Aufmerksamkeit erhielt. Am Ende hatte das *Time*-Magazin – was man kaum dem rechten politischen Flügel gegenüber abgeneigt nennen kann – die Beschuldigungen bereits als einen Witz abgetan.

„Der kämpfende Quäker" ging zum nationalen Radiosender, um die Streichung von springenden Punkten in seiner Aussage durch das Komitee anzuprangern, aber die Würfel der Geschichte waren bereits gefallen.

Am Ende war die Schuld am Scheitern des Komplotts Butler genauso zuzuschreiben wie der Selbstüberschätzung der Superreichen. Aus Mangel eines Vertreters vom Kaliber Mussolinis, dafür mit genug Geld, um darin zu schwimmen, beauftragten Amerikas Elitefaschisten einen Mann mit einer Platte in seinem Kopf, um einen besseren Duce aufzubauen. Natürlich ging die Revolution in die Hose, als sie in einem Akt genialer Dummheit entschieden, einen Diktator zu engagieren, der zufällig als Demokrat bekannt war wie ein bunter Hund.

QUELLEN

Archer, Jules. *The Plot to Seize the White House.* New York: Hawthorn Books, 1973.
Seldes, George. *Even the Gods Can't Change History.* Secaucus, NJ: Lyle Stuart, Inc., 1976.
Spivak, John L. *A Man in His Time.* New York: Horizon Press, 1967.

35
Neue Weltordnung

In den unbesonnenen Tagen des Golfkriegs holte Präsident George Bush einen Satz aus der Versenkung, der den Finger in eine alte Wunde legte – und zwar die Wunde der Verschwörungsspürhunde.

„Ich hoffe, daß die Geschichtsschreibung die Golfkrise als die Feuerprobe der neuen Weltordnung in Erinnerung behalten wird", intonierte Bush im Gefolge seines größten Triumphes, dem Sieg der Amerikaner über den Irak. Die *Neue Weltordnung.* Dieser Satz ging dem Präsidenten mindestens ein halbes Dutzend Mal über die Lippen, bevor und nachdem Amerikas raffinierte Bomben den ehemaligen „Versager" für kurze Zeit zum Kriegshelden gemacht hatten.

Selbstverständlich hätte die *echte* Bedeutung des Satzes – seit Jahrzehnten vom Kern der führenden Banker und Industriellen verbreitet – nicht klarer für die Leute des ultra-rechten Flügels der John Birch Society und dergleichen sein können. Ganz einfach gesagt, war *Neue Weltordnung* der Code für „Eine-Welt-Regierung", eine größenwahnsinnige kommunistische Verschwörung, um die ganze Welt zu versklaven. In den Worten des verstorbenen Gary Allen, des produktiven Autors der Birch Society: „Kommunismus ist eine Waffe einer größeren Verschwörung, um die Welt durch machtverrückte Millionäre zu kontrollieren." Bush, der letzte Insider des Establishments, war ganz klar ein Ausführender dieser geheimen kapitalistisch-kommunistischen Kräfte – wie es jeder gekaufte Präsident seit FDR gewesen war.

Damit wir diese Angelegenheiten nicht wie die Phrasen verrückter

Überlebenskämpfer abtun, ist es wichtig zu bemerken, daß die Neue
Weltordnung eine Verschwörungstheorie der gleichen Chancen ist.
Die Linken waren über Bushs Worte genauso beunruhigt, auch wenn
die Progressiven dazu tendierten, den Präsidenten mehr für einen
amoklaufenden Fürsprecher des Kapitalismus zu halten als für einen
hinterhältigen Kommunisten.

In der Tat sind Verdächtigungen über die Neue Weltordnung, ob
nun von rechts oder links, wirklich recht einleuchtend. Die Fürsprecher der Neuen Weltordnung sind tatsächlich eine Mannschaft mäch-
tiger Industrieller, Banker, Akademiker und Politiker, die für drei Vier-
tel des Jahrhunderts die graue Eminenz hinter den Regierenden in
Großbritannien und den Vereinigten Staaten waren. Um es noch genauer zu sagen: Sie *sind* die Regierenden der westlichen Welt. Nennen
Sie sie, wie Sie wollen, sie sind das „Establishment". Durch im großen
Maße einflußreiche Organisationen wie Council on Foreign Relations
und Trilateral Commission formulieren diese Eliten heute die öffentliche Politik von morgen und besetzen die Regierungsmannschaft mit
ihren eigenen Leuten.

Wenn dieses Netzwerk weniger ist als der Rote Teufel, der in vielen
der rechten Verschwörungstheorien dargestellt wird, ist es dennoch ein
Anschlag im großen Stil, der der privaten Elite hilft, wenn schon nicht
die „Welt zu regieren", sie zumindest wie ein Geschäft zu führen.

Der selbsternannte Historiker dieses mächtigen Maklergeschäfts
war Caroll Quigley, ein Universitätsprofessor an der Georgetown Universität. Er war ein entschiedener Wissenschaftler, den die Rechten als
personifizierten unwiderlegbaren Beweis sehen. In seiner umfassenden
Geschichte der modernen Zeit, *Tragedy and Hope*, schrieb der verstorbene Professor Quigley, daß „ein internationales anglophiles Netzwerk
existiert und seit Generationen existierte, das bis zu einem gewissen
Maß in einer Weise handelte, daß die radikale Rechte an einen kommunistischen Akt glaubte".

Quigley gab zu, daß er dieser „halbgeheimen Organisation" aus internationalen Manipulatoren nahestand – ja ihr Ziel vergötterte -, und
es wurde ihm erlaubt, ihre „Papiere und geheimen Aufzeichnungen" zu
prüfen.

Laut Quigley ist der wohltätige Zweck des Netzwerks „nicht weniger als die Erschaffung eines weltweiten Systems der finanziellen Kon-

trolle in privaten Händen, das in der Lage ist, das politische System eines jeden Landes und der ganzen Welt zu beherrschen" – wodurch Frieden und Wohlstand und natürlich Profit gesichert werden sollen.

Dieses Netzwerk entstand aus geheimen politischen Gesellschaften, die vom Diamantbaron und listigen Fanatiker Cecil Rhodes (Rhodesien, Rhodes-Stipendien) ausgeheckt wurden und aus einer Ansammlung glühender Imperialisten bestanden, die entschlossen waren zu verhindern, daß die Sonne sich auf dem britischen Reich niederließ. 1908 war Rhodes tot, aber sein Traum und riesiger Reichtum lebte weiter und zeugte heimliche Tafelrunden.

Zu Beginn dieses Jahrhunderts sehnten sich die aristokratischen Tafelrunden – die Niederlassungen in Südafrika, Australien, den USA und Kanada gründeten – danach, die Eingeborenen im britischen Herrschaftsgebiet zu „zivilisieren". Wenn sie mit den liberalen Werten aus Oxford und einer Wertschätzung von Kricket beeinflußt würden, könnten auch die „hinterwäldlerischen" Rassen lernen, zufriedene und vielleicht „autonome" Bürger des Imperiums zu werden. Ein damit verbundener Traum war der Schulterschluß aller englischsprechenden Nationen (inklusive der Vereinigten Staaten von Amerika) zu einem Bündis der Atlantikstaaten mit der Hauptstadt Washington D.C.! (Für Birchers Ohren war das ein frühes Echo des Schreckgespenstes „Eine-Welt-Regierung".) Wenn ihre großen Pläne indirekt scheiterten, erreichten die Männer der Tafelrunde einen Reinfall mit spektakulären Ausmaßen, als sie eine Kampagne zur Beschwichtigung Hitlers einleiteten.

In Amerika gründeten die Rhodes-Gruppen und J. P. Morgans Bankinteressen den Council on Foreign Relations (CFR) 1921 als „Front" der Tafelrunde. Laut Quigley wurden der CFR und Ausschnitte der Tafelrunde „eine Machtstruktur zwischen London und New York, die die Universitäten, die Presse und die Auslandspolitik" in beiden Ländern „tief durchdrungen hatte". Dies ist das berühmte „Eastern Establishment", das fortfuhr, die amerikanische Regierung, das Bildungssystem, die Wall Street und wichtige amerikanische Medien, einschließlich der New York Times und der Washington Post, zu beeinflussen.

Die amerikanische Bewaffnung des Netzwerks florierte unter der Schirmherrschaft millionenschwerer Wohltäter, einschließlich der In-

teressen von Morgan und Carnegie – und natürlich der der allgegenwärtigen Rockefeller-Familie.

Ach, die Rockefellers! Die Herren der Finanzunterwelt! Die Paten
der kommunistisch-kapitalistischen Internationale! Das ist jedenfalls
das, was viele rechte Verschwörer glauben. In Birchers Drohungen sind
die vier Rs – Rhodes, Rothschilds, Rockefellers und die Roten – die
Dämonen, die die nüchternen Fakten von Professor Quigley auf Trab
bringen.

Die radikalen Theorien der Rechten wurden nie beeindruckender
zusammengefaßt als in Gary Allens Ruf zu den Waffen von 1971, *None
Dare Call It Conspiracy* („Niemand traue sich, es Verschwörung zu
nennen"). Indem er die nativistischen Strömungen von Antikommunismus, Anti-Elite-Denken und „Goldstandard"-Konservatismus verknüpfte, argumentierte Allen, daß der Rockefeller-CFR-Establish-
ment-Aufstand – so nannten ihn die „Insider" – sich über Jahrzehnte
damit plagte, „die Vereinigten Staaten abzuschaffen" und einen „allmächtigen Weltsozialisten-Superstaat" zu gründen.

Allen unterstellte nicht, daß Superkapitalisten wie die Rockefellers
wirkliche Sozialisten waren, sondern eher, daß sie den Sozialismus „als
Köder" benutzten, „als Entschuldigung für die Errichtung einer Dik-
tatur". Allen zufolge sollen die Rockefellers, der britische Rothschild-
Clan und ihre diversen Gesellschaftsmitarbeiter nicht nur Lenin und
die bolschewistische Revolution finanziert haben, sondern David
Rockefeller könnte der „Brötchengeber" gewesen sein, der später seinen Angestellten, den sowjetischen Premier Chruschtschow, feuerte.
Wie konnte das „Rockefeller-Außenministerium" das widerspenstige
Moskau zügeln? Allen überlegt, daß die „Insider" vielleicht „die
SMERSH, die internationale kommunistische Mordorganisation, die
in Aussagen vor den Komitees des Kongresses und von Ian Fleming in
seinen James-Bond-Büchern beschrieben wurde", nutzten.

Allens Phantasiebild war auf jeden Fall dramatisch. In einem erfolgreichen Versuch am Anfang des Jahrhunderts, die amerikanische Wirt-
schafts- und Politikarena zu übernehmen, so berichtet er, sollen „Insider" eine Zentralbank gegründet haben (das Federal Reserve System),
die von internationalen Bankiers kontrolliert wurde. Sie stießen nach,
indem sie den Bürgern eine Einkommensteuer aufhalsten, womit
zwei wichtige Schwerpunkte des *Kommunistischen Manifestes* von Marx

erfüllt waren. Danach wurde der Börsenkrach von 1929 „wissenschaftlich organisiert". Sie krönten dieses Meisterwerk, indem sie die beiden Weltkriege (den Zweiten Weltkrieg durch die Beschwichtigung von Hitler) *und* das Debakel in Vietnam auslösten, wobei sie in allen Fällen auf der ganzen Linie profitierten, indem sie beide Seiten mit Waffen versorgten. Und ja, sie erfanden auch die verruchten Vereinten (kommunistischen) Staaten als Grundpfeiler ihrer unbarmherzigen „Neuen Weltordnung".

In einem seltenen Moment, in dem er den Rockefellers ein bißchen Pause gönnte, belebte Birchers die alte Theorie des rechten Flügels, die wirklichen Kräfte hinter dem „Insider"-Thron – sowohl kommunistisch als auch „Kartell-kapitalistisch" – seien die Verschwörungsschreckgespenster „Illuminati" gewesen, eine geheime Freimaurervereinigung, die wirklich existiert hatte, wenn auch im 18. Jahrhundert in Bayern.

(In einem Versuch, die Illuminati als „zionistischen" Anschlag darzustellen, bemühten Antisemiten – und Allen war keiner davon – die jüdischen Rothschilds und die alte Lüge, daß die bolschewistische Revolution eine jüdische Verschwörung gewesen sein soll. Allen wies dieses „Denken" ab und hatte typischerweise eine interessantere Sichtweise: Die „Insider" selber unterstützten insgeheim diese antisemitischen Unwahrheiten in einem Versuch, alle ihre Kritiker als Rassisten zu beschuldigen. Natürlich lieferte Allan keinen Beweis für diese Theorie, aber vielleicht war er auf einer richtigen Spur. Mehr als nur ein moderner Angeber der Richtung „Es gibt keine Verschwörung" hat lässig Verschwörungstheoretiker beiseitegewischt, indem diese mit Schuld am Holocaust in Verbindung gebracht wurden.)

Auch der Verschwörungsteppich, der von den Birchers gewebt wurde, war ein bißchen, nun, *übereifrig*. Aber sogar Professor Quigley erkannte widerwillig an, daß er „einen Funken Wahrheit" enthielt. Zum einen hatten die sogenannten Insider, so Quigley, „keine Abneigung gegen eine Zusammenarbeit mit den Kommunisten". Alles in allem ist das große Geschäft ein großes Geschäft. Und gibt es einen besseren Weg, an unangezapfte Naturressourcen zu gelangen, als sich als guter Nachbar zu erweisen? Gleichermaßen war das von der CFR dominierte amerikanische Außenministerium sehr einflußreich bei der Geburt der UN. Und die Leute von der Tafelrunde machten Druck für eine Einkommenssteuer und eine Zentralbank.

Was die Rockefeller-Familie betrifft, so hat sie tatsächlich seit den frühen Tagen eine wichtige Rolle im Netzwerk gespielt. David Rockefeller, der Vorsitzende der CFR-Leitung, gründete die Trilateral Commission in den frühen 70er Jahren (mit denselben euro-amerikanischen „Internationalisten", aber mit der zusätzlichen Mitgliedschaft japanischer Machthaber). Eine weitere Rockefeller-Insider-Gruppe entstand, als die sich zur Ruhe setzenden Leute von der Tafelrunde die Fackel an die CFR weitergaben (entweder das, oder sie ging, nach Meinung vieler Verschwörungstheoretiker, in den Untergrund). Dieses war die Bilderberg-Gruppe, die nach dem Ort ihres ersten Jahrestreffens im Hotel Bilderberg in Oosterbeek, Niederlande, benannt wurde.

Eine überaus geheime, ständig wiederholte Theorie über die CFR besagt, daß die Namen von Bilderberg die Rockefellers und Horden amerikanischer Funktionäre umfaßten, einschließlich der treuen Anhänger des Außenministeriums/der CFR, Henry Kissinger, George Ball, Dean Rusk und Dean Acheson. Ihr europäisches Kontingent war überschwemmt von königlichen Familien, einschließlich des Bilderberg-Gründungsvorsitzenden, Prinz Bernhard von Holland.

Wie wir gesehen haben, war die CFR-Trilat-Bilderberg-Mitgliederliste voll von amerikanischen Funktionären und Politikern, die darauf versessen waren, in das Macht-Establishment aufgenommen zu werden. Sogar Richard Nixon, dessen Feindseligkeit gegenüber dem Osten bekannt war, trat der CFR bei und konnte später auch Rockefellers Protégé Henry Kissinger dafür gewinnen. (Die Birchers hatten nicht vergessen, daß Präsident Nixon sich während seiner Reise ins *rote* China auf den gespenstischen Ausdruck „Neue Weltordnung" berief.) Auch andere amerikanische Präsidenten waren „Insider", einschließlich Gerald Ford (CFR, Bilderberg), Jimmy Carter (CFR, Trilat), George Bush (CFR-*Vorstandsdirektor*, Trilat) und sogar Bill Clinton (CFR, Trilat *und* Bilderberg).

Während der Carter-Ära hatten 284 Leute der CFR/Trilat Verwaltungspositionen inne. Wichtige „Insider" waren Vizepräsident Walter Mondale, der nationale Sicherheitsberater Zbigniew Brzezinski (Direktor der Trilateral Commission), Minister Cyrus Vance und CIA-Direktor Stansfield Turner. Am Ende der zwei Legislaturperioden von Reagan war die Anzahl auf 313 angestiegen. Reagan-nahe „Insider" umfaßten Minister wie Al Haigh (ein besonderer Anwärter für Watergate), George Shultz (das zehnte ehemalige CFR-Mitglied, das diesen Job bekam) und CIA-Direktor William Casey.

Unter dem „Verschwörungspräsidenten" Bush stieg die Anzahl auf 382 und schloß den nationalen Sicherheitsberater Brent Scowcroft und den Justizminister Richard Thornburgh ein.

In Clintons Amtszeit hat sich, soweit es die CFR angeht, nicht viel geändert. Minister Warren Christopher, alle seine fünf Staatssekretäre und viele *ihrer* Untergebenen sind CFR-Leute. So ist es auch mit Clintons nationalem Sicherheitsbeauftragten und CIA-Direktor und auch mit seinem Berater für republikanische Belange, David Gergen.

Gergen ist nur ein Pünktchen in einer Konstellation von Medienstars, die von der CFR aufgenommen wurden. Eine Teilliste umfaßt den verstorbenen Walter Lippman (ein CFR-Direktor in den 30er Jahren), den CIA-Propagandisten/Herausgeber des *Life*-Magazins, C.D. Jackson (der beim Aufbau der Bilderberg-Gruppe half), den *New York Times*-Mitarbeiter Leslie Gelb (derzeitiger CFR-Präsident), Dan Rather, Tom Brokaw und Jim Lehrer, die nicht-kanadische Hälfte der *MacNeil/Lehrer NewsHour*.

Auch wenn die Verbindungen der CFR/Trilat tief in das blaue Blut des Establishments reichen, würden ihre Mitglieder wahrscheinlich über die Vermutung spotten, daß sie großen Einfluß auf die amerikanische „Demokratie" und auf Weltangelegenheiten hätten. David Rockefeller rümpfte einmal die Nase über das, was er diese „unsinnigen Angriffe auf falsche Streitpunkte" nannte. Mit vielleicht exzessiver Bescheidenheit versicherte er den Skeptikern, daß seine Trilateral Commission lediglich „eine Gruppe besorgter Bürger mit großem Interesse an der Pflege des Verständnisses und der Kooperation unter den internationalen Alliierten" sei.

Offensichtlich sind nicht alle Gruppen besorgter Bürger gleich. Wie Journalist Bill Moyers das Thema 1980 in einer TV-Dokumentation formulierte: „David Rockefeller ist heute der auffälligste Vertreter der regierenden Klasse, einer multinationalen Brüderschaft von Männern, die die globale Wirtschaft formen und ihren Kapitalfluß leiten. Rockefeller wurde dort hineingeboren und hat das Beste daraus gemacht. Aber was einige Kritiker als große internationale Verschwörung sehen, hält er für einen Lebensumstand und nur einen normalen Arbeitstag."

Wenn die Neue Weltordnung kein Entwurf für den „Welt-Super-

VIII

Tragödie und Trauma

36
Das bedeutet Krieg

Am Abend des 6. Dezembers 1941 erhielt Franklin Delano Roosevelt, der Präsident der Vereinigten Staaten von Amerika, eine von der US-Marine abgefangene Nachricht. Sie war von Tokio an die japanische Botschaft in Washington im hochrangigen japanischen „Purple Code" gesandt worden. Doch das war kein Problem, denn die Amerikaner hatten diesen Code schon vor längerer Zeit entschlüsselt.

Es war unumgänglich, daß der Präsident diese Nachricht sofort sehen mußte, da sie enthüllte, daß die Japaner unter den harten wirtschaftlichen Sanktionen der westlichen Staaten die Beziehungen zu den Vereinigten Staaten beenden wollten. Roosevelt las die dreizehn Punkte der Nachricht, sah auf und verkündete: „Das bedeutet Krieg."

Dann tat er etwas recht Seltsames für einen Präsidenten in dieser Situation – nämlich nichts. Die geheime japanische Erklärung erreichte niemals jene Menschen, die sie am dringendsten hören mußten – Admiral Husband E. Kimmel, diensthabender Kommandeur der Pazifikflotte der Vereinigten Staaten in Pearl Harbor (Hawaii), und den kommandierenden General der Einheit dort, Walter Short. Pearl Harbor war nach allgemeiner militärischer Einschätzung der Ort, wo die Japaner angreifen würden – wenn sie angreifen würden.

In der Dämmerung des nächsten Morgens bombardierte eine japanische Schwadron Pearl Harbor. Dieser Überraschungsangriff war genau das: eine völlige Überraschung, wenigstens für Kimmel, Short und die 4575 amerikanischen Soldaten, die dabei ums Leben kamen.

Es war vielleicht keine so große Überraschung für die Generäle George C. Marshall und Leonard T. Gerow und die Admiräle Herold R. Stark und Richmond Kelly Turner. Sie waren die höchsten Offiziere in Washington und die einzigen, die die Befehlsgewalt besaßen, solch hochbrisante Informationen an außenstehende Kommandeure zu leiten. Die decodierte Kriegserklärung erreichte Kimmel und Short jedoch nicht vor dem Morgen, als die japanische Attacke im Pazifik schon im Gang war.

Marshall und Stark, beide höchste Kommandeure der US-Armee bzw. der -Marine, gaben später zu Protokoll, daß die Nachricht nicht an Kimmel und Short weitergeleitet wurde, da die beiden Kommandeure auf Hawaii zu dieser Zeit schon so viele abgefangene japanische Nachrichten erhalten hatten, daß eine weitere sie nur verwirrt hätte.

Interne Nachforschungen der US-Armee und -Marine im Jahre 1944 ergaben ein Pflichtversäumnis von Stark und Marshall, als sie die Kommandeure auf Hawaii im Dunkeln ließen. Das Militär ignorierte jedoch diese Erkenntnisse. Soweit es der Öffentlichkeit bekannt ist, wurde die endgültige Wahrheit von der Roberts-Kommission, der Richter Owen Roberts vom Obersten Gerichtshof vorstand und die elf Tage nach der Attacke einberufen wurde, aufgedeckt. Wie auch eine andere Untersuchungskommission des Obersten Gerichtshofes, die mehr als zwanzig Jahre später mit einem anderen Schwerpunkt ermittelte, schien die Roberts-Kommission schon vorher die Schuldigen identifiziert und die Nachforschungen manipuliert zu haben, so daß die Verdächtigen schuldig erschienen. Die Sündenböcke waren Kimmel und Short, die beide öffentlich in der Luft zerrissen und zum Rücktritt gezwungen und denen öffentliche Anhörungen verwehrt wurden. Eines der Mitglieder der Roberts-Kommission, Admiral William Standley, bezeichnete Roberts Auftreten als „falsch wie eine Schlange".

Insgesamt gab es acht Ermittlungen zu Pearl Harbor. Die spektakulärste war eine gemeinsame Untersuchung von Senat und Repräsentantenhaus, die die Ergebnisse der Roberts-Kommission bestätigte. Bei den Anhörungen bezeugten Marshall und Stark unglaublicherweise, daß sie sich nicht erinnern könnten, wo sie in der Nacht waren, als die Kriegserklärung eintraf. Aber ein enger Freund von Marineminister Frank Knox enthüllte später, daß Knox, Stark und Marshall den Großteil jener Nacht damit verbrachten, zusammen mit Roosevelt die Bombardierung und Amerikas Gelegenheit, in den Zweiten Weltkrieg einzutreten, zu erwarten.

Eine weitreichende Vertuschungsaktion setzte jetzt ein. Einige Tage nach Pearl Harbor, so berichtet der Historiker John Toland, teilte Marshall seinen höchsten Offizieren mit: „Meine Herren, dies werden wir mit ins Grab nehmen." General Short, der Marshall immer für einen Freund gehalten hatte, begriff später, daß der Stabschef der Leiter einer Verschwörung war. Short sagte einmal, daß er Marshall bemitleide, da er der einzige General sei, der niemals in der Lage sein würde, eine Autobiographie zu schreiben.

Es gab viele Warnungen vor einem Angriff auf Pearl Harbor, die von den Kommandeuren verheimlicht wurden. Der „Winds Code" war vielleicht die schockierendste. Bei ihr handelte es sich um eine frühere Übermittlung, die eine Wettervoraussage auf einem japanischen Kurzwellensender vortäuschte. Der Wortlaut war: „higashi no kaze ame", was soviel bedeutete wie: „Ostwind, Regen". Die Amerikaner wußten bereits, daß dies der japanische Code für Krieg mit den Vereinigten Staaten war. Die Reaktion der höchsten US-Militäroffiziere? Sie ignorierten, daß die „Wind-Nachricht" existierte, und versuchten alle Aufzeichnungen ihres Empfangs zu vernichten. Dennoch existierte sie. Und sie wurde empfangen.

Neben dieser geheimnisumwitterten Verschleierung entdeckte der australische Geheimdienst drei Tage vor der Attacke eine japanische Flugzeugflotte auf dem Weg nach Hawaii. Man schickte eine Warnung nach Washington, die Roosevelt als ein von den Republikanern gestreutes, politisch motiviertes Gerücht zurückwies.

Der britische Doppelagent Dusko Popov, der Nachrichten aus Deutschland weiterleitete, erfuhr von dem japanischen Vorhaben und versuchte verzweifelt, Washington zu warnen – ohne Erfolg. Und es gab noch andere.

Warum sollten Roosevelt und die höchsten Militärkommandeure der Nation die amerikanische Pazifikflotte opfern, ganz zu schweigen von Tausenden von Militärangehörigen – ein Akt, der berechtigterweise für Verrat gehalten werden muß? Schon lange vor Pearl Harbor war beschlossen worden, daß ein Krieg gegen die Achsenmächte notwendig war. Die amerikanische Öffentlichkeit stimmte dem nicht zu.

Ein Militärschlag gegen amerikanisches Territorium würde jedoch mit Sicherheit die Menschen aufbringen. „Dies war das Problem des Präsidenten", schrieb Konteradmiral Robert A. Theobald, der die Zerstörer von Pearl Harbor kommandierte, „und seine Lösung basiert auf der einfachen Erkenntnis, daß, während zwei Leute notwendig sind, um zu kämpfen, jeder von ihnen diesen Kampf beginnen kann."

„Eine kleine Gruppe von Männern, die verehrt wurden und für die ehrenwertesten unter Millionen von Menschen gehalten wurden", schrieb Toland, „war davon überzeugt, daß es notwendig war, zum Wohle ihrer Nation unehrenhaft zu handeln. Sie begannen einen Krieg, den Japan eigentlich verhindern wollte."

QUELLEN

Theobald, Robert A. *The Final Secret of Pearl Harbor.* Old Greenwich, CT: Devin-Adair, 1954.

Toland, John. *Infamy: Pearl Harbor and Its Aftermath.* New York: Doubleday, 1982.

37
Pan Am-Flug 103

Im Jahre 1988, vier Tage vor Weihnachten, stürzte eine Pan Am 747 aufgrund einer riesigen Explosion einer Plastiksprengbombe vom Himmel. Vielleicht war es ja ein Zufall, daß fünf CIA-Agenten unter den 259 Menschen waren, die bei dem Unglück starben. Vielleicht hatte es auch nichts zu bedeuten, daß eine Mannschaft von CIA-Agenten bereits wenige Stunden nach dem Flugzeugabsturz, bei dem die Landschaft mit grausigen Trümmern übersät wurde, im schottischen Lockerbie eintraf.

Daß die Männer von der CIA, von denen sich einige als Ingenieure der Pan Am ausgaben, eine mysteriöse Aktentasche mitnahmen, erscheint noch bedeutungsvoller. Sie gehörte einem ihrer bei dem Unfall gestorbenen Mitarbeiter. Durch die Konfiszierung der Tasche unterbrachen sie die unantastbare „Beweiskette" und gefährdeten künftige strafrechtliche Verfolgungen. Auch die halbe Million US-Dollar, die von zwei schottischen Bauernjungen gefunden wurde, erscheint erwähnenswert. Die Ermittler vermuteten, daß das Geld ebenfalls dem verstorbenen CIA-Team gehörte.

Die toten Spione kamen aus Beirut. Ihre Aufgabe, so glauben einige Ermittler, bestand darin, amerikanische Geiseln, die von islamischen Fundamentalisten gefangengehalten wurden, ausfindig zu machen. Hätte die Bombe ihren Zeitplan eingehalten, wäre sie über dem atlantischen Ozean explodiert; sie ging jedoch zu früh hoch. Das Flugzeugwrack, die Leichen und die persönlichen Sachen der Passagiere wurden am Boden gefunden. Die akribischen schottischen Ermittler fanden alles – bis auf die Aktentasche. Unter den Trümmern waren auch zwei rätselhafte Dokumente, die beide der CIA gehörten.

Eines der Dokumente zeigte eine komplizierte Zeichnung des Inneren eines Gebäudes in Beirut. Zwei Kreuze markierten diesen Plan. Die CIA-Agenten hatten zwei Geiseln ausfindig gemacht. Vielleicht hatten sie vorgehabt, über die Freilassung der Geiseln zu verhandeln, wobei die 500.000 US-Dollar zum Erwerb von Informationen hätten dienen können. Es wäre jedoch auch denkbar, daß das Team, das von Charles McKee, einem Major der Armee, geleitet wurde, Vorarbeiten für einen Befreiungstrupp machte.

Das andere Dokument war eine Weihnachtskarte mit einer Botschaft, die in einem Geheimdienst- oder einem anderen Code verfaßt war. Die Ermittler entschlüsselten die Bedeutung der Nachricht. Sie war an einen der CIA-Agenten adressiert und sagte aus, daß das, was sie planten, am 11. März 1989 passieren solle.

Die Bombe kostete nicht nur 270 Menschen das Leben (einschließlich der elf Einwohner Lockerbies, die auf dem Boden den Tod fanden), sie wird auch einigen Geiseln ihre unmittelbar bevorstehende Freiheit gekostet haben. Sie erschwerte zweifellos die Bemühungen des amerikanischen Geheimdienstes im Mittleren Osten. Man muß sich dabei ins Gedächtnis rufen, daß zuvor der CIA-Chef in Beirut, William Buckley, gekidnappt, in den Iran gebracht und in Verhören zu Tode gefoltert wurde. Der Iran war damit der erste Verdächtige in der Ermittlungssache zum Flug 103.

Über die Präsenz der CIA wurde zwar öffentlich berichtet, dennoch war sie nicht allgemein bekannt. Ein Ausschnitt aus dem *New York Times Magazine* vom März 1990 aus dem Buch *The Fall of Pan Am 103* erwähnte die CIA-Beamten nicht, obwohl ansonsten detailliert erklärt wurde, wer sie waren und warum sie dort waren. Die Version der *Times* hingegen beschuldigte die „stümperhafte" deutsche Polizei.

Die meisten Medienberichte über die Bombe an Bord der Pan Am 103 beschrieben das Klischee einer Racheaktion irrational handelnder Terroristen. Dies könnte, vom Standpunkt geheimer Kriegsführung, ein strategischer und „rationaler" Grund für die Bombe gewesen sein, besonders vor dem Hintergrund der Vergeltung für einen abgeschossenen iranischen Airbus oder die Bombardierung von Tripolis (je nachdem, wer an jenem Tag beschuldigt werden sollte: die Iraner oder die Libyer), was jedoch nicht näher diskutiert wurde. Ein Motiv für so ein ungeheures Verbrechen zuzugeben, das über unergründlichen Fanatismus hinausgeht, bedeutet, daß dessen Ziel, die USA, ebenfalls darin verstrickt sein mußte.

Weitaus brisanter waren die Schlüsse eines privaten Ermittlers. Juval Aviv bezeichnete sich selbst als ehemaligen Mitarbeiter des Geheimdienstes. Seine New Yorker Firma mit dem Namen Interfor leitete Ermittlungen in Sachen Lockerbie für die Versicherungsgesellschaft der Pan Am. Der Bericht von Interfor enthält die schwerwiegendsten Verschwörungsbehauptungen im Lockerbie-Fall.

Über zwei Jahre wurde der Interfor-Bericht von Hand zu Hand via Fax und Kopie weitergereicht. Dennoch wurde er weitgehend von den großen Nachrichtenagenturen ignoriert. Schließlich entdeckte ihn die *Times* und begann einen bitteren und persönlich vernichtenden journalistischen Feldzug. Das Ganze wurde von einer Intrigengeschichte ausgelöst, die sich auch im Interfor-Bericht fand:

Ein weiteres CIA-Team, das in Frankfurt stationiert war und von Interfor als CIA-1 bezeichnet wird, versuchte ebenfalls, die Geiseln zu befreien, wie Juval Aviv berichtete. CIA-1 war ein unautorisiertes, verdeckt ermittelndes Team, das eine von Washington kontrollierte Operation durchführte und nicht vom CIA-Hauptquartier in Langley (Virginia) beauftragt war. So gab es eine Überschneidung der Aufgaben mit denen des Teams um McKee. Die namentlich nicht erwähnten Agenten hatten sich mit Monzar Al-Kassar, einem syrischen Waffen- und Drogenhändler, zusammengeschlossen. Er war der Schwager des syrischen Geheimdienstchefs (der syrische Geheimdienst ist ein bedeutender Förderer des Terrorismus) und Geliebter der Nichte des syrischen Faschistenführers Hafez Al-Assad. Es ist kaum überraschend, daß auch Al-Kassar eng mit dem Terrorismus verbunden war, wie es sich für einen syrischen Waffenhändler gehört.

Laut Interfor arbeitete Al-Kassar mit der französischen Regierung bei der Befreiung französischer Geiseln zusammen. Die CIA-1 bot Al-Kassar an, daß sie, falls er dasselbe für sie tun würde, seine Drogenhandelsroute schützen würde, die sie seit einiger Zeit unter Aufsicht hatten. „Al-Kassar stimmte dem Handel zu", so der Bericht von Aviv, „er führte jedoch seine terroristischen Aktivitäten weiter und teilte seinen Komplizen mit, daß ihr Schmuggel über Pan Am/Frankfurt jetzt geschützt sei – geschützt vor den USA."

Zur gleichen Zeit half Al-Kassar, der einst von den Iran-Contra-Verschwörern Richard Secord und Albert Hakim beauftragt wurde, Waffen zu den Contras in Nicaragua zu transportieren, der CIA-Gruppe in Frankfurt, Waffen in den Iran zu schaffen. Die Amerikaner glaubten wieder einmal tragikomischerweise, daß sie Waffen für Geiseln transportierten. Nach Angaben von Interfor ließ der Waffen- und Drogenhändler ebenfalls Waffen zu den Contras liefern. In dem Versuch, seine amerikanischen Schutzherren freundlich zu stimmen, finanzierte er sogar einige der Lieferungen an die Contras aus seinen Drogengeschäften. „Die CIA-1 gab Al-Kassar freie Hand", schreibt Aviv.

Da CIA-1 eine inoffizielle Aktion war, die von Washington aus gesteuert wurde, und bei der man mit Waffen für die Geiseln handelte und Verträge mit Drogenschmugglern abschloß, sind Vergleiche zum Iran-Contra-„Unternehmen", das von Oliver North geleitet wurde, unvermeidlich. CIA-1 agierte jedoch 1988, als North schon lange gefeuert und der CIA-Direktor William Casey, der „Vater" der Iran-Contra-Affäre, an einem Gehirntumor gestorben war. Keiner von beiden konnte also CIA-1 kontrolliert haben.

Wer war es dann? Vieles in der Iran-Contra-Affäre, so scheint es heute, wurde vom Büro des Vize-Präsidenten George Bush aus koordiniert. Könnten also der ehemalige CIA-Chef Bush oder seine Untergebenen CIA-1 geleitet haben? Interfor machte jedoch keine Angaben dazu.

Während sich CIA-1 mit Terroristen und Heroin-Händlern einließ, schickten die offizielle CIA und das Außenministerium, in seliger Unwissenheit über die inoffiziellen Gegenaktivitäten, McKee und sein Team nach Beirut. Nach Meinung von Aviv war deren Aufgabe in der Tat, Aufklärungsarbeit für eine Befreiungsaktion durchzuführen. Sie fanden und fotografierten Gebäude, in denen Geiseln gefangengehalten wurden.

„Nach einiger Zeit erfuhr die Spezialeinheit (McKee) von Al-Kassar und begann, ihn zu überwachen", berichtet Aviv. „Sie fanden außerdem heraus, daß eine andere CIA-Einheit seinen Drogenschmuggel in die USA über den Frankfurter Flughafen deckte... Sie berichteten also Langley alle Fakten und Namen und erzählten außerdem von dem

Film über die Verstecke der Geiseln. Die CIA reagierte nicht. Keine Antwort."

Während sie selbst unter Beobachtung standen, überwachten Al-Kassar und seine Mitarbeiter das Team vom McKee ebenfalls. Als McKee und seine Gruppe frustriert und ärgerlich wurden und die Rückkehr in die Vereinigten Staaten planten, beobachtete sie Al-Kassar. Er wußte, daß die Agenten selbst einen Anschlußflug in London buchten: Pan Am 103 ab Frankfurt. Eine Woche, bevor das Flugzeug abstürzte, erzählte Al-Kassar den CIA-1-Leuten von seinem Problem, das McKee-Team, den Reiseplan und alles zu verraten.

Während der ganzen Zeit planten Al-Kassars terroristische Vorgesetzte aus eigenen politischen Gründen heraus, ein amerikanisches Flugzeug zu sprengen. Anfänglich hatten sie American Airlines als Opfer ausgewählt. Doch das Angriffsziel wurde bald geändert.

Warnungen kamen von überall her. Der deutsche Geheimdienst, der Mossad und CIA-1 hörten von einem geplanten Bombenanschlag. Niemand tat etwas dagegen. Das McKee-Team tappte im Dunkeln und war völlig unvorbereitet. Al-Kassars Komplizen schmuggelten eine „Semtex"-Bombe an Bord der Pan Am 103. Der Vorgang wurde als von der CIA gedeckter Drogenschmuggel getarnt. Ein deutscher Agent, der die Aufgabe hatte, den Schmuggel zu beobachten, bemerkte, daß der Drogenkoffer anders war als der, der gewöhnlich verwendet wurde. Dieser Agent hörte die Warnung. Er wußte sofort, daß es sich nicht um Drogen, sondern um eine Bombe handelte.

Der Agent warnte CIA-1 vor der Bombe, und CIA-1 informierte ihre Vorgesetzten in Washington. Dort anwortete man: „Machen Sie sich keine Sorgen. Stoppen Sie das Flugzeug nicht, lassen Sie es abfliegen."

Nach dem Zwischenstop in London, wo eine Gruppe der Universität von Syracus auf dem Rückweg nach einem Auslandssemester, diverse amerikanische Touristen und die fünf CIA-Agenten, die wußten, wo die Geiseln gefangengehalten wurden, zustiegen, explodierte die 747 mit dem Spitznamen „Maid of the Seas" mitten in der Luft.

Der Interfor-Bericht kam zunächst durch James Traficant, einen exzentrischen Kongreßabgeordneten aus Ohio mit einer Spürnase für Verschwörungen, ans Tageslicht. Er soll ihn von Victor Marchetti, einem früheren Berater des langjährigen CIA-Direktors Richard Helms, erhalten haben. Marchetti, dessen Enthüllungsbuch *The CIA and the Cult of Intelligence* ein Klassiker ist, arbeitet heute für die ultra-rechte Liberty-Lobby und ist daher wenig glaubwürdig.

Vielleicht wurde dem Interfor-Bericht dann wegen der fragwürdigen Erkenntnisse über seine Informanten wenig Aufmerksamkeit geschenkt. Wahrscheinlicher ist noch, daß die skandalöse Art der Behauptungen schuld daran ist. Ein Großteil des Berichts stimmt mit der öffentlichen Meinung überein. Beispiele dafür sind die ignorierten Warnungen und eine mißlungene Razzia der deutschen Polizei in einer Bombenfabrik im Oktober 1988. Diese Razzia hätte die Explosion verhindern können, wenn sie gründlicher durchgeführt worden wäre.

Die Anklage der Mittäterschaft der CIA tauchte im April 1992 auf. Die *Times* titelte mit der reißerischen Schlagzeile „Why did they die?" („Warum mußten sie sterben?") Es war eine Zusammenfassung der Interfor-Ermittlungen, die zusätzlich Details einer dubiosen Quelle namens Lester Coleman enthielt. Der Artikel enthielt eine Reihe von Fehlern. Der schlimmste war die falsche Identifizierung eines Kameramannes von Christian Broadcasting Network (mit Foto!) als der verräterische CIA-Agent, der das McKee-Team auslieferte.

Wie vorauszusehen war, löste der Artikel eine Welle von Angriffen aus, insbesondere von Christopher Byron, der zwei der wichtigsten entlarvenden Artikel für das *New York Magazine* schrieb. Auch der CNN-Korrespondent Steven Emerson (im *Washington Journalism Review*), der außerdem Mitautor an einem eigenen Buch über die Pan Am 103 war, gehörte zu den Kritikern.

In seinem Buch *The Fall of Pan Am 103* verurteilt Emerson den Interfor-Bericht als Mischung aus Fakten und unbegründeten, wertlosen Spekulationen. Der Bericht war schon lange Zeit vor dem *Times*-Artikel kurz in den Nachrichtensendungen erwähnt worden. 1990, am Tag vor Halloween, berichteten die NBC-Nachrichten, daß Terroristen eine verdeckt arbeitende Antidrogeneinheit (DEA) unterwandert hätten, um eine Bombe an Bord der Pan Am 103 zu deponieren. Die Antidrogeneinheit wurde durch die CIA ersetzt, und schon spiegelte die Geschichte die Ermittlungen von Interfor wider. (Interfor hatte nicht angemerkt, daß CIA-1 mit der DEA arbeitete.) Die Geschichte wurde von den wichtigen Tageszeitungen übernommen, auch von der *New York Times*, und dann schnell von der DEA „untersucht" und dementiert.

In seinem Angriff auf den *Times*-Artikel, der dem von Byron sehr ähnelte, belastete Emerson die *Times*, da sie „offensichtliche Beweise ignorierte, die ihrem Artikel widersprachen". Sowohl Emerson als auch Byron fanden einige größere Lücken in dem *Times*-Artikel – obwohl sie beide eine beträchtliche Menge an Tinte für persönliche Angriffe auf Aviv und Coleman aufwendeten. Sie puschten auch die Tatsache hoch, daß die *Times*-Geschichte eine Woche vor dem geplanten Beginn der Gerichtsverfahren gegen Pan Am erschien.

Ein Teil des Problems war auch, daß der *Times*-Artikel – vielleicht wegen des übereifrigen „Schwindlers" Coleman – den Interfor-Bericht mit fragwürdigen Behauptungen anreicherte, was die Kritiker schnell aufgriffen.

Verdächtig war sowohl in Emersons als auch Byrons Artikel, daß Monzar Al-Kassar nicht erwähnt wurde. Dieses Versäumnis war besonders kraß, weil bei beiden ein angebliches Rätsel darüber, wie die Bombenleger wissen konnten, daß sich das McKee-Team an Bord befand, eine Schlüsselrolle spielte. Dem Interfor-Bericht zufolge kam diese Information von Al-Kassar.

In der Zeit, als Bush Syrien für die „alliierte Koalition" gegen Irak gewinnen konnte, schob die CIA mit ihre Beschuldigungen von Syrien auf Libyen, womit sich mehr als zwei Jahre Arbeit einer Vielzahl von Ermittlern, angefangen bei der schottischen Polizei bis hin zu den ABC News, damit erübrigte – von all jenen, die auf Ahmed Jibril und seine Beschützer, Syrien und Irak, aufmerksam gemacht hatten. Indem Syrien freigesprochen wurde, negierte man damit natürlich das Interfor-Szenario.

Ende 1991 klagte die amerikanische Regierung zwei libysche Geheimdienstagenten wegen des Bombenanschlags an. Kurz danach quollen die Nachrichten über mit Drohungen über die schrecklichen Konsequenzen für Libyen, falls die beiden Agenten nicht ausgeliefert würden. Diese rechtliche Kontroverse wurde nicht vor Anfang 1994 gelöst.

Am fünften Jahrestag des Anschlags, im Dezember 1993, sendete die BBC eine Dokumentation mit dem Titel „Silence over Lockerbie" („Schweigen über Lockerbie"). Die BBC entlarvte die Libyenbeschuldigungen der CIA. Ohne eine libysche Verwicklung auszuschließen, schob die Dokumentation die Beschuldigungen wieder an die ursprüngliche Adresse zurück: Syrien und Irak.

Es gibt noch weitere Verschwörungstheorien, die den Massenmord in der Pan Am 103 erklären. Eine davon, die kurz in der italienischen Presse ans Tageslicht kam, rückt die berüchtigte neofaschistische Schein-Freimaurerloge P2 in das Zentrum einer Verschwörung. Aber keine der Theorien ist so detailliert und in sich geschlossen wie der Interfor-Bericht. Das bedeutet jedoch nicht, daß Aviv richtig lag, sondern nur, daß die Wahrheit irgendwo auf dem Friedhof der Geopolitik begraben liegt.

QUELLEN

Emmerson, Steven und Brian Duffy. *The Fall of Pan Am 103*. New York: Putnam, 1990.
Johnston, David. *Lockerbie: The Tragedy of Flight 103*. New York, St. Martin's Press, 1989.
Pan American Insurance Ivestigator's Report (Kopie liegt dem Autor vor).

38
Das Jonestown-Massaker

Am 18. November 1978, in einem geräumten Stück des guayanesischen Dschungels, befahl Reverend Jim Jones den 913 Mitgliedern seiner Sekte den Selbstmord durch einen Zyanid-Trank – und sie gehorchten.

Die Sektenanhänger waren vom größenwahnsinnigen Jones einer Gehirnwäsche unterzogen worden. Er hatte ihr Dschungeldorf nach sich selbst benannt und sie praktisch als Sklaven, wenn nicht sogar lebende Zombies gehalten. Jones wurde ebenfalls tot aufgefunden. Er hatte sich selbst in den Kopf geschossen, oder jemand anders hatte ihn erschossen. Mit kantigem Kinn, tiefschwarzem Haar und Sonnenbrille sah er wie ein Geheimagent auf antipsychotischen Drogen aus und nimmt neben Charles Manson einen Platz in Amerikas Galerie des Bösen ein.

War Jones tatsächlich ein „armer Irrer", wie die Amerikaner so oft ihre Bösewichter betiteln? Ist es plausibel, daß mehr als neunhundert Menschen sich bereitwillig das Leben nahmen, nur weil er das von ihnen verlangte? Oder gibt es eine andere Erklärung?

Kurz nach dem Blutbad in Jonestown kursierten Gerüchte über seltsame Hinweise auf Experimente zur Bewußtseinskontrolle, sogar über Völkermord und versteckte Präsenz der CIA wurde spekuliert. Letztlich behaupteten diese Geschichten, daß die Regierung der Vereinigten Staaten das Massaker von Jonestown hätte verhindern können, diese jedoch nichts dergleichen tat.

Im schlimmsten Fall soll Jonestown ein von der CIA geführtes Konzentrationslager gewesen sein, für geheime staatliche Versuche zur Reprogrammierung der amerikanischen Psyche. Es gibt Vermutungen über weitere „Jonestowns", und daß die Verschwörung nicht mit den Toten in Guayana endete.

Jim Jones wurde am 13. Mai 1931 als Sohn eines Ku-Klux-Klan-Anhängers in Lynn (Indiana) geboren. Seine Mutter war, wie er behauptete, eine Cherokee-Indianerin. Dies konnte jedoch nie bestätigt werden.

Als unbeaufsichtigtes Kind war Jones schon in jungen Jahren von Kirchenarbeit fasziniert. 1963 hatte er seine eigene Kirchengemeinde in Indianapolis: die „People's Temple Full Gospel Church". Es war eine Gemeinde mit gemischten Rassen, etwas noch nie Dagewesenes in Indiana. Der junge Jim Jones zog unermüdlich für die Schwarzen ins Feld. Er litt jedoch unter merkwürdigen Ohnmachtsanfällen, erhielt Anweisungen von Außerirdischen, praktizierte Glaubensheilung und erlebte Visionen über einen nuklearen Holocaust.

Da er sicher war, daß das Armageddon bevorstünde und daß Indianapolis das Ziel des Angriffs sein würde, suchte er nach einer Führung. Im *Esquire Magazin* vom Januar 1962 fand er sie. Ein Artikel in dem häufig ironischen Männermagazin nannte die neun sichersten Plätze der Welt, um einer nuklearen Konfrontation zu entkommen. Einer dieser Schlupfwinkel war Brasilien. Erste Andeutungen einer Verbindung von Jones zur CIA begannen damals.

Laut einem Artikel in den *San Jose Mercury News* erinnerten sich Jones' Nachbarn im brasilianischen Belo Horizonte (wo er lebte, bevor er nach Rio de Janeiro zog), daß er vorgab, ein pensionierter Angehöriger der Marine zu sein, der „monatliche Bezüge von der amerikanischen Regierung erhielt". Sie erinnerten sich außerdem, daß Jones – der später erklärte, er sei dazu gezwungen gewesen, seine Dienste als Gigolo anzubieten, um seine Familie zu unterstützen – „wie ein reicher Mann lebte".

„Einige Leute hier glaubten, er sei ein Agent für die amerikanische CIA", erzählte ein Nachbar.

Ungeachtet der Erinnerungen der Nachbarn behauptet Jones' Biograph Tim Reiterman, daß Jones' Familie in Brasilien „einfach lebte" und sich mit Reis und Bohnen über Wasser hielt. Als er in die Vereinigten Staaten zurückkehrte, kurz nach dem Mord an Präsident John F. Kennedy, erzählte Jones seinen Anhängern, er hätte in Brasilien Waisenkindern geholfen. Schließlich zog seine Sekte nach Ukiah (Kalifornien) und dann nach San Francisco. Dort wurde sie zu einer beliebten Spendenadresse für Lokalpolitiker.

Bevor Jones in Brasilien ankam, stoppte er in Georgetown (Guayana). Auch wenn er dort nur kurz verweilte, gelang es ihm, in den lokalen Medien erwähnt zu werden, indem er öffentlich Kirchen der Verbreitung des Kommunismus beschuldigte. Nach Reiterman war dies ein kalkulierter Versuch, „sich selbst als Antikommunist ins Gespräch zu bringen".

Fünfzehn Jahre später quälte er seine Jonestown-Gemeinde mit Versprechen, den People's Temple von Guayana in die Sowjetunion zu verlegen. In einem Buch aus dem Jahre 1979 beschreibt ein früherer Anhänger von Jones, Phil Kerns (dessen Mutter und Schwester in Jonestown starben), die Möglichkeit einer sowjetischen Verschwörung hinter Jonestown.

„Jones war ein Marxist", schrieb Kerns, „der ungezählte Kontakte sowohl zu kubanischen als auch zu sowjetischen Regierungsmitarbeitern hatte." Unter anderen fragwürdigen Fakten bemerkt Kerns, daß kurz vor dem Massaker zwei Mitglieder des People's Temple 500.000 US-Dollar aus der Sektenkolonie in die sowjetische Botschaft verschwinden ließen.

Jones' Anhänger trafen sich regelmäßig mit sowjetischen Funktionären – in der Tat so oft, daß sie zum beliebten Witz in den diplomatischen Kreisen in Guayana wurden. Jones erzählte seinen Sektenmitgliedern, daß die CIA Jonestown „unterwandert" habe.

Später, wie wir noch sehen werden, erklärten auch andere, daß Jonestown die CIA *war*.

Die Liebelei des Tempels mit den Sowjets ist ein völlig plausibler Berührungspunkt zwischen der Sekte und den Behörden. Reiterman, ein Skeptiker der Verschwörungstheorie, betont, daß „die Präsenz der CIA im sozialistischen Guayana... unterstellt werden könnte." Auf jeden Fall bestand ein Interesse an den sowjetischen Kontakten des People's Temple.

Warum genau war Jones eigentlich an den Sowjets interessiert? Er muß gewußt haben, daß sein erklärter Traum, den Tempel in die UdSSR zu verlegen, nichts weiter war als eben ein Traum. Er ließ ihn schnell zugunsten eines Massenselbstmords fallen (ein Anhänger fragte Jones kurz vor dem Selbstmord, ob es nicht möglich sei, das Ganze einfach zu vergessen und nach Rußland zu verschwinden, worauf Jones sagte, das ginge nicht). Falls die CIA den Tempel unterwandert hatte, oder wenn der Tempel auch nur zum Teil eine CIA-Operation war, dann hätten die Besuche von Sektenmitgliedern in der sowjetischen Botschaft pragmatischere Gründe.

Die CIA berichtete zuerst über die Jonestown-Massenselbstmorde. Die Selbstmorde folgten einem von Jones angeordneten Angriff auf eine Arbeitsgruppe in Guayana, die vom Kongreßabgeordneten Leo Ryan geleitet wurde und vermeintliche Verstöße gegen die Menschenrechte in Jonestown untersuchen sollte. Die bewaffneten Männer schlugen am Flugplatz von Port Kaituma zu. Ryans Arbeitsgruppe bereitete sich gerade auf die Abreise vor. Ryan wurde bei dem Angriff ermordet. Vier weitere Menschen starben ebenfalls. Einige weitere wurden angeschossen, einschließlich Reiterman, der zu der Zeit Reporter für den *San Francisco Examiner* war. Unter den Verletzten war auch der amerikanische Botschaftsangestellte Richard Dwyer.

Er wurde verwundet, aber nur leicht.

Ging Dwyer nach dem Anschlag auf dem Flugplatz nach Jonestown zurück? War er dort während des Massakers? Wie verlautet wurde, soll an einer Stelle auf dem Band, das den Anschlag aufnahm, Jones' eigene Stimme befohlen haben: „Bringt Dwyer weg von hier!" Reiterman nimmt an, daß dies ein „Fehler" von Jones war, daß Dwyer nicht dort war. Doch war er es tatsächlich, dann sind die Verwicklungen beängstigend.

Dwyer war ein Agent der CIA.

Dwyer selbst bestätigt weder, noch bestreitet er, daß er als CIA-Agent arbeitete; er wurde jedoch in der 1968er Ausgabe von „Who's Who in the CIA" als solcher identifiziert. Einen Monat nach dem Massaker berichtete die *San Mateo Times* aus der Bay-Area-Gegend (die Heimatzeitung von Leo Ryan), daß „Außenministeriumsmitarbeiter einräumen, daß ein CIA-Agent einige Minuten vor dem Anschlag nach Jonestown abgesandt wurde". Dwyer bestritt gegenüber der

Times, daß er zu der Zeit dort war. Gemäß einem Bericht war Grenada Dwyers nächster Halt nach Guayana.

Dwyer war nicht notwendigerweise der einzige Verbindungsmann zum Geheimdienst. Der US-Botschafter John Burke arbeitete später für den „Geheimdienst-Gemeinschaftsstab" der CIA. Richard McCoy, ein weiterer Mitarbeiter der Botschaft, gab seine Arbeit für die Spionageabwehr der US-Luftwaffe zu. Die sozialistische Regierung von Guayana war über Jahre über das Interesse des amerikanischen Geheimdienstes pikiert. Falls verdeckte Operationen durchgeführt wurden, so sollte also niemand überrascht davon sein.

Leo Ryans Helfer Joseph Holsinger befürchtete, daß die CIA vielleicht eine verdeckte Aktion durchführte, die so unheilvoll war, daß sie sogar hartgesottene CIA-Wachhunde schockieren würde. 1980 erhielt Holsinger, der Dwyers Präsenz in Jonestown entdeckt hatte, einen Bericht von einem Professor der Universität in Berkeley. Der Bericht mit dem Titel „The Penal Colony" („Die Sträflingskolonie") behauptet, daß das Programm der CIA zur Bewußtseinskontrolle mit dem Code-Namen MK-ULTRA nicht 1973, wie die CIA dem amerikanischen Kongreß mitgeteilt hatte, gestoppt wurde. Statt dessen, so steht es in dem Bericht, wurde es nur aus den öffentlichen Krankenhäusern und Gefängnissen in die sicherere Umgebung von religiösen Sekten verlegt.

Jonestown, so glaubte Holsinger, war eine dieser Sekten.

Es wurde eine große Menge an psychoaktiven, d.h. bewußtseinsbeeinflussenden Drogen am Ort des Massenselbstmords gefunden. Larry Layton, Jones' Stellvertreter, der als einziger für die Morde angeklagt wurde (er gehörte zu der Mannschaft am Flugplatz und überlebte irgendwie das Massaker in Jonestown), beschrieb, daß er in eine „posthypnotische Trance" fiel und unter Jones' Bann immer tiefer darin versank. Laytons eigener Vater nannte ihn „einen Roboter".

Laytons Schwager, der Mann, der für Jones die Vermietung von Jonestown mit der Regierung von Guayana arrangierte, soll ein Söldner für die von der CIA unterstützten UNITA-Rebellen in Angola gewesen sein. Laytons Vater, so Holsinger, war ein Biochemiker für die chemische Kriegsführung bei der US-Army. Er war verantwortlich für chemische Kriegsführung auf dem Testgelände in Dugway (Utah).

Jones, der vermeintliche Sympathisant der Sowjets, war ein ehemaliger Spendensammler für Richard Nixon gewesen. In jener Zeit erklärte sich Jones selbst zur Reinkarnation von sowohl Jesus als auch Lenin.

Dann war da noch das Problem mit den Leichen. Die Zählung in Jonestown stieg um etwa vierhundert innerhalb von zwei Tagen nach den Selbstmorden an. Dies führte zu der Annahme, daß Flüchtende eventuell verfolgt und ermordet wurden. Der richterliche Ermittlungsbeamte in Guayana, Leslie Mootoo, sagte aus, daß in jedem Fall um die siebenhundert Personen gewaltsam getötet wurden und keine Selbstmörder waren.

„Ich glaube, daß es möglich ist, daß Jonestown ein Bewußtseinskontroll-Experiment gewesen ist", sagte Holsinger 1980 in einer Vorlesung, „und daß Leo Ryans Besuch als Kongreßabgeordneter die Tarnung gefährdete und beinahe alles ans Licht gebracht hätte. Unsere Regierung, oder ihr Beauftragter, die CIA, hielt es für notwendig, über neunhundert amerikanische Staatsbürger auszulöschen, um die Geheimhaltung der Operation zu gewährleisten."

Die „Operation", falls es überhaupt eine gab, hätte nach den Selbstmorden weitergeführt werden können. Es hat Versuche gegeben, die von der Billy-Graham-Organisation unterstützt wurden, Jonestown mit Flüchtlingen aus der Dominikanischen Republik und Indochina zu besiedeln. Es gab einen Jonestown-„Doppelgänger", auch als Jones noch „im Geschäft" war. Der selbsternannte „Rabbi" David Hill, mit seiner 8000 Mitglieder umfassenden Sekte „Nation of Israel", war mächtig genug, um sich den Spitznamen „Vize-Premierminister" auf seinen Reisen durch das Land zu verdienen.

Eine letzte, merkwürdig anmutende Bemerkung: Ein Aktenvermerk, der angeblich zwischen Jones und dem Anwalt des People's Temple, Mark Lane (der dem Massaker entkommen konnte), kursierte, zeigte beide nachdenklich über die Umsiedlung von Grace Walden nach Jonestown. Walden war eine Zeugin der Ermordung von Martin Luther King. Lane vertrat Kings angeklagten Mörder, James Earl Ray. Als der Vermerk auftauchte, bestritt Lane, daß er die Umsiedlung Waldens diskutiert habe. (Er behauptet, daß der Vermerk Teil einer „militärisch-geheimdienstlichen Vertuschung" der Ermordung Kings war; scheinbar der Versuch, ihn, und über ihn auch Walden, zu diskreditieren.) Die meisten einfachen Mitglieder des People's Temple waren Schwarze. Die meisten der Führungsebene waren Weiße. Joyce Shaw, ein früheres Mitglied, gab einmal zu bedenken, daß die Massenmord-Geschichte eine Vertuschung für „eine Art von einem furchtbaren staatlichen Experiment oder eine Art kranke, rassistische Sache... ein Plan wie der der Deutschen, um Schwarze zu vernichten", sein könne.

1980 erklärte das House Permanent Select Committee on Intelligence (Geheimdienstausschuß des amerikanischen Parlaments), daß es „keinen Beweis" für Verwicklungen der CIA in Jonestown gebe.

QUELLEN

Kerns, Phil. *People's Temple, People's Tomb.* Plainfield, NJ: Logos International, 1979.

Kilduff, Marshall und Ron Javers. *The Suicide Cult.* New York: Bantam Books, 1978.

Krause, Charles. *Guyana Massacre: The Eyewitness Account.* New York: Berkeley Books, 1978.

Moore, Rebecca. *A Sympathetic History of Jonestown.* Lewiston, NY: Edwin Mellon Press, 1985.

Reiterman, Tim. *Raven: The Untold Story of Reverend Jim Jones and His People.* New York: E.P. Dutton, 1982.

An diesem Kapitel hat die Forschungsarbeit von John Judge großen Anteil.

39
AIDS – Seuche aus dem Pentagon?

D r. Donald MacArthur, ein hochrangiger Verwaltungsbeamter für biologische Forschung des amerikanischen Verteidigungsministeriums, erschien am 9. Juni 1969 bei einem Treffen des Unterausschusses des Repräsentantenhauses für militärische Ausgaben und bat um Geld für ein unangenehmes Unterfangen.

„Innerhalb von fünf bis zehn Jahren", so prognostizierte er, „wird es wahrscheinlich möglich sein, einen neuen infektiösen Mikroorganismus zu schaffen, der sich von anderen krankheitsverursachenden Organismen in einigen wichtigen Aspekten unterscheidet. Das Wichtigste dabei ist, daß er wahrscheinlich widerstandsfähig gegen die therapeutischen und Immunprozesse, von denen wir abhängig sind, um keine infektiösen Krankheiten zu bekommen, sein wird."

Dieser Krankheitserreger, den Dr. McArthur in seinem Labor ziehen wollte, sollte das Immunsystem zerstören. Der gute Doktor bot damit eine der abgedroschensten Ideen des Kalten Krieges für seine abscheulichen Ambitionen an.

„Sollte ein Feind eine solche Waffe entwickeln, dann besteht kaum Zweifel daran, daß dies für uns eine beträchtliche militärisch-technologische Unterlegenheit bedeuten würde, zu deren Überwindung es kein adäquates Forschungsprogramm gibt."

Er bekam seinen begehrten Steuergeldfonds. 1977 und 1978, am Ende von Dr. MacArthurs Zeitrahmen, traten die ersten Fälle des Acquired Immune Deficiency Syndrome (AIDS) in Afrika auf.

McArthurs Aufzeichnungen lassen einige Fragen offen. Aber der Zufall ist unbestreitbar auffallend. Ist AIDS die ultimative Waffe der biologischen Kriegsführung? Die Ereignisse sind so rätselhaft, daß die Ermordung von John F. Kennedy dagegen wie ein einfacher Fall von Trunkenheit am Steuer erscheint.

Der amerikanische Regierungsrepräsentant Theodore Weiss – ein Kongreßabgeordneter aus New York mit einer breiten schwulen Wählerschaft – spekulierte 1983: „Auch wenn es weit hergeholt sein mag, bei der vorhandenen Voreingenommenheit gegen Homosexuelle und Homosexualität in einigen Teilen der Gesellschaft muß die Möglichkeit einer Nutzung von biologischen Waffen in Betracht gezogen werden."

Die demographischen Untersuchungen über AIDS unterstützen die Theorie der biologischen Kriegsführung. Auch wenn niemand immun ist, so waren einige Gruppen doch besonders betroffen: Schwule, Afrikaner, Drogenkonsumenten. Könnten diese Gruppen das Ziel einer vom Pentagon geführten Biotechnik-Abteilung gewesen sein?

Die Beweislage für diese Theorie ist recht dünn. Dennoch hält sie der wackeligen „offiziellen" Erklärung, wie AIDS sich in der Bevölkerung ausbreiten konnte, stand. Diese besagte nämlich, daß AIDS irgendwie von Grünen Meerkatzen verbreitet wurde.

Der allgemein akzeptierte Grund von AIDS ist ein Virus, das mit HIV (Human Immunodeficieny Virus) bezeichnet wird. Es wurde 1984 von Dr. Robert Gallo „entdeckt" – und fast zeitgleich auch von einem Team französischer Wissenschaftler (die französischen Doktoren behaupten, offensichtlich auch nicht ohne Grund, daß Gallo ihre Forschungsarbeit gestohlen hatte – aber das ist eine Verschwörung, die in ein anderes Buch gehört). Aus welcher Ecke des Ökosystems das Virus nun stammt, ist nach wie vor eine offene Frage.

Gallo und andere bemerkten eine Ähnlichkeit zwischen einem bei Menschenaffen entstandenen Virus (STLV-III) und HIV. Sie vermuten, daß irgendwann der *Cercopithecus aethiops*, der das Virus transportierte, dieses auf einen afrikanischen Menschen übertrug. Innerhalb von einigen Jahren starben Tausende von Menschen, die sich durch Sex und Bluttransfusionen infiziert hatten.

Es ist kaum der Mühe wert, die Litanei der Annahmen aufzulisten, die notwendig sind, um diese unbegründeten Fabeln zu unterstützen (insbesondere die über die massiven und mutmaßlich spontanen Mutationen der Affenviren). Es genügt zu sagen, daß das Szenario mit den Grünen Meerkatzen im besten Falle eine auf gewisse Sachkenntnis gestützte Vermutung ist.

Es gibt auch ein paar extreme Unwahrscheinlichkeiten in der AIDS-Biokrieg-Szenerie. Vielleicht ist AIDS tatsächlich eine biologische Bombe, um die nutzlosen Esser dieser Welt auszuradieren. Das Militär und seine politisch-industriellen Freunde haben mit Sicherheit einige schmutzige Entwicklungen in ihrer Zeit unterstützt. Aber welcher vernünftig denkende Mensch würde einen so heimtückischen, tödlichen Krankheitserreger in dieselbe Bevölkerung loslassen, die einen selbst und die ganze amerikanische Gesellschaft einschließt?

Eine kurze Geschichte der biologischen Kriegsführung der Vereinigten Staaten von Amerika findet sich an anderer Stelle in diesem Buch (vgl. das Kapitel „Biokrieg"). Sie enthält dokumentierte Fälle militärischer Angriffe auf amerikanische Bürger, bei denen verschiedene Bakterien und Toxine freigesetzt wurden. Doch waren die Bakterien und Toxine bei weitem nicht so tödlich wie HIV. Es gibt weitere bemerkenswerte Beispiele von nachweislicher Skrupellosigkeit. Da wäre zum Beispiel die unmenschliche Tuskegee-Syphilis-Studie. Die amerikanische Gesundheitsbehörde vollzog diese Studie an über vierhundert syphiliskranken schwarzen Männern, denen sowohl die Behandlung ihres Leidens als auch jegliche Information, daß sie die Krankheit hatten, versagt wurde. Dies wurde über vierzig Jahre fortgeführt.

Dann war da das Puerto-Rico-Krebsexperiment von 1931, das für sich selbst spricht. Eine Anzahl von Puertorikanern wurde vom Rockefeller Institut absichtlich mit Krebs infiziert. Dreizehn starben. Die Rechtfertigung des Chefpathologen Cornelius Rhoades: „Die Portorikaner [sic] sind die dreckigste, faulste, degenerierteste und diebischste Menschenrasse, die jemals diese Erdkugel bevölkerte... Ich habe mein Bestes gegeben, um die Vernichtung voranzutreiben, indem ich acht umbrachte und einigen weiteren Krebs implantierte... Alle Ärzte sind erfreut über den Mißbrauch und die Folterung dieser unglückseligen Subjekte."

Nicht gerade politisch korrekt, dieser Dr. Rhoades. Trotzdem belangte ihn niemand strafrechtlich. Sie schrieben ihn ab als „geisteskrank". Die amerikanische Regierung muß wohl anderer Meinung gewesen sein. Sie übergab ihm die Leitung von zwei großen chemischen Kriegsführungsprojekten in den 40er Jahren, garantierte ihm einen Sitz in der Atomkommission und zeichnete ihn mit dem Orden der Ehrenlegion aus.

Obwohl die Forschung für biologische Kriegsführung 1972 gesetzlich verboten wurde, stürzte sich die „Hintertürchenabteilung" des Pentagons unverzüglich darauf, und die Forschung drängte vorwärts. Eines der Bakterien, das die militärischen Wissenschaftler interessierte, war der *Canis-* Strang der *Brucella.* Symptome dieser Krankheit schlossen Kopfschmerzen und Fieber, Unwohlsein, Muskelschmerzen, Rachenentzündung und Lymphknotenschwellung ein – dieselbe Liste, die von AIDS-verwandten Verbindungen bekannt war, den Vorläufern des vollentwickelten AIDS.

Die erste veröffentlichte Anklage einer Verbindung zwischen AIDS und biologischen Waffen brachte der *Patriot,* eine Zeitung in Neu Delhi. Die Ausgabe vom 4. Juli 1984 zitierte aus einer offiziellen Studie der US-Armee über „natürliche und künstliche Einflüsse auf das menschliche Immunsystem".

Das indische Blatt berichtete, daß Wissenschaftler aus Fort Detrick – Sitz der Frederick Cancer Research Facility des National Cancer Institute (nationales Krebsinstitut), aber bis 1969 bekannt als Army Biological Warfare Laboratory (militär. Labor für biolog. Kriegsführung) – sich auf der Suche nach „einem starken Virus, das nicht in Europa oder Asien gefunden werden konnte" bis in das tiefste Afrika wagten. Die Erkenntnisse aus dieser Exkursion „wurden dann in Fort Detrick analysiert, und das Ergebnis war die Isolation eines Virus, das AIDS auslöst."

Die amerikanische Regierung sprach diesen Artikel sofort sowjetischen Falschinformationen zu. Doch dies hatte keine Auswirkungen auf die nachfolgende und unbarmherzige Berichterstattung der Geschichte in den sowjetischen Medien. Eine Karikatur im redaktionellen Teil der *Pravda* zeigte einen Doktor, auf einem Haufen Leichen stehend, der einem General eine Ampulle gab, die mit dem Wort AIDS beschriftet ist. Dies erzeugte ein Protestgejammer der amerikanischen Botschaft. Aber die amerikanischen Behörden reagierten erst, als eine große britische Zeitung die Geschichte über ihr Revolverblatt verbreitete. Ihre Einwände gaben die immer kühnen Medien sklavisch wieder.

Als nächstes erschien 1986 das Pamphlet „AIDS: USA Home-Made Evil" („AIDS: Selbstgemachtes Übel der USA") von zwei in Frankreich geborenen ostdeutschen Forschern, Jakob und Lilli Segal. Die Schrift kursierte, ohne angegebenen Verleger, frei durch die englischsprachigen Regionen Afrikas. Zwar kein orthodoxes Mittel der wissenschaftlichen Veröffentlichung, aber die Argumente der Segals bildeten nun einmal die Basis für einen großen Teil der nachfolgenden Diskussion über die biologische Kriegsführung mit AIDS.

HIV, so behaupteten die geheimnisvollen Segals rätselhafterweise, ist eine genetisch hergestellte Hybride des Visan-Virus (Grund einer bei Schafen entstandenen Hirnkrankheit) und eines Virus namens HTLV-I (HIV nannte sich ursprünglich HTLV-III), das in den weißen Blutkörperchen Krebs auslöst.

Die Segals deckten ebenfalls Fort Detrick als das Labor auf, wo das Virus produziert wurde. Es konnte nie bewiesen werden, daß HIV in Fort Detrick – oder irgendwo anders – hergestellt worden ist, aber es kann nicht schaden, die Frage zu stellen, warum die National Institutes of Health (Nationales Institut für Gesundheit) Militärwissenschaftler in Fort Detrick, und nicht die dortigen „Zivilisten", gebeten haben, ein Heilverfahren gegen AIDS zu entwickeln.

Im Februar 1987 plauderte der Armeeoberst David Huxsoll in einem Anfall von Spott während einer Diskussion über biologische Kriegsführung mit AIDS eine interessante Information aus.

„Studien in Armeelaboratorien haben gezeigt, daß das AIDS-Virus ein ziemlich ärmlicher biologischer Kampfstoff sein würde", sagte der Oberst.

Was für Studien? Die Öffentlichkeitsarbeit des Pentagon erzählt uns, daß das Militär AIDS zu unseren Lebzeiten ein Ende bereiten will, und kein Ende unserer Lebzeit. Huxsoll leugnete später, diese Aussage gemacht zu haben. Der Reporter, der die Geschichte aufschrieb, steht zu ihr.

Die ersten amerikanischen AIDS-Fälle – die sich fast ausschließlich auf männliche Homosexuelle begrenzten – deckten sich mit dem Ansturm des „Reaganismus" und dem ihn begleitenden bitteren Kampf gegen Schwule. Die Theorie der biologischen Kriegsführung nimmt an, daß Schwule zur Vernichtung freigegeben wurden oder zumindest als Sündenbock dienten. Aber warum?

1978 erhielten mehr als tausend nicht-monogam lebende homosexuelle Männer durch die National Institutes of Health und die Centers for Disease Control (Zentren für Krankheitskontrolle) experimentelle Impfungen gegen Hepatitis B. Innerhalb von sechs Jahren hatten 64% dieser Männer AIDS.

Zufälle sind natürlich möglich, gerade in diesem Fall. Unter der konventionellen Betrachtung der AIDS-Übertragung sind nicht-monogam lebende männliche Homosexuelle wirklich besonders gefährdet.

Es gab ein weiteres Impfungsprogramm in Afrika, diesmal gegen Pocken, das von der Weltgesundheitsorganisation (W.H.O.) geleitet wurde. Die Regionen, in denen die W.H.O. ihr Programm durchführte, waren später die am schlimmsten von AIDS betroffenen in Afrika. Auch hier ist die Vorstellung, daß es sich um einen Zufall handeln könnte, ziemlich plausibel, obwohl das Pocken-Programm die Anhänger der AIDS-Verschwörungstheorie verständlicherweise beunruhigt. Es ist jedoch schwer, den auf weiten Strecken erfolgreichen Kampf der W.H.O. gegen die Pocken, einer viel tödlicheren Krankheit als AIDS, zu kritisieren.

Es gibt verschiedene Varianten des Themas: Einige bleiben bei dem Argument, daß HIV allein kein AIDS auslösen kann. Dioxine (sie wurden in Vietnam vom Militär verwendet) und Dengelfieber (von der CIA in Kuba eingesetzt) wurden als Auslöser ins Gespräch gebracht, genauso wie eine mutierte Form der Syphilis. All diese Erklärungen wären einfacher als ein synthetisches Virus, das als Waffe eingesetzt wird.

Es gibt nur eine Gewißheit: Die Epidemiologie von AIDS ist eine Angelegenheit, bei der weder die offiziellen, noch die verschwörungstheoretischen Erklärungen wirklich befriedigen können.

QUELLEN

Krupey, G.J. „AIDS: Act of God or the Pentagon?" *Steamshovel Press* Nr. 4 (Frühjahr 1992).

Lederer, Robert. „Chemical-Biological Warfare, Medical Experiments and Population Control." *Covert Action Information Bulletin*, Nr. 28 (Sommer 1987).

Lehrman, Nathaniel S. „Is AIDS Non-Infectious? The Possibility and Its CBW Implications." *Covert Action Information Bulletin*, Nr. 28 (Sommer 1987).

Rappoport, Jon. *AIDS Inc.: Scandal of the Century.* Foster City Calif.: Human Energy Press, 1988.

40
Bomben in Oklahoma City

Mehr als jedes andere Ereignis der letzten Jahre hat der terroristische Bombenanschlag auf das Alfred P. Murrah-Bundesgebäude in Oklahoma City alle paranoid Veranlagten elektrisiert. Argwöhnische Köpfe auf der rechten Seite – die „Patrioten" oder „Bürgerwehr-Bewegung", wie sie die Medien bezeichnen – betrachten das Ereignis als einen abscheulichen Akt von Regierungsverrat, ein Terrorstreich, der dazu genutzt wurde, die Einschränkung der amerikanischen Bürgerrechte oder, noch schlimmer, die Eröffnung einer von Washington gebilligten Invasion Amerikas aus dem Ausland zu rechtfertigen. Gleichzeitig deuten auch die Paranoiden in der Regierung und den Medien und die linke Szene im ideologischen Nebel der Ära nach dem Kalten Krieg die Ereignisse auf ihre eigene Weise. In ihren Augen stellt das Oklahoma-Attentat einen Terrorakt von Fanatikern des nativistischen rechten Flügels dar – eine wachsende Bedrohung, die sich aus gefährlichen, verrückten Militaristen und Rassenhassern zusammensetzt.

Irgendwo zwischen allen fieberhaften Spekulationen, die von beiden entgegengesetzten politischen Extremen stammen, liegen die Tatsachen, die nahelegen, daß keine Sicht des Terroranschlages in Oklahoma City sich wirklich mit der Realität beschäftigte. In der Tat macht die Darstellung in der Regenbogenpresse, die von einer Regierungsanklage gegen eine Handvoll patriotischer Extremisten sprach (die zum Zeitpunkt des Schreibens dieses Artikels noch nicht vor Gericht verhandelt wurde), genausowenig Sinn wie die verworrenen Verschwörungstheorien, die im Internet und in Radiotalksendungen behandelt wurden.

In der Wolke von Verdächtigungen, die über dem Gelände des ehemaligen Murrah-Gebäudes schwebt, verbirgt sich ein echtes Rätsel.

Folgende Fakten des Attentats sind unbestritten: Am 19. April 1995 um 9.02 Uhr morgens gab es eine gewaltige Explosion, die buchstäblich den Nordteil des Bundesgebäudes in der Innenstadt von Oklahoma City wegriß. Als der Rauch sich verzogen und die Asche und der Schutt sich gesetzt hatten, zeigte sich die verwüstende Kraft der Sprengung: Ein Drittel des Gebäudes war eingestürzt, und die Bombe oder die Bomben hatte(n) einen neun Meter breiten und 2,40 Meter tiefen Krater hinterlassen. Nach einigen Tagen, nachdem sich die Rettungstrupps durch das Geröll gearbeitet hatten, erhöhte sich die Anzahl der Toten auf 169 Menschen, einschließlich der 19 Kinder im Kindergarten für Bundesangestellte im zweiten Stock. Unter den Regierungsbehörden, die sich im Murrah-Gebäude befanden, waren die Abteilung für Alkohol, Tabak und Feuerwaffen (ATF), das FBI, die Bundes-Antidrogen-Behörde (Drug Enforcement Administration = DEA), der Verteidigungs-Nachrichtendienst, die Behörde für soziale Sicherheit und die Rekrutierungsbüros von US-Armee und -Marines.

Bundesermittler gaben hastig bekannt, daß die Sprengladung eine Ammonium-Nitrat-und-Öl-Bombe war – dieselbe Art von selbstgebasteltem explosivem „Dünger", wie er 1993 beim Anschlag von Terroristen aus dem Mittleren Osten auf das World Trade Center verwendet wurde. Das FBI schätzte, daß die Bombe zwischen 500 und 1000 Kilogramm wog und wahrscheinlich in einem Auto deponiert war. Wie auch immer, in einem Versuch, der großen Zerstörungskraft der Bombe Rechnung zu tragen, stuften die Behörden ihre Schätzungen auf eine 9600-Kilo-Bombe hoch, die höchstwahrscheinlich mit einem LKW transportiert worden war. Die Dünger-Öl-Mischung aus allgemein erhältlichen Materialien war in zwanzig blaue Plastiktonnen verpackt. Die Behörden beschrieben die Methode der Detonation als eine von Hand ausgelöste Sicherheitszündung. Einige Augenzeugen vor

Ort berichteten, daß sie kurz vor der Explosion einen gelben Ryder-LKW gesehen hätten, der sich dem Vordereingang des Gebäudes näherte und dann im Halteverbot stehen blieb. Sie beschrieben zwei Männer in blauen Jogginganzügen, die aus dem LKW ausstiegen und in einen PKW einstiegen. Eventuell war da noch eine dritte Person, die das Auto lenkte. Eine Frau, die auf der nordwestlichen Fifth Street in der Nähe des Murrah-Gebäudes fuhr, berichtete, daß sie beinahe einen Mann angefahren hätte, der vom Gebäude wegging. Dieser Mann wurde später von den Behörden als Verdächtiger für den Bombenanschlag identifiziert. Ein anderer Zeuge behauptete, zwei Männer gesehen zu haben, die sich vom Ort des Geschehens in einem gelben Mercury entfernten.

Nach dem Durchkämmen der Trümmer gaben gerichtliche Ermittler bekannt, daß sie eine LKW-Achse mit einer Fahrzeugidentifikationsnummer entdeckt hatten. Sie konnte einem Ryder-LKW, der in Junction City (Kansas) gemietet worden war, zugeordnet werden. Diese glückliche Entdeckung war der erste Meilenstein in diesem Fall. Währenddessen zeichnete sich der zweite Durchbruch bei den Ermittlungsarbeiten in der Stadt Perry (Oklahoma) ab, 110 Kilometer nördlich vom ehemaligen Murrah-Gebäude entfernt. Um 10.20 Uhr hatte ein Polizeibeamter aus Perry einen gelben Mercury Marquis, Baujahr 1977, angehalten, der mit über 120 Kilometern pro Stunde gerast war. Officer Charles Hanger war aufgefallen, daß das Auto keine Nummernschilder besaß. Er stieg aus seinem Dienstwagen aus und näherte sich der Fahrerseite des Fahrzeugs. Hanger berichtete, daß er die verräterische Ausbuchtung eines Schulter-Halfters unter der Jacke des Fahrers bemerkte. Der Fahrer, der sechsundzwanzig Jahre alte Timothy James McVeigh, der gerade dabei war, in die Annalen der Verschwörungstheorie einzugehen, sagte zu Hanger, daß er eine Pistole dabeihabe. Seine eigene Waffe auf McVeighs Kopf richtend, beschlagnahmte Hanger die .45-Kaliber-Glock-Pistole, die mit „Cop Killer"-Hohlmantel-Patronen geladen war, und ein Jagdmesser im Futteral.

Hanger nahm McVeigh fest, der ruhig – nach Ansicht von Hanger leidenschaftslos – mit ihm kooperierte. McVeigh war in Nobel County wegen illegalen Transports von geladenen Waffen, heimlichen Tragens von Waffen und Fahrens ohne Nummernschilder vorbestraft worden. Er war ein ehemaliger Sergeant der Armee, der für seine Teilnahme am

Golfkrieg ausgezeichnet worden war. Er saß für zwei Tage in einer Zelle eines Gerichtsgefängnisses ein. Am Freitagmorgen nach dem Anschlag vom Mittwoch wurde er angeklagt, den schlimmsten terroristischen Akt verübt zu haben, der jemals auf amerikanischem Boden stattgefunden hatte. Es gab einige enge Verbindungen zwischen McVeigh und dem Verbrechen von Oklahoma City, einschließlich seiner äußeren Erscheinung als Durchschnittsamerikaner: ein großer Mann mit einem Militärhaarschnitt. Außerdem soll ein ehemaliger Mitarbeiter von McVeigh das FBI angerufen und Beweise angeboten haben, die McVeigh mit dem Anschlag in Verbindung brachten. McVeigh soll nach seiner Verhaftung eine Visitenkarte im Polizeiauto verloren haben. Auf die Karte, die für Paulsen's Military Supply („Paulsens Militärartikel") in Wisconsin warb, war gekritzelt: „Mehr Fünfpfund-Stäbe TNT am 1. Mai." Wie einige weitere Nachrichtensendungen berichteten, entdeckte das FBI außerdem im Handschuhfach von McVeighs Mietwagen einen Brief an einen Freund, in dem er Rache für den Angriff der Bundeseinheit auf das Lager der Davidianer-Sekte in Waco (Texas) im Jahre 1993 schwor.

McVeigh hatte außerdem eine Telefonkarte bei sich, die von *The Spotlight*, dem überall Verschwörungen witternden Blatt der antisemitischen Liberty-Lobby, herausgegeben worden war. Es wird behauptet, daß die Anklage des Staates gegen McVeigh hauptsächlich auf der Aufnahme eines Telefongespräches mit dieser Telefonkarte basiert, das McVeigh mit Lieferanten für Dünger und Plastiktonnen in Verbindung bringt, die angeblich für die Herstellung der Bombe verwendet wurden.

Neben McVeigh hatte das FBI Skizzen des sogenannten John Doe (= fiktiver Name) Nummer 2 entworfen, den man für einen Komplizen beim Oklahoma-Anschlag hielt. Die berühmte Skizze von John Doe Nummer 2 stellte einen dunkelhaarigen Mann dar, der möglicherweise aus dem Mittleren Osten stammte und eine Baseball-Kappe trug. Zeugen berichteten, daß sie diesen Mann mit McVeigh am Ort des Bombenanschlags gesehen hätten und zuvor schon bei der Ryder-Vermietung in Kansas. Anfänglich wurde berichtet, daß es sich bei dem zweiten Verdächtigen, der wegen des Attentats verhaftet wurde, Terry Nichols, um eben diesen John Doe Nummer 2 handelte. Aber Nichols, ein Armeekamerad von McVeigh, sah ganz anders aus als der Mann auf der Skizze. (McVeigh hatte den Verdacht auf Nichols und dessen Bruder James gelenkt, weil er während eines Gefängnisaufenthaltes in Noble County James als seinen nächsten Verwandten bezeichnet hatte.)

Seltsamerweise boten das FBI und die Bundesstaatsanwälte schnell eine geänderte Variante der Geschichte an, in der angenommen wurde, daß John Doe Nummer 2, wer auch immer er gewesen sein mag, nicht mehr existierte. Wahrscheinlich sei er bei der Explosion verbrannt. Terry Nichols brachte McVeigh weiter mit dem Bombenanschlag in Verbindung, indem er dem FBI erzählte, McVeigh habe ihn am Sonntag vor dem Anschlag aus Oklahoma City angerufen und um eine Mitfahrgelegenheit gebeten. Nichols fuhr von seiner Wohnung in Herington (Kansas) nach Oklahoma City und fuhr dann McVeigh nach Junction City (Kansas). Laut Nichols soll McVeigh während der Fahrt eine mysteriöse Bemerkung gemacht haben. „Es wird etwas Großes passieren", sagte er. „Willst du eine Bank ausrauben?" fragte Nichols. McVeigh machte keine näheren Angaben, sondern wiederholte nur seine Bemerkung: „Es wird etwas Großes passieren."

Bei einer Durchsuchung von Terry Nichols' Wohnung fand die ATF Materialien zum Bau von Bomben: Sprengköpfe, 18 Meter Primatdet-Zündschnüre, Ammonium-Nitrat, Nitrogen-Dünger und blaue 100-Liter-Plastiktonnen. Der Fall wurde noch spannender, als man erfuhr, daß Nichols' Bruder bei Treffen der Michigan-Bürgerwehr aufgetaucht war. Dabei handelte es sich um eine den Weltuntergang erwartende Gruppierung von rechtsorientierten Patrioten, die davon überzeugt waren, daß die Vereinten Nationen eine bevorstehende Invasion der USA planten. Und McVeigh, so berichteten es einige Zeugen, wurde in Begleitung des Führers der Michigan-Bürgerwehr, Mark Koernke, gesehen, als er als dessen Bodyguard auftrat.

Es sieht so aus, als ob die Bundesermittler eine wasserdichte Anklage gegen McVeigh und Terry Nichols aufgestellt hätten. Dennoch gibt es eine Anzahl extrem verwirrender und bisher ungeklärter Ereignisse, die diesen so einfach wirkenden Fall, wie er in den Medien dargestellt wurde, in ein anderes Licht rücken. Zum Beispiel scheinen bestimmte Personen an erstaunlichen Orten schon vorher von dem Bombenanschlag gewußt zu haben. Dem *Oregonian* aus Portland vom 20. April 1995 zufolge soll Richter Wayne Alley, dessen Büro dem Murrah-Gebäude gegenüberlag, einige Tage vor dem Anschlag Anweisungen von nicht identifizierten „Sicherheitsspezialisten" der Regierung erhalten haben, „spezielle Vorsichtsmaßnahmen" durchzuführen – zur großen Freude von Verschwörungsspürnasen. Die Meldung schien sogar dadurch noch bedeutungsvoller zu werden, daß Alley a) ein ehemaliger General der US-Army war und b) als vorsitzender Richter für die Verhandlung gegen McVeigh und Nichols eingesetzt wurde, bevor der Gerichtsstand nach Denver wechselte.

Richter Alley war nicht die einzige Person, die vor dem Bombenanschlag Warnungen erhielt. In *OKBOMB!* – dem mit Anomalien gespickten Buch von Jim Keith über die verschwörerischen Dimensionen des Bombenanschlags – zeigt Keith eine Anzahl von anderen Fällen auf, bei denen ausgewählte Individuen gewarnt wurden, sich vom Murrah-Gebäude fernzuhalten. David Hall, der Geschäftsführer von KPOC-TV in Oklahoma City, behauptet, daß er Interviews mit acht Arbeitern des Bundesgebäudes auf Video aufgezeichnet habe, die behaupten, von einen Bombenanschlag für den 19. April erfahren zu haben. Laut Hall hatte der Geschäftsführer eines Staatscenters zwei Tage vor der Explosion ebenfalls dieselbe Nachricht erhalten. Keith berichtete außerdem, daß Charles Key, ein Vertreter der Regierung in Oklahoma, behauptete, daß „er zwei Zeugen kennt, die ATF-Angestellte sagen hörten, ihnen sei nahegelegt worden, am Tag des Anschlags nicht zur Arbeit zu kommen". Key bat den Kongreß und den Staat von Oklahoma eindringlich, diese Behauptungen überprüfen zu lassen. Bisher blieb das jedoch ohne Erfolg.

Ohne eine offizielle Untersuchung solcher Behauptungen ist es schwierig, zwischen Gerüchten und Tatsachen zu unterscheiden. Dennoch hat eine Handvoll Personen in Oklahoma City ähnliche Behauptungen aufgestellt. Einige geben an, daß die ATF ihre Angestellten gewarnt habe, am 19. April das Gebäude zu betreten. Obwohl die ATF dabei bleibt, daß fünf ihrer fünfzehn Beamten, die im Murrah-Gebäude arbeiteten, während der Tragödie vor Ort waren (alle fünf wurden verletzt), heißt es in anderen Berichten (einer stammte von einem ATF-Beamten, ein anderer stand in der *New York Times*), daß um 9.02 Uhr morgens keine Beamten dort waren.

Dreißig Kilometer entfernt von der Detonation notierten Seismographen der Universität von Oklahoma am 19. April kurz nach 9.00 Uhr morgens nicht eine, sondern zwei explosive „Ereignisse" im Abstand von zehn Sekunden. Das Omniplex Science Center (Omniplex-Wissenschaftszentrum) in Oklahoma City zeichnete ebenfalls eine zweifache Störung auf, wobei die zweite stärker war als die erste. Der zweite Ausschlag der Seismographennadel wurde von Skeptikern als bloßes „Echo" der eigentlichen Explosion abgetan. Wie dem auch sei, Dr. Charles Mankin, Direktor der Abteilung für Geologische Überwachung der Universität von Oklahoma, hielt kurz nach dem Bombenanschlag eine Pressekonferenz ab und teilte den versammelten Journalisten mit, daß die Aufzeichnungen des Seismographen eher so zu lesen seien, daß es sich um zwei Explosionen handele, und nicht, wie andere meinten, eine „Luftexplosion", die durch den Zusammenbruch des Gebäudes oder ein Erdbeben verursacht wurde. Mankin erklärte: „Sogar die Nachrichten berichteten sofort von zwei Bombenexplosionen, änderten diese Version aber später wieder."

Die Theorie der zwei Detonationen wird angesichts einiger wenig bekannter Details noch interessanter. Augenzeugen – darunter einige Rettungshelfer, die unmittelbar nach der Katastrophe vor Ort waren – berichteten, daß die Bombeneinheit eine weitere Bombe, die anscheinend nicht explodiert war, unter dem Schutt entdeckt hatte. David Hall, der Geschäftsführer von KPOC-TV in Oklahoma, behauptet, der Leiter der örtlichen Feuerwehr, John Hanson, habe zu ihm gesagt: „Man fand zwei nicht detonierte Bomben sowie einen Bombenzünder im Gebäude." Dieses Szenario mit mehreren Bomben, die vor Ort gefunden wurden, weicht von der offiziellen Version ab, die schließlich so lautete, daß eine einzelne 2400-kg-Dünger-Bombe an dem massiven Schaden an dem Murrah-Gebäude schuld sei.

Die Art der Bombe selbst ist ein weiteres strittiges Thema. Mehr als ein Bombenexperte kommentierte, daß eine selbstgebastelte Düngemittelbombe – auch wenn sie unter idealen Umständen vorbereitet worden wäre, was sie jedoch nicht war –, versteckt in einem LKW, der vor dem Bundesgebäude geparkt war, niemals diese Zerstörungskraft gehabt haben kann. Brigadengeneral Benton Partin, ein pensionierter US-Air-Force-Offizier mit bemerkenswertem Wissen über Militärbräuche, riecht Lunte: „Als ich zum ersten Mal das Bild des asymmetrischen Schadens durch die LKW-Bombe gesehen habe... war ich sofort überzeugt, daß das Muster des Schadens nur aufgrund zusätzlicher

Sprengladungen an einigen bestimmten verstärkenden Säulen (im Innern des Gebäudes) entstanden sein konnte – eine Standardtechnik für Sprengungen." Partin führte weiter aus: „Die große Asymmetrie des Schadensmusters an dem Bundesgebäude zeigt deutlich, daß es sowohl innen eine Sprengung als auch (außen) eine LKW-Sprengung gegeben haben muß."

Das führt uns zu der Theorie der Innensprengung. Hatten die LKW-Bombenterroristen Hilfe von Personal, vielleicht Regierungsangestellten, mit Zugang zum Gebäude? Hier betreten wir ein Minenfeld von Spekulationen, und da die Regierung ihre Karten verdeckt hält, gibt es keine Möglichkeit, diese spezielle Theorie zu überprüfen. Dennoch hat es Verschwörungsspürnasen nicht davon abgehalten, diese sprichwörtliche Explosionszone zu betreten. Auf ihrem Weg dorthin widerlegten sie einen kuriosen Artikel der *New York Daily News*, die berichtet hatte, daß einige Stunden nach den Such- und Rettungsarbeiten „einige Rettungshelfer angewiesen wurden, mit der Suche nach Überlebenden aufzuhören, während FBI Leute Kartons mit Dokumenten wegschafften... Gruppen mit 40 bis 50 FBI-Agenten benötigten einen Großteil der Nacht, um Dutzende von Kisten aus der siebten und neunten Etage, wo die DEA und die ATF ihre Büros hatten, zu entfernen." Zu dieser Behinderung der Rettungsaktion kam es, obwohl noch immer Lebende unter den Trümmern begraben waren. Hatte das FBI womöglich versucht, nicht explodierte Sprengladungen – unter dem Vorwand, Dokumente zu bergen – zu entfernen? Fragen Sie wißbegierige Gemüter.

Einige dieser wißbegierigen Gemüter fanden zumindest teilweise Bestätigung durch den Vertreter des Staates von Oklahoma, Charles Key, der einen Film aus der Abteilung des Sheriffs ausgrub, der auf einen „Waffenraum" innerhalb des Murrah-Gebäudes hinwies. Es scheint, als ob zur Zeit des Bombenanschlags Waffen in dem Raum gelagert wurden. Für Key bestätigt dieser Film des Sheriffs „ohne Zweifel, daß die ATF am Tag des Bombenanschlags einen Waffenraum im Murrah-Gebäude unterhielt und daß dieser Waffenraum durch die Explosion der LKW-Bombe zerstört wurde." Key betonte, daß die Zerstörungen in der Umgebung des angeblichen Waffenraumes am schlimmsten waren. Nach Angaben einiger Augenzeugen hatten Bombeneinheiten Sprengkörper aus dem Raum entfernt, darunter auch

eine TOW-Panzerabwehrrakete. Es muß angemerkt werden, daß Keys
Aufrufe zu einer vollständigen Aufklärung dieser Geschichten von
Bundes- und Staatsbehörden unbeachtet blieben.

Weitere Merkwürdigkeiten ranken sich um die Hauptverdächtigen:
McVeigh, Nichols und den mysteriösen John Doe Nummer 2. Laut
David Hall von KPOC-TV überwachte das FBI einen Monat nach
dem Bombenanschlag einen Verdächtigen, dessen Äußeres mit der Be-
schreibung von John Doe Nummer 2 übereinstimmte. Zu Beginn der
Ermittlungen hatte das FBI auf eine Videokassette verwiesen, die
McVeigh und John Doe zeigt, als sie den Ort des Anschlags in einem
braunen Ford-Lieferwagen verließen. Am Tag des Anschlags hatte die
Polizei eine vollständige Fahndungsmeldung für einen braunen Ford-
Lieferwagen mit seinen zwei Insassen herausgegeben. KFOR-TV, ein
anderer örtlicher Sender, spürte einen Wagen auf, der zu der Beschreibung paßte und der vor einem „ Geschäft in der nordwestlichen
Oklahoma City parkte". In einem Bericht vom 7. Juni 1995 zeigte
KFOR-Korrespondentin Jayna Davis ein digital unscharf gemachtes
Bild eines Angestellten des Geschäfts. „Ermittler der Staatsanwaltschaft", so sagte sie, „stimmen mit uns überein, daß er große Ähnlichkeit mit den FBI-Skizzen von John Doe hat. Wir wissen, wer er ist,
aber können sein Gesicht im Moment nicht zeigen, da er bisher weder
angeklagt noch verhaftet worden ist. Dennoch haben wir Zeugen, die
ihn in der Firma von Timothy McVeigh identifizierten, nur einige Tage
vor dem Anschlag und nur einige Kilometer vom Murrah-Gebäude
entfernt."

Am nächsten Tag beschrieb KFOR den Mann als einen irakischen
Staatsangehörigen, der während des Golfkriegs in Saddam Husseins
Republikanischer Garde gedient hatte. Die mögliche Verwicklung des
Mittleren Ostens verkompliziert die einfache Geschichte der Bundes-
ermittler, nach der es sich um eine Amoktat des rechten politischen
Flügels handelte. Aber bis heute bleibt die mysteriöse Frage, warum
man offensichtlich das Interesse an John Doe Nummer 2 verlor. Un-
geklärt ist auch, was mit den ersten Videoaufnahmen geschah, die am
Schauplatz des Anschlags gedreht wurden, falls sie überhaupt je existiert haben?

David Hall von KPOC-TV erzählt eine weitere seltsame Geschichte, die die Bundesbehörden noch erklären oder überzeugend wi-

derlegen müssen. Hall sagt, daß am Freitag nach dem Bombenanschlag, während er den Polizeifunk abhörte, „eine Meldung von der
Oklahoma Highway Patrol hereinkam. Sie handelte von einem Auto
auf der I-35, das wahrscheinlich in den Bombenanschlag verwickelt
war". Hall schickte ein Kamerateam, das am Tatort eine Frau fand, die
behauptete, sie hätte die Verhaftung eines Mannes um 13.30 Uhr beobachtet. Sie sagte, daß Beamte der Highway-Patrol einen Verdächtigen aus seinem Auto holten und ihn in einen „Militärhubschrauber"
setzten. Laut Hall bestätigten einige andere Zuschauer diese Szene.
Hat die Polizei McVeigh erst am Freitag gefaßt, und nicht am Mittwoch, wie man uns gesagt hatte?

Es überrascht nicht, daß in Ermangelung einer plausiblen offiziellen
Geschichte eine Reihe eher abwegiger Verschwörungstheorien entstanden, um die Lücken der bislang bekannten Fakten zu füllen. Noch
sonderbarer sind einige viel publizierte Theorien, die das Bombenattentat Agenten der japanischen Regierung zuschreiben, als Vergeltung
für den Gasanschlag in der U-Bahn von Tokio (siehe nächstes Kapitel),
der in dieser Darstellung von der CIA organisiert gewesen sein soll.
Nicht hilfreicher ist die Theorie von dem inhaftierten Geschichtener-
finder Michael Riconosciuto, der behauptet, daß die verwendete
Bombe eine militärische Kraftstoff-Luft-Sprengladung war, die Riconosciuto selbst erfunden haben will. Andere Spekulationen ranken sich
um die vielen „Andeutungen" von McVeigh, die er vor und nach seiner Inhaftierung gemacht hat. (Diese Theorien erreichten ihren Höhepunkt, als die Leser von *Soldier of Fortune* ein Bild eines ATF-Beamten
in Waco ausgruben, der eine flüchtige Ähnlichkeit mit dem Bürsten-
schnitt-Bombenleger aus Oklahoma City hatte.) Setzte jemand eine
Reihe von Doppelgängern von McVeigh ein, um das Ermittlungsver-
fahren zu behindern oder um die Aufmerksamkeit auf McVeigh *vor*
dem Anschlag zu lenken? Was machte McVeigh zur Zielscheibe? Wenn
Ihnen diese spekulative Möglichkeit bekannt vorkommt, dann haben
Sie Ihre Hausaufgaben über das John F. Kennedy-Attentat gemacht,
wo immer neue Geschichten über von der CIA angestellte Lee-Har-
vey-Oswald-Doppelgänger auftauchten, die sich in der nördlichen Hemisphäre herumtrieben.

Sicher, die Verschwörungstheorien lösen die offenen Fragen in bezug auf den Bombenanschlag in Oklahoma – und in der Tat haben die

Bundesstaatsanwälte McVeigh und Nichols der Verschwörung angeklagt. Aber was war die genaue Art der Verschwörung? Müssen wir die
offizielle Version des Ereignisses glauben, daß McVeigh, Nichols und
ein vielleicht nicht angeklagter Mitverschwörer aus der Bürgerwehr-
Bewegung gegen die Bundesregierung zusammengearbeitet haben, aus
welchem Grund auch immer – Rache für Waco oder Angst vor einer
bevorstehenden Invasion der Vereinten Nationen? Diese Theorie ist
selbstverständlich nicht glaubhaft. Aber wenn man die nicht berück-
sichtigten Beweise aus diesem Kapitel einbezieht, ist vielleicht mehr an
der Geschichte dran, als uns glauben gemacht wird. Hatten McVeigh
und Nichols Unterstützung durch eine oder *mehrere* Personen aus der
Regierung, so daß die Oklahoma-Explosion eine „interne Aktion"
wurde? In jedem Fall war es in diesen Tagen der oberflächlichen Verdächtigungen einfach, sich verrückte „Schurken-Agenten" der Regierung vorzustellen, die das O.K. gaben, oder verrückte Fanatiker des
rechten politischen Flügels, die hinter dem Bombenanschlag standen.
Aber Tatsache ist, daß für die Theorie eines Anschlags von innen ein
überzeugendes Motiv fehlt. Die beliebte Theorie unter paranoiden Patrioten, daß Mitglieder der Regierung McVeigh und seine Komplizen
benutzten, um ein modernes Reichstagsfeuer zu starten – als Vorwand,
um den Feind (die Patrioten) beschuldigen zu können, ist nicht schlüssig, weil der Lohn für die „bösen" Bundesbeamten im Vergleich zu den
Risiken zu klein war. Mit anderen Worten: Die Bundesbeamten
benötigten kein schreckliches Verbrechen, das sie den Leuten des rechten Flügels andichten konnten, um einen Eingriff in bürgerliche Freiheiten zu rechtfertigen. Staatsanwaltschaft und konservative Gerichte
griffen jahrelang in bürgerliche Freiheiten ein, ohne daß sie einen Ter-
roranschlag als Rechtfertigung benötigten.

Aber eine andere Patrioten-Theorie wird auf dieses Motiv zurückge-
führt: Innerhalb der Regierung sollen Mitarbeiter die Bombe genutzt
haben, um Beweismittel über Waco zu zerstören, die die ATF belastet
hätten. Aber diese Theorie bricht zusammen, wenn man nur ein ein-
faches Wort erwähnt: *Reißwolf.*

Es gibt eine weitere Theorie, die mehr Sinn zu machen scheint:
Könnte die Bundesbehörde eine „günstigere" Vertuschung ihrer eigenen Stümperhaftigkeit versucht haben? Eine Behörde, die schon vorher von dem Bombenanschlag wuße, aber bei der Vereitelung versagte,

müßte eine riesige PR-Katastrophe fürchten, die vielleicht zu ihrer Auflösung führen würde. Lagerte die ATF illegalerweise hochexplosive Sprengkörper und andere gefährliche Materialien in einem öffentlichen Gebäude, und diente diese grobe Fahrlässigkeit dazu, im wahrsten Sinne des Wortes zusätzlich Öl ins Feuer zu gießen?

Am 14. Juni 1997 wurde Timothy McVeigh des Mordes, der Mordverschwörung und des Waffenschmuggels für schuldig erklärt und zwei Monate später zum Tode verurteilt. Im April 1998 legte er Berufung ein. In einem getrennen Verfahren wurde Terry Nichols (der mit den Behörden zusammenarbeitete) am 23. Dezember 1997 der Verschwörung, der Verwendung von Waffen zur Massenvernichtung und des unfreiwilligen Totschlags angeklagt. Er bekam eine lebenslange Haftstrafe und eine Geldstrafe von 14,5 Millionen Dollar, zu zahlen an die amerikanische Regierung. Es scheint besser zu sein, ungeklärte Fragen zu eliminieren, bevor man einen Fall vor Gericht verhandelt. Es ist viel einfacher, nur zwei oder drei Leute für eine Verschwörung zu verurteilen.

QUELLEN

Keith, Jim. *OKBOMB!: Conspiracy and Cover-up*. Lilburn, GA: IllumiNet Press, 1996.
Parfrey, Adam. „Finding Our Way Out of Oklahoma", in *Cult Rapture*. Portland, OR: Feral House, 1995.

41
Wacht auf, und riecht das Gas

Sarin-Gas muß in wichtiger Stadt versprüht werden. Russische Marine-Angriffstruppe muß in Japan eintreffen. Aum muß Japan übernehmen. – Kritzelei im Notizbuch von Yoshihiro Inoue, „Geheimdienstminister" von Aum Shinrikyo

Als die Polizei, nachdem sie einer Spur aus Melonen gefolgt war, endlich den Gas-Guru stellte, versuchte sie, seinen Puls zu fühlen. Alles, was er sagte, war: „Faßt mich nicht an. Ich erlaube nicht einmal meinen Jüngern, mich anzufassen."

Shoko Asahara mag vielleicht seinen 40.000 Anhängern nicht erlaubt haben, ihn zu berühren. Sie tranken aber sein benutztes Badewasser. Auch sein Blut und sein Sperma. Für einen hohen Preis. Das Badewasser, den Mitgliedern von Asaharas Aum-Shinrikyo-Sekte als „Wundertümpel" bekannt, war eins der wenigen Getränke, die den Sektenanhängern erlaubt waren. Asahara verkaufte es für etwa 200 Dollar je Dose. Sein Blut war viel teurer. Einige wenige Tropfen gingen für über 10.000 Dollar über den Tisch – derselbe Preis wie der für spezielle, mit Elektroden ausgestattete Mützen. Diese wurden an Aum-Anhänger verkauft, damit sie sich auf die Hirnschwingungen ihres Meisters einstellen konnten.

Doch diese berauschenden Tage sind für die Anhänger von Aums „Höchster Wahrheit" (so die ungefähre Übersetzung von „Shinrikyo") vorbei. Die japanische Presse hatte Dienstag, den 16. Mai 1996, sehnlichst erwartet – den „Tag X", an dem die japanische Polizei in das Aum-Gebäude mit dem Namen „Die sechste Sättigung" eingedrungen war. Sie fanden den 40 Jahre alten Asahara, der sich selbst als „Heiligen Papst" der religiösen Sekte, die sich zum Kult des Jüngsten Gerichts entwickelte, bezeichnet, entkräftet in einer von der Decke des dritten Stockwerks herunterhängenden Kapsel. Auf dem Boden dieser kleinen Kammer lag japanisches Geld im Wert von mehr als 10.000 Dollar. Asahara umklammerte das Geldscheinbündel aus Yen, als wäre es ein Teddybär, bis ihn die Polizei wegzerrte. Fast zwei Monate nach dem Gasanschlag vom 20. März auf die U-Bahn in Tokio, bei dem 12 Menschen starben, 5000 Vergiftungen erlitten und zahllose andere zu spät zur Arbeit kamen, wurde der Bösewicht schließlich geschnappt.

Nach den zahllosen „durchgesickerten" Geständnissen von inhaftierten Aum-Anhängern soll Asahara fünf Zwei-Personen-Kommandos zu unterschiedlichen U-Bahnen geschickt haben. Jedes hatte Plastiktaschen voll mit tödlichem Nervengas bei sich. Das Gas wurde später als Sarin identifiziert: ein geruchloses, unsichtbares, von den Nazis 1938 entwickeltes Gas, das 500mal wirksamer ist als Zyanid. Die fünf Züge sollten laut Plan zur Kasumigaseki-Station (oder in deren Nähe), der am tiefsten und eine der am zentralsten gelegenen U-Bahn-Stationen in Tokio, fahren. Kasumigaseki liegt in der Nähe einiger Regierungsgebäude, darunter die nationale Polizeibehörde Japans.

Den Geständnissen zufolge plazierte das Aum-Einsatzkommando die unauffällig aussehenden Gastaschen zu einer bestimmten Zeit auf dem Fußboden der Züge und durchlöcherte sie mit Regenschirmen. Sie stiegen aus, als das Gas sich ausbreitete.

Als die Polizei herausgefunden hatte, daß sich Shoko Asahara irgendwo in der „Sechsten Sättigung" versteckte, brauchten sie trotzdem noch vier Stunden, um ihn schließlich in der sargartigen Kapsel an der Decke zu entdecken. Einer der Hinweise, der die Polizisten darauf brachte, daß sich Asahara in dem Gebäude aufhielt, war die Schwäche des Heiligen Papstes für Melonen. Seine Anhänger durften sie nicht essen, doch er selbst konnte ihnen nicht widerstehen. Asahara schickte rücksichtslos und wiederholt seine Handlanger zum örtlichen

Früchtehändler, um seinen Drang nach den süßen Früchten zu befriedigen.

Vier Tage nach seiner Verhaftung beschwerte sich Asahara bei den
Beamten, die ihn verhörten, daß er in den Medien fälschlicherweise als
fanatischer Melonen-Nascher dargestellt worden sei. Das entspreche
nicht der Wahrheit. „Ich mag nicht nur Melonen", teilte er der Polizei
mit, „sondern alle Früchte." Als die Polizisten Asahara festnahmen, öff-
neten sie aus irgendeinem Grund den Familienkühlschrank (Asaharas
Frau stand dem „Telekommunikationsministerium" von Aum vor, und
seine zwölfjährige Tochter war „Generalsekretärin des Papstes"). Er war
mit Melonen vollgestopft. Sie fanden Delikatessen wie tiefgefrorene
Garnelen, Fastfood und Orangensaft, die für die Anhänger verboten
waren.

Asahara behauptete, sämtliche Fleisch- und Fischprodukte im Kühl-
schrank seien nicht für ihn bestimmt. „Ich esse keinerlei Fleisch", erklärte der Guru.

Natürlich waren das nur die amüsantesten Häppchen, die während
des achtwöchigen Gerichtsverfahrens gegen Aum ans Licht kamen.
Asahara prophezeite, daß Aum Japan zur Jahrhundertwende beherrschen würde und daß sie nicht mit Vorbereitungen für den Staatsstreich knausern würden. In Gebäuden, die als religiöse Einrichtungen
getarnt waren, befanden sich voll ausgestattete chemische und biologische Waffenlabors.

Aum-Forscher versuchten unter anderem, Botulismus-Erreger zu
züchten. Falls die Beschuldigungen gegen die Sekte stimmen, ist es ihnen anscheinend gelungen, Sarin künstlich herzustellen. In den elf Jahren, seit Asahara (damals noch unter seinem eigentlichen Namen Chizuo Matsumoto) ein Lebensmittelgeschäft und eine Yoga-Schule in
Tokio eröffnete, war sein Familienunternehmen zu einer internationalen Kriegsmaschine und einem eigenständigen „Staat im Staat" innerhalb Japans herangewachsen. Die Polizei konnte fast alles aufdecken,
von AK-47 bis zu einem Biolabor, das eingerichtet war, um Botulismus-Erreger herzustellen – ein kleines Fläschchen davon könnte ganz
Tokio auslöschen. Ashara ist wie ein lebendig gewordener Dr. No. Die
Polizei fand in einem geheimen Keller unter einem Aum-Gebäude einen Tank aus rostfreiem Stahl zum Lagern von Säuren. Man fragt sich,
ob sich die Sekte hier der Leichen ihrer Entführungsopfer entledigte.

Aum war von Anfang an eine gruselige Vereinigung. Die japanische Presse behauptet, daß Aum-Kommandos paramilitärisches Training bei russischen Militär-Eliteeinheiten erhalten haben. Der fast blinde Asahara wurde zum ersten Mal kurz nach der Eröffnung seines Reformhauses wegen Hausierens mit einem „Elixier für alles" verhaftet. Das Elixier hatte nicht viel mehr Bestandteile als granulierte Orangenschalen. Er wählte einen Namen, der etwas spiritueller klang als Chizuo Matsumoto, und er verbreitete, daß er im Himalaja den Buddhismus studiert habe und der erste erleuchtete Japaner sei. Es war diese Erleuchtung, die gegenüber seinen manchmal recht ausgehungerten Anhängern später als Entschuldigung für seine Appetits-Exzesse diente. Wenn jemand erleuchtet worden war, so glaubte man, sei es Zeit für eine kleine Stärkung.

Die Sekte erschien bis zum November 1989 harmlos. Nur drei Monate, nachdem Aum von der Regierung offiziell als religiöse Vereinigung anerkannt worden war, verschwand ein Anwalt, dessen Klienten Ärger mit Aum hatten, zusammen mit seiner Frau und seinem kleinen Sohn aus seinem Haus. Im folgenden Jahr gründeten Asahara und eine Gruppe hochrangiger Aum-Anhänger ihre eigene politische Partei mit dem Namen „Wahre lehrende Partei" und traten zur Parlamentswahl an. Zu ihren Versammlungen kamen Hunderte von Anhängern mit Plastikmasken von Asaharas dickem Gesicht mit den strubbeligen Haaren. Das war keine besonders gute Wahlkampagne. Am Wahltag erlitten die Aum-Kandidaten eine vernichtende Niederlage.

Nach ihrer politischen Demütigung begann Aum eine Metamorphose, die der japanische Journalist Shoko Egawa folgendermaßen beschrieb: „Von einer Ansammlung naiver Menschen, die von ihrer Religion begeistert sind, zu einer Gruppe von hoffnungslosen, aber aggressiven Paranoiden."

Nach seiner Verhaftung gab Asahara wenig von sich. Als die Polizei das Thema des U-Bahn-Gasanschlags anschnitt, antwortete er, indem er über ein angebliches Leberleiden klagte. Er hatte die Angewohnheit, seinen Befragern zu schmeicheln, indem er ihnen sagte: „Sie sehen cool aus, wie Detektive in einem Fernsehkrimi."

Während der Sektenboß es sich in seiner Deckenkabine gemütlich machte, kampierte eine Horde von Reportern einige Tage im Umkreis der „Sechsten Sättigung". (Als „Sättigungen" bezeichnet man vermutlich elementare Wahrheiten des Hinduismus; die Gebäude der Aum waren jedoch nicht gerade das, was sich die Hindus vorgestellt hatten: Die „Siebte Sättigung" erwies sich bei einer Polizeidurchsuchung als geheime Fabrik für chemische Kriegswaffen.) Als Asahara endlich in einen Polizeiwagen verfrachtet wurde, fanden sich Massen von Menschen auf den Highways ein, um ihn vorbeifahren zu sehen, und Helikopter des Fernsehens verfolgten ihn von ihrem Logenplatz am Himmel aus – eine Szene, die an die O.J.-Simpson-Verfolgungsjagd erinnerte.

Zur gleichen Zeit, zu der Amerika auf den Football-Star und seinen blutigen Familienkrach blickte, bescherte der Aum-Fall den Japanern nicht weniger Aufregung. Der Gasanschlag in der U-Bahn war weder der erste noch der letzte Terrorakt, der der mörderischen Sekte angehängt wurde. Nach den unaufhörlich durchsickernden Geständnissen wichtiger Aum-Mitglieder stand die Sekte hinter der Schießerei auf den Chef der Nationalen Polizeibehörde, Takaji Kunimatsu, vom 30. März 1995 (er wurde schwer verletzt, erholte sich aber und kehrte einige Monate später auf seinen Posten zurück) und hinter dem Briefbombenanschlag gegen den Gouverneur von Tokio am „Tag X" selbst, bei dem ein Berater des Gouverneurs einige Finger verlor.

Als der Gasanschlag die U-Bahn in Tokio traf, hatte die Polizei bereits ein Vorgehen gegen die Gruppe geplant. Ausgelöst wurde dies durch eine am hellichten Tag durchgeführte Entführung eines Notars, der versucht hatte, seiner Schwester den Beitritt zu der Sekte auszureden. Zwei Tage nach der Inhaftierung des Gurus spürte die Polizei Takeshi Matsumoto auf, den treuen Anhänger von Aum, der Hauptverdächtige in diesem Entführungsfall.

Am Tag nach Asaharas Verhaftung ließ Ikuo Hayashi, der Arzt der Sekte, eine Bombe platzen. Er gab zu, so sagt die Polizei, daß die Sekte nicht nur verantwortlich für die Entführung des Notars Anfang 1995 sei, sondern daß der Mann während der Gefangenschaft starb. Hayashi sagte, daß er angewiesen worden war, den Mann durch eine tödliche Injektion umzubringen. Er fand ihn aber schon tot auf, ehe er ihm die Spritze geben konnte.

Hayashi war einer der gesprächigsten Aum-Anhänger in Haft, als man den Gasangriff rekonstruierte. In einem Geständnis, das nicht weiterhalf, aber das Vertrauen in die menschliche Natur wiederherstellte, gab Hayashi zu, sein Gewissen habe ihn wirklich gequält, bevor er seine Sarin-Tasche durchlöcherte. „Ich schaute mich um und sah all diese Pendler, und ich dachte: 'Ich bin ein Arzt. Ich arbeite, um Menschenleben zu retten.'" Aber der Herzspezialist und Absolvent einer der besten Medizinschulen Japans hörte nicht auf, sondern setzte das Gas trotzdem frei.

Es gab im Frühjahr 1995 noch weitere Zwischenfälle mit mysteriösen, Übelkeit erregenden Dämpfen im Bahnhof von Yokohama, nach denen insgesamt 400 Menschen ins Krankenhaus eingeliefert werden mußten. Beunruhigend war vor allem, daß am 5. Mai 1995 zwei brennende Gifttaschen auf der Männertoilette der Haltestelle Shinjuku, Tokios Innenstadtkreuzung und der verkehrsreichste Bahnhof der Welt, gefunden wurden. Hätten die zwei Taschen lange genug gebrannt, wäre durch die Mischung der Gase ein Zyanid-Gas entstanden, das 10.000 Menschen hätte töten können.

Doch auch vorher gab es Zwischenfälle, bei denen es verdächtig nach Aum roch. Ein besonders auffälliger ereignete sich in Matsumoto, einer japanischen Kleinstadt, in der im Juni 1994 sieben Menschen an Giftgas starben. Auch 1994 beschwerten sich Anwohner eines Aum-Gebäudes, daß schädliche Dämpfe den Ausbruch von Krankheiten in der Gegend ausgelöst hätten. Dann, einen Monat nach dem Zwischenfall in Matsumoto, bemerkten Leute in Kamikuishiki – dem Sitz von Asaharas Hauptquartier, wo er letztlich gefangengenommen wurde – unangenehme Gerüche, die aus einem der Aum-Gebäude kamen. Niemand starb oder wurde sehr krank, aber im ganzen Ort färbten sich die Blätter an den Bäumen braun. Ermittler fanden um das fragliche Gebäude Phosphorspuren, auch wenn sie den Ort des Geschehens nicht genau untersuchen konnten, da Aum auf seine Religionsfreiheit pochte.

Aum erschien immer weniger wie eine verrückte, fast buddhistische Riesenkommune, sondern eher wie eine ernstzunehmende Verschwörung zur Übernahme der japanischen Regierung. Es könnte auch sein, daß Aum nur ein Teil eines solchen Komplotts war.

Aus den verschiedenen Geständnissen, die sie aufgenommen hatte, entnahm die Polizei, daß der Plan des U-Bahn-Angriffs vor zwei Jahren ausgeheckt worden war, um Asaharas Prophezeiungen des Jüngsten Gerichts Wirklichkeit werden zu lassen. Das wurde durch ihren tele-

genen, rehäugigen Sprecher Fumihiro Joyu bekannt, der weiblichen
Teenagern in ganz Japan feuchte Träume bescherte (er hatte die Herzen der Nation gewonnen, als er erklärte, daß Asaharas Lehre ihm die
Stärke gegeben habe, der Masturbation abzuschwören). Aum blieb
mysteriös. Asahara wurde allgemein als pummelige japanische Version
von Charles Manson gesehen, der Japans unzufriedene Jugend von der
täglichen Plackerei weglockte, indem er ihr Versprechungen von Freiheit und Erleuchtung machte, sie aber als Sklaven für seinen eigenen
teuflischen Plan benutzte. Aber genauso, wie es Spekulationen gibt,
nach denen Manson irgendwelche geheimen Verbindungen hatte, so
handelte Asahara möglicherweise nicht allein.

Die Sekte scheint von irgend jemandem gedeckt worden zu sein. In
bezug auf die Laissez-faire-Haltung der Polizei gegenüber Aum in den
Jahren vor dem Gasanschlag in Tokio bemerkte der Aum-Beobachter
Tim Romero: „Es ist schwer, Inkompetenz allein als ausreichende Erklärung dafür zu akzeptieren." Genauso wenig überzeugt die Erklärung von Murray Sayle, einem Reporter des *New Yorker:* Japan sei
so versessen darauf gewesen, seine erst kürzlich erlangte Toleranz gegenüber den Religionen der Welt zu zeigen, daß die schlimmsten Anschuldigungen sogar gegen die verrücktesten Sekten ignoriert wurden.

Romero betont, daß zwischen 1991 und 1995 mehr als sechzig
Leute aus dem Hauptquartier von Aum entkamen, die alle Horrorge-
schichten über Mißhandlungen erzählten. Einige dieser Geschichten
wurden in Geständnissen von inhaftierten Sektenanhängern bestätigt,
deren Geschichten denen von Edgar Allan Poe ähnelten: Menschen
wurden in Behälter mit kochendem Wasser eingetaucht, in die Herzen
gestochen, stranguliert und in manchen Fällen mit Mikrowellen be-
strahlt (es ist zweifelhaft, ob Poe sich das Letztere ausgedacht hätte).

Die Polizei reagierte nicht auf diese Geschichten und blieb auch
untätig, als in drei unterschiedlichen Fällen entflohene Aum-Anhänger
vor den Augen entsetzter Passanten von der Sekte gewaltsam wieder
eingefangen wurden. Eine Frau wurde aus einem Zug gezerrt, auf dem
Bahnsteig krankenhausreif geschlagen und dann in ein auf Aum zuge-
lassenes Auto gestoßen, das zurück zum Sektengelände fuhr. In einem
anderen Fall trugen die Entführer die Kappen, die den Anhängern ermöglichen sollten, die Gehirnströme Asaharas zu empfangen.

Genauso merkwürdig war aber die Hartnäckigkeit der Polizei nach dem Matsumoto-Gasanschlag. Sie beschuldigten einen ortsansässigen Mann, irgendwie „zufällig" in seinem Fischteich Sarin synthetisiert zu haben, während er versuchte, einen Unkrautvernichter zusammenzubrauen. Trotz der völligen Absurdität dieser Beschuldigung – von Chemikern in der ganzen Welt vermerkt –, blieb die Polizei bei ihrer Geschichte, und der Großteil der japanischen Presse übernahm sie. Ein Jahr später, als durch Geständnisse von Sektenanhängern herauskam, daß Aum das Sarin aus dem Kofferraum eines ausgebauten Lieferwagens versprüht hatte, entschuldigten sich die größten Blätter des Landes (und der Welt: Japans Tageszeitungen haben die acht- bis zehnfache Auflage der *New York Times*) bei dem armen Mann, dessen Frau bei dem Sarin-Angriff schwer verletzt worden war.

Was jedoch wirklich die Aufmerksamkeit der Behörden hätte erregen müssen, war, daß dieser Yoga-Lehrer innerhalb weniger Jahre ein Imperium von mehr als einer Milliarde US-Dollar erschuf. Es ist richtig, daß Aum den alten Trick „löse dich von allem weltlichen Besitz" auf seine Anhänger – vor allem Hausfrauen und alte Frauen – anwandte. Dennoch ist es unwahrscheinlich, daß kleine betrogene alte Damen (auch nicht durch den Verkauf des Spermas) ihm ermöglicht hätten, die nötigen Summen anzuhäufen, um ein geheimes Waffenarsenal und geheime hochkomplizierte Einrichtungen für biologische Waffen zu bauen.

Zwei japanische Politiker, wenn auch keine Mitglieder von Aum, gaben großzügige Spenden. Das behauptete der ehemalige Parlamentarier Koichi Hamada, der diese Anschuldigung in seinem Buch *Hamakos Noterklärung* erhob. Er nennt die beiden namentlich, nicht aber den dritten, der, wie er sagt, Aum mit hohen russischen Funktionären bekanntmachte. Das Magazin *Sunday Mainichi* berichtete ebenfalls, daß Asahara seine Verbindungen zu den russischen Parteibonzen mit Hilfe eines japanischen Parlamentsabgeordneten herstellte. Einer der von Hamada Genannten, Shintaro Ishihara, legte kurz nach der Razzia auf dem Aum-Gelände sein Amt nieder.

Noch interessanter war, daß Shin Kanemaru, der ehemalige Königsmacher, der so viel Schmiergelder bekam, daß das Geld in Schubkarren angeliefert wurde, einige Goldbarren besaß, die nicht das offizielle Siegel der Regierung trugen. Aum war in Besitz von ähnlichen unmarkierten Goldbarren, was die Presse fragen ließ, ob dieselben

Leute, die hinter Kanemaru standen, auch Aum finanzierten. Das Rätsel um Kanemanus Gold starb mit ihm im März 1996. Doch viele glaubten, daß Gold stamme aus Nordkorea.

Die Verbindung nach Korea – Norden und/oder Süden – taucht oft in den Theorien über die geheime Geschichte von Aum auf. Die japanischen Wochenblätter (die Wochenblätter in Japan sind die einzige Bastion eines kämpferischen und ebenso oft auch rücksichtslosen Journalismus) waren voll mit Spekulationen über eine Verbindung von Aum zu der in Südkorea ansässigen Vereinigungskirche – den Moonies, die selbst seit langem starke Verbindungen zur koreanischen CIA hat, ja ihr sogar ihre Ursprünge verdankt. Diese Spekulation breitete sich auch jenseits der schmierigen Wochenblätter aus. Der Journalist Takashi Tachibana bestätigte in einem Fernsehinterview die Moonie-Aum-Verbindung ebenso wie Aums weitreichende Verbindungen zu prominenten Politikern. Tachibana lieferte keine Beweise. Er ist aber glaubwürdig, wenn er der Journalist ist, dessen Enthüllungen eine entscheidende Rolle spielten, um die Regierung des mit dem Lockheed-Skandal in Verbindung gebrachten Premierministers Kakuei Tanaka zu stürzen. Es wurde außerdem berichtet, daß die Sekte, als der Zusammenbruch von Aum begann, einige ihrer Vermögenswerte zur Verwahrung an andere, namentlich nicht erwähnte religiöse Organisationen gab. An die Moonies vielleicht?

Es gibt unzählige Spekulationen, daß Asahara, dessen 30.000 russische Anhänger die dreifache Anzahl seiner japanischen Jünger umfaßten, etwas mit Boris Jelzin zu tun hatte. Könnte Aum dem trinkfreudigen russischen Neokapitalisten Geld zugespielt haben? Asahara schien in Moskau willkommen zu sein. Er verhandelte dort über den Kauf von Laserwaffentechnologie und anderer „schöner Dinge". Seine Besuche wurden von einer führenden russischen Universität unterstützt, und er machte in Rußland eine Radiosendung, die auch in Japan zu empfangen war. Am Tag nach dem U-Bahn-Gasanschlag gab es ein Feuer im Aum-Büro in Moskau.

Die Verbindungen werden sogar noch finsterer. Die Sekte hatte Kontakte zum Militär zugegeben. Um die sechzig Mitglieder der japanischen Selbstverteidigungskräfte (so wurde das Militär in der pazifistischen japanischen Nachkriegsverfassung bezeichnet) gehörten der Aum-Organisation an und werden verdächtigt, Asahara einen Hinweis auf die bevorstehenden Polizei-Razzien gegeben zu haben. Nach Angaben der Wochenzeitung *Shukan Bunshun* arbeiteten zumindest zwei in der „chemischen Einheit" der Sekte. Ein 38 Jahre alter Polizeibeamter – derselbe, der Ashara ein Buch über chemische Waffen gab, das nicht unter Verschluß stand – soll dem Guru angeblich auch ein geheimes Dokument mit Informationen über Helikopter-Einheiten und Raketen übergeben haben. Die Sekte besaß einen riesigen russischen Militärhelikopter und wollte noch weitere kaufen, was die Polizei auf die offensichtliche Schlußfolgerung kommen ließ, daß Asahara ein Helikoptereinsatzgeschwader aufbauen wollte.

Der Schütze, der den Chef der Nationalen Polizei anschoß, war unbestätigten Berichten zufolge Mitglied der Selbstverteidigungseinheit von Aum. Die Anzahl an Soldaten, die zu Aum gehörten, ist mehr als beunruhigend. Richard Parry, Tokio-Korrespondent des Londoner *Independent*, schrieb am 31. Mai in einer Kolumne in der englischsprachigen *Daily Yomiuri*, daß die Verbindung zum Militär bis zu einer anderen bizzaren Episode zurückreichte, die Japan in Atem gehalten hatte: der öffentliche Selbstmord des größten japanischen Romanautors Yukio Mishima im Jahre 1970, der zu einem rechten politischen Fanatiker geworden war.

Mishima unterhielt seine eigene Privatarmee, die in Einrichtungen des Militärs trainieren durfte. Er hatte hochrangige Unterstützer beim Militär, bis er alle Eingeweihten verschreckte, als er eine Armeekaserne in Tokio besetzte, einen General als Geisel nahm und dann eine wirre Rede vor einer Soldatenversammlung hielt und diese aufforderte, einen Militärschlag durchzuführen. Er beendete dieses kleine Spektakel, indem er ins Büro des Generals zurückkehrte und *seppuku*, den rituellen Selbstmord durch Aufschlitzen, beging.

Parry schreibt, daß „mindestens ein Beobachter des Sarin-Anschlags in Tokio glaubt, daß Mishima und Aum sehr viel gemeinsam haben". Er zitiert den Journalisten Masaki Shimosato, der sich dadurch unterscheidet, daß er schon schon lange vor dem U-Bahn-Unglück zur Vorsicht gegenüber Aums Versuchen im Bereich der chemischen Kriegsführung aufgerufen hatte. Laut Parry sagt Shimosato, er „glaube fest daran, daß der 'Weltuntergang', den die Sekte in ihren Büchern vorhersagt, weniger eine vage religiöse Apokalypse ist als vielmehr ein bewußt geplanter Aufstand gegen den japanischen Staat, ein Staatsstreich, der in Zusammenarbeit mit Tausenden von Sympathisanten im Militär durchgeführt werden sollte." Obwohl Parry anmerkt, dies alles könne sich als „Stoff miserabler Verschwörungstheorien" entpuppen, wird das Geheimnis um die Aum-Verbindungen zum Militär, zu Rußland und zur Yakuza noch geheimnisvoller.

Die Komplizenschaft von Aum wurde in der japanischen Presse kaum diskutiert. Es wurde aber in einem Interview mit einem anonymen öffentlichen Sicherheitsbeamten thematisiert, das in der Ausgabe des *Weekly Playboy* (keine Verbindung zu Hefs Pornozeitschrift) vom 15. August 1995 auftauchte. Falls die Informationen in dem Interview richtig sind, würden sie den ganzen Aum-Fall in Scherben zerfallen lassen.

Die Behörde für „Öffentliche Sicherheit" war eine im hohen Maße geheime interne Einheit neben der japanischen Nationalen Polizeibehörde und der Hauptstadtpolizei von Tokio (die, das ist ein weiteres Rätsel, den Großteil der Untersuchungen im Aum-Fall durchführte, obwohl viele der Ereignisse außerhalb ihres Zuständigkeitsbereichs von Tokio stattfanden; die Versuche der Nationalen Polizeibehörde, in die Ermittlungen einbezogen zu werden, wurden vereitelt). Der ungenannte Beamte behauptet, daß „60 Prozent" der Informationen über Aum, die zu den Medien durchsickerten, einfach falsch waren. Viele der verhafteten Aum-Mitglieder, die sich laut Presse und Polizei die Lunge aus dem Leib gebrüllt hatten, bewahrten in Wirklichkeit soldatische Ruhe, teilte er dem Magazin mit.

Die Presse hatte – kaum überrraschend – viel zu sehr den Polizeiquellen vertraut, sagte der Beamte. Aber noch interessanter erscheint die Behauptung, daß einige andere Personen halfen oder vielleicht befahlen, Gas in der U-Bahn freizusetzen. Im *Weekly Playboy*-Interview heißt es, daß „der Sekte eine Sarin-Probe von einer außenstehenden Person geliefert worden war und daß die Sekte in der Lage war, ihr eigenes Sarin auf der Grundlage einer Analyse dieser Probe zu entwickeln."

Wie es Aum möglich war, Sarin in ihren eigenen provisorischen Laboren herzustellen, war immer ein große Frage. Das Londoner *Sunday Times Magazine* ließ den Ingenieur Yohei Fukuzawa die mutmaßlichen Sarin-Labors der Sekte überprüfen – wobei man im Hinterkopf behalten sollte, daß Sarin eine der am schwierigsten herzustellenden chemischen Waffen ist. Fukuzawa beschrieb das Aum-Labor als einen „Platz für Köche, nicht für Wissenschaftler". Andere Experten kamen zu ähnlichen Schlüssen: Die wissenschaftlichen Möglichkeiten der Sekte seien nicht ausreichend, um das tödliche Gas herzustellen.

Der namen- und gesichtslose Sicherheitsbeamte, der vom *Weekly Playboy* interviewt wurde, behauptete außerdem, der „Wissenschaftsminister" der Sekte, Hideo Murai, sei ermordet worden, damit er keine Informationen preisgeben könne – und zwar nicht über Aum, sondern über deren geheime Komplizen.

Der Mord an Murai könnte der Schlüssel zu dem ganzen Wahnsinn sein. Der „Wissenschafts- und Technologieminister" von Aum wurde am 23. April 1995 erstochen. Der 36jährige Murai war ein ausgebildeter Chemiker, der die Akademie verließ, um Aum beizutreten, wo er die chemischen Produktionseinrichtungen leitete. Er wurde von Hiroyuki Jo, einem koreanischen Mitglied einer äußerst rechten Vier-Personen-Gruppe, die angeblich über die Greultaten von Aum erzürnt war, ermordet – live im Fernsehen. Die rechtsradikale Gruppe entpuppte sich jedoch als Erfindung.

Die größte Enthüllung im Zusammenhang mit Murais Tod waren seine letzten Worte an den Notarzt, während er verblutete: Er sei von „Judas" ermordet worden. Judas war ein koreanischer Killer, der Verbindungen zur Yakuza (Japans Mafia) hatte. Er gab später zu, daß die Anweisung für den Mord von einem Yakuza-Mitglied stammte, das Jo gesagt hatte, es gäbe „nichts, über das er sich sorgen müsse", wenn er erst einmal Murai kaltgemacht habe. Jo schuldete der Bande eine Menge Geld.

Die japanische politische Ultrarechte und die Yakuza arbeiteten seit Jahrzehnten zusammen. Der ultrarechte Einfluß der Yakuza war häufig die unsichtbare Kraft, die japanische Politiker steuerte. Es waren Männer wie Kanemaru und Yoshio Kodama – ein Verbrecher mit Verbindungen zur CIA, der bei der japanischen Politik die Fäden zog, bis ihn der Lockheed-Skandal zu Fall brachte –, die die Schüsse anordneten.

Neben Jo nahm die Polizei Kenji Kamimine fest, ein hochrangiges Mitglied des Hane-Gumi-Syndikats mit Verbindungen zu dem Mord an Murai. Die Hane-Gumi ist (oder war – sie löste sich am 14. Mai 1995 nach der Verhaftung von Kamimine auf) eine Unterorganisation der Yamaguchi-Gumi, der höchstrangigen Yakuza-Familie. (*Gumi* bedeutet in etwa „Bande".)

Nach Angaben der Polizei arbeitete Jo im Yamaguchi-Gumi-Hauptquartier und könnte ein Mitglied von Hane-Gumi gewesen sein.

Jo hatte auch Verbindungen zu Aum. Er besaß eine Promotionfirma für Veranstaltungen und hatte bereits viermal für Aum gearbeitet. *Tokyo Sports*, ein Blatt der japanischen Klatschpresse, berichtete, daß Jo oder jemand, der ihm ähnlich sah, einige Jahre zuvor auf einer Aum-Versammlung gesehen worden war. Die glaubwürdigere Tageszeitung *Tokyo Shimbun* schrieb, daß ein Sektenmitglied vor dem Mord mit Jo in Kontakt stand. Später berichtete das japanische Fernsehen, daß ein nicht-identifiziertes hochrangiges Mitglied von Aum der Polizei mitteilte, daß der zweitwichtigste Mann in der Sekte, Kiyohide Hayakawa, kurz vor dem Mord gesagt habe, daß „er sich um alles gekümmert" habe.

Die Geschichte war folgende: Die Sektenführung war von Murais öffentlichem Geständnis, daß die faulen Gerüche, die aus einem der Aum-Gebäude entwichen, von chemischen Experimenten stammten, keineswegs begeistert. Murai sagte, sie würden Dünger herstellen, aber sogar das war schon zu nah an der Wahrheit, so daß Asahara und seine hohen Gefolgsleute beschlossen, ihren Chefwissenschaftler zum Schweigen zu bringen. Eine der vielen Chemikalien, die Aum angeblich produzierte, war ein amphetamin-ähnliches Aufputschmittel. Eine Theorie besagt, daß Aum diese Drogen an die Yakuza verkaufte.

Es gibt eine Menge von Merkwürdigkeiten in bezug auf den Mord an Murai, die den Zapruder-Film in Erinnnerung rufen. Die Bänder zeigen, daß Jo Murai erst in den Arm stach, was den Chemiker überraschte, aber nicht stoppte. Murai war von Aum-Bodyguards umgeben, aber auch als der verwirrte Chemiker seinen blutenden Arm für einige Sekunden untersuchte, taten die Beschützer nichts. Einige Betrachter behaupten, daß die Aufnahme einen Bodyguard zeigt, der einen Arm ausstreckt, um nach dem ersten, nicht so schlimmen Stich Murai am Weglaufen zu hindern. Es gibt Gerüchte in Tokio, daß einige Bodyguards am frühen Nachmittag beim Gespräch mit Jo gesehen wurden, der sich schon den ganzen Tag in den Aum-Büros aufgehalten haben soll.

Die Enthüllungen über die Absichten der Sekte wurden mit jedem

Tag verrückter. Am 25. Mai berichtete die Tageszeitung *Yomiuri Shimbun*, daß sechs Aum-Mitglieder im März zum Nikola-Tesla-Museum in Belgrad (Jugoslawien) gereist waren. Gemäß der Polizei wurden in internen Aum-Nachrichten-Blättern Teslas Theorien oft diskutiert – Tesla, das übersehene Genie der modernen Technik, dessen Entdeckungen, so sagen seine Anhänger, die industrielle Welt revolutionieren könnten. Laut der Polizeiquellen soll Aum besonders an der Tesla-Theorie über das künstliche Auslösen von Erdbeben interessiert gewesen sein. Asahara interpretierte das Erdbeben vom 17. Januar 1995 in Kobe als Beginn des Dritten Weltkriegs – er glaubte, daß es sich um ein künstlich ausgelöstes Erdbeben handelte –, und vielleicht wollte er zurückschlagen.

Und als ob das nicht schon verrückt genug gewesen wäre, meldete ein Fernsehbericht, daß eine Aum-Gruppe in jenem Dezember Zaire besucht habe und daß Aum-Veröffentlichungen reges Interesse am Ebola-Virus gezeigt hätten. Wahrscheinlich war dies ein weiterer Versuch, eine biologische Waffe herzustellen. Die Gruppe spielte auch mit Milzbrand, dem Urvater aller bakteriellen Waffen des 20. Jahrhunderts (siehe Kapitel „Biokrieg").

Bei allen Sekten, von LaRouchies bis zu den Bürgerwehren, dienen Verschwörungstheorien als vereinende Kraft gegen die feindliche Außenwelt (manche mögen sagen: die „richtige" Welt). Die verschwörerische Phrasendrescherei von Asahara nahm einen entschieden antiamerikanischen Unterton an. Das amerikanische Militär bedrohe Aum permanent, predigte Asahara. Aber diese Paranoia erhielt eine eigentümliche Wendung. Er war vom Gas besessen.

„Wir werden seit 1988 von tödlichen Gasangriffen bedroht", sagte er in einer „Predigt" im April 1994. „Gase werden von Helikoptern und von Flugzeugen aus versprüht, wo immer ich mich aufhalte." Aber andererseits war dies anscheinend keine allzu schlimme Bedrohung. Einen Monat zuvor nannte er es in einer anderen „Predigt" „ein Prinzip des Himmels, das Leben durch die Verwendung von Sarin und anderen Gasen, die im Zweiten Weltkrieg entwickelt worden sind, zu beenden."

In einer Radiosendung in jenem Dezember informierte Asahara seine Anhänger: „Ich bin unter Gas-Beschuß, wann immer ich reise, und Militärflugzeuge der US-Army umkreisen den Berg Fuji." Asahara redete nicht nur über seine Theorien, sondern lebte sie auch aus. Am 4. Januar 1995 gab der Anwalt von Aum bekannt, daß das Hauptquartier der Sekte Ziel eines „Senfgasangriffs von außen" gewesen sei. Eine „gashaltige" PR-Kampagne folgte, in der Aum bei den wichtigsten Medien ein 48 Minuten langes Video mit dem Titel „Das geschlachtete Lamm: Eine Aufzeichnung einer Tyrannisierung mit Giftgas" veröffentlichte.

Das Video zeigte sichtbare Beweise eines Gasangriffs – verbrannte Erde rund um das Hauptquartier der Sekte. Die Polizei sagt heute, daß die Aum-Leute ihren eigenen Rasen mit Unkrautvernichter besprüht hätten. Senfgas wurde nie nachgewiesen. Dennoch wurde Asahara vier Tage nach dem Gasanschlag auf die U-Bahn in einem Aum-Flugblatt zitiert, als er behauptete, daß er „aufgrund von Giftgasangriffen sehr krank" sei.

Vielleicht entschied sich Asahra schließlich zu einem Vergeltungsgasangriff. Zwei Tage nach seiner Inhaftierung machte er einen „Sie haben nicht einfach nur Befehlen gehorcht"-Verteidigungsversuch. Er beschuldigte seine verbrecherischen Untergebenen, die er, wie er protestiert, nicht rund um die Uhr überwachen kann. „Ich habe so viele Anhänger. Ich kann mich nicht über alles auf dem laufenden halten, was sie tun", sagte er wiederholt zu seinen Ermittlern. Man könnte natürlich annehmen, daß das Vergasen von Leuten in einer vollen U-Bahn ein Detail sein könnte, das einige Aufmerksamkeit verdient.

Trotz des Schweigens und der Dementis des Gurus (er muß mit Tod durch Erhängen rechnen, wenn er schuldig gesprochen wird), flippten seine Gefolgsleute förmlich aus. Die Polizei sagt, daß der Chefarzt von Aum, der Mann, der chirurgisch Fingerabdrücke von hochrangigen Aum-Funktionären verschwinden ließ, den Gasangriff mit Taschen und Regenschirmen gestanden hatte. Der wichtigste Chemiker vom Aum (zumindest der wichtigste, der noch am Leben war), Masami Tsuchiya, erwies sich als Hersteller des Sarins (außerdem hatte er es bereits in Matsumoto eingesetzt). Der Polizei gelang es nicht, eine Verbindung von Aum zu diesem Gasanschlag nachzuweisen, obwohl die Sekte große Besitztümer in der Stadt hatte, sehr zum Ärger der Bewohner. Nach dem Matsumoto-Zwischenfall ging Asahara an die Öffentlichkeit und beschuldigte die US-Marine, das Gas versprüht zu haben. Er verpfiff Murai (ein leichtes Ziel zu diesem Zeitpunkt) als den

Mann, der nicht nur den direkten Befehl zur Herstellung des Nazi-Nervengases gegeben, sondern auch angeordnet habe, es „in Matsumoto auszuprobieren".

Im Oktober 1995 schien es einen großen Durchbruch zu geben. Das Schlüsselwort dabei war „schien". Zuerst berichtete NHK-TV, das japanische Äquivalent der BBC, daß Asahara nachgegeben und „alles" gestanden habe. Geständnisse sind das gewöhnliche Mittel, mit dem die japanische Polizei Verbrechen aufklärt; und während sie in den USA einfach wieder zurückgenommen werden können und nicht soviel Gewicht auf ihnen liegt, sind sie in der japanischen Rechtsprechung entscheidend. Damit hätte Asaharas angeblicher Opernakt ein Quotenbringer für das Fernsehen werden können. Nur war sich niemand so richtig sicher, ob das wirklich geschehen war. Die Polizei verneinte es, zumindest in der Öffentlichkeit, ebenso wie Asaharas Anwalt Hiroshi Yamamoto.

Andererseits: Was konnte Yamamoto überhaupt wissen? Die Polizei verweigerte ihm die Erlaubnis, seinen Klienten im Gefängnis zu besuchen, seitdem er eine Aufnahme einer Nachricht von Asahara an seine Anhänger geschmuggelt hatte.

Es gibt im japanischen Recht keine Klauseln, die einem Gefangenen sein Recht auf Rechtsberatung verweigern könnten. Dennoch sagte der Bezirksgerichtshof von Tokio, daß die Polizei im Recht sei, weil „es für Yamamoto in Hinblick auf seine engen Verbindungen zu der Sekte unangebracht sei, sich mit Asahar zu treffen".

Der Guru selbst war natürlich nicht für Interviews zu haben. Nichtsdestotrotz tauchte, kurz nachdem sich die Kontroverse um das Geständnis gelegt hatte, einer der am meisten gesuchten Aum-Anhänger in der Polizeiwache in Saitama (nördlich von Tokio) auf und stellte sich.

Masahiro Tominaga, 26 Jahre alt, ist der Hauptverdächtige für ein Bombenattentat am 12. Mai 1995 auf Yukio Aoshima, den Gouverneur von Tokio und ehemaligen Fernsehkomiker.

Als Tominaga in die Polizeiwache hereinspazierte, verkündete er: „Ich bin Tominaga von Aum, und mir tut es leid, daß ich so viele Unannehmlichkeiten verursacht habe." Aha.

Die Polizei, ungeachtet ihres anfänglichen Zögerns, hob nach dem Gasanschlag in der U-Bahn Hunderte von Aum-Mitgliedern aus. Viel-

leicht wußte Tominaga, daß er besser daran tat, sich selber zu stellen
und Gewissensbisse zu zeigen – ein wichtiger Aspekt in der japanischen Justiz – als davonzulaufen.

Am 5. September 1995 wurde der erste Schuldspruch im Aum-Fall
gesprochen. Der „Entwicklungsminister" Takayuki Oikawa erhielt ein
Jahr Gefängnis auf Bewährung und drei Jahre Bewährung. Sein Verge-
hen: Parken auf einem fremden Parkplatz.

QUELLEN

Dieses Kapitel basiert vor allem auf Darstellungen in der japanischen Täges- und
Wochenpresse – sowohl in englischer als auch in japanischer Sprache (mit der
Hilfe eines Übersetzers) –, die hauptsächlich in den sechs Monaten nach dem
Gasanschlag in der U-Bahn in Tokio am 20. März 1995 erschienen. Weitere
Quellen sind folgende:

Dalrymple, James. „The Day Japan Lost its Nerve." *The Sunday Times Magazine*,
    13. August 1995.
Fukunaga, Hiroshi. „AUM Sweet Home." *Tokio Business Today*, Juni 1995.
Japan Times, *Terror in the Heart of Japan*. Tokio: Japan Times Ltd., 1995.
Sayle, Murray. „Nerve Gas and the Four Noble Truths." *New Yorker*, 1. April
    1996.
Van Biema, David. „Prophet of Poison." *Time*, 3. April 1995.

Das anonyme Interview mit einem Sicherheitsbeamten erschien im *Weekly Playboy* am 15. August 1995 auf japanisch. Es wurde auf englisch zusammengefaßt
in „60 Percent of What's Reported About Aum Is Crap", *Mainichi Daily News*,
vom 6. August 1995.

42
Die Boeing und die Rakete

17. Juli 1996: Elf Minuten, nachdem 230 Menschen es sich für einen ruhigen siebenstündigen Flug von New York, JKF International Airport, nach Paris, bequem gemacht hatten, explodierte ihre Boeing 747-100 in einem riesigen Feuerball und stürzte vier Kilometer von Long Island entfernt in den atlantischen Ozean. Niemand überlebte.

Heute, über zwei Jahre später, sind die bekannten Fakten über den TWA-Flug 800 immer noch lückenhaft. Die Untersuchungsbehörden haben keine Ahnung, wodurch die Explosion verursacht wurde. Sie behaupten aber zu wissen, was auf keinen Fall in Frage kommt: eine Verschwörung!

Wurde das Passagierflugzeug von einer Rakete getroffen, die von einem Schiff der US-Marine abgefeuert wurde? Vertuschte die Regierung den Unfall? Oder war es überhaupt kein Unfall? So lautete die These, und dank Internet wurde die „TWA 800-Missile-Theorie" auch von den großen Medien aufgegriffen und zu einer der am weitesten verbreiteten und meistdiskutierten Verschwörungstheorien aller Zeiten.

Anders als alle Verschwörungstheorien vor der Verbreitung des Internets gelangte die Missile-Theorie sehr schnell in die Medien. Bereits

Mitte September, als es außer der Diskussion im Internet wenig Interessantes zu berichten gab, begannen die Reporter, die Verantwortlichen der Untersuchung des Boeing-Absturzes über die Möglichkeit eines „Beschusses von eigener Seite" zu befragen.

Natürlich war es nicht das erste Mal, daß die großen Medien auf Verschwörungstheorien aus dem Untergrund zurückgriffen. Die umstrittene Titelstory des *Time*-Magazins von 1992, in der behauptet wurde, das Bombenattentat auf den Pan-Am-Flug 103 stehe in Verbindung mit einer amerikanischen Geheimoperation, basierte auf einer Theorie, die seit über drei Jahren kursierte. Die Raketen-Theorie kam jedoch bereits nach zwei Monaten an die Oberfläche. So mächtig das Internet inzwischen auch geworden ist, bedarf es immer noch der etablierten Medien, um eine Verschwörungstheorie wirklich bekannt zu machen. Das Internet erleichtert jedoch den Informationsaustausch zwischen Untergrund und Massenpublikum.

Obwohl die ersten Verschwörungsgerüchte fast sofort nach dem Absturz auftauchten, war es vor allem ein Artikel in der *Jerusalem Post*, der drei Tage danach für einen Aufschwung der Theorie sorgte. Darin wurden anonyme Quellen im französischen Verteidigungsministerium zitiert, die behaupteten, wenn das Flugzeug tatsächlich von einer Rakete abgeschossen worden sei, müsse es sich um eine Rakete des US-Militärs handeln. Eine Terroristenwaffe hätte nicht diese Durchschlagskraft. Allerdings wurden keine weiteren Belege für diese hypothetische Annahme geboten.

Früher hätte ein einzelner Artikel in einer israelischen Zeitung kaum Auswirkungen auf den amerikanischen Zeitgeist gehabt. Heute haben Tausende von Zeitungen ihre eigenen Websites – darunter auch die *Jerusalem Post*. Digitale Kopien der Story flogen innerhalb weniger Stunden durch den Cyberspace.

Wenn man Websites und Newsgroup-Meldungen als politisches Barometer auffassen würde, dann sah es im August 1996 so aus, als drohe Präsident Clinton nicht nur eine vernichtende Niederlage im November, sondern auch noch das Staatsgefängnis und die Gaskammer. Clinton ist ein echter Superstar der Verschwörungstheorien, was auch durch sein wiederholtes Auftauchen in diesem Buch belegt wird.

Natürlich nahmen die TWA-800-Verschwörungstheoretiker den Megabösewicht auch diesmal ins Visier. Am 23. Juli 1996 versicherte

J. Olin Grabbe (bekannt durch seine 37teilige Internet-Serie über Vince Foster) auf seiner Website, Terroristen mit syrischem Hintergrund hätten das Flugzeug abgeschossen. Kein „Beschuß von eigener Seite", aber eine Vertuschung von eigener Seite. Grabbe sagte, Clinton habe die Wahrheit unterdrückt, weil er dem Iran oder Irak die Schuld zuschieben wollte, um eines dieser Länder zu bombardieren und durch diesen „October Surprise" die bevorstehende Wahl zu seinen Gunsten zu beeinflussen – als ob er das nötig gehabt hätte.

Grabbe pausierte nicht lange genug von seiner Position als „allwissender Erzähler", um zu erklären, woher er das alles wußte.

Am nächsten Tag behauptete ein gewisser Gene Hilsheimer aus Panama City (Florida) in einem Usenet-Posting, unter den Passagieren von TWA 800 seien zwei Staatspolizisten aus Arkansas gewesen, die in Paris in einem Interview mit der französischen Zeitung *Le Monde* schmutzige Wäsche von Clinton waschen wollten. Die Quelle dieser Information war der *Miami Herald*. Aber nach einer Woche angeregter Internet-Debatten bezeichnete der *Herald* die Meldung als „Cyber-Schwindel". Der *Herald* hatte niemals eine derartige Story veröffentlicht, und in dem Flugzeug hatten sich keine Staatspolizisten befunden.

Aber im November 1996 erhielt die Raketen-Theorie neuen Schwung. Der Ex-Zeitungsreporter Pierre Salinger landete von seiner Pariser Unterkunft aus direkt in den amerikanischen Schlagzeilen. Der respektierte Journalist und frühere Pressesekretär des Präsidenten Kennedy war zu dieser Zeit 71, und wie die meisten seiner Altersgenossen surfte er nicht allzu viel im Internet herum. Es war ein merkwürdiger Vorfall, der bewies, daß Journalisten sich durchaus ein wenig im Internet auskennen sollten (obwohl viele idiotischerweise auch heute noch stolz auf ihre Unwissenheit in Sachen Computertechnik sind). Salinger erklärte, er besitze ein Regierungsdokument, das beweise, daß der TWA-Flug 800 aufgrund eines katastrophalen Fehlers während einer Übung von einer amerikanischen Militärrakete abgeschossen worden sei. Dem französischen Fernsehen und den US-Reportern, die ihn in seinem Hotel in Paris anriefen, erzählte er, das Dokument sei „von einem Amerikaner geschrieben, aber jemand vom französischen Geheimdienst hat es mir gegeben."

Okay, überlasse es den Franzosen. Wenn er das Dokument tatsächlich von einem französischen Geheimdienstler bekommen hatte, dann sollten sich die Amerikaner wirklich nicht allzu viele Sorgen machen, wenn sie das nächste Mal einen französischen Spion beim Schnüffeln erwischen, denn das angeblich hochbrisante Dokument kursierte bereits seit Ende August im Internet. Salinger pries es jedoch ernsthaft als exklusive und bislang geheimgehaltene Information an.

Das Dokument war von dem früheren Zivilpiloten und Absturzexperten Richard Russell verfaßt worden und enthielt das wichtigste Argument der Theorie eines „Beschusses von eigener Seite". Kurz zusammengefaßt, wurde darin behauptet, der Verfasser verfüge über interne Kenntnisse der Untersuchungen, und die Vorgesetzten wüßten über die wahre Ursache der TWA 800-Katastrophe Bescheid: eine Rakete.

In einem Gespräch mit uns bestätigte Russell die Autorschaft des Dokuments, was auch in *Newsweek* und *USA Today* berichtet wurde. Er erklärte, er habe es als private E-Mail über America Online an etwa ein Dutzend Freunde geschickt. Einer oder mehrere von ihnen hatten es anscheinend an eigene Bekannte weitergesendet, und bevor man „Bumm" sagen konnte, war die Nachricht im gesamten Internet erhältlich. Sie erschien in mehreren Newsgroups, wanderte per E-Mail von Küste zu Küste und um die ganze Welt und wurde sogar in die großen Nachrichtenzentralen gefaxt.

Russell behauptete, seine Informationen stammten aus hochrangigen Quellen, die er aber nicht nennen wollte, und die bisher niemand, auch nicht anonym, bestätigte. Russell selbst schien die ganze Affäre ziemlich leid zu sein (und das nur wenige Monate nach dem Absturz – die Kontroverse ist aber bis heute nicht beendet!) und sagte: „Ich wäre in dieser Sache lieber eine unbedeutende Figur."

Das kann man von Salinger nicht behaupten.

Der Veteran des Zweiten Weltkriegs und frühere JFK-Sprecher war ein bekannter US-Senator und eine Medienpersönlichkeit. In Adam Wests *Batman*-Serie war er als Lucky Pierre zu sehen. Der Lebemann und Zigarrenliebhaber glaubte, seine Kontakte zu hochrangigen Persönlichkeiten könnten ihm auch als Reporter nutzen. ABC gab ihm einen Job, und Salinger machte mit vielen internationalen Stories Schlagzeilen. Sein Buch *Secret Dossier* von 1992 ist ein unbekannter Klassiker für die Art und Weise, in der er die geheimen Komplotte zwischen der CIA, Kuwait und Irak, die zum Golfkrieg führten (siehe Kapitel 6), analysiert.

Als Salinger nun ankündigte, er habe einen Beweis für den „Beschuß von eigener Seite" und die anschließende massive Vertuschung, konnte er sich der Aufmerksamkeit der Welt sicher sein. Leider nahm Salinger den Mund etwas zu voll. Bei einem Telefongespräch nach seiner Ankündigung las ein CNN-Produzent dem ehemaligen Auslandskorrespondent und transkontinentalen Jet-Setter das Russell-Dokument vor, das er bereits zwei Monate zuvor per Fax erhalten hatte. „Ja, das ist es, das ist das Dokument!" rief der verblüffte Salinger. „Woher haben Sie das?"

Tja, Pierre, wenn du ein bißchen Internet-Know-How hättest, könntest du es dir an fünf Fingern abzählen.

Nach dieser peinlichen Episode sollte man meinen, Salinger würde von der Angelegenheit künftig die Finger lassen. Aber im März 1997 trat er mit einem Artikel für *Paris Match* erneut an die Öffentlichkeit. Darin präsentierte Salinger Bilder einer Videoaufnahme, die angeblich einen Flugkontrollmonitor zeigten, auf dem der Katastrophenflug zu erkennen war – und, so Salinger weiter, ein unerklärliches Objekt, das sich mit hoher Geschwindigkeit dem Flugzeug näherte und es genau zu dem Zeitpunkt erreichte, als die Explosion stattfand.

Wie man sich denken kann, war die unmittelbare Reaktion auf Salingers „neuen Beweis" nicht gerade freundlich und aufgeschlossen. Typisch war die Stellungnahme des FBI-Sprechers James Kallstrom, der Salingers Vorstoß als „Scherz" voller „Ungenauigkeiten, Verzerrungen und Erfindungen" bezeichnete.

Vieles ist kurios an der ganzen Geschichte. Salinger arbeitete ganz plötzlich mit der selbsternannten „unbedeutenden Figur" Russell zusammen. Der frühere Pilot, der behauptete, Zugang zu internen Informationen zu besitzen, war nämlich in Wirklichkeit die Quelle der Radaraufnahme. Laut *New York Times* versuchte Russell, das Band für eine Million Dollar an die ABC News zu verkaufen. Russell nahm keine Anrufe entgegen, also konnte die *Times* sich diese Behauptung nicht von ihm selbst bestätigen lassen. Bekannt ist aber, daß das FBI das Band und auch Russells Kopie beschlagnahmte.

Während Salinger im allgemeinen als einsamer Verrückter dargestellt wurde, gab es aber immerhin noch 150 Augenzeugen, die einen Lichtstreifen gesehen haben wollen, der sich wenige Sekunden vor der Explosion auf das Flugzeug zubewegte. Hinzu kam ein Bericht von Associated Press, daß ein Helikopterpilot der Nationalen Garde, Captain Chris Baur, sich in der Nähe der Explosion in der Luft befunden habe. Bei seiner Rückkehr zur Basis „berichtete er sofort, er glaube, eine Rakete gesehen zu haben". Anscheinend wiederholte Baur seine Behauptung gegenüber Kollegen und Vorgesetzten mehrmals, wollte aber keine öffentlichen Kommentare abgeben. (Man kann ihm also nicht vorwerfen, er sei nur auf Publicity aus gewesen.)

Die übliche Reaktion auf die Zeugenaussagen war der alte Satz: „Augenzeugenberichte sind notorisch unzuverlässig." Aber führt dieses Argument nicht in die Irre? Die Aussagen einzelner Zeugen sind tatsächlich oft unzuverlässig, aber die überwältigende Übereinstimmung vieler Zeugen, von denen die meisten keinen direkten Kontakt miteinander hatten, ist äußerst beweiskräftig, wie jeder Polizist bestätigen kann.

Seien wir ehrlich. Nur allzugern hätten wir Salinger an unserem stetig steigenden Ruhm teilhaben lassen (obwohl, bei genauerer Betrachtung... bäh!) und uns an der Jagd nach der TWA-Rakete beteiligt, aber verdammt, wir wissen, daß wir unseren Lesern Integrität schulden (hust, hust). Alles, was wir sagen können, ist also: Die Theorie des „Beschusses von eigener Seite" ist bestenfalls eine ungelöste Frage.

Wir wissen, daß unsere Freunde von den „vereinigten Medien" die Raketen-Theorie sehr stiefmütterlich behandelt haben. Betrachten wir zum Beispiel den allzu kurzen Bericht in den *CBS Evening News* am 12. März 1997. Drei Personen wurden befragt, und bei allen handelte es sich um Untersuchungsbeamte der Regierung. Es gab keinen alternativen Standpunkt, überhaupt keinen von der Regierung unabhängigen Standpunkt. Wenn wir streitsüchtige, mit der ganzen Welt verfeindete Ultralinke wie Noam Chomsky wären, würden wir das Propaganda nennen. Aber das sind wir nicht, also lassen wir es.

Wir wissen, daß die CBS durchaus Gelegenheit hatte, eine alternative Meinung zu Wort kommen zu lassen, denn die Produzenten des Berichts schickten ein Kamerateam in das „Die 50 größten Verschwörungen aller Zeiten"-Hauptquartier an der Ostküste und investierten viel Zeit, um einen hochrangigen Verantwortlichen dieser Denkfabrik zu interviewen – aber dennoch endeten wir am Boden des Schneideraums.

Der beste Artikel über die Raketen-Theorie in den Monaten nach der Katastrophe erschien am 4. Oktober 1996 in der *Riverside Press-Enterprise*. Darin hieß es, alle Behauptungen, die auf einen Beschuß von eigener Seite hindeuteten, seien von jedem, der dazu autorisiert war, dementiert worden. Das galt auch für die Behauptung (unter anderem im Russell-Dokument), bestimmte Sperrgebiete außerhalb von Long Island seien in der Nacht des 17. Juli aktiviert worden, was ein Zeichen für Marineübungen gewesen sein könnte, bei denen möglicherweise auch Raketen abgefeuert wurden.

Ein „Ex-Marineoffizier, der früher Sperrgebiete überwachte", erzählte der Zeitung (natürlich anonym), daß „das Flugzeug einer fehlgeschlagenen Übung zum Opfer fiel". Aber selbst diese anonyme Quelle gab zu, diese Information stamme aus zweiter Hand – und natürlich wurde sie dementiert. Interessanter ist aber, daß die *Press-Enterprise* Dokumente entdeckte, „die die Aktivierung weiträumiger militärischer Übungsgebiete anzeigen... und den früheren offiziellen Dementis widersprechen."

Diese Aufzeichnungen der Marine und der staatlichen Flugaufsichtsbehörde bewiesen laut *Press-Enterprise*, daß „für den 17. Juli Operationen geplant waren, die große Teile des Luftraums in Gefahrenzonen für den zivilen Flugverkehr verwandelten." Als die Zeitung der Marine Kopien dieser Aufzeichnungen zeigte, stellte diese alle Gespräche mit der *Press-Enterprise* ein und leitete alle Anrufe an das FBI und die National Transportation Safety Board (Nationale Transportsicherheitsbehörde) weiter – die Behörden, die die Hauptverantwortung für die Untersuchung des Absturzes trugen.

Obwohl der Artikel im allgemeinen sehr spekulativ ist und kaum überprüfbare Fakten enthält, teilt er immerhin mit, daß „ein bestimmtes, über 20.000 Quadratkilometer großes Gebiet um 20 Uhr freigegeben wurde, ungefähr zu der Zeit, als TWA 800 startete." Dieses Gebiet ist bekannt als W-105 und wird interessanterweise auch in dem Russell-Dokument erwähnt.

Die Marine gibt zu, daß zu dieser Zeit ein P-3-Flugzeug zum Aufspüren von U-Booten dieses Gebiet durchflog. Der Artikel behauptet, W-105 wäre nicht für einen einfachen P-3-Durchflug aktiviert worden, und zitiert einen „Pentagon-Offizier im Ruhestand" (natürlich wieder namenlos), der gesagt haben soll: „Das muß eine Kommando-und-Kontrollübung gewesen sein, oder eine Übung, um jemanden zu qualifizieren, etwas zu tun, oder irgend so etwas" (ein bißchen mehr Genauigkeit wäre nicht schlecht). Die *Press-Enterprise* spekuliert, an der Übung hätten „Spezialeinheiten der Armee" oder ähnliche zwielichtige Gestalten teilgenommen. Möglicherweise wurden dabei Übungsgeschosse oder tiefffliegende Raketen eingesetzt, von denen eine das Flugzeug getroffen haben könnte.

Kurz nach der Veröffentlichung von Salingers Radaraufzeichnungen tauchte ein Autor namens James Sanders mit etwas auf, das man im Jargon der Verschwörungstheoretiker wohl einen „primären Beweis" nennt: In dem Taschenbuch *The Downing of TWA Flight 800* ist zu lesen, Sanders habe einige Stücke Schaumstoff aus den Sitzkissen der zerstörten Boeing entdeckt, auf denen sich ein geheimnisvoller rötlicher Fleck befand. Sanders versichert, eine Analyse habe ergeben, daß es sich dabei um Raketentreibstoff handelte.

Und was geschah mit dem Beweisstück? Sanders erhielt es von einer internen Quelle, die er in bester „Akte X"-Manier als „Hangar-Mann" bezeichnete. Er schickte es einem vertrauenswürdigen Produzenten der CBS News. Die CBS, immer heiß auf eine gute Story, gab es sofort an das FBI weiter – und danach wurde es nie wieder gesehen. Sanders behauptete auch, das FBI habe sein Haus durchsucht, und er mache sich Sorgen um seine Sicherheit.

Ziemlich erdrückendes Belastungsmaterial, zumindest oberflächlich betrachtet. Aber die Untersuchungskommission der Regierung dachte darüber anders. Über vierzehn Monate nach dem Absturz des TWA-Flugs 800 vor der Küste von Long Island (also nicht gerade mit der Geschwindigkeit einer wärmegelenkten Rakete) fand sie die endgültige Antwort auf die quälende Frage, wodurch die Explosion der Boeing in 3300 Metern Höhe verursacht wurde.

Und die Lösung lautet (alle bereit?): *Niemand war es!* Ach ja, und der geheimnisvolle „Lichtstreifen", den Sie gesehen haben, wenn Sie einer der 244 Zeugen waren, die nach dem Absturz eine Aussage machten – das war nur ein Leck in einem Treibstofftank.

In einer an die Marvel Comics erinnernden Verbündungsaktion unterstützten CIA und FBI diese Lösung, nach der niemanden die Schuld trifft, durch einen gemeinsamen Bericht über die sogenannte Raketen-Theorie, über die beinahe ein Jahr lang in der Presse und im Internet spekuliert . orden war. Darin hieß es, es sei zwar richtig, daß all diese Leute einen „Streifen" gesehen hatten, der sich dem Flugzeug genähert zu haben schien. Was sie aber in Wirklichkeit sahen, war das Flugzeug selbst, das unerklärlicherweise schon dabei war, auseinanderzufallen. Der Lichtstreifen war Treibstoff, der sich entzündete, während er aus dem Flugzeug austrat.

Nachdem das FBI mit Unterstützung der CIA über ein Jahr lang alle Fragen, die die Raketen-Theorie aufwarf, abgewehrt hatte, schloß die Behörde ihre kriminalistischen Untersuchungen der Explosion Ende 1997 ab. Der Geheimdienst produzierte ein computeranimiertes Video, das zeigte, wie das Flugzeug wahrscheinlich explodieren konnte (weit und breit keine Rakete in Sicht) – und das war es.

Aber halt! Kaum zu glauben, aber der CIA-Zeichentrickfilm überzeugte nicht alle. Anscheinend gibt es da draußen ein paar durchgeknallte Verrückte, die einfach immer widersprechen müssen. In diesem Fall war es der frühere Generalstabschef Admiral Thomas H. Moorer!

Vielleicht haben Sie noch nichts von der Geschichte gehört, obwohl Moorer, einer der obersten amerikanischen Marineangehörigen a. D., der als Raketen-Experte eine glanzvolle Karriere machte, etwas mehr Beachtung durch die Medien verdient hätte. Zwar beweist seine knappe Äußerung nicht, daß er recht hat, aber wenigstens wäre sie einige Kommentare wert gewesen. Stellen Sie sich vor, Colin Powell hätte gesagt, er glaube, daß bei der TWA 800-Katastrophe „alle Beweise auf eine Rakete hindeuten" – und obwohl Moorer genau das behauptet hatte, wurde darauf nur mit ein paar hundert Worten am 9. Januar im Gannet News Service reagiert.

Aber das genügte Moorer nicht, dem laut Gannet „die achtzehnmonatige Untersuchung der Katastrophe durch das FBI sehr verdächtig vorkam". Der Admiral erklärte: „Die Sache verdient eine gründlichere Untersuchung – eine viel gründlichere. Diesmal würde ich die Aufgabe nicht dem FBI anvertrauen."

Warum erregten Moorers Kommentare nicht ein bißchen mehr Aufmerksamkeit? Wahrscheinlich waren die Medien die Geschichte leid, und außerdem roch sie nach einer unseriösen Verschwörungstheorie. Wenn im Gefolge von Moorer tatsächlich der Ruf nach neuen Untersuchungen laut werden würde, hätte das sofort Erklärungen selbsternannter Experten zur Folge, man müsse „endlich einen Schlußstrich unter die ganze Angelegenheit ziehen". Sie würden Moorer als

Spinner bezeichnen und bedauernd den Kopf darüber schütteln, wie tief er seit seinen glorreichen Tagen als Generalstabschef gesunken sei.

Die Art und Weise, wie die Regierung und ihre Verbündeten von der Presse das Raketen-Problem heruntergespielt haben, wird die Verdächtigungen, die seit dem Absturz kursieren, sicherlich nur weiter anheizen – und, wer weiß, vielleicht mit gutem Grund. Vertuscht die Regierung die Tatsache, daß die Marine das Flugzeug mit einer Übungsrakete abschoß? So wie die Untersuchung verlief, hat man den Eindruck, daß einfach alles vertuscht wurde, ob es die Marine betraf oder nicht. Die Untersuchungskommission sagt immer noch, es gebe überhaupt keinen Beweis, weder für eine Rakete, noch für eine Bombe an Bord – oder für die Lieblingstheorie der Regierung: „mechanisches Versagen". Die letztgenannte Theorie scheint die „schuldloseste" zu sein, obwohl es auch dafür einen Verantwortlichen geben muß. Wir sind überrascht, daß man sich nicht für die „Meteor-Theorie" entschied, die auch einige Anhänger fand. Wenn nämlich ein Meteor die Maschine traf, dann trifft wirklich niemanden die Schuld, und wir können alle nach Hause gehen.

Der CIA-FBI-Bericht mag die Raketenliebhaber zum Verstummen gebracht haben, aber dennoch wirft er genauso viele Fragen auf, wie er beantwortet. Was ist zum Beispiel mit den anderen Piloten, die auch von Raketen oder zumindest „Streifen" in der Nähe ihrer Flugzeuge berichteten? Im September 1996, etwa 350 Kilometer südlich von der TWA-Absturzstelle, sah ein Pilot der American Airlines eine Rakete an seiner 757 vorbeizischen. Dann, im November, schwor ein Pilot der Pakistan Airlines, in der Nähe von Long Island sei ein „Lichtstreifen" sehr dicht an seiner Maschine vorbeigeflogen. In derselben Nacht befand sich eine TWA-Maschine direkt dahinter und bestätigte die Angaben. Die Behörden hielten den Lichtstreifen jedoch für einen Meteor (kein Scherz)!

Und warum, um alles in der Welt, nahm die CIA überhaupt so plötzlich an der Absturzuntersuchung teil? Wir sind keine Experten, aber bislang dachten wir, die CIA dürfe sich nicht in innerpolitische Angelegenheiten einmischen. Vielleicht sah sich der Geheimdienst gerechtfertigt durch die Tatsache, daß es sich um einen internationalen Flug handelte. Aber bis zu diesem Punkt hatte niemand je von seiner Verwicklung in diese Angelegenheit gehört.

Schließlich sollte man angesichts der jüngsten Flut von Internet-Verschwörungstheorien über beinahe alles (wir denken hier vor allem an die hirnlosen Theorien zum Tod von Prinzessin Diana) betonen, daß die Theorie des „Beschusses von eigener Seite" unserer Meinung nach immerhin die notwendigen Bedingungen für eine legitime Verschwörungstheorie erfüllt. Anders als die Diana-Theorien, die nach einem keineswegs ungewöhnlichen Ereignis (ein Autounfall bei hoher Geschwindigkeit) aus dem Nichts auftauchten, gibt es immerhin einige Fakten, die bezüglich der Katastrophe des TWA-Flugs Fragen aufwerfen: ein Lichtstreifen, die solide Sicherheitsstatistik der Boeing 747, die nachlässige, anscheinend ziellose Untersuchung!

Sind das „Beweise"? Sicher, es gibt genug Indizien, um eine Verschwörungstheorie auflammen zu lassen. Ob sie sich erhärten lassen, können wir nicht sagen.

Wahrscheinlich müssen wir einfach der CIA vertrauen.

QUELLEN

Hendrix, David E., u.a. „New Data Show Missile May Have Nailed TWA 800." *Riverside Press-Enterprise*, 10. März 1997.

Hosenball, Mark. „The Anatomy of a Rumor." *Newsweek*, 23. September 1996.

O'Sullivan, Arieh. „France: Airliner Possibly Shot Down by Missile." *Jerusalem Post*, 21. Juli 1996.

Purdy, Matthew. „No Missile on Radar Tape, TWA Investigator Says." *New York Times*, 13. März 1997.

Sanders, James. *The Downing of TWA Flight 800*. New York: Zebra Books, 1997.

Vankin, Jonathan und John Whalen. „How a Quack Became a Canard." *New York Times Magazine*, 17. Nov. 1996.

43
Die „Cracks" von der CIA

D amals in den glorreichen Tagen der Watergate-Affäre kämpfte die *Washington Post* allein gegen den Rest der Welt, als sie einen Skandal aufdeckte, der die Regierung stürzen konnte, während die Konkurrenz nur spottete. Es waren die Tage, als die *Post* fast den „Enthüllungsjournalismus"erfunden hätte. Aber 1996 waren die Rollen, wie große Experten bei der *Post* gerne sagen, komplett vertauscht. Jetzt machte sich die *Post* lustig, als ein kleineres Blatt sich mit eigenen Ermittlungen abmühte.

Der Hintergrund: Im August veröffentlichte die *San Jose Mercury News* eine Serie des Reporters Gary Webb. Diese klang für die wenigen, die aufmerksam den Iran-Contra-Skandal verfolgt hatten, recht vertraut – oder auch für die, die frühere Ausgaben seines Buches oder ähnliche Veröffentlichungen gelesen hatten. Darin wurde die CIA dafür verantwortlich gemacht, daß in den 80er Jahren Kokain in die USA geliefert wurde. Die Gewinne daraus wurden benutzt, um die rechten Contra-Guerillas in Nicaragua zu unterstützen.

Nach den Anschuldigungen sollen die zwei nicaraguanischen Drogenhändler Danilo Blandon und Norvin Meneses mit dem Einverständnis der CIA Geld für die Contras organisiert haben, indem sie Koks an den legendären Drogenimpresario von Los Angeles, „Freeway" Ricky Ross, verkauften. Im Gegenzug wandelte Freeway Rick das Kokain in billiges Crack um und verteilte es über die schwarze Gemeinde in Südkalifornien und darüber hinaus.

Webb grub sogar ein Bild von Adolfo Colero, einem von der CIA unterstützten Contra-Führer, aus. Er sitzt darauf zusammen mit Meneses in der Küche. Das lieferte den optischen Beweis der Verbindung zwischen CIA und den Contras. Als die *Post* und andere große Zeitungen ihre Angriffe auf Webb abfeuerten, war eines ihrer Hauptargumente, daß die Contra-Führer in Wirklichkeit keine CIA-Agenten waren, sondern nur bezahlte „Aktivposten", wodurch die CIA nicht mehr verantwortlich gemacht werden konnte.

Webbs Geschichte schien die lang gehegte Vermutung der afro-amerikanischen Gemeinde zu bestätigen, daß die CIA absichtlich amerikanische Städte mit Crack überflutete. Das Motiv: Rassenvernichtung. Webbs Artikel erhob, und das ist wichtig, nie solche Anschuldigungen. Wenn man aber wollte, dann konnte man daraus entsprechende Thesen herauslesen. Der Vorwurf der Verschwörung war der Kern der Angriffe auf Webb und die *Mercury News*.

Die Geschichte um den Drogenschmuggel der CIA war dennoch keine Neuigkeit. Bei dem inzwischen vergessenen, aber ehemals berüchtigten Prozeß gegen das „Geheimteam" des Christic Institutes ging es um die umfangreichen Drogenverbindungen der CIA, die über einen langen Zeitraum belegt sind, aber von der Behörde immer abgestritten wurden. Auch waren die missionarischen Christics nicht die ersten, bei denen man auf diese finsteren Verbindungen stieß. Der Autor James Mills opferte fünf Jahre, um die amerikanischen Anti-Drogen-Beauftragten für seinen imposanten, bahnbrechenden (und mehr als 1100 Seiten umfassenden) Wälzer *The Underground Empire* rund um die Welt zu verfolgen.

„Man muß kein Hasser der CIA sein", schrieb Mills, „wenn man um die Welt reist, eine der wichtigsten Drogengruppierungen nach der anderen sieht und über die Häufigkeit der immer noch frischen Fußspuren von Geheimdienstmitarbeitern immer mehr in Erstaunen versetzt wird."

Mit Sicherheit muß man das nicht. Jenen, die ihre Informationen aus anderen Quellen als der *Washington Post* und der *New York Times* bezogen, bot Webbs Serie eine nostalgische Reise in die Vergangenheit

– und zwar in die späten 80er Jahre, als US-Senator John Kerry eine Unterkomitee-Untersuchung über Contra-Kokain-Verbindungen leitete. Er schloß mit der Erkenntnis, daß zumindest einige CIA-Funktionäre wußten, daß der Schmuggel von Kokain ein Bestandteil der Bewaffnungsversuche für die Contras war.

Es ist eigentlich nicht nötig zu erwähnen, daß Kerrys Untersuchung in den meisten Medien kurz abgehandelt wurde, auch wenn sie auf den Titelseiten der alternativen Veröffentlichungen zu sehen war, wie z.B. beim in Chicago ansässigen Wochenblatt *In These Times*. Aber die nationalen Radiosender schenkten ihr gelegentlich Aufmerksamkeit. Das ehemalige CBS-Nachrichtenmagazin *West 57th* brachte einige Sendungen über die Contra-Kokain-Verbindung (am 6. April und am 11. Juli 1987).

Aber der Artikel in den *Mercury News* war der erste in einer wichtigen Tageszeitungen (die *Mercury News* hat zwei Pulitzer-Preise gewonnen), die die CIA-Drogen-Verbindung mit einigem Nachdruck anging. Und die *Mercury News* brachte eine weitere Wendung in die Geschichte. Das Kokain, das durch von der CIA gedeckte Drogenhändler ins Land gebracht wurde, ging direkt nach Los Angeles, wo es zu „Crack" verarbeitet wurde. Die Crack-Plage der 80er (und 90er) Jahre ist, wenigstens zum Teil, eine Operation der CIA.

Die *Post* brachte natürlich eine landesweite ausführliche Gegendarstellung. Am 4. Oktober 1996 veröffentlichte sie einen Artikel mit dem Namen „The CIA and Crack: Evidence Is Lacking of a Contra-Tied Plot." („Die CIA und Crack: Es gibt keine Beweise für eine Verschwörung mit den Contras"). Wie es so oft vorkommt bei dieser Art von Enthüllungsjournalismus, reichen die „Ermittlungen" der größeren Blätter (zumindest so, wie sie veröffentlicht werden) nur für ein paar Dementis von Personen, die wahrscheinlich angeklagt würden, wenn die Geschichte der *Mercury News* groß herauskäme. Die *Post* behauptete auch, daß die Crack-Plage ein „weitverbreitetes Phänomen" sei und daß Webb den Sachverhalt zu stark vereinfache, wenn er alles auf die Contra-CIA-Verbindung zurückführen würde (was Webb überhaupt nicht tut).

Trotz dieser Torpedierungsversuche gab die Serie in den *Mercury News* der Geschichte über die CIA-Drogen-Verbindung eine neue Glaubwürdigkeit.

Für die meisten derjenigen, die die CIA-Drogen-Geschichte in der alternativen und konspirativen Presse auch im folgenden Jahrzehnt verfolgten, waren die Offenbarungen von Webb noch immer durchschlagend, wenn auch nicht sehr überraschend. Was aber überraschend war, auch wenn es das im nachhinein nicht hätte sein sollen, war der Gegenschlag gegen Webb von seinen angeblichen journalistischen „Kollegen". Die *Los Angeles Times* führte ihre eigenen „Ermittlungen" über Webbs Ermittlungen durch und fand erschreckenderweise heraus, daß es da nichts gab. Ein Glück, denn sonst hätte man ja glauben können, jemand sei den großen Zeitungen zuvorgekommen...

Der Druck von bekannteren Konkurrenzzeitungen lastete schwer auf der *Mercury News.* Deren Herausgeber Jerry Ceppos nahm am 11. Mai 1997 öffentlich die Schuld auf sich, indem er Webbs Behauptungen zurücknahm und sich entschuldigte, sie jemals veröffentlicht zu haben. Tatsächlich sagte Ceppos, daß er als Herausgeber der Zeitung diese offensichtlich explosive Serie nicht vor der Veröffentlichung gelesen habe.

Damals in den 80er Jahren, als Kerrys Unterkomitee seine eigenen Beweise für eine Verwicklung der CIA in den Kokainhandel fand, ignorierte die Behörde das einfach. Aber wir leben im Zeitalter des Internet, so daß sich die *Mercury News*-Geschichte schneller über das Land verbreitete, als man „Beam me up, Scotty!" sagen kann. Diesmal startete die CIA eine interne Untersuchung über sich selbst (und wir alle wissen, wie viel Spaß das machen kann). Ein Jahr später beendete die CIA ihre inneren Untersuchungen und sie fand (halten Sie sich fest!) – *nichts!*

Der Bericht wurde nicht öffentlich verbreitet. Ein Artikel vom 18. Dezember in der *Los Angeles Times* bezeichnete die Ermittlungen als „die intensivsten in der Geschichte (der CIA)" und erklärte, die Vorwürfe, die CIA sei in Kokaingeschäfte verwickelt, besäßen „keinerlei Fundament".

Es gibt aber einen Haken: Die Ermittlungen waren nämlich im Grunde ein Witz. Der pensionierte CIA-Agent Duane „Dewey" Clarridge, ein ehemaliger Nachrichtendienstmitarbeiter, der in den 80er Jahren Leiter von verdeckten CIA-Einsätzen in Lateinamerika war, nannte die Fragen, die ihm von der CIA gestellt wurden, „blödsinnig" und verweigerte deren Beantwortung. Die *Times* zitiert ehemalige

CIA-Funktionäre, die im Rahmen der Untersuchung befragt wurden, so, daß die Fragen, die von der CIA gestellt wurden, harmlos waren.

Dem ehemaligen CIA-Offizier Donald H. Winters zufolge begann die CIA ihr Interview mit der Erklärung, man besäße keinen nachhaltigen Beweis, daß die Behauptungen in dem *San Jose Mercury News*-Artikel begründet seien. Danach nahmen die Interviewer Winters gewissermaßen bei der Hand und halfen ihm, auf unverfängliche Fragen harmlose Antworten zu geben.

Was für eine Befragungstechnik! „Entschuldigen Sie, O.J. (Simpson). Wir wissen ja, daß Sie seit dem Tag Ihrer Geburt unschuldig sind. Aber warum erzählen Sie mir nicht trotzdem die Geschichte, wie sie im Vorgarten gegolft haben. Nur für die Akten."

Als Clarridge einen schriftlichen CIA-Befragungsbogen zugeschickt bekam (Befragung durch einen Fragebogen, ein anderes althergebrachtes Spürhundgeheimnis), sandte er ihn unausgefüllt zurück. Andere Leute, die nicht der CIA angehörten, wie z.B. Robert Owen, der auf die Verbindungen der CIA mit den Drogen schon 1985 aufmerksam machte, wurden nicht einmal kontaktiert.

Die *Times* kam zu dem Schluß: „Der Bericht reicht nicht, um alle Fragen über Verbindungen der CIA im Zusammenhang mit dem Kokainhandel im turbulenten Mittelamerika der 80er Jahre zu beantworten."

Ach nein, tatsächlich nicht?

QUELLEN

Hackett, Thomas. „The CIA-Crack Story: Anatomy of a Journalistic Train Wreck." *Salon*, 30. Mai 1997.

McManus, Doyle. „The Cocaine Trail." *Los Angeles Times*, 20. – 22. Okt. 1996.

McManus, Doyle und James Risen. „CIA Probe Absolves Agency on L.A. Crack." *Los Angeles Times*, 18. Dez. 1997.

Mills, James. The Underground Empire. New York: Dell, 1987.

Solomon, Norman. „Snow Job: The Establishment's Papers Do Damage Control for the CIA." *EXTRA!* Jan./Feb. 1997.

Suro, Robert und Walter Pincus. „The CIA and Crack: Evidence Is Lacking of Contra-Tied Plot." *Washington Post*, 4. Okt. 1996.

Webb, Gary. „Dark Alliance." *San Jose Mercury News*, 18.-20. Aug. 1996.

IX

Die geheimnisvolle Vergangenheit der US-Regierung

44
Die Rückkehr von Hitlers Spion

D er Zweite Weltkrieg war gerade seit einer Woche zu Ende, als die DC-3 der amerikanischen Armee außerhalb von Washington D.C. landete. Sie überführte eine hochgeheime deutsche Fracht. Aus dem Flugzeug stieg, möglicherweise als amerikanischer General verkleidet, die Nazilegende Reinhard Gehlen, Hitlers Meisterspion.

Seine zierliche Erscheinung – 1,77 Meter groß, 59 Kilo schwer – täuschte über seine strategische Wichtigkeit für die amerikanischen Funktionäre hinweg, die ihn mit offenen Armen empfingen. Als Chef der Ostarmee des Dritten Reiches war Gehlen Hitlers höchster Offizier an der russischen Front gewesen. Er hatte ein durchdachtes Netzwerk von Nazispionen gegen die Sowjetunion aufgebaut – das neue Feindbild im beginnenden Kalten Krieg.

Auch wenn er 43 Jahre alt war und Deutschland in Schutt und Asche lag, sollten Gehlens beste Jahre noch vor ihm liegen. Er war im Begriff, ein Angebot zu machen, das Amerikas militärische und regierende Elite nicht ablehnen konnte: Er würde seine heimlichen Verbindungen zu SS-Offizieren, Sympathisanten der Nazis im Untergrund und flüchtigen Kriegsverbrechern sowie umfangreiche Akten über die Sowjets in den Dienst der Vereinigten Staaten stellen.

Als gewiefter Überlebender hatte Gehlen die vollständigen Akten seiner Organisation über die Sowjetunion in die österreichischen Alpen gebracht, als sich der Zusammenbruch von Nazideutschland abzeichnete. Gehlen wußte, daß der Kampf gegen den Kommunismus den Krieg gegen das faschistische Deutschland als militärisches und politisches Hauptziel im kapitalistischen Westen ablösen würde. „Meine Sicht", so schrieb er in seinen Memoiren, „war es, daß es auch für Deutschland einen Platz im wiederbewaffneten Europa zur Verteidigung gegen den Kommunismus geben würde. Dafür müssen wir unser Augenmerk auf die westlichen Mächte richten und uns selbst zwei Ziele setzen: Hilfe zur Verteidigung gegen die kommunistische Expansion und die Rückgewinnung sowie Wiedervereinigung von Deutschland." (Offensichtlich war Gehlens Tauschware so wertvoll, daß seine Gastgeber bereit waren, die noch immer vorhandene *Deutschland über alles*-Haltung des Generals zu übersehen.)

Kurz nach der Übergabe Deutschlands an die Alliierten kam Gehlen aus seinem Versteck in den Alpen hervor und ergab sich unverfroren den amerikanischen Behörden. „Ich bin der Leiter der Auslandsarmee Ost im deutschen Hauptquartier", verkündete er in seiner vorbereiteten Rede. „Ich habe Informationen von höchster Wichtigkeit für Ihre Regierung."

„Die haben alle", fertigte ihn ein Armeehauptmann ab und schickte den arroganten, aufbrausenden General in ein Lager mit den restlichen Nazigefangenen nach Salzburg. Er sollte dort nicht lange bleiben. Innerhalb eines Monats, als die Sowjets die Herausgabe Gehlens und seiner Akten forderten, begann Hitlers Meisterspion damit, eine Anzahl von wichtigen amerikanischen Besuchern zu empfangen.

In Fort Hunt in der Nähe von Washington, wo eine Ordonnanz und einige weitere Bedienstete in weißen Anzügen sich um seine Bedürfnisse kümmerten, beriet sich Gehlen mit Präsident Trumans nationalem Sicherheitsbeauftragten, einer Reihe von Armee-Geheimdienst-Generälen und Allen Dulles, einem wahren Giganten in Amerikas Geheimdienst zu Kriegszeiten, dem Office of Strategic Services (OSS). Später sollte Dulles das Ruder der CIA übernehmen.

Nach einem Jahr in Washington kehrte Gehlen in sein Vaterland zurück – nicht als Gefangener, sondern als einflußreicher Agent für Amerikas antikommunistischen Nervenkrieg gegen Rußland. Gehlen übernahm wieder das Kommando seiner alten Organisation und wurde Amerikas wichtigste Informationsquelle über die Sowjetunion. Sein Einfluß auf die amerikanische Politik war überwältigend, und wie im sprichwörtlichen faustischen Pakt sollte ein Nachhall folgen: Seine übertriebenen Berichte über die militärische Stärke Rußlands sollten den Kalten Krieg gefährlich eskalieren lassen.

Wie die amerikanische Regierung mit Gehlen und Hunderten anderer hochrangiger Nazis zusammenarbeiten konnte, ist ein selten erzähltes Kapitel der amerikanischen Geschichte. Amerikanische Funktionäre, zunehmend paranoid über die wachsende Bedrohung durch den sowjetischen Einfluß auf das Europa der Nachkriegszeit und der ganzen Welt, fanden nützliche Seelenverwandte in den Naziwissenschaftlern und SS-Offizieren, die sie rekrutierten. Schließlich traten die Faschisten Nazideutschlands ebenfalls vehement gegen den Kommunismus auf. Indem er sich auf die Dringlichkeit des Kalten Krieges berief, zerstreute Dulles alle Befürchtungen über Gehlens Auftrag: „Er ist auf unserer Seite. Und das ist alles, was zählt."

Während das amerikanische Militär Nazikriegsverbrecher jagte, stellten andere Bereiche der amerikanischen Regierung insgeheim viele dieser Flüchtlinge ein. „Projekt Paperclip" war der Codename des amerikanischen Kriegsministeriums für den geheimen Import von Naziwissenschaftlern. Es wurden „keimfrei gemachte", neugeschriebene „Dokumente" verwendet, um diese Deutschen durch die amerikanische Immigrationsbehörde zu schleusen. In Deutschland hatten viele dieser Wissenschaftler Nutzen aus verbrecherischen Experimenten gezogen, die an Gefangenen in Dachau und in Gefangenen- und Konzentrationslagern durchgeführt wurden. In den frühen 80er Jahren identifizierte die amerikanische Justizbehörde unzählige ehemalige Nazis, die noch immer in den USA lebten.

Präsident Trumans nationaler Sicherheitsrat hatte detaillierte Anweisungen herausgegeben, die die Zusammenarbeit mit ehemaligen Nazis sanktionierten. Dieses Papier war das Objekt einer großen Vertuschungsaktion, und die gesamte Geschichte von Amerikas Liebelei mit den Nazis bleibt teilweise unklar. Sie haben zwar nicht Hitlers Gehirn gerettet, wie die B-Movie-Verschwörungstheorie es getan hat, aber dafür fand der Geheimdienstapparat des Führers einen neuen Gastgeber, indem er in Amerikas Spionage- und Militärbehörden eingebaut

wurde. Es ist schon Ironie, daß Präsident Truman, als er die OSS de-
mobilisierte, davor warnte, einen dauerhaften, Gestapo-ähnlichen Geheimdienst aufzubauen.

Unter den berüchtigten Naziflüchtlingen, die heimlich begnadigt
und von der amerikanischen Regierung nach dem Krieg für den Ge-
heimdienst eingestellt wurden, befand sich auch Klaus Barbie, der
„Schlächter von Lyon" der SS. Barbie arbeitete nach dem Krieg mit
Gehlen zusammen und lebte sogar für einige Zeit in den Vereinigten
Staaten.

Auch wenn Gehlen seinen Betreuern „prinzipiell" versprach, daß er
keine SS- oder Gestapo-Männer verpflichten würde, brach er sofort
sein offiziell gegebenes Wort, indem er mindestens sechs Veteranen aus
SS und Sicherheitsdienst (SD) engagierte. Und Amerikas Geheim-
dienstführung schaute einfach weg.

Zwei von Gehlens berüchtigten Angestellten nach dem Krieg waren
Dr. Franz Alfred Six und Emil Augsburg, SS-Veteranen, die beide an
der Massenvernichtung der Juden beteiligt waren. Beide waren flüchtige Kriegsverbrecher.

Franz Six wurde von Adolf Eichmann als „Arbeitstier" bezeichnet,
als der Völkermord an den Juden begann. „Die physische Vernichtung
der Juden im Osten würde dem Judentum seine biologischen Reserven
nehmen", hatte Six auf einer Konferenz über die sogenannte Juden-
frage verkündet. Er setzte seinen Plan in Smolensk in die Tat um. Dort
ermordete seine Einheit kaltblütig etwa zweihundert Menschen, unter
ihnen „achtunddreißig jüdische Intellektuelle, die versucht hatten, Un-
ruhe und Unzufriedenheit im neu errichteten Ghetto von Smolensk zu
erzeugen", berichtete er dem Hauptquartier.

Emil Augsburg, ein ständiger Mitarbeiter unter SS-Chef Himmler,
leitete ebenfalls ein Mordkommando in Rußland. Aufzeichnungen der
NSDAP zufolge erzielte er „außerordentlich gute Resultate... bei bestimmten Aufgaben", ein Euphemismus der SS für den Massenmord
an Juden. Gehlen sollte Gebrauch von Augsburgs Fähigkeiten machen:
Überwachung von Morden hinter den Linien des „Feindes".

Für Gehlens Organisation reaktivierten sowohl Six als auch Augsburg ihr Spionagenetzwerk in der Sowjetunion aus Nazizeiten und engagierten arbeitslose ehemalige deutsche Geheimdienstler, von denen
viele ebenfalls Flüchtlinge waren. Gehlen mußte bemerkt haben, daß

die inoffizielle Politik der Alliierten die Einstellung von Kriegsverbrechern bevorzugte: Augsburg arbeitete gleichzeitig nebenher für einige andere amerikanische Geheimdienste und eine geheime Gruppe der französischen Regierung, während er in einem Netzwerk ehemaliger SS-Offiziere Dienst tat.

Als die Spionageabwehr der amerikanischen Armee (CIC) Six ergriff, wurde er für Kriegsverbrechen schuldig gesprochen und bekam eine Gefängnisstrafe von zwanzig Jahren. (Augsburg hatte mehr Glück: Die CIC verhaftete ihn nicht – sie *stellte ihn ein*.) Nach nur vier Jahren Gefängnis wurde Six begnadigt – und erhielt die Erlaubnis der Vereinigten Staaten, wieder in die Organisation Gehlens als Aktivposten für die Sicherheit des Westens einzutreten.

Die Gruppe um Gehlen war nicht nur das Herzstück in Amerikas Einverleibung von Hitlers Spionageelite, sie half, die neu entstandene CIA ins Leben zu rufen: In den frühen Nachkriegsjahren wurden alle Aktivposten des Geheimdienstes gegen die Sowjets in Osteuropa von Gehlen organisiert und kontrolliert. Manchmal wurden seine Berichte wortwörtlich auf CIA-Papier abgetippt und an Truman weitergeleitet. Gehlen hatte auch großen Einfluß auf Geheimdienst und Strategie der NATO. Gemäß einer Schätzung soll der Meisterspion 70 Prozent der Informationen der NATO über die Sowjetunion, Osteuropa und Europa beigesteuert haben.

In der Tat war das westliche Bollwerk gegen die Sowjetunion höchst abhängig von Informationen aus einer Mission, die von ehemaligen Nazis geleitet wurde – und es wurde gesagt, daß die Informationen oft falsch waren.

In seinem ernüchternden Buch über Amerikas Rekrutierung von Nazis, *Blowback*, bemerkt Christopher Simpson, daß die Unheil prophezeienden Berichte von Gehlen ihren Teil dazu beitrugen, die Spannungen zwischen den USA und der Sowjetunion im Kalten Krieg aufzubauen: „Gehlen lieferte dem amerikanischen Geheimdienst und später der CIA viele der gräßlichen Berichte, die dazu benutzt wurden, die steigenden Militärhaushalte der Vereinigten Staaten und die verstärkten Feindseligkeiten zwischen den USA und der Sowjetunion zu rechtfertigen", schreibt Simpson.

Gehlens übertriebene Berichte über einen unmittelbaren sowjetischen Angriff – während die Russen in Wirklichkeit noch immer ihre

Nachkriegswunden leckten – hätten mehrere Male fast einen Krieg ausgelöst. Laut Gehlens Biographen E.H. Cookridge und auch anderen soll Gehlen die USA 1948 fast überzeugt haben, daß die Sowjets in Begriff waren, einen Angriff auf den Westen zu starten. Er gab den Rat, daß der Westen gut daran täte, zuerst zuzuschlagen. Später, in den 50er Jahren, bewirkte seine falsche Behauptung, die Sowjets hätten in der Aufrüstung die USA überholt, daß die Ängste über eine sogenannte „missile gap" („Raketenlücke") dermaßen angeheizt wurden, daß die antikommunistischen Gefühle immer leidenschaftlicher wurden.

„Die CIA liebte Gehlen, weil er uns das gab, was wir hören wollten", erzählte der ehemalige CIA-Offizier Victor Marchetti Simpson. „Wir nutzten seine Leute permanent und gaben es an alle anderen weiter: das Pentagon, das Weiße Haus, die Presse. Sie liebten es auch. Es war aufbereitete Ausschußware über Rußland, und diese richtete einen großen Schaden für unser Land an."

Ironischerweise schadete die Organisation auch den anti-sowjetischen Anstrengungen der CIA. Die Untergrundgruppen der Organisation waren so zerfressen von sowjetischen Doppelagenten, daß der westliche Geheimdienst für Jahrzehnte seinem guten Ruf schadete. John Loftus, der frühere leitende Staatsanwalt der Abteilung der Justizbehörde, die die Nazis verfolgte, faßte die sowjetische Unterwanderung von Anti-Ostblock-Gruppen wie folgt zusammen: „Es zeigt wirklich, wie der sowjetische Geheimdienst den Kommunismus in den letzten siebzig Jahren über Wasser halten konnte."

Mit oder ohne Absicht hat Gehlen die „nationale Sicherheit" der USA unterlaufen, die seine Einstellung ursprünglich gerechtfertigt hatte.

Das bringt uns zu einer interessanten, bisher unveröffentlichten Spekulation. Einige Forscher nehmen an, daß Hitlers arroganter Meisterspion einen zweiten Plan hatte, ein höheres Motiv hinter dem persönlichen Überlebensinstinkt und fanatischen Antikommunismus. Der Verschwörungswissenschaftler Carl Oglesby behauptet, daß Gehlens Nachkriegsorganisation verdeckt für die Odessa, eine internationale Untergrundorganisation zur Rettung des geschlagenen Deutschen Reiches, die vom stellvertretenden Führer Martin Bormann ins Leben gerufen worden war, arbeitete. Oglesby nennt Gehlens Gruppe „den bei weitem wagemutigsten, kritischsten und grundlegendsten Teil der gesamten Odessa-Unternehmung." Der Militärhistoriker (und Ex-Spion) Oberst William Corson unterstützt diesen Gedanken.

Gehlens Organisation, so argumentiert Oglesby, lieferte den Hafen für flüchtige Odessa-Mitglieder, indem sie sie auf die Gehaltsliste des amerikanischen Geheimdienstes setzte – ein brillanter Schachzug. Nicht wenige waren in der Tat Odessa-Mitglieder.

Oglesbys Beweis ist merkwürdig und nicht ganz überzeugend. In einem freigegebenen Dokument der CIA aus den 70er Jahren wird berichtet, daß „Gehlen Anerkennung suchte und erhielt", für seinen Handel mit den Amerikanern, und zwar von Hitlers ernanntem Nachfolger Admiral Karl Doenitz. „Die deutsche Führungsriege hatte noch immer Einfluß", so folgerte Oglesby, „und billigte das, was Gehlen mit den Amerikanern machte."

Ob die Organisation um Gehlen ein Ablenkungsmanöver war, um ein Naziimperium im Untergrund zu schützen, ist eine offene Frage. Aber Gehlen konnte sein Ziel erreichen, sich vom amerikanischen Geheimdienst zu lösen, um der flügge werdenden deutschen Regierung zu dienen. Gehlens Organisation lebt weiter, und zwar als deutscher Bundesnachrichtendienst BND.

Das Vermächtnis der Organisation überlebte auch in den USA. Der vierzigjährige Aufbau der Verteidigung half Amerika, zur größten Schuldnernation der Welt zu werden, genauso wie die weitere Ausbeutung des Patenkindes von Gehlen, der CIA, im zweckdienlichen Reich der politischen Morde, Propaganda und geheimen Operationen, auf das Konto von Hitlers Meisterspion gehen, und der Männer, die ihn für „unsere Seite" verpflichtet haben.

QUELLEN

Cookridge, E.H. *Gehlen, Spy of the Century.* New York: Random House, 1971.

Gehlen, Reinhard. *Verschlußsache.* Mainz: Hase und Köhler, 1980.

Higham, Charles. *American Swastika.* New York: Doubleday, 1985.

Loftus, John. *The Belarus Secret.* New York: Paragon House, 1989.

Oglesby, Carl. „Reinhard Gehlen: The Secret Treaty of Fort Hunt." *Covert Action Information Bulletin.* Nr. 35 (Herbst 1990).

Simpson, Christopher. *Blowback.* New York: Weidenfeld & Nicolson, 1988.

Whiting, Charles. *Gehlen: Germany's Master Spy.* New York. Ballantine Books, 1972.

X

Sinnlose Schüsse

45
Wer erschoß John Lennon?

Die Szene vor dem unheimlichen alten Dakota-Gebäude in New York am Abend des 8. Dezembers 1980 war ebenso surreal wie fürchterlich. John Lennon, der wahrscheinlich berühmteste Rockstar der Welt, lag halb bewußtlos auf dem Boden und blutete stark aus vier Einschußwunden in seinem Rücken. Seine Frau Yoko Ono hielt seinen Kopf in ihren Armen und schrie (genau wie auf ihren ersten Platten).

Wenige Meter entfernt stand ein dicklicher junger Mann geradezu beängstigend ruhig da und starrte in ein Taschenbuch. Vor wenigen Augenblicken hatte er eine militärische Schußposition eingenommen – breitbeinig und mit beiden Händen einen .38er-Revolver auf sein Ziel richtend – und den allerbesten Beatle umgepustet. Nun blätterte er träge in den Seiten des Romans, den selbst der bekiffteste und faulste Englischschüler irgendwann einmal gelesen hat: J. D. Salingers *Der Fänger im Roggen*.

Der Portier des Dakota-Gebäudes schrie den Schützen, Mark David Chapman, an: „Wissen Sie, was Sie getan haben?"

„Ich habe gerade John Lennon erschossen", antwortete Chapman recht zutreffend.

Es war eine Tragödie von geradezu kierkegaardischer Sinnlosigkeit.

Die einzige Möglichkeit, wenigstens ein winziges Quentchen Sinn darin zu erkennen, bestand darin, sie als die zufällige Tat eines Verrückten aufzufassen.

„Er ging an mir vorbei, und ich hörte eine Stimme in meinem Kopf: 'Tu es, tu es, tu es', immer und immer wieder 'Tu es, tu es, tu es'", erzählte Chapman unnatürlich gelassen in einer BBC-Dokumentation, als er bereits seit einigen Jahren im Gefängnis saß. „Ich erinnere mich nicht, gezielt zu haben. Es muß ja so gewesen sein, aber ich erinnere mich nicht, ihn aufs Korn genommen zu haben, oder wie man das nennt. Ich habe einfach fünfmal abgedrückt." Chapman beschrieb sein Gefühl während des Schießens so: „Keine Emotion, kein Ärger, einfach Totenstille im Gehirn."

Sein unnatürlich gelassener Tonfall klang nur allzu vertraut. Der britische Rechtsanwalt und Journalist Fenton Bresler ging der Sache nach und kam zu dem Schluß: Chapman war ein Killer, der durch Gehirnwäsche dazu gebracht worden war, den Mordauftrag einer anderen Person auszuführen. „Mark David Chapman", schreibt Bresler, „ist in vieler Hinsicht ebenso sehr das Opfer derjenigen, die John Lennon töten wollten, wie Lennon selbst."

Mangels eines richtigen Motivs griffen die Ankläger zu einem Klischee: Chapman tat es, um Aufmerksamkeit zu erregen. Die Sehnsucht der Amerikaner nach der sprichwörtlichen 15-Minuten-Berühmtheit veranlaßte viele Journalisten und Möchtegern-Soziologen zu scheinheiligen Kommentaren. Aber Arthur O'Connor, der Polizeibeamte, der mehr Zeit mit Chapman verbrachte als irgend jemand sonst, sah die Sache anders.

„Es ist völlig unlogisch zu behaupten, Mark habe den Mord begangen, um berühmt zu werden. Er wollte von Anfang an nicht mit der Presse sprechen... Es ist möglich, daß Mark von jemandem benutzt wurde. Ich sah ihn in der Nacht des Mordes und studierte ihn genau. Er sah aus, als sei er programmiert worden."

O'Connor sprach mit Bresler, wodurch seine Beobachtungen erstmals an die Öffentlichkeit gelangten. Breslers Buch *Who Killed John Lennon?* liefert das überzeugendste Argument dafür, daß die Ermordung Lennons mehr war als nur die Tat eines weiteren „einsamen Verrückten".

Einige der Verschwörungstheorien, die nach Lennons Tod in Umlauf gebracht wurden, sahen sogar Yoko als Drahtzieherin des Attentats. Auch Paul wurde verdächtigt, weil er Yoko die Schuld dafür gegeben haben soll, daß er in Japan wegen Marihuanabesitzes festgenommen wurde. Die Lennon-Verschwörung ist in Radio-Talkshows regelmäßig Thema, und meistens fertigen die Moderatoren die Anrufer mit der Bemerkung ab: „Warum sollte sich jemand die Mühe machen, diesen Typen umzubringen?"

Nur Breslers These, daß Chapmans Bewußtsein von rechtsgerichteten Kräften, die möglicherweise mit dem gerade gewählten (und noch nicht einmal im Amt befindlichen) reaktionären Reagan-Machtapparat in Verbindung standen, geht über bloße Spekulation hinaus und verdient es, als seriöse Untersuchung bezeichnet zu werden.

Aber selbst in Breslers Buch werden Argumente etwas zu häufig durch rhetorische Fragen ersetzt: „Wonach klingt für Sie diese ständig wiederkehrende Stimme in Marks Kopf, die immer wieder sagte: 'Tu es, tu es, tu es'?" Dieser Mangel ist jedoch verzeihlich. Bresler untersuchte den Fall acht Jahre lang, führte exklusive Interviews und spürte bislang unveröffentlichte Regierungsdokumente auf. Aber anders als die Autoren, die die Morde an Kennedy und Martin Luther King untersuchten, konnte er nicht auf mehrbändige Sammlungen von (wenn auch mangelhaftem) Beweismaterial zurückgreifen, die von offiziellen Kommissionen zusammengestellt worden waren. Die New Yorker Polizei hatte ihren Mann, der Fall galt noch in der Mordnacht als abgeschlossen – und welchen politischen Grund konnte es schon geben, den Komponisten des Songs „I Am the Walrus" zu erschießen?

Bresler straft mit seiner Argumentation all diejenigen Lügen, die den ganzen Fall mit der simplen Frage abtun: „Wer würde schon einen alternden Rockstar umbringen wollen?"

Für Richard Nixon, seine Regierung und andere rechtsgerichtete Politiker (darunter der ultrakonservative Senator Strom Thurmond, der den Generalstaatsanwalt John Mitchell persönlich über die Angelegenheit informierte) gab es ein regelrechtes Lennon-Problem. Sie hielten den politisch engagierten Sänger und Songwriter für einen heimtückischen Subversiven von der schlimmsten (nämlich der berühmten und beliebten) Sorte.

• J. Edgar Hoover teilte ihre Sorgen. Auf einer Seite der FBI-Akte über Lennon steht in Blockbuchstaben der handgeschriebene, un-

terstrichene Satz: „ALLE EXTREMISTEN SOLLTEN ALS GE-
FÄHRLICH ANGESEHEN WERDEN."

• Die Regierung verweigerte Lennon die dauernde Aufenthaltsgeneh-
migung für die Vereinigten Staaten, die er sich seit langem
wünschte, und wollte ihn sogar ausweisen (das war das Thema von
Thurmonds Memo).

• Lennons FBI-Akte – mit ihren beinahe dreihundert Seiten ebenso
dick wie Hoover selbst – zeigt, daß er unter „permanenter Überwachung" stand. Die FBI-Agenten verhielten sich Lennon gegenüber
keineswegs zurückhaltend und wollten ihn offensichtlich durch
Schikanen zum Schweigen bringen oder in den Wahnsinn treiben,
so wie sie es einige wenige, aber ereignisreiche Jahre zuvor bei Martin Luther King versucht hatten.

• Ende 1972, als die „Überwachung" ihren Höhepunkt erreicht hatte,
sagte Lennon zu dem Humoristen Paul Krassner: „Hören Sie, wenn
Yoko und mir irgend etwas zustößt, dann war es kein Unfall."

• Das FBI und die CIA verfolgten Lennon spätestens seit seinem
„Free John Sinclair"-Konzert von 1969 und mindestens bis 1976,
obwohl Lennon zu dieser Zeit seinen Einbürgerungskampf bereits
gewonnen und sich nicht nur von allen politischen Aktivitäten, sondern auch aus dem öffentlichen Leben zurückgezogen hatte, um
fünf Jahre lang ein ungestörtes Privatleben zu führen. Seine Wohnung wurde beobachtet, seine Schritte überwacht, sein Telefon abgehört.

Zugegeben: Jemanden überwachen und jemanden umbringen zu
lassen, sind zwei verschiedene Dinge. Bresler weist jedoch darauf hin,
daß Lennon von der Regierung nicht als harmloser Rockstar einge-
schätzt wurde, dessen linkische politische Aktionen oftmals recht
kitschig wirkten (wie z.B. sein „Bed-in" in Montreal), sondern als gefährlicher Radikaler, der gestoppt werden mußte. Und in gewisser
Weise war diese Paranoia sogar berechtigt, denn so peinlich Lennons
und Onos politische Happenings manchmal auch waren, so war John
Lennon doch jederzeit in der Lage, öffentliche Aufmerksamkeit zu erregen und Millionen von jungen Leuten, die ihn verehrten, direkt an-
zusprechen. Durch seinen unbeschränkten Zugang zu den Medien besaß er (zumindest potentiell) eine immense Macht, die auch von
erfahreneren Radikalen wie Jerry Rubin und Abbie Hoffman erkannt

wurde, die sich mit Lennon verbanden und den Rockstar dadurch zu einer äußerst unbequemen Person machten.

Lennon wurde nur vier Jahre nach Beendigung der intensiven Überwachung durch FBI und CIA ermordet. In der Zwischenzeit war Jimmy Carter Präsident – ein Demokrat, der die beiden gestapohaften Behörden einigermaßen in Schach hielt. Im Dezember 1980 jedoch, als John Lennons erstes Album nach einem halben Jahrzehnt hoch oben in den Charts stand, war Carter bereits eine „lahme Ente", die die Wahl gegen Ronald Reagan verloren hatte. Reagans Wahlkampagne wurde vom Geheimagent William Casey gemanagt, der unter Reagans Präsidentschaft der unabhängigste CIA-Chef seit Allen Dulles wurde. Die neue extrem rechte Regierung brachte die Geheimdienste wieder auf Vordermann und stattete sie mit größtmöglichen Freiheiten aus.

Die Kräfte, die mindestens sieben Jahre lang verzweifelt versuchten, Lennon zu neutralisieren, verloren 1976 an Einfluß. Das Regierungsdossier über Lennon endet in diesem Jahr. 1980, als diese Kräfte sich darauf vorbereiteten, im Weißen Haus wieder die Kontrolle zu übernehmen, tauchte die Bezeichnung „gefährlicher Extremist" wieder aus der Versenkung auf. Wenige Monate später wurde John Lennon ermordet.

Die Beweislage für eine Verschwörungstheorie ist jedoch etwas dürftig. Eigentlich besteht sie nur aus einem Flugticket von Hawaii nach New York für den 5. Dezember, das in Chapmans Hotelzimmer gefunden wurde. In Wirklichkeit hatte Chapman jedoch ein Ticket von Hawaii nach Chicago für den 2. Dezember gekauft. Das Ticket, das nach seiner Verhaftung gefunden wurde, war offensichtlich geändert worden. Keiner seiner Freunde wußte, daß er nach New York fliegen wollte. Sie dachten, er habe einen dreitägigen Aufenthalt in Chicago geplant.

Bresler schließt mit der Feststellung, daß Lennons Ermordung, von der Chapman selbst in einem seiner seltenen Interviews sagte, sie habe „eine Ära beendet", Ähnlichkeiten mit einem Attentat aufweise, das zwölf Jahre zuvor stattgefunden hatte: der Mord an Robert F. Kennedy.

Der scheinbare Einzeltäter Sirhan Sirhan, der RFK umgebracht hatte, und Chapman hatten (zufälligerweise?) denselben Verteidigungspsychologen. Während Dr. Bernard Diamond jedoch die offensichtliche Tatsache, daß Sirhan unter Hypnose stand, nicht ignorieren konnte (Diamond sprach von „Selbsthypnose"), bezeichnete er Chapman als „paranoiden Schizophrenen".

Das Gericht war anderer Meinung. Chapman bekam nach dem Schuldspruch nie mehr als die übliche psychiatrische Routineversorgung. Er wurde in keine psychiatrische Anstalt eingewiesen, sondern in das Attica-Staatsgefängnis. Das Gericht hielt ihn für durchaus „vernünftig".

Bresler korrigiert einige weit verbreitete falsche Vorstellungen über Mark David Chapman:

- Obwohl Chapman heute fast immer als „gestörter Fan" bezeichnet wird, war er alles andere als das. Er war kein größerer Lennon- oder Beatles-Verehrer als jeder andere aus seiner Generation. Sein wahres Rock-Idol war Todd Rundgren, ein zynischer Studiohandwerker, der in bezug auf seine künstlerische Sensibilität nicht weiter von Lennon entfernt sein könnte.
- Obwohl Chapman Monate nach dem Mord behauptete, er habe „Lennon getötet, um bekannt zu werden und für die Lektüre von *Der Fänger im Roggen* zu werben", lag ihm dieser Roman bis kurz vor dem Attentat nie besonders am Herzen. (Bresler vermutet, das Buch könne ein Mittel gewesen sein, um Chapmans „Programmierung" zu steuern.)
- Nach dem Mord gab es in den Medien merkwürdige Meldungen über Chapmans angebliche zunehmende Identifizierung mit John Lennon – laut *Newsweek* habe er sich sogar in Lennon „umgetauft". Diese Geschichten waren zwar faszinierend, aber durch keinerlei Beweise gestützt. (Es stimmt, daß Chapman bei der Kündigung seines letzten Jobs mit „John Lennon" unterschrieb und diesen Namen dann durchstrich, aber Bresler interpretiert das vernünftigerweise eher als „John Lennon, ich werde dich töten" und nicht als „John Lennon, ich bin du".)
- Chapman war kein „Außenseiter". Die meiste Zeit seines Lebens führte er ein ganz normales soziales Leben. Er war sogar ein Lagerleiter, der besonders gut mit Kindern umgehen konnte.

Bresler weist auch darauf hin, daß Chapman sich für ein CVJM-Überseeprogramm ein seltsames Reiseziel aussuchte: Beirut – laut Bresler der perfekte Ort für den sanften Chapman, um seine „Bluttaufe" zu empfangen, d. h. sich an Gewalt zu gewöhnen.

Eine letzte Bemerkung zum Geheimnis um Mark David Chapman: Kurz vor Verhandlungsbeginn und nachdem sein Pflichtverteidiger sechs Monate damit verbracht hatte, eine Verteidigungsstrategie zu entwickeln, beschloß der angeklagte Mörder, anstatt auf „nicht schuldig" auf „schuldig" zu plädieren. Sein Anwalt war völlig perplex und mehr als nur ein bißchen verwirrt. Aber Chapman stand zu seiner Entscheidung. Er sagte, er befolge die Anweisungen einer „leisen männlichen Stimme", die in seiner Zelle zu ihm gesprochen habe.

Chapman hielt sie für die Stimme Gottes.

QUELLE

Bresler, Fenton. *Who Killed John Lennon?* New York: St. Martin's Press, 1989.

46
Der geheimnisvolle zweite Schütze

Wir wissen, daß die Welt klein ist, aber am 30. März 1981 um 14 Uhr 30 schrumpfte sie auf eine geradezu mikroskopische Dimension zusammen.

Auf dem Bürgersteig vor dem Washington Hilton kauerte ein junger Mann, der sich wie Travis Bickle verkleidet hatte (der Charakter, den Robert DeNiro in dem Film *Taxi Driver* gespielt hatte), und zielte auf den neuen Präsidenten. John Hinckley Jr. hielt seine .22-Kaliber-Pistole mit beiden Händen fest und feuerte explosive „Devastator"-Kugeln auf Ronald Reagan. Im darauffolgenden Chaos traf das sechste Geschoß ins Ziel.

Anscheinend war ein Querschläger von einem Kotflügel der gepanzerten Präsidentenlimousine abgeprallt und hatte Reagan in der Achselhöhle getroffen und seine Lunge durchlöchert, bevor Geheimdienstbeamte ihn in den kugelsicheren Wagen zwängen konnten. Hätte Hinckley an diesem Tag besser gezielt, wäre Vizepräsident George Bush acht Jahre früher als geplant vom zweiten zum ersten Mann des Staates geworden.

In der Tat, die Welt ist klein, denn am selben Tag traf sich John Hinckleys älterer Bruder Scott mit einem alten Familienfreund zum Essen: Neil Bush, Sohn des Vizepräsidenten. Was einige nur als merkwürdigen Zufall ansahen, verursachte bei Verschwörungstheoretikern erhebliches Stirnrunzeln. Nun, was ist seltsam daran, daß sich der verfassungsmäßige Nachfolger des Präsidenten und der künftige Präsidentenmörder kannten? Vielleicht gar nichts.

Aber die Bekanntschaft der Bushes und der Hinckleys reichte zurück bis ins Texas der 60er Jahre, als George Bush und John Hinckley Senior dank der boomenden Ölindustrie große persönliche Vermögen angehäuft hatten. Beide stammten aus aristokratischen Familien und verkehrten in denselben privilegierten Kreisen, die sie als ihre „texanische Oberherrschaft" („Texas Raj") bezeichneten.

Natürlich ist der Kontakt zur prominenten Familie eines künftigen Mörders noch kein Grund, jemanden aufzuhängen. Im Nebel der Verschwörungstheorien werden jedoch immer wieder scheinbar zufällige Details herangezogen, die den Verdacht weiter erhärten könnten:

• In den Sonderberichten der NBC, die unmittelbar nach dem Attentat gesendet wurden, sagte die Korrespondentin Judy Woodruff, daß mindestens ein Schuß vom Hotel *über* Reagans Limousine abgefeuert worden sei. Später präzisierte sie, ein Geheimdienstbeamter habe von einem Gebäudevorsprung des Hotels aus geschossen. Könnte Reagan von einem Schützen der eigenen Seite getroffen worden sein? Oder spielte Woodruff auf die Existenz eines geheimnisvollen „zweiten Schützen" an – wie beim JFK-Attentat in Dealey Plaza? Jedenfalls würde Woodruffs Behauptung erklären, wie Reagan getroffen werden konnte, obwohl die kugelsichere Tür seiner Limousine sich zwischen ihm und Hinckley befand. Der Verschwörungstheoretiker John Judge griff den Hinweis auf die Verbindung zwischen Bush und Hinckley auf und prägte für die Theorie vom zweiten Schützen die Formulierung „der Schuß vom Bush-Hügel" (in Anspielung auf den mutmaßlichen „Schuß vom Grashügel" auf JFK).

• Nach Angaben der Verschwörungstheoretikerin Barbara Honegger hatte Sarah McClendon, Korrespondentin des Weißen Hauses, den Eindruck gehabt, Reagans Geheimdienstler hätten vor dem Hilton nicht die „übliche dichte Formation" um den Präsidenten gebildet. Waren die Bodyguards eingeweiht?

• Und dann war da noch Hinckley selbst. Ein Psychiater aus seiner Heimatstadt hatte dem Jodie-Foster-Fan psychoaktive Drogen verschrieben. Nach einigen Presseberichten hatte er vor dem Attentat Valium genommen. Bevor er auf Reagan zielte (angeblich um Ruhm zu erlangen und vor den Augen der Welt und Jodie Fosters erlöst zu werden), hatte Hinckley bereits Senator Ted Kennedy und Präsident Jimmy Carter aufgelauert. Er verschlang Bücher über Sirhan Sirhan, den Mörder Robert Kennedys (den viele Verschwörungstheoretiker für hypnotisch programmiert hielten), und Arthur Bremer, der George Wallace erschossen hatte. Daraus ergibt sich die unvermeidliche Frage: War Hinckley ein ferngesteuerter Killer, dessen Bewußtsein manipuliert wurde? Verschwörungstheoretiker verweisen auf die fanatische Erforschung der Bewußtseinskontrolle durch die CIA und die Tatsache, daß Bush, der frühere Geheimdienstdirektor, während der Wahlen zur Präsidentschaftskandidatur im Jahre 1980 von der CIA, die ihren früheren Chef Reagan vorzog, eifrig unterstützt wurde.

- Für einen unsozialen Außenseiter kam Hinckley ganz schön herum. Im Oktober 1980 flog er nach Nebraska und versuchte dort, ein Mitglied der amerikanischen Nazipartei zu kontaktieren. Der Kolumnist Jack Anderson behauptete später, Hinckley habe Verbindungen zur amerikanischen Fraktion der „Islamischen Guerilla-Armee" gehabt, die sich für Khomeini engagierte. Nach Angaben der Verschwörungstheoretikerin Barbara Honegger berichtete ein Mitglied dieser Gruppe Anderson, er habe den Geheimdienst wegen Hinckleys Plänen in bezug auf Reagan gewarnt – zwei Monate bevor die Schüsse fielen. Wenn Andersons Quelle glaubwürdig ist, unternahm der Geheimdienst nichts, um das Attentat zu verhindern.

- Am Tag nach seiner Suche nach dem Nazi flog Hinckley nach Nashville, um Jimmy Carter aufzulauern, wurde aber am Flughafen festgenommen, als bei der Gepäckkontrolle drei Handfeuerwaffen in seinem Koffer gefunden wurden. Merkwürdigerweise wurde diese instabile Persönlichkeit, die versucht hatte, Waffen in die Stadt zu schmuggeln, die bald vom Präsidenten der Vereinigten Staaten besucht werden sollte, nach nur fünf Stunden mit einer Geldstrafe wieder laufengelassen. Die Behörden interessierten sich nicht einmal für Hinckleys Aufzeichnungen, in denen seine Pläne zur Ermordung Carters detailliert beschrieben wurden. Handelte es sich hier um bloße Nachlässigkeit, oder steckte mehr dahinter?

• Schließlich fiel der Schatten des Verdachts natürlich auch auf George Bush, den künftigen Präsidenten, dessen Stammbaum länger war als eine Limousine aus Texas. Bushs Vater, Prescott Bush Senior, hatte im Ersten Weltkrieg als Geheimdienstler für die Armee gearbeitet. Vielleicht um sich eine Scheibe vom Erfolg der Vorfahren abzuschneiden, trat Bush bei Skull und Bones ein, der Elitegesellschaft von Yale, die viele Machthaber, Wall-Street-Giganten und CIA-Superstars hervorgebracht hatte. Jeder weiß natürlich, daß Bush später die Karriereleiter hinaufsprang und CIA-Direktor wurde und in dieser Funktion Kongreßuntersuchungen radikal abkürzte, die sich mit verschiedenen Untaten der CIA beschäftigten, die nach der Watergate-Affäre ans Licht kamen.

Es gibt Hinweise, daß Bush bereits lange vor seiner Ernennung zum obersten Chefagenten für die CIA arbeitete, was dieser allerdings bestritt. Als junger Ölunternehmer gründete Bush die Zapata Offshore Oil Company, die nach Angaben eines früheren Geheimdienstlers der CIA in den frühen 60er Jahren als Tarnung für Geheimoperationen diente. „Ich weiß, daß Bush mit der CIA in der Karibik involviert war", sagte der Ex-CIA-Mann 1988 der *Nation*. Wie der Colonel im Ruhestand Fletcher Prouty berichtete, der während der Schweinebuchtinvasion von 1961 als Verbindungsoffizier zwischen Pentagon und CIA fungiert hatte, trug diese katastrophale Operation interessanterweise den Codenamen „Zapata", und zwei Marineschiffe wurden umgetauft in „Houston" und „Barbara" – könnten das sentimentale Anspielungen auf Bushs Wahlheimat und seine künftige First Lady gewesen sein?

Noch mehr Beweise, daß George Bush schon in den frühen 60ern beim Geheimdienst war, tauchten während der Präsidentschaftskampagne im Jahre 1988 auf. Joseph McBride, der für die *Nation* schrieb, sorgte für einige Aufregung, als er von einem interessanten FBI-Memorandum an das Außenministerium vom 29. November 1963 berichtete, das von Direktor J. Edgar Hoover unterschrieben war und in dem es um die „Ermordung von Präsident John F. Kennedy am 22. November 1963" ging. Darin berichtet Hoover, das FBI habe „Mr. George Bush von der Central Intelligence Agency" über die Reaktion von Exilkubanern und Castro-Gegnern in Miami auf das Attentat befragt. Fünfundzwanzig Jahre nach Hoovers Memo leugnete Bush, daß darin von ihm die Rede sei. „Es muß sich um einen anderen George Bush handeln", murmelte ein Wahlkampfhelfer.

Die CIA stimmte dem zu und brach mit ihrer bisherigen Politik, die Identität ihres Personals weder zu bestätigen noch abzustreiten, indem sie behauptete, das Memo beziehe sich „anscheinend" auf einen gewissen George William Bush, der die CIA 1964 verlassen hatte. Dem Journalisten McBride gelang es, den weniger berühmten Bush aufzuspüren, der bestätigte, daß er 1963 und 1964 für etwa sechs Monate für die CIA gearbeitet hatte. Er könne aber auf keinen Fall der George Bush aus dem Memo sein, denn er sei weder vom FBI noch von irgendeiner anderen Regierungsbehörde jemals als „bescheidener Forscher und Analytiker" bezeichnet worden. „Ist das der andere George Bush?" fragte er.

Es gibt sogar noch eine weitere Spionageverbindung zwischen George *Herbert Walker* Bush und einigen seltsamen Gestalten im Umkreis der Ermordung JFKs. Als Lee Harvey Oswald nach Texas zog, freundete sich der im gesellschaftlichen Leben eher ungeschickte junge Mann erstaunlicherweise mit dem weltmännischen Baron George De Mohrenshildt an, einem emigrierten Weißrussen, der in der Ölindustrie tätig war und, wie man vermutete, für die CIA. 1978 wollte Gaeton Fonzi, ein Mitglied einer Untersuchungskommission, De Mohrenshildt einen Besuch abstatten, um ihn über seine merkwürdige Freundschaft mit Oswald zu befragen. Die Tochter des Barons sagte Fonzi, De Mohrenshildt sei nicht zu Hause, und Fonzi sagte, er werde noch einmal vorbeikommen, und hinterließ seine Visitenkarte. Später erfuhr er dann, De Mohrenshildt sei nach Hause gekommen, in sein Zimmer gegangen und habe sich mit einem Gewehr den Kopf weggeschossen (falls nicht jemand anders „Selbstmord" an ihm verübt hatte). Als die Polizei ihn fand, hatte der Baron Fonzis Karte in seiner Tasche. In De Mohrenschildts Adreßbuch entdeckte Fonzi folgenden Eintrag: „George H. W. (Poppy) 1412 Ohio, auch Zapata Petroleum Midland."

Wenn George Bush, der Mann von „Skull and Bones", der sich mit der größten Selbstverständlichkeit in den besseren Kreisen des Ostens, unter westlichen Öltycoons und republikanischen Parteibossen bewegte, auch ein lebenslanges Mitglied des miefigen Männerclubs aus Geheimdienstveteranen war, dann ergibt seine spätere Verbrüderung mit Manuel Noriega, den Iran-Contra-Jungs, dem Schweinebucht-

Watergate-Paten Dick Nixon und dem „neuen Hitler" Saddam Hussein natürlich viel mehr Sinn.

Bushs zwiespältiger Background beweist zwar noch nichts in bezug auf das Hinckley-Attentat, aber es zeigt ein bisher unterschätztes Talent für Täuschungsmanöver, weshalb für die Verschwörungstheoretiker die These vom „Bush-Hügel" interessant bleibt.

Und wo war George, der künftige Präsident, am Tag von Hinckleys schmutziger Tat? Außerhalb der Stadt, wo er offizielle Vizepräsidentengeschäfte zu erledigen hatte. Hmm...

Okay, man könnte die ganze Bush-Hinckley-Theorie leicht zum Einsturz bringen, indem man eine ganz einfache Frage stellt: Wenn der Vizepräsident schon vorher Bescheid wußte, warum um alles in der Welt sollte es sein Sohn dann riskieren, sich ausgerechnet am Tag des Coups mit einem Hinckley zu treffen? Damit sind wir wieder bei Neil Bush, dessen Mangel an gesundem Menschenverstand seinen Vater später in eine peinliche Situation brachte, als sein Name praktisch zum Synonym eines großen Bankenskandals wurde.

QUELLEN

Clarke, James W. *On Being Mad or Merely Angry: John W. Hinckley, Jr., and Other Dangerous People.* Princeton, NJ: Princeton University Press, 1990.

Fonzi, Gaeton. *The Last Investigation.* New York: Thunder's Mouth Press, 1993.

Honegger, Barbara. *October Surprise.* New York: Tudor Publishing Company, 1989.

McBride, Joseph. „The Man Who Wasn't There, 'George Bush', CIA Operative." *Nation,* 16. Juli 1988 und 13. August 1988.

Vankin, Jonathan. *Conspiracies, Cover-Ups, and Crimes.* New York: Dell Publishing, 1992.

XI

Das Ende der Idole

47
Der lange Arm des Gesetzes?

Es war kurz nach 18 Uhr am 4. April 1968, und Martin Luther King Jr. stand auf dem Balkon im zweiten Stock des Lorraine Motels in Memphis, als eine Gewehrkugel den Abendhimmel durchschnitt. In einem Moment scherzte King noch mit seinem Fahrer, im nächsten lag er in einer Blutlache auf dem Boden. Minuten später war der Bürgerrechtler tot.

Der angebliche Killer, der Monate später gefaßt wurde, hieß James Earl Ray, ein Kleinkrimineller, dessen gewagteste kriminelle Taten Tankstellenüberfälle und ein Gefängnisausbruch waren. Als Resultat einer Absprache zwischen der Anklage und der Verteidigung bekannte sich Ray schuldig und wurde zu 99 Jahren Gefängnis verurteilt. Er widerrief sein Geständnis allerdings sofort wieder, beteuerte seine Unschuld und versucht seitdem, einen neuen Prozeß zu bekommen.

Tötete Ray Martin Luther King? 30 Jahre nach der Tat finden sich immer mehr Beweise dafür, daß Ray tatsächlich unschuldig ist. Was wir heute über diesen fatalen Tag in Memphis wissen, verschiebt die Schuld in eine dramatisch andere Richtung. In den Tagen und Stunden vor Kings Tod tauchte eine unglaubliche Armee von Regierungsagenten, Informanten, Soldaten und Spionen unauffällig in Memphis auf. Was sie dort taten, liegt im Verborgenen und zwar beabsichtigt, denn Regierungsdokumente, die ihre Anwesenheit erklären könnten, bleiben verschlossen.

Es ist klar, daß sie nicht das geringste Interesse daran hatten, King zu *beschützen*. Seine deutlich verkündete Ablehnung des Vietnamkriegs und seine Popularität bei verarmten Weißen riefen die Angst vor einer Revolution auf den Straßen wach. Der militärische Geheimdienst, der King seit Jahrzehnten beobachtete, hielt ihn für subversiv und einen möglichen Kommunisten. Nun suchten sie verzweifelt nach Möglichkeiten, um Kings Pläne, vor allem seinen vorgesehenen Marsch auf Washington, zu sabotieren. King war das einheimische Äquivalent des Feindes, den man in Übersee bekämpfte, ein „Neger, der immer wieder die Botschaften Hanois und Pekings predigt".

Vor diesem kriegerischen Hintergrund kehrte King nach Memphis zurück, wo er einen gewaltlosen Marsch zur Unterstützung streikender Sanitärarbeiter plante. Eine Woche zuvor hatte eine King-Veranstaltung dort zu Ausschreitungen geführt, bei dem ein Mensch starb und sechzig verletzt wurden. Hervorgerufen von FBI-Chef J. Edgar Hoovers hysterischen Pressemitteilungen beschrieben die Medien Kings Rückkehr als „eine Generalprobe" für Ausschreitungen und Plünderungen in Washington.

Auftritt der Regierung, die sich verdächtigerweise so benahm, als hätte sie King den Krieg erklärt:
• Vor Kings Besuch wurden Spezialeinheiten der Armee aus Alabama in verschiedene Städte des Südens, auch nach Memphis, geschickt. Ihre Mission: Straßenkarten erstellen, Landezonen für Luftlandetruppen erkunden und die besten Plätze für Heckenschützen markieren, *angeblich*, um im Fall von Ausschreitungen vorbereitet zu sein. Diese Einheit bestand jedoch größtenteils aus Vietnam-Veteranen, die im Krieg für die CIA gearbeitet und auch Attentate durchgeführt hatten. Ein ehemaliger Major der Gegenspionage, der im *Memphis Commercial Appeal* zitiert wurde, sagte: „Sie konnten diese Verrückten nicht einfach wieder ins Land lassen, weil die ihr Training nicht vergessen konnten." Deshalb *versteckte* die Armee sie in dieser Einheit, der 20th Special Forces Group. „Manchmal gerieten die Dinge außer Kontrolle", sagte der Major. Der Ku Klux Klan wurde zum einheimischen Geheimdienst der Einheit und „Klan Special Forces" genannt.

- Laut Armeeunterlagen, die 1993 dem *Memphis Commercial Appeal* in die Hände fielen, trafen am 3. April Armeeagenten der 111th Military Intelligence Group in Memphis ein, wo sie Kings „Bewegungen observierten und den Funkverkehr aus einem Sedan voller elektronischer Ausrüstung abhörten".
- Am dem Tag, als King ermordet wurde, befanden sich „acht Soldaten der Green Berets vom 'Operation Detachment Alpha 184 Team' ebenfalls in Memphis. Über ihre Mission ist nichts bekannt." So der *Commercial Appeal.*
- Der ehemalige Polizist Ed Redditt erzählte, daß er „ungefähr zwei Stunden vor Kings Tod" von seinem Posten neben dem Lorraine Motel entbunden und ins Hauptquartier befohlen worden sei. Redditt war einer von nur zwei Polizisten, die zum Schutze Kings abgestellt waren. Im Büro des Polizeichefs „war es wie bei einem Treffen des Generalstabs", erzählte er später dem Autor Mark Lane. „In diesem Raum, kurz bevor Dr. King ermordet wurde, befanden sich die Chefs von jeder polizeiartigen Organisation in der Gegend: der Sheriff, die Highway-Polizei, der militärische Geheimdienst, die Nationalgarde. Sie waren alle in diesem Raum." Redditt traf einen Geheimagenten, der behauptete, aus Washington eingeflogen zu sein, um ihn davor zu warnen, daß eine Gruppe in Mississippi einen Preis auf seinen Kopf ausgesetzt habe. Redditt, ein Afro-Amerikaner, erhielt den Befehl, seinen Posten zu verlassen und nach Hause zu gehen. Die angebliche „Todesdrohung" stellte sich Jahre später als falscher Alarm heraus.
- Der erste, der den tödlich verletzten King erreichte, war Marrell McCullough, ein angeblicher schwarzer Radikaler, der aber in Wirklichkeit ein verdeckt arbeitender Polizist war, der für die Polizei von Memphis und das FBI den Prediger abhörte. Mark Lane schrieb, kurz nach dem Mord habe McCullough auch für die CIA gearbeitet.
- Die örtliche Polizei verhielt sich auch nicht gerade unverdächtig. Der Chef der Polizei und der Feuerwehr versetzte die beiden schwarzen Feuerwehrleute, die in der Feuerwehrstation neben dem Lorraine Motel arbeiteten. Diese Station 2 wurde der Beobachtungsort, von dem aus Detective Reddit King beobachten und beschützen sollte – bis auch er von seinem Posten entfernt wurde.

FBI-Dokumente besagen, daß die Behörde in den letzten drei Tagen vor Kings Tod von über fünfzig Todesdrohungen gegen ihn erfahren hatte. Trotzdem zog die Polizei von Memphis ihre taktischen Einheiten von Kings Motel ab. Nach dem Mord sperrten sie auch die Straßen nicht ab oder erließen einen allgemeinen Funkruf. Daher hatte(n) der oder die Killer ein freies Fluchtfeld.

Das Attentat wurde sofort dem klassischen amerikanischen Archetypen, dem unpolitischen Einzeltäter, in die Schuhe geschoben. Zwei Monate später wurde James Earl Ray von Polizisten in London verhaftet. Ray, ein 44jähriger weißer Gefängnisausbrecher, war Minuten nach dem Schuß aus Memphis geflohen. Ohne Zweifel hatte er etwas mit dem Mord zu tun – was er auch nie bestritten hat.

Die Beweise gegen Ray waren fast schon zu überzeugend. Zum Beispiel Fingerabdrücke auf einem .30-06 Gewehr mit Zielfernrohr, das auf dem Gehsteig gegenüber, direkt vor einer schmuddeligen Pension gefunden wurde. Ray hatte sich dort unter falschem Namen am gleichen Tag eingetragen. Bei der Waffe lagen eine ganze Reihe von Gegenständen, die mit Ray in Verbindung gebracht werden konnten, unter anderem das Radio, das er bei seiner Flucht aus dem Gefängnis mitgenommen hatte. Zeugen in der Pension sahen einen Mann im dunklen Anzug, vermutlich der neue „Mieter", der kurz nach dem Schuß durch den zweiten Stock rannte und ein langes Paket trug. Kurz darauf sahen die Kunden eines Plattenladens den gleichen Mann, wie er an ihrem Fenster vorbeilief und das Paket mit einem lauten Knall fallenließ. Sekunden später sahen sie einen Mann in einem weißen Mustang, der mit quietschenden Reifen davonraste.

Gelinde ausgedrückt sah es für Ray nicht gut aus. Nicht nur, daß sein Zimmerfenster direkt zum Lorraine blickte, das tat auch das Gemeinschaftsbad, aus dem laut Zeugenaussagen der Schuß abgefeuert wurde. Die Möbel in Rays Zimmer waren verschoben worden, um einen direkten Zugang zum Fenster zu erlauben, und unter Rays Habseligkeiten befand sich auch ein Fernglas, das er am gleichen Tag gekauft hatte.

Rays sinnlose Behauptungen halfen ihm auch nicht. Er behauptete, Opfer einer Verschwörung zu sein, hinter der ein dubioser Mann namens Raoul stünde, den er abwechselnd als „blonden Latino", „rothaarigen Franko-Kanadier" oder als „dunkelhaarigen Spanier" beschrieb. Laut Ray hatte Raoul ihn im letzten Jahr in Montreal als Waffenschmuggler angeheuert.

Ray sagte aus, er hätte das belastende Gewehr und das Fernglas auf Raouls Befehl gekauft. Das Gewehr sollte ein Demomodell für mögliche Käufer sein. Sein Boß hatte ihm zwar gesagt, er solle vor der Pension im Wagen warten, aber Ray behauptete, er sei trotzdem zu einer Tankstelle gefahren. Als er zur Pension zurückkehrte, war dort die Hölle los. Ray nahm an, Raouls Waffenhandel sei aufgeflogen und verschwand aus der Stadt. Angeblich erfuhr er erst später von Kings Ermordung.

Auf den ersten Anschein macht die offizielle Version Sinn – vor allem durch Rays Geständnis –, aber es gibt doch einige Diskrepanzen:

• Zahlreiche Zeugen sahen *zwei* weiße Mustangs vor der Pension. Könnte ein Mann von ähnlicher Erscheinung wie Ray ihn nachgeahmt und die belastenden Gegenstände vor den Augen der Zeugen auf den Boden geworfen haben, bevor er in dem Wagen davonfuhr?

• Es ist doch wohl der Gipfel krimineller Dummheit, seine eigenen Sachen mit der Mordwaffe zusammenzupacken. Daß er das Paket nur wenige Schritte von seinem Wagen entfernt liegenließ, ist einfach unglaublich. Jemand, der Ray sein wollte, würde so etwas jedoch tun.

• Nur ein „Zeuge", Charles Stephens, identifizierte Ray als den Mann, der aus der Pension geflohen war. Anfangs tat Stephens dies nicht. Erst nachdem er eine Zeit „als wichtiger Zeuge" im Gefängnis gesessen hatte, änderte er seine Geschichte. Später widerrief er sie jedoch und behauptete, man habe ihn zu einer Falschaussage überredet. Seine Frau Grace sagte, ihr Mann sei noch nicht einmal im Gebäude gewesen, als der Schuß fiel. *Sie* sah den Mann, der durch den Gang floh. „Es gibt für mich keinen Zweifel", sagte sie von Anfang an, „das war nicht James Earl Ray. Das war ein ganz anderer Mann." Nun gut, die Stephens' sind nicht die verläßlichsten Zeugen. Beide waren damals Alkoholiker. Trotzdem wirft es Zweifel auf, daß Grace, kurz nach der Verhaftung ihres Mannes, illegal in ein Irrenhaus gesperrt wurde. Ihr Anwalt glaubt, daß sie so „zum Schweigen gebracht" werden sollte, weil ihre Behauptungen den Fall des Staatsanwaltes bedrohten.

• Das Gewehr und die anderen Gegenstände in dem Paket trugen

Rays Fingerabdrücke. Allerdings brauchte das FBI seltsamerweise Wochen, um sie dem entlaufenen Sträfling zuzuordnen. Rays Fingerabdrücke wurden auch nicht in seinem Zimmer oder an der Patronenschachtel gefunden.

Es gibt andere Begebenheiten, die gegen die Theorie des einsamen Irren sprechen. Während sich Ray in Toronto in einer Pension versteckte, wurde er von einer Person besucht, die man mittlerweile „den fetten Mann" nennt. Dieser überbrachte dem ängstlichen Flüchtling einen Umschlag. Ray fürchtete aber anscheinend nicht, daß der Mann ein Polizist sein könne, denn laut der Aussage des Portiers, traf der zurückhaltende Gast den fetten Mann an der Vordertür. Anscheinend überbrachte der mysteriöse Mann Geld, denn am nächsten Tag kaufte Ray ein Ticket nach London.

Die kanadischen Behörden fanden den fetten Mann, der ihnen eine unwahrscheinliche Geschichte erzählte, die sie aber anscheinend glaubten: Er hatte einen Umschlag gefunden, auf dem Rays Name und Adresse standen und entschieden, ihn dem Besitzer zurückzugeben. Als der Autor Philip Melanson ihn aufsuchte, sagte der fette Mann, er habe sich 1968 geweigert, auszusagen, weil er „keine Kugel im Kopf" haben wollte. Später sagte er ohne weitere Erklärungen: „Ray und diese Leute sind Gangster. Die würden jeden töten."

Aber die besten und unheimlichsten Beweise einer Verschwörung sind die falschen Namen, die Ray in den Monaten vor dem Attentat und kurz danach benutzte.

Sie alle haben eins gemeinsam: Es waren die Namen von wirklichen Personen, die nahe beieinander in Toronto und Umgebung lebten. Ray besuchte Toronto jedoch nur einmal in seinem Leben – als er *nach* der Ermordung Kings auf der Flucht war. Trotzdem benutzte er einige der Namen Monate vor dem Attentat. Woher kannte Ray diese Namen?

Melanson ging der Sache nach und beschrieb in seinem 1989 erschienenen Buch *The Murkin Conspiracy* ein Szenario, das fast schon beängstigend ist. Einige Monate vor dem Attentat benutzte Ray den Namen „Eric Starvo Galt". Melanson entdeckte, daß zur gleichen Zeit ein Mann namens Eric Galt seinen zweiten Vornamen St. Vincent als „St. V." abkürzte, dies aber so undeutlich schrieb, daß es für jeden wie „Eric Starvo Galt" aussehen mußte. Kurz darauf änderte der echte Eric St. Vincent Galt seine Unterschrift in „Eric S. Galt". Zur gleichen Zeit änderte der amerikanische Kriminelle Ray seine Unterschrift ebenfalls in „Eric S. Galt." Und das war Monate vor Rays Besuch in Toronto!

Es gibt andere unglaubliche Parallelen zwischen Ray und den Kanadiern, deren Namen er benutzte – vor allem zu Galt. Ray sah ihm erstaunlich ähnlich. Beide hatten Narben über den Augen. Das hatten auch die anderen Kanadier. Vier Monate vor dem Attentat unterzog sich Ray einer Schönheitsoperation, die seine „sehr lange spitze Nase" korrigierte, so daß er dem wahren Galt noch ähnlicher sah. Außerdem war der echte Galt ein leidenschaftlicher Schütze, der sich öfter in den gleichen amerikanischen Städten aufhielt, die auch Ray besuchte.

Melanson legt seinen Fall klar da: Dies können keine Zufälle sein. Wollte jemand die Aufmerksamkeit auf diese vier unschuldigen Kanadier lenken? Genau das passierte nämlich. Während der Suche nach Kings Mörder wurden sie die Opfer von Rays falschen Namen. Während der „größten Menschenjagd aller Zeiten" sah Galt seinen Namen in riesigen Schlagzeilen. Hätte das FBI nicht Rays Fingerabdrücke auf dem Gewehr gehabt, wäre Galt der Hauptverdächtige geworden.

Wieso gab sich Ray bei seinen Falschnamen soviel Mühe? Laut Melanson war Galt der Schlüssel: „Galt war nicht nur ein alias: Er war der Mann, dem man das Verbrechen zumindest für kurze Zeit anhängen konnte, während Ray floh." Die anderen Falschnamen lebten nicht weit entfernt von Galt, so daß die Polizei vermutlich angenommen hätte, seine Falschnamen hätte er sich dort ausgeliehen.

Die Parallelen waren „garantiert das Resultat verschwörerischer Planung und keine Zufälle", schließt Melanson, der noch anmerkt: „Ein kleiner Verlierer wie Ray hatte nicht die Fähigkeiten dazu."

Melanson argumentiert, daß sich die Verschwörer vermutlich Zugang zu Galts geheimer Personalakte verschafften, denn er arbeitete für eine kanadische Sicherheitsfirma, die ein geheimes Raketenprojekt für das US-Militär durchführte. Seine Akte lag bei der Royal Canadian Mounted Police (RCMP).

Die CIA tauscht regelmäßig Akten mit der RCMP aus, was die Frage aufwirft, ob die US-Regierung etwas mit Rays Odyssee – und der Ermordung Kings – zu tun hatte.

Einige Forscher glauben, daß Ray völlig unschuldig ist, während andere ihn für einen Teil der Verschwörung halten, ihn aber nicht unbedingt als Schützen sehen. Melanson, der der zweiten Theorie anhängt, glaubt, daß Ray an seinem endgültigen Ziel, Angola, klammheimlich ermordet worden wäre.

Was uns wieder zu dem seltsamen „Raoul" bringt. Angeblich traf Ray ihn in Montreal. 1968 traf ein kanadischer Journalist einen Mann, der wie Raoul wirkte. Es handelte sich um Jules Ron „Ricco" Kimble, den man auch „Rollie" oder „Rolland" nannte.

In seinen Aussagen wies Kimble jede Verbindung zu dem Attentat weit von sich, aber 1989 sagte er den Reportern John Edginton und John Sergeant, daß er in die Verschwörung verwickelt gewesen war. Laut Kimble waren daran Agenten der CIA, des FBI, die „Mafia" und Ray beteiligt. (Kimble sitzt eine zweifache lebenslange Haftstrafe wegen zweier Morde ab, die er als politisch bezeichnet.)

Kimble behauptet heute, er habe Ray damals in Montreal einem CIA-Agenten vorgestellt, der Rays Falschnamen organisierte. Aber war Kimble auch der mysteriöse Raoul? Die Geschichte verliert an diesem Punkt leider an Gehalt, denn die beiden Reporter zitieren einen anonymen „ehemaligen CIA-Agenten", der angeblich bestätigte, daß der in Kanada stationierte Agent ein Spezialist für falsche Identitäten gewesen sei. Der Name des Agenten? Raoul Maora.

Natürlich sind es nur Indizienbeweise, die die US-Regierung mit Kings Ermordung in Verbindung bringen, aber wenn man sie zusammen betrachtet – die massive Anwesenheit der Streitkräfte und Geheimdienste in Memphis, die Diskrepanzen bei den Beweisen gegen Ray, die kanadischen Falschnamen und die Tatsache, daß Ray gut organisierte Helfer hatte, die ihn mit Geld versorgten –, machen sie einen schon neugierig.

Die angebliche Abwesenheit des FBI am Tatort ist besonders seltsam. Das FBI behauptete, daß sie King in Memphis nicht überwacht hätten. Jahrelang war er jedoch das Ziel von Hoovers pathologischem Kreuzzug zur Vernichtung des „schwarzen Messias", wie er intern genannt wurde, gewesen. Daß das FBI ganz unschuldig seine Bluthunde in dem Moment zurückzog, als Kings Einfluß seinen Höhepunkt erreichte, ist mehr als unwahrscheinlich.

Ging die illegale und wohl dokumentierte FBI-Kampagne, die Kings Ruf zerstören sollte, vielleicht noch etwas weiter? Ein FBI-Memo, das weniger als ein Jahr vor Kings Ermordung entstand, ist fast schon prophetisch: Darin wurde gesagt, ein CIA-Informant habe den Eindruck, daß „es an der Spitze der Negerbewegung doch jemanden geben muß, der 'sauber' ist und das Vakuum ausfüllen könnte, sollte King ermordet oder diskreditiert werden."

Kein eindeutiger Erbe tauchte jemals auf – allerdings fiel einigen extrem mißtrauischen Verschwörungsforschern auf, daß Jesse Jackson kurz nach Kings Tod im blutbefleckten Hemd des Märtyrers öffentlich auftrat -, aber durch Glück oder Beteiligung hatten Hoover und seine Gang erreicht, was sie wollten.

QUELLEN

Edginton, John und John Sergeant. „The Murder of Martin Luther King, Jr." *Covert Action Information Bulletin*, Nr. 34 (Sommer 1990).

Lane, Mark und Dick Gregory. *Murder in Memphis: The FBI and the Assassination of Martin Luther King*. New York: Thunder's Mouth Press, 1993.

Melanson, Philip H. *The Murkin Conspiracy: An Investigation Into the Assassination of Dr. Martin Luther King, Jr.* New York: Praeger Publishers, 1989.

48
RFK muß sterben!

Die Ermordung Robert F. Kennedys, des Senators, der einmal Präsident geworden wäre, hätte man ihn nicht ermordet, ist zugleich einfacher und wesentlich mysteriöser als die Ermordung seines Bruders, des Präsidenten.

Die vielen möglichen Schlüssel zur Ermordung JFKs liegen in Dokumenten, Ereignissen und Zeugenaussagen, die von zwei verschiedenen Regierungskommissionen gesammelt wurden. Die ineinander verwobenen Geheimdienst-, Militär- und Unterweltoperationen, die irgendwie mit Dallas in Verbindung stehen, sprechen für sich selbst. Lee Harvey Oswald hat das letzte Geheimnis um JFK vielleicht mit in sein frühes Grab genommen, aber er hat eine lange Papierspur hinterlassen.

Das Geheimnis von Robert Kennedys Ermordung liegt jedoch im Gehirn eines einzigen Mannes verborgen. Sirhan Bashira Sirhan, der noch heute im Gefängnis sitzt, hat sich nie daran erinnern können, was in der Nacht des 5. Juni 1968 geschah, als er aus einer Menge hervorstürzte und wild das Feuer in Kennedys Richtung eröffnete. Anders als der politisch aktive Oswald hatte Sirhan keine starken Überzeugungen. Und anders als Oswald, dem weitgereisten Marine, dessen Biographie ein Kryptogramm seltsamer Verbindungen ist, war Sirhans Leben vor dem Attentat nur durch seine Unauffälligkeit auffällig. Man hat nie ein zufriedenstellendes Motiv für seine Tat gefunden, weil er selbst nicht weiß, warum er RFK erschossen hat – wenn er es je gewußt hat.

Zuerst die Fakten, dann die Fragen:

Am kalifornischen Wahlabend feierte Bobby Kennedy – Senator aus New York, ehemaliger Justizminister und natürlich der jüngere Bruder des Präsidenten, der viereinhalb Jahre zuvor ermordet worden war – seinen Sieg in dem großen Staat im luxeriösen Ambassador-Hotel in Los Angeles. Sein Sieg in Kalifornien machte es wahrscheinlich, daß er vor seinen Gegenkandidaten Hubert Humphreys und Eugene McCarthy bei der Wahl zum Präsidentschaftskandidaten der demokratischen Partei in Chicago gewählt werden würde.

Er rief seinen Anhängern zu: „Auf nach Chicago! Laßt uns dort gewinnen!" und ging vom Podium durch einen Gang in der Küche. Dort war alles voller Leute. Das war noch vor den Tagen der Sicherheitsbeamten, die heute nicht nur den Präsidenten, sondern auch jeden Kandidaten schützen müssen. Aus irgendeinem Grund war auch die Polizei von Los Angeles (LAPD) nicht dort (die später behaupten würde, Kennedy hätte ihnen befohlen, nicht zu erscheinen. Diese Behauptung wurde niemals bestätigt und scheint wohl nur – wie auch bei dem *ersten* Kennedy-Attentat – geäußert worden zu sein, um dem Opfer irgendwie die Schuld am eigenen Tod zuzuschieben).

Als Kennedy sich durch die Menge schob, sprang ein dunkelhäutiger junger Mann – der später als Sirhan identifiziert wurde – vor, schrie: „Kennedy, du Hurensohn!" und feuerte einige Schüsse aus einer .22er Pistole ab. Kennedy brach zusammen, während sich das Blut aus seinem Hinterkopf auf dem Boden verteilte.

Einen Tag später war er tot.

Fünf Monate später besiegte Richard Nixon, der acht Jahre zuvor die Wahl gegen Kennedys ältesten Bruder knapp verloren hatte, den Kandidaten der Demokraten (Humphrey) fast ebenso knapp.

Die LAPD, die damals dank ihres TV-Images als eine der besten Polizeikräfte Amerikas galt, übernahm den Fall mit einer Einsatztruppe, die den Namen „Special Unit Senator" trug. Sie wollten sichergehen, daß sich „die Fehler von Dallas" nicht wiederholten, und schufen einen wasserdichten Fall gegen einen Einzeltäter, der ohne Schwierigkeiten verurteilt wurde.

Aber es gab einige Auslassungen und Diskrepanzen. Hier sind die wichtigsten:

- Das Blut aus Kennedys Kopf stammte aus einer Wunde hinter seinem rechten Ohr. Die Schmauchspuren weisen darauf hin, daß der Schuß aus nicht mehr als 10 cm Entfernung abgefeuert wurde. Sirhan befand sich immer vor Kennedy. Selbst wenn man der späteren (und falschen) Behauptung glaubt, Kennedy habe sich von dem Schützen weggedreht, so bleibt es doch Realität, daß Sirhan nie näher als einen Meter an ihn herankam. Allein dies beweist, daß Sirhan nicht allein gehandelt haben kann. Thomas Noguchi, der Pathologe, der die Eintrittswunde bestätigte, wurde gefeuert und mußte klagen, um seinen Job zurückzubekommen.
- Die Einschläge und Kugeln, die gefunden wurden, belegen, daß mindestens dreizehn Schüsse abgefeuert wurden. In Sirhans Pistole befanden sich nur acht Kugeln, die alle in den Körpern der Opfer (einige wurden verwundet) gefunden wurden. Die LAPD behauptete, bei den Löchern handele es sich um Einkerbungen von Essenswagen und verhinderte die Veröffentlichung von Fotos, auf denen Polizisten diese Löcher untersuchten. Teile der Decke, in denen sich Einschußlöcher befanden, die auch fotografiert wurden, wurden vernichtet.
- Mindestens fünf Zeugen – nach Polizeiberichten – bemerkten eine Frau in einem gepunkteten Kleid, die vom Tatort floh. Eine der Zeugen – eine junge Frau namens Sandra Serrano, die für Kennedy arbeitete, hörte, wie die Frau freudig rief: „Wir haben ihn erschossen!" Serrano fragte die Frau, wen sie erschossen hätten. „Senator Kennedy", antwortete die Frau und verschwand. Ein Ehepaar, das nur als „die Bernsteins" bekannt und kurz von einem Streifenpolizisten verhört wurde, erzählte die gleiche Geschichte. Sie waren außerhalb des Hotels, als sie die kurze Unterhaltung der beiden Frauen hörten. Als die unbekannte Frau, die immer noch schrie: „Wir haben ihn erschossen! Wir haben ihn ermordet!" an den Bernsteins (die später nicht mehr auffindbar waren) vorbeilief, fragten sie auch: „Wen haben Sie erschossen?" und erhielten die gleiche Antwort.

Sirhan hat immer wieder behauptet, daß seine letzte Erinnerung an diesem Abend eine Unterhaltung mit einer jungen Frau gewesen sei, mit der er einen Kaffee trank. Serrano und Thomas DiPierro, ein anderer Zeuge, berichteten, daß sie Sirhan vor dem Attentat in Begleitung einer jungen Frau in einem gepunkteten Kleid gesehen hätten.

Die LAPD reagierte auf diese Aussagen. Sie schickten Enrique „Hank" Hernandez, der einen Lügendetektortest durchführte, bei dem nicht die Wahrheit der Aussagen geprüft wurde, sondern bei dem die beiden durch endlose Befragungen unter starken Druck dazu gebracht werden sollten, ihre Geschichten zu widerrufen. Das taten sie auch.

Der Bericht des Streifenpolizisten über die „Bernsteins" verschwand aus den Akten der LAPD. Die Polizei behauptete, bei der Frau im gepunkteten Kleid habe es sich um Valerie Schulte gehandelt, eine Mitarbeiterin Kennedys. Schulte trug an diesem Abend tatsächlich ein gepunktetes Kleid, aber es hatte die falsche Farbe. Außerdem paßte sie nicht zu Serranos und DiPierros Beschreibung, die beide sagten, die Frau habe eine „komische Nase" gehabt. Es ist auch unwahrscheinlich, daß Schulte, die eine Art Kennedy-Groupie war, voller Glück ausgerufen hätte: „Wie haben ihn erschossen!"

All dies hätte reichen müssen, um die Nachforschungen in die Richtung einer Verschwörung anzukurbeln. Außerdem hätte man den Fall der LAPD wegnehmen müssen, die offensichtlich beschlossen hatten, ihren eigenen Vorteil über die Lösung des Falles zu stellen.

Abgesehen davon gibt es noch andere – spekulativere – Gründe, warum die LAPD diese Hinweise unterschlug. Der Chef der Special Unit Senator, der Mann, der alle Entscheidungen traf, war Manny Pena, ein Polizist, den man für diese Aufgabe aus dem „Ruhestand" geholt hatte. In Wirklichkeit war er jedoch nicht im Ruhestand. Er arbeitete für die CIA.

Der Geheimdienst hatte enge Verbindungen zur LAPD, und Pena hatte angeblich an zahlreichen Missionen der CIA unter dem Deckmantel der Agency for International Development (AID) teilgenommen. AID ist auch bekannt als die „Abteilung für dreckige Tricks", deren Mitarbeiter sich angeblich auf Attentatstechniken spezialisiert haben.

Durch Pena – und vermutlich auch Hernandez, der damit angab, im Ausland für die CIA gearbeitet zu haben – wird die CIA zu einem Verdächtigen in der Verschleierung der Verschwörung. Nur warum wurde sie verschleiert?

Sirhan selbst ist das seltsamste Element in diesem merkwürdigen Fall. Er persönlich war nicht seltsam. Aber seine Gedächtnislücken; sein „automatisches Schreiben", bei dem er immer wieder die Worte „RFK muß sterben!" in Notizblöcke krakelte, die von der LAPD aus welchen Gründen auch immer als „Tagebücher" bezeichnet wurden; die Analyse eines ehemaligen Geheimdienstoffiziers, der einen psychologischen Streßtest an Sirhan durchführte; und die Aussage eines Zeugen in einem späteren Zivilprozeß, der angab, Bekannte von Sirhan hätten ihn in einer „Trance" erlebt – all das läßt nur eine bizarre, aber unausweichliche Schlußfolgerung zu: Sirhan war hypnotisiert, als er Kennedy erschoß.

Der Psychiater der Verteidigung, Dr. Bernard Diamond, versuchte das damit zu erklären, daß Sirhan sich selbst hypnotisiert habe. Nach Sirhans Verurteilung verbrachte Dr. Eduard Simson-Kallas – damals der Chef der Psychiatrie des Gefängnisses – 35 Stunden mit einer Untersuchung Sirhans. In einem Interview mit dem ehemaligen FBI-Agenten und heutigen Reporter, William Turner, nannte Simson-Kallas Diamonds Diagnose „den größten psychiatrischen Fehler des Jahrhunderts".

Simson-Kallas sagt in Turners Buch, *The Assassination of Robert F. Kennedy*, daß Selbsthypnose nie so tiefgehend sein kann, daß Gedächtnislücken entstehen. Diese können zwar durch Schizophrenie hervorgerufen werden, aber Sirhan zeige kein anderes Symptom dieser Krankheit.

Turner und sein Koautor Jonn Christian argumentieren, daß Sirhan „der Roboter eines anderen" war, der Kennedy nicht aus seinem eigenen, fehlgeleiteten freien Willen erschoß, sondern als Resultat einer posthypnotischen Suggestion. Aufgrund der Beweislage glauben sie auch, daß Sirhan Kennedy nicht erschoß (tatsächlich wurden einige nicht abgeschossene .22er Kugeln bei Sirhan gefunden, was Turner und Christian zu der Annahme führt, Sirhan habe nur Platzpatronen verwendet).

Die Autoren (und zahlreiche andere) glauben, daß der tödliche Schuß von einem Bodyguard namens Thane Eugene Cesar abgefeuert wurde, der rechts hinter Kennedy stand und zugab, seine Waffe gezogen zu haben – privat gab er sogar zu, sie abgefeuert zu haben. Während der ganzen Verwirrung verlor Cesar seinen angesteckten Schlips. Auf dem berühmten Foto, das Kennedy zusammengebrochen auf dem Küchenfußboden zeigt, sieht man Cesars Schlips einige Zentimeter von Kennedys rechter Hand entfernt liegen.

Bei der Menge von Kugeln, die durch den Gang flogen, ist es wahrscheinlich, daß es einen dritten Schützen gab, so Turner und Christian. Sirhan war nicht mehr als eine Ablenkung.

Ein Problem all dieser „Roboter"-Theorien ist das Fehlen eines Hypnose-Programmieres. Turner und Christian haben einen gefunden, auch wenn die Beweislage ziemlich dünn ist.

Sie haben sich auf William Joseph Bryan eingeschossen, der sich selbst „als führenden Hypnose-Experten der Welt" bezeichnet. Seinen größten Erfolg hatte er, als er während des Falls des Boston-Würgers den Verdächtigen Albert DiSalvo hypnotisierte und so half, den Fall zu lösen. In Sirhans Notizbüchern fand sich neben anderen sinnlosen Wortfetzen auch die ständige Erwähnung des Namens „DiSalvo". Als man ihm diesen Eintrag zeigte, war Sirhan überrascht und sagte, der Name sei ihm unbekannt.

Als eine Journalistin (eine attraktive Journalistin, was für jemandem wie Bryan wichtig ist) den egozentrischen Hypnotiseur nach seiner Meinung über Sirhan fragte, reagierte dieser ohne Grund wütend.

„Ich habe ihn nicht hypnotisiert, also kommentiere ich den Fall auch nicht", sagte Bryan verärgert und brach das Interview ab.

Seine Leiche tauchte 1977 in einem Motelzimmer in Las Vegas auf. Die beiden Callgirls, die ihn in den letzten zwei Jahren seines Lebens „bedient" hatten, sagten aus, Bryan habe immer wieder damit angegeben, Sirhan hypnotisiert und an „streng geheimen Projekten" der CIA gearbeitet zu haben.

Das kann reine Angabe gewesen sein, aber die Tatsache, daß Sirhan hypnotisiert wurde, stand eigentlich nie zur Debatte. Ob er das Ergebnis eines MK-ULTRA-Experiments der CIA war, einer okkulten Sekte angehörte, oder ob es jemand völlig anderes war, ist eines der Geheimnisse, die sich vermutlich für immer in Sirhans sicher verschlossenem Geist befindet.

QUELLEN

Charach, Ted. *The Second Gun*. Filmdokumentation, 1973 (eine Videokopie ist im Besitz der Autoren).
Kaiser, Robert. *RFK Must Die!* New York: E.P. Dutton, 1970.
Turner, William und Jonn Christian. *The Assassination of Robert F. Kennedy: The Conspiracy and Coverup*. New York: Thunder's Mouth Press, 1993.

49
JFK: Verschwörung der Verwirrungen

Michael Scotts Vater, Winston, war von 1956 bis 1969 Chef der CIA in Mexico City. Daher wurde Scott 1985 im Hauptquartier der CIA in Langley, Virginia, herzlicher begrüßt, als man es bei einem nicht gerade einladend wirkenden Geheimdienst vermuten würde.

Scotts Vater starb 1971, angeblich nach einem Haushaltsunfall. Zum Zeitpunkt seines Todes bastelte er gerade an den letzten Seiten seiner Autobiographie. Er plante eine Reise nach Washington, um seinem ehemaligen Boß, Richard „der Mann, der Geheimnisse behält" Helms seine Texte vorzulegen, der begeistert danach gefragt hatte. Durch seinen Tod fielen diese Reisepläne leider ins Wasser. Nur Stunden nachdem Mrs. Scott ihren Mann vor dem Küchentisch gefunden hatte, tauchte der legendäre und etwas unheimliche CIA-Abwehrchef James Angleton auf der Suche nach dem Manuskript vor ihrer Tür auf.

1985 versuchte sich Michael Scott eher schlecht als recht als Filmproduzent in Hollywood. Aus Neugier fragte er nach dem unveröffentlichten Manuskript. Er hoffte, das geheime Doppelleben seines Vaters dadurch besser verstehen zu können. Eine Anfrage bei der CIA führte zu dieser Einladung. Er erzählte später dem Reporter Dick Russell, er sei von einem „hohen Offizier empfangen worden, der das Manuskript offensichtlich gelesen hatte". Der sagte ihm, sie hätten „einige Teile des Textes aus Sicherheitsgründen entfernen müssen."

„Welche Teile?" fragte der überlebende Scott.

„Nun, an einigen Stellen wurde der Name Lee Harvey Oswald erwähnt", antwortete der CIA-Offizier, „und das wollen wir nicht an die Öffentlichkeit bringen."

Die CIA verhielt sich gegenüber dem Sohn eines ihrer Offiziere nicht anders als gegenüber dem Kongreß und der amerikanischen Öffentlichkeit. Sie hielten wer weiß wie viele Dokumente, die den Hintergrund der Ermordung JFKs erklären könnten, zurück oder vernichteten sie – viele davon bezogen sich auf die ehemals supergeheimen Beziehungen zur Mafia, die Castro ermorden sollte.

Helms belog die Warren Commission, als er aussagte, die CIA habe nie „den Gedanken gehabt", Oswald als Kontakt zu benutzen. Bereits 1960, so ein internes CIA-Memo, zeigte der Geheimdienst Interesse an dem damals unbekannten Oswald. Bei seinem Beileidsbesuch im Haus der Scotts nahm Angleton auch eine Audiokassette mit, auf der vermutlich Aufnahmen von Oswald waren. Dieses CIA-Band stammte von Oswalds heute berühmten Besuch bei der CIA in Mexico City im Jahr 1963, nur wenige Monate vor Kennedys Ermordung.

Oswald – oder jemand, der sich als Oswald ausgab oder als Oswald identifiziert wurde – besuchte die kubanische und die sowjetische Botschaft in Mexico City und bat wiederholt um ein Visum für Kuba. Er traf sich angeblich auch mit sowjetischen Geheimdienstlern, um ein erneutes Visum für die Sowjetunion zu bekommen, zu der er schon einmal übergelaufen war (und bei seiner Rückkehr seltsamerweise nicht belästigt wurde). Warum? Es gibt einige Theorien. Vielleicht war Oswald ein unzufriedener Irrer, der sich den Illusionen marxistischer Größe verschrieben hatte (und seinen privaten Frust an Kennedy ausließ). Oder vielleicht arbeitete er für einen Geheimdienst gegen Kuba. Das machten damals viele.

Vielleicht versuchte aber auch nur jemand, Oswald als Kommunisten abzustempeln, damit – so die Theorie – man die Sowjets später für das Attentat verantwortlich machen konnte. Nach dem Attentat versuchten hochrangige CIA-Agenten und Rechtsradikale (angeführt von dem Ölmogul H.L. Hunt), Castro und/oder Cruschtschow als Hintermann anzuschwärzen.

Jedenfalls wurde Oswalds Stimme in Mexico City aufgezeichnet, und Winston Scott hob eine dieser Aufnahmen auf. Er behielt sie selbst nach seiner Pensionierung. Die CIA gab erst 1976 zu, daß diese Aufnahmen existierten. Dann logen sie, alle Aufnahmen seien bereits vor dem Attentat vernichtet worden. Das FBI sagte später, auf den Aufnahmen sei nicht Oswalds Stimme gewesen.

Jemand, der sich vor dem Attentat als Oswald ausgab?

Die Episode in Mexico City ist wichtig, wenn es darum geht, Oswald als einen gefühlsgestörten Irren darzustellen. Mark Lane, der Anwalt und Verschwörungsforscher erfuhr vom ehemaligen CIA-Chef der westlichen Hemisphäre, David Atlee Philips, 1978 in einer Debatte, es gäbe „keinen Hinweis darauf, daß Oswald die russische Botschaft aufsuchte". Wer dann? Lane beschreibt Philips' überraschende Aussage als eine „Beichte".

Philips sagte vor dem Kongreß zu den Aufnahmen aus. Dies ist der gleiche David Philips, der vom House Select Committee on Assassinations verdächtigt wurde, „Maurice Bishop" zu sein, der CIA-Boß der „Alpha 66"-Brigarde, die Castro töten sollte. Dieser David Philips sollte die CIA vor dem Kongreß von einem Verdacht reinwaschen, den er vielleicht inszeniert hatte. Das glaubt zumindest Lane, der eine Karriere aus seiner Behauptung gemacht hat, die CIA sei Schuld an Kennedys Tod.

Antonio Veciana, der kubanische Anführer von Alpha 66, behauptete, daß bei einem seiner Treffen mit Bishop, Oswald anwesend war, nichts sagte, sich nur seltsam benahm. „Ich dachte immer, Bishop habe bei dem Attentat mit Oswald zusammengearbeitet", sagte Veciana dem Reporter Russell.

Vecianas Cousin arbeitete für Castros Geheimdienst. Nach dem Attentat wollte Bishop Veciana dazu bringen, seinen Cousin zu bestechen, damit dieser behauptete, er habe Oswald getroffen. So wollte man eine Verbindung zwischen Oswald und Castro herstellen.

Es ist nie herausgekommen, ob es Philips Bishop war, aber die Beschreibungen stimmen auffällig überein. Ein Polizeizeichner malte nach Vecianas Anweisungen ein Potrait Bishops, auf dem Senator Richard Schweiker Philips erkannte. Gaeton Fonzi, der Chefermittler des Attentatskomitees brachte schließlich Veciana und Philips zusammen. Nach einer kurzen, auf spanisch geführten Unterhaltung sprang Philips auf. Die Zeugen beschwören, daß sie auf Vecianas Gesicht den

Ausdruck des Wiedererkennens gesehen hätten, aber Veciana gab nicht zu, daß es sich bei Philips um seinen ehemaligen Boß handelte.

„Aber", fügte er kryptisch hinzu, „er weiß Bescheid."

Vecianas Vorsicht, so Fonzi, ließ sich mit zwei Mißgeschicken erklären, die ihm kurz vorher zugestoßen waren. Zuerst wurde er beim Drogenschmuggel erwischt und verdächtigte Bishop als Informanten, dann wurde er in den Kopf geschossen. Später fragte Fonzi den Kubaner auf eine etwas andere Weise: „Hätten Sie es mir gesagt, wenn ich Bishop gefunden hätte?" fragte er. „Wissen Sie", antwortete Veciana lächelnd. „Ich hätte lieber zuerst mit ihm gesprochen."

Russell interviewte einen pensionierten Armee-Colonel, der zufälligerweise Bill Bishop hieß und behauptete, als Killer für die CIA gearbeitet zu haben (er übernahm in dem Interview die Verantwortung für die Ermordung des dominikanischen Diktators Rafael Trujillo). Bill Bishop sagte, er habe in Mexico City gearbeitet und zusammen mit Philips Veciana geführt. Später zeigte er die Bandaufnahme eines Telefongesprächs, das er und Veciana in den 80ern geführt hatten. Sie kannten sich offensichtlich.

Es gab also garantiert etwas, das die CIA über Lee Harvey Oswald verschweigen wollte. Die Veciana-Sage liefert zumindest einen Hinweis. Allerdings, da über keine Verschwörungstheorie so viel geschrieben wurde wie über JFK, ist auch keine so stark kritisiert worden. Die Stärke dieser Kritiken liegt in der Schwäche Oswalds, einer Person, die so gestört und peinlich dargestellt wurde, daß man sich seine Beteiligung an etwas Komplizierterem als einem Wutausbruch kaum vorstellen kann.

Diese Haltung wurde zuletzt in Gerald Posners pompösen Buch *Case Closed* vertreten. Um sicherzugehen, daß seine Leser mitkommen, versieht Posner seine Kapitel mit subtilen Titeln wie „Er sieht wie ein Irrer aus", „Unser Papa spinnt" und „Seine Stimmung war mies".

Als dieses Buch 1993 passend zum 30. Jahrestag des Attentats erschien, wurde Posner von den Medien als Bote der Wahrheit gefeiert.

Jonathan Kwitny, selbst ein bekannter Journalist, erklärt, warum das Buch die Medien so anzog. „All die guten, jungen Reporter, die damals die offizielle FBI-CIA-Geschichte schluckten, haben 30 Jahre darauf gewartet, daß sie jemand von den Zweifeln erlöst, die sie seitdem mit sich herumschleppen", schrieb er in seiner negativen Kritik des Buchs in der *Los Angeles Times*.

Posners Methode, Gegenfragen zu unterbinden, lag einfach darin, seine unbewiesenen Behauptungen möglichst autoritär darzulegen. Die Gegenbeweise verbargen sich zumeist in einer Fußnote. Nirgends wird das offensichtlicher als in seiner Version der Veciana-Bishop/Philips-Oswald-Geschichte.

Posner sagt, daß „es Zweifel daran gibt", daß Bishop jemals existiert hat. Er nennt die Quelle dieser „Zweifel" nicht und merkt auch nicht an, daß der ehemalige CIA-Direktor John McCone sagte, ein „Maurice Bishop" habe für den Geheimdienst gearbeitet. Außerdem äußerte eine Reihe von CIA-Mitarbeitern bei Verhören mit Fonzi das Gleiche, einer von ihnen nannte sogar spontan Philips als „Bishop".

„Die CIA dementierte, daß einer ihrer Mitarbeiter Veciana zugewiesen wurde", sagt Posner. Na und? Das House Select Committee befand „es als wahrscheinlich, daß ein US-Geheimdienst Veciana einen Offizier zuwies. „Da die CIA zu dieser Zeit knietief in Anti-Castro-Missionen steckte, war sie es wahrscheinlich doch.

Es ist wahr, daß (wie Posner in einer Fußnote anmerkt) das Komitee in seinem Bericht „Vecianas Geschichte nicht als wahr bezeichnen" konnte, aber (was Posner nicht berichtet) sagten sie auch, es gäbe „keine Beweise gegen Vecianas Geschichte" und „einige Beweise dafür". In einer eigenen Fußnote wies das Komitee darauf hin, daß man „annahm, Veciana habe gelogen, als er leugnete [Philips] sei Bishop". Gleichzeitig rief Philips Unglauben hervor, als er behauptete, Veciana nicht zu kennen, besonders da „Philips tief in die Anti-Castro-Missionen des Geheimdienstes verwickelt war."

Das Komitee verursachte durch seinen Unwillen, die CIA zu beleidigen, mehr Verwirrung als Erkenntnis. Verwirrung ist tatsächlich das Wort, das einen bei der 30jährigen Verschwörungstheorie um JFKs Ermordung am längsten begleitet hat. Und Posner macht in seiner Arbeit nicht mehr, als im Nebel zu stochern.

Wer brachte nun JFK um? Die CIA? Anti-Castro-Fanatiker? Die Mafia? Das Militär? Eine Gruppe rechtsradikaler, reicher Geschäftsleute? Oder arbeiteten sie alle zusammen? Es gibt Beweise für jede einzelne Theorie. Vielleicht gab es Intrigen gegen Kennedy aus all diesen Lagern, die schließlich zu dem Attentat eskalierten. Vielleicht deckten sich die Parteien gegenseitig, ohne die Ziele des anderen zu kennen.

Dick Russell schreibt, daß es 1963 drei Pläne gegen Kennedy gab.

Seine Hauptquelle ist ein Mann namens Richard Case Nagell, der behauptet, für eine Reihe von Geheimdiensten gearbeitet zu haben. Der erste Plan war, Kennedy während einer Rede in Miami mit einer Bombe zu töten. Der angebliche CIA-Killer Bill Bishop bestätigte diese Geschichte.

Plan Nummer zwei – der auch von Bill Bishop unabhängig bestätigt wurde – zielte auf Los Angeles. Dort beschattete Nagell einen Linken namens Vaughn Marlowe, den man „für JFKs Ermordung rekrutieren wollte", erzählte Nagell Russell. Die Rekrutierer waren Mitglieder von Alpha 66. Marlowe erfuhr erst Jahre später, daß er möglicherweise der erste Oswald war, als Russell ihn darüber informierte. Er wußte allerdings, daß Nagell ihn überwachte. Während der Untersuchungen von Anwalt Jim Garrison schrieb Marlowe ihm einen Brief, in dem er von Nagell berichtete.

Nagell kannte auch den dritten Plan und zwar so gut, daß er, wie Russell glaubt, vom KGB engagiert wurde, um Oswald zu töten. Statt dessen sorgte Nagell für seine eigene Verhaftung, indem er am 20. September 1963 eine Waffe in einer Bank in El Paso abfeuerte.

Der Polizist, der die Verhaftung vornahm, erinnert sich, daß Nagell sagte: „Ich bin froh, daß Sie mich geschnappt haben. Ich will wirklich nicht in Dallas sein."

„Was meinen Sie damit?" fragte der Polizist.

„Das werden Sie schon sehen", antwortete Nagell. Zwei Monate und zwei Tage später wurde Präsident Kennedy in Dallas erschossen.

Im Gegensatz zu Posner behauptet Russell nicht, die Wahrheit gefunden zu haben. Aber angefangen bei Nagell kämpft sich Russell durch eine Reihe dunkler Figuren, die in alle oben genannten Kategorien passen. Zu den gefährlichsten und mächtigsten unter ihnen gehört der pensionierte General Charles Willoughby, der ehemalige Geheimdienstleiter von General Douglas MacArthur, dessen politische Ansichten MacArthur wie, nun ja, JFK wirken lassen. MacArthur schrieb über seinen Mitarbeiter, er sei ein „kleiner Faschist". Laut eines Dokuments, das Russell entdeckte, arbeitete der angebliche Killer Bill Bishop als „Sicherheitsberater" in MacArthurs Stab. „Wenn das stimmt", betont Russell, „hätte Bishop unter Willoughby gedient."

Willoughby gründete ein rechtsradikales Netzwerk, dessen bekanntester Fürsprecher der Prediger Billy James Hargis war und zu dem auch der texanische Ölbaron H.L. Hunt gehörte, ebenso wie der ehemalige CIA-Agent und spätere Journalist Edward Hunter (dem man die Erfindung des Wortes „Brainwashing" zuschreibt). Willoughby hatte einen guten Kontakt zu dem CIA-Direktor Allen Dulles, den Kennedy feuern ließ und der später die Warren Commission ins Leben rief, die die Ermordung des Präsidenten untersuchen sollte, der ihn gefeuert hatte.

1975, nachdem Russell einen Artikel über das Attentat veröffentlicht hatte, erhielt er einen anonymen Brief, in dem „ein amerikanischer General, der 1892 in Heidelberg, Deutschland, geboren wurde" als „Drahtzieher hinter der Ermordung JFKs" bezeichnet wurde. Der Name des Generals wurde mit „Tscheppe-Weidenbach" angegeben.

Jahre später las Russell ein Buch über den Ursprung des Korea-Krieges und stieß auf eine „obskure Erwähnung eines Adolf Tscheppe-Weidenbachs, der aus Heidelberg stammte und kurz vor dem Ersten Weltkrieg in die USA kam. Dort änderte er seinen Namen in Charles Willoughby."

Fonzi berichtet außerdem noch über einen angeblichen CIA-Killer namens David Morales, der bei einem Saufgelage, bei dem nur enge Freunde anwesend waren, über Kennedy und sein Desaster an der Schweinebucht herzog.

„Plötzlich brach er ab", schreibt Fonzi, „und war einen Moment ruhig. Dann, als würde er zu sich selbst sprechen, sagte er: 'Na, dem Hurensohn haben wir's aber gezeigt'."

QUELLEN

Fonzi, Gaeton. *The Last Investigation.* New York: Thunder's Mouth Press, 1993.

Hurt, Henry. *Reasonable Doubt.* New York: Henry Holt and Company, 1985.

Lane, Mark. *Plausible Denial.* New York: Thunder's Mouth Press, 1991.

Posner, Gerald. *Case Closed: Lee Harvey Oswald and the Assassination of JFK.* New York: Random House, 1993.

Russell, Dick. *The Man Who Knew Too Much.* New York: Carroll and Graf, 1992.

Summers, Anthony. *J.F.K. Die Wahrheit über den Kennedy-Mord.* Berlin: Ullstein-Verlag, 1992.

Jeder Artikel über JFK orientiert sich an den Arbeiten zahlreicher Forscher. Einige der wichtigsten sind: Peter Dale Scott, Jim Garrison, Jim Marrs, Sylvia Meagher und Carl Oglesby.

50
Goodbye, Lady Di!

Nichts demonstriert die Macht des Internets besser als der schockierende Tod von Prinzessin Diana. Auch als die weltweite Trauer längst verklungen war, rasten die Verschwörungstheorien immer noch durch das Netz wie ein betrunkener Autofahrer.

Die Theorien reichten vom Normalen (Diana war eine Bedrohung für die königliche Familie) zum Abgefahrenen (Diana war eine satanische Priesterin, die geopfert wurde). Die Idee, daß Diana ermordet wurde, bekam soviel Gewicht, daß sogar Mohamed Al-Fayed, der Vater des ebenfalls ums Leben gekommenen Dodi Fayed, daran glaubte.

Mohamed Al-Fayed suchte nach Beweisen für seine Theorie, daß Diana und Dodi vom britischen Geheimdienst und von der CIA ermordet wurden. Seine Suche führte ihn zu einem Österreicher, der ihm gefälschte Dokumente unterjubeln wollte, die angeblich die Mordtheorie bewiesen.

Dessen Verhaftung führte zu einer merkwürdigen Stellungnahme der CIA, die offiziell bekanntgab, nichts mit Dianas Ermordung zu tun zu haben, was von Verschwörungsexperten der ganzen Welt natürlich als Geständnis interpretiert wurde. Und wer möchte ihnen das verübeln?

Hier sind einige Fakten:

Diana Spencer, Prinzessin von Wales, starb am 31. August 1997 bei einem Autounfall. Sie hatte kurz zuvor im Ritz in Paris mit ihrem neu-

sten Liebhaber, Dodi Fayed, zu Abend gegessen. Dodi war der Tu-
nichtgut-Sohn von Mohamed Al-Fayed, einem fast schon obszön reichen, ägyptischen Geschäftsmann, dem auch das Ritz gehörte.

Diana wurde immer von der Presse verfolgt. Bilder von ihr in einer
eindeutigen Situation kurbelten die Zeitungsverkäufe rund um den
Erdball an. Ihre Beziehung zu Dodi war erst einige Wochen bekannt,
daher waren die Fotografen besonders aufdringlich.

Um der Presse zu entgehen, schlichen sich Diana und Dodi aus dem
Hotel und stiegen in einen Mercedes. Sie wurden von dem Leibwäch-
ter Trevor Rees-Jones und einem der Fahrer der Fayed-Familie, Henri
Paul, begleitet.

Nach dem Unfall ergaben die Ermittlungen, daß Paul große Men-
gen Alkohol im Blut und außerdem Antidepressiva genommen hatte,
die, so die Ermittler, aber nicht mit seiner Fahrtüchtigkeit in Verbindung standen. Allerdings könnten sie ein Hinweis auf Pauls Geisteszu-
stand sein, der ihn vielleicht dazu veranlaßte, sein eigenes und die Leben seiner Passagiere zu riskieren.

Außer einer großen Menge Alkohol im Blut hatte Paul auch eine
große Menge Geld auf dem Konto, die er wenige Tage vor dem Unfall
eingezahlt hatte.

Dianas Wagen entkam den Fotografen nicht. Einige entdeckten den
Wagen und folgten ihm. Aus irgendeinem Grund fuhr der Fahrer mit
200 km/h in den Point de l'Alma-Tunnel, wo er die Kontrolle über
den Wagen verlor. Alle im Wagen starben, außer Rees-Jones, der ange-
schnallt war, was etwas ganz anderes beweist.

Zum Zeitpunkt ihres Todes war Diana die bekannteste Frau der
Welt (sorry, Madonna!). Sie hatte eine „Märchenhochzeit" mit dem
zukünftigen König Englands und das Ende des Märchens in einer un-
endlichen Reihe von schmutzigen Skandalen erlebt. Sie wurde von der
Öffentlichkeit geliebt und von ihren königlichen Ex-Verwandten ge-
haßt. Für den Preis von zwölf Jahren Ehehölle hatte sie sich eine
Stimme auf der Bühne der Welt erkauft.

Aber jemand wollte sie zum Schweigen bringen.

Zumindest, wenn Sie einer der zahlreichen Theorien glauben. Eine
der langweiligeren besagt, daß Diana ermordet wurde, weil die königliche Familie keine Moslems mag und Diana mit einem angebändelt
hatte. Sie hatte endlich nach ihrer Scheidung von Charles (und den

zahlreichen Geliebten, mit denen sie ihn vorher betrogen hatte) eine ernsthafte Beziehung. Aber Dodi erschien den Royals nicht als der Richtige. Dodis Vater gehört das berühmte Harrods-Kaufhaus in London, und beide hatten sich immer darum bemüht, von der weißen britischen Aristokratie anerkannt zu werden. Aber sie waren denen (und den extrem steifen Royals) wohl zu, na ja, schmierig. Wenn es Dodi gelungen wäre, Diana zu heiraten, hätten sie eine Eintrittskarte gehabt. Um das zu verhindern, wurden Diana und Dodi einfach ermordet.

Einer der lautesten Verfechter dieser „antimoslemischen" Theorie war Sherman Skolnick. Um ehrlich zu sein, ist Skolnick der lauteste Verfechter von fast allen Verschwörungstheorien. Er sagte, er habe in den Tagen nach Dianas Tod mit zahlreichen Journalisten gesprochen, die alle das gleiche sagten.

„Diana wurde ermordet", berichtet er. „Und der einfache Grund für den Mord ist, daß der britische Geheimdienst geschworen hat, die Monarchie zu schützen. Das wollten sie nicht durch einen neuen Stiefsohn in der Hierarchie riskieren. Sie wollten keinen Moslem."

Man könnte natürlich fragen, warum sie nicht einfach Dodi umbrachten. Warum auch Diana? Aber solche Theorien lassen immer viele Fragen offen.

Wie bereits gesagt, ist Skolnicks Theorie nicht sonderlich phantasievoll. Aber es gibt auch andere. Ein Autor, der den Namen „Ru Mills" verwendet, spekulierte im Internet (wo sonst), daß „wer auch immer Diana kontrolliert, die Welt kontrolliert".

In seiner unschlüssigen Theorie argumentiert Mills, daß es seit Jahrhunderten einen „Diana-Kult" gibt und daß diese bestimmte Diana Teil des Erbes war. Ihre Söhne, William und Harry, haben göttliches Blut in den Adern.

„Die heutige königliche Familie ist eine Fälschung", schreibt Mills. „Das Haus von Windsor ist ein Betrug. Aber die Ahnenreihe von Lady Diana Spencer geht zurück bis zu Charles II. vom Hause Stewart. Das Haus Stewart trägt das *wahre* königliche Blut in sich."

Und was ist der Ursprung des „wahren königlichen Blutes"? Laut Ru Mills geht das zurück auf die Merowinger-Dynastie, französische Könige, die von 500 bis 750 regierten.

Die Geschichte der Merowinger liegt ebenso wie die Geschichte König Artus' in Legenden begraben. Eine populäre Theorie, auf die wir in

Kapitel 30 eingegangen sind, behauptet, daß sie magische Könige waren. Das kauft Ru Mills ohne Zögern.

„Die wahren europäischen Könige stammen von den Merowingern ab", so Mills, „die man für die Abkömmlinge von Jesus Christus hält."

Wow! Diana ist die Ur-Ur-Ur-Ur-Ur-Ur-etc-Enkelin vom großen J.! In anderen Worten: der Autounfall hatte nichts mit einem betrunkenen Fahrer zu tun – es war eine Kreuzigung.

Diana wurde geopfert, so diese Theorie (wenn man sie denn so bezeichnen wollte), weil die Herren der Neuen Weltordnung einen Mann für sie ausgesucht hatten. Wer das war?

Bill Clinton.

Ja, laut diesem Plan sollte sich Clinton von Hillary scheiden lassen (oder sie einfach umbringen) und dann Diana heiraten. Aber die Prinzessin wollte nicht (gut mitgedacht!).

Ihre Söhne tragen nun ihr Erbe in sich. Sie werden eine neue Religion begründen, die die Welt beherrschen wird. Also, wer immer sie kontrolliert, beherrscht die Welt. Und seit Dianas Tod ist das natürlich die königliche Familie, die sie ohnehin nur als impertinente Rebellin betrachtete.

Die Idee, daß die königliche Familie hinter allem steckt, ist nicht neu (siehe Kapitel 29). In Kapitel 30 haben wir uns auch mit der Frage beschäftigt, ob die königliche Familie Freimaurer sind, die wegen ihrer geheimen Rituale morden.

Freimaurer? Vielleicht. Aber Satanisten? Diesen Royals ist doch einfach nichts zu pervers. Die folgende Theorie tauchte als anonymer Artikel in einem Magazin namens *Paranoia* auf:

„Wenn Sie denken, daß die Ermordung Dianas aus internen Streitigkeiten innerhalb der königlichen Familie geboren wurde – oder ein rassistischer Plan war, um die Moslems aus der Familie fernzuhalten – liegen Sie falsch... Der Mord war ein Ritual, und dieses Ritual ist so effektiv, daß niemand es bemerkt hat."

In anderen Worten war der „Mord" an Diana ein satanischer Ritus. Und weil niemand so etwas glauben würde, sind die Verschwörer sicher.

Zu dem internationalen Kult der Satanisten gehören Menschen in hohen Positionen. Natürlich ist Bill Clinton dabei, ebenso wie Tony Blair (der britische Bill Clinton) und General Colin Powell, der in dem Artikel als „Voodoo-Prinz" beschrieben wird.

Welchen Beweis könnte es dafür geben, daß ein normaler (abgesehen von den Opfern), durch Alkohol hervorgerufener Autounfall das Werk von Satanisten ist? Ein eindeutiger Hinweis, laut dieser Theorie, liegt darin, daß Diana am 31. August ermordet wurde, und „der letzte Tag eines Monats ist sehr wichtig für Satanisten."

Aha!

Diese beiden Theorien gehören zu den abgefahrensten und sind daher auch am interessantesten. Denn die meisten Diana-Theorien sind einfach nur langweilig.

Unsere erste Diana-E-Mail erhielten wir Minuten (ja richtig, *Minuten*) nach der Nachricht im Fernsehen. Darauf folgten Dutzende mehr. An anderen Orten im Internet entstanden Seiten und sogar eine eigene Newsgroup (alt.conspiracy.princess-diana), die sofort vor Nachrichten überquellte. Die meisten konzentrierten sich auf gängige Theorien, wie die „antimoslemische". Auch die unlogische Behauptung, Charles hätte sie töten lassen, um für seine schnell alternde Camilla Parker-Bowles frei zu sein, war recht populär.

Dann gab es die „Theorie", daß sie von internationalen Waffenschiebern wegen ihres Kreuzzugs gegen Landminen ermordet worden sei – obwohl nach ihrem Tod mehr Leute davon wußten als vorher.

Eine weitere Theorie besagte, daß Diana ihren eigenen Tod vortäuschte. So ähnlich wie Amerikas König – Elvis! (Diese Analogie sollte einen tiefgehenden Gedanken nach sich ziehen, aber wir wissen nicht, welchen.)

Ehrlich gesagt, sind wir von dem ganzen Phänomen ein wenig enttäuscht. Wenn es jemals eine geplante Verschwörung gab, dann diese. Damals, in der guten alten Zeit, als man Verschwörungstheoretiker noch für Idioten hielt, brauchte man noch einen Beweis, um einen solchen Irrsinn auszulösen. In den letzten Jahren hält man Verschwörungsfans jedoch für cool. Jedes Mal, wenn heute ein armes Schwein tot umfällt, rennt jeder Picklige mit einem Internetzugang zum Computer und bringt seine Verschwörung ins Netz.

Zuerst einmal findet man ein Motiv für den Mord –, und da fast jeder ein Motiv hat, irgendeinen zu ermorden, ist das der einfachste Teil. Und dann präsentiert man dieses Motiv als absoluten Beweis einer Verschwörung.

Ironisch, oder nicht? Als wir damals das Buch schrieben, hatten wir den Eindruck, daß die Menschen alles glauben, was sie lesen oder in den Nachrichten sehen. Und, so dachten wir, genau so wollen das die großen Medien.

„Denken Sie für sich selbst!" riefen wir erfolglos. Aber jetzt sind die Verschwörungstheoretiker selber so vorhersehbar geworden wie ein Fernsehreporter, der einen Politiker interviewt.

Wir glauben, daß wir unseren Teil zur Verschwörungseuphorie beigetragen haben, und darüber beklagen wir uns natürlich nicht. Aber das Boot wird langsam ein bißchen voll.

QUELLEN

Anonymous. „The Murder of Princess Diana". *Paranoia*, Winter 1998.
„Lots of Cash in Driver's Account." Reuter News Service, 4. Februar 1998.
„Princess Diana: 1961 – 1997". *Newsweek*, 8. September 1997.
Sancton, Thomas und Scott MacLeod. *Der Tod einer Prinzessin. Die Wahrheit über Dianas Ende*. München: Droemer, 1998.

Index